Forschung zur Bibel Band 144

*Begründet von
Rudolf Schnackenburg
und Josef Schreiner
Herausgegeben von
Georg Fischer
und Thomas Söding*

forschung zur bibel

Michael Hubbert

Das Heil unseres Gottes schauen

Echter Verlag

Bibliografische Information der Deutschen Nationalbibliothek

Die Deutsche Nationalbibliothek verzeichnet diese Publikation in der Deutschen Nationalbibliografie; detaillierte bibliografische Daten sind im Internet über <http://dnb.d-nb.de> abrufbar.

www.echter.de

Druck und Bindung: Rudolph Druck GmbH & Co. KG, Schweinfurt

ISBN
978-3-429-05945-3
978-3-429-06666-6 (PDF)

Kölner Hochschule für Katholische Theologie
Theologische Fakultät
Lehrstuhl für Exegese des Alten Testaments
Dissertation
Moderator: Fr. Dr. theol. Antonius Kuckhoff OSB

„Das Heil unseres Gottes schauen" (Ps 98,3; Jes 52,10; Lk 2,30f; Lk 3,6)

Exegetische Studie hinsichtlich der kanonisch-intertextuellen Verbindungen
von Psalm 98, Jesaja 52 und Lukas 2f
sowie der sich hieraus ergebenden Implikationen
für eine gesamtbiblische Theologie

Vorgelegt von:
Mag. theol. Dipl.-Betrw. Michael Hubbert, Oberst a. D.
Warthstraße 8, 53773 Hennef
Tel: 02242 866416
mh.hubbert@web.de

Inhaltsverzeichnis

Vorbemerkung

Wenn bei Textstellen, die sich auf Personen im Allgemeinen beziehen, nur die maskuline Sprachform („generisches Maskulinum“) gewählt wurde, so ist dies nicht geschlechtsspezifisch zu verstehen, sondern geschieht ausschließlich aus Gründen der besseren Lesbarkeit.

1 Einleitung

1.1 Gottes Heil als Sehnsucht der Menschen

Die vorliegende Untersuchung hat zum Ziel, den Gedanken des Heils anhand des Theologumenons „Das Heil unseres Gottes schauen“ als Zusage und Versprechen Gottes an die Menschen in einer kanonisch-intertextuellen Zusammenschau nachzuvollziehen.

In den zu untersuchenden alt- und neutestamentlichen Perikopen wird für den Begriff „Heil“ das hebräische Wort יְשׁוּעַת (Ps 98,3b; Jes 52,10b) bzw. entsprechend das griechische Wort σωτηρία (Ps 97,3b LXX; Jes 52,10b LXX; Lk 2,30; Lk 3,6) gebraucht.[1]

Das Nomen יְשׁוּעַת bzw. σωτηρία („Heil“) ist abgeleitet von dem Verb ישׁע = helfen, er-/retten, befreien bzw. σώζω = er-/retten, befreien, bewahren, heilen. Es wird stets im Kontext mit JHWHs rettendem Heilshandeln gebraucht. „Locus classicus“ dafür ist Ex 14, die Schilderung der Rettung am Schilfmeer.[2] In diesem Kontext ist besonders Ex 14,13a anzusprechen:

„Und Mose sprach zum Volk: Fürchtet euch nicht! Bleibt stehen und schaut auf die Rettung des Herrn, die er für euch heute vollbringt!“

(וַיֹּאמֶר מֹשֶׁה אֶל־הָעָם אַל־תִּירָאוּ הִתְיַצְּבוּ וּרְאוּ אֶת־יְשׁוּעַת יְהוָה אֲשֶׁר־יַעֲשֶׂה לָכֶם הַיּוֹם)

Aber speziell im Psalter wird Gottes rettendes Handeln thematisiert: Rettung wird erbeten für den Beter selbst bzw. für seine Gruppe. Dabei geht es um Errettung sowohl vor einer allgemeinen unspezifischen Not/Bedrängnis als auch konkret vor Feinden (Verfolger, Hasser, Bedränger). Die *Rettung* wird dem Beter dann zuteil durch „Gottes Namen“, „seine Rechte“, „sein heiliger Arm“ (vgl. Ps 98,1b).[3] Ein Beispiel für das Heil Gottes ist Ps 91: Im Schutz des Höchsten kann der Beter zuversichtlich sein, dass ihn kein aus der menschlichen Erfahrungswelt bekanntes Unheil treffen, sondern er durch den Schutz JHWHs verschont bleiben wird.[4] Hier ist insbesondere Ps 91,16 zu nennen:

„Ich sättige ihn mit langem Leben und lasse ihn schauen mein Heil.“

(אֹרֶךְ יָמִים אַשְׂבִּיעֵהוּ וְאַרְאֵהוּ בִּישׁוּעָתִי)

---

[1] Vgl. *Kassühlke*, Rudolf: Kleines Wörterbuch zum Neuen Testament. Griechisch - Deutsch. Stuttgart [6]2013, 186.

[2] Vgl. *Sawyer*, John F. A.: Art. ישׁע. In: Botterweck, Gerhard Johannes / Ringgren, Helmer: Theologisches Wörterbuch zum Alten Testament Bd. III. חמר - יתר (ThWAT III) 1982, 1043–1059, 1043.1053.

[3] Vgl. *Kumpmann*, Christina: Schöpfen, Schlagen, Schützen. Eine semantische , thematische und theologische Untersuchung des Handelns Gottes in den Psalmen. Göttingen 2016, 198-201.

[4] Vgl. *Hossfeld*, Frank-Lothar / *Zenger*, Erich: Psalm 51-100 (NEB.AT 40). Würzburg 2002, 501f.

JHWH ist der Herr über Leben und Tod und kann daher von Tod und Bedrängnis erretten. Die Not/Bedrängnis des Psalmisten kann als eine Art geistiger Tod verstanden werden; insofern ist יְשׁוּעַת (= Errettung) aus der Bedrängnis auch eine Errettung vor dem Tod.[5]

Das Verb הוֹשִׁיעָה (= helfen) wird als soteriologischer „Terminus technicus" primär in religiösen Kontexten verwendet, wobei es darum geht, einer Person *Hilfe* zu bringen. Der Begriff wird u. U. auch in juristischen Kontexten verwendet.[6]

Im jüdisch-christlichen Glauben spielt der Gedanke des „Heils" eine besondere Rolle: Die alt- und neutestamentlichen Zeugnisse der Bibel berichten über die permanente Bedrohung menschlichen Lebens durch Schuld, Krankheit und Tod. Sie zeigen jedoch zugleich auch die beständige Sehnsucht des Menschen nach der heilenden Zuwendung Gottes, ebenso aber auch die menschliche Erfahrung, dass es ein vollkommenes und dauerhaftes Heil im Hier und Jetzt nicht geben kann. Denn der Mensch ist unfähig, das Heil für sich selbst oder andere auf Dauer zu schaffen und zu erhalten. Vielmehr kann das endgültige und bleibende Heil allein von Gott kommen. Hieraus folgt schlussendlich die Erkenntnis, dass das endgültige Heil auch nur theologisch erfasst werden kann: Es besteht theologisch verstanden in der Auferstehung vom Tode und der Anschauung Gottes und ist daher nur eschatologisch zu denken.[7]

Gleichwohl besteht seitens der Menschen die Hoffnung auf das unmittelbare Bevorstehen des Heils Gottes, das gemäß Jesus dem Christus mit dem Reich Gottes bereits nahegekommen ist (vgl. Mk 1,15). Dort, wo Menschen den Willen Gottes tun, ist sein Heil schon angebrochen und das Reich Gottes ist mitten unter ihnen (vgl. Lk 17,21). Die menschliche Lebenserfahrung zeigt jedoch, dass auch dieses angebrochene Heil noch nicht vollendet ist, sondern immer wieder Rückschläge eintreten.

Dies wird besonders deutlich anhand der durch Menschen verursachten Übel wie Kriege zwischen den Menschen und Vernichtung von Mitmenschen aufgrund der Zugehörigkeit zu einer anderen Rasse, Nation oder Religion. Gerade die moderne Zeit hat durch die „Industrialisierung des Tötens"[8] in zwei Weltkriegen und der Schoa gezeigt, dass die

---

[5] Vgl. *Barth*, Christoph: Die Errettung vom Tode. Leben und Tod in den Klage- und Dankliedern des Alten Testaments, Stuttgart ^{2}1997, 11f.

[6] Vgl. *Fabry*, Heinz-Josef: Art. ישע. In: Botterweck, Gerhard Johannes / Ringgren, Helmer: Theologisches Wörterbuch zum Alten Testament Bd. III. חמר - יתר (ThWAT III) 1982, 1035-1043, 1039f.

[7] Vgl. *Vorgrimler*, Herbert: Neues Theologisches Wörterbuch. Freiburg i. Br. ^{6}2008, 272f.

[8] *Linke*, Hans-Jürgen: Ist die Moderne eine Nachkriegszeit? In: Frankfurter Rundschau (2018), E-Paper. Online: https://www.fr.de/kultur/tv-kino/moderne-eine-nachkriegszeit-11105563.html, zuletzt geprüft am 13.11.2022.

Menschen unfähig sind, Frieden zu halten und Heil zu leben. Dennoch bleibt die „Hoffnung gegen alle Hoffnung“[9], indem die Erinnerung wachgehalten wird „an die noch unabgegoltenen Verheißungen Gottes, auf deren Erfüllung die Menschheit zugeht, wenn sie an ihrer innerweltlichen Zukunft arbeitet (ohne deren Vollendung aus eigener Kraft zu erreichen).“[10]

1.2 Vorgehensweise bei der vorliegenden Untersuchung

In einem ersten Schritt erfolgt die literaturtheoretische Darlegung der Methodik, die im Rahmen der Exegese der ausgewählten alt- und neutestamentlichen Perikopen anzuwenden ist. Dabei geht es zum einen um die „kanonisch-intertextuelle Lektüre“ (Steins) als Methodik der Exegese, die auf der Literaturtheorie der „Intertextualität“ (Bachtin / Kristeva) und der hermeneutischen Betrachtung der Perikopen als Teil des biblischen Kanons (Childs) basiert. Zum anderen aber sind bei der Betrachtung der Perikopen auch die literarischen Besonderheiten biblischer Poesie (Weber) und Narration (Bar-Efrat) zu berücksichtigen.

Auf der Basis der literaturtheoretischen Betrachtungen erfolgt die exegetische Untersuchung der ausgewählten alt- und neutestamentlichen Perikopen, deren Zusammenstellung durch das Vorkommen des Theologumenons *„Das Heil unseres Gottes schauen“* bestimmt ist. Zunächst sind die zu untersuchenden Perikopen exakt zu bestimmen und innerhalb des jeweiligen Buches, dessen Bestandteil sie sind, abzugrenzen.

Im nächsten Schritt sind die Perikopen im Kontext des jeweiligen Buches unter Berücksichtigung ihrer literarischen Gattung zu analysieren. Das methodische Programm der Untersuchung folgt dabei dem methodischen Modell der „diachron reflektierten Synchronie“ (Zenger / Berges), d. h. es geht zwar um die Interpretation der vorliegenden „Endgestalt“ (Childs) der Texte, aber es wird auch versucht, im Rahmen der *Textkritik* der Einzeltexte „aufgehobene Teilaussagen“ (Zenger) redaktioneller Vorstufen des Endtextes nachzuvollziehen und für die Interpretation nutzbar zu machen.

Darüber hinaus bleibt die Analyse jedoch nicht beim Einzeltext stehen, sondern fragt weiter nach den *intratextuellen* Kontexten innerhalb der Perikope sowie mit Schwerpunkt nach den *intertextuellen* Zusammenhängen innerhalb des Kanons und darüber hinaus

---

[9] *Vorgrimler,* Theologisches Wörterbuch, 273.
[10] *Vorgrimler,* Theologisches Wörterbuch, 297; für den gesamten Abschnitt vgl. *Vorgrimler,* Theologisches Wörterbuch, 273.297.

kanonübergreifend im Rahmen einer „kanonisch-intertextuellen Lektüre“ (Steins) zwischen den Perikopen Ps 98, Jes 52, Lk 2 und Lk 3, wobei der Fokus insbesondere auf der Redefigur „*Das Heil unseres Gottes schauen*“ liegt. Dabei sind für die beiden alttestamentlichen Perikopen textliche Differenzen zwischen hebräischer und griechischer Fassung zu beachten, was im Detail jeweils abweichende Untersuchungsergebnisse als Resultat haben kann.

Für Ps 98 ergibt sich die Abgrenzung der Perikope unmittelbar aus dem Psalm selbst, d. h. der Psalm ist *die* auszulegende Perikope. Nach einer textkritischen Untersuchung und Bestimmung der Gattung ist der Ps 98 hinsichtlich seiner poetischen Struktur zu analysieren. Dabei sind ggf. Abweichungen zwischen MT und LXX zu berücksichtigen. Weiterhin ist der Ps 98 als Teil der thematisch-inhaltlichen Gruppe der „JHWH-König-Psalmen“[11] unter Berücksichtigung seiner intertextuellen Verbindungen zu betrachten. Ebenso sind die intertextuellen Relationen innerhalb des alttestamentlichen Kanons (hier: Jesajabuch) sowie kanonübergreifend in neutestamentlichen Texten (hier: Lukasevangelium) zu erheben, wobei die entsprechenden „Markierungen“ (Broich) und die Qualität der intertextuellen Bindung zu beachten sind. Anschließend ist der Ps 98 interpretatorisch auszulegen.

Hinsichtlich der Abgrenzung der Perikope Jes 52,7-10 gilt die entsprechende Aussage zu Ps 98 nicht: Vielmehr ist hier unter Berücksichtigung inhaltlicher Zusammenhänge die zu untersuchende Perikope innerhalb des Gesamtkapitels Jes 52 abzugrenzen. Anschließend ist die Perikope textkritisch zu untersuchen und ihre Gattung zu bestimmen sowie in Bezug auf ihre poetischen Struktur zu analysieren. Im nächsten Schritt gilt es, Jes 52,7-10 als Teil des Buches Deuterojesaja im Hinblick auf seine intertextuellen Bezüge zu untersuchen. Desgleichen sind die intertextuellen Verbindungen innerhalb des alttestamentlichen Kanons sowie kanonübergreifend in den neutestamentlichen Schriften unter Beachtung von intertextuellen Markierungen und Qualität zu erfassen. Abschließend folgt die Interpretation der gesamten Perikope.

Für die Abgrenzung der neutestamentlichen Perikopen Lk 2,29-32 und Lk 3,4-6 gelten sinngemäß die Aussagen zu Jes 52: Die beiden Perikopen sind innerhalb des Lukasevangeliums inhaltlich abzugrenzen. Sodann sind sie textkritisch sowie hinsichtlich ihrer poetischen und narrativen Struktur zu analysieren und bezüglich ihrer Gattung zu bestim-

---

[11] Vgl. *Hossfeld*, Frank-Lothar / *Zenger*, Erich: Psalmen 51-100 (HThK.AT). Freiburg i. Br. 2000, 34.

men. Des Weiteren sind ihre intertextuellen Bezüge als Teil des Lukasevangeliums sowie ihre intertextuellen Relationen innerhalb des neutestamentlichen Kanons sowie kanonübergreifend in den alttestamentlichen Schriften unter Berücksichtigung der intertextuellen Markierungen sowie der Qualität der intertextuellen Bezüge zu untersuchen. Danach sind die beiden Perikopen zu interpretieren.

Abschließend sind die Ergebnisse der Einzeluntersuchungen zu den Perikopen im Hinblick auf die Redefigur „*Das Heil unseres Gottes schauen*" in einer theologischen Auswertung zusammenfassend zu evaluieren.

1.3 Implikationen für eine gesamtbiblische Theologie

Anhand der Resultate der kanonisch-intertextuellen Exegese ist zu fragen, welche Implikationen sich hieraus für eine *gesamtbiblische* Theologie ergeben, wobei es um den roten Faden bezüglich des Heils Gottes für die Menschheit und die Schöpfung geht:

1. Wie steht Gott zu seiner Heilsverheißung an sein Volk Israel und zu seiner Mission für Israel gegenüber den Völkern angesichts des moralischen Versagens des Volkes bzw. insbesondere seiner Führungseliten?
2. Welche Mission hat Gottes Volk Israel aufgrund seiner eigenen Heilsverheißung und seiner selbst erlebten Erfahrungen mit dem Heilshandeln Gottes gegenüber den Völkern wahrzunehmen?
3. Welche eschatologische Heilsverheißung Gottes ergibt sich aus den zu untersuchenden Perikopen für die Völker und welche Rolle ergibt sich hieraus für Gottes Volk Israel?
4. Welche Bedeutung hat Jesus der Christus in diesem Zusammenhang für das Heil sowohl für Israel als auch für die Völker?
5. Gott ist der gerechte und getreue Richter der Welt am Ende der Zeiten. Was ergibt sich aus den zu untersuchenden Texten im Hinblick auf das eschatologische Weltgericht Gottes für sein Volk Israel, die Völker und damit verbunden für die Schöpfung Gottes insgesamt?

2 Literaturtheoretische Hinführung zur „kanonisch-intertextuellen Lektüre"

Hinsichtlich der Methoden der Bibelexegese sieht Christoph Dohmen zu Recht einen „Dschungel der zahlreichen Auslegungsarten"[12]. Daher ist vor dem Einstieg in die exegetische Analyse der Redefigur „*Das Heil unseres Gottes schauen*" (Ps 98,3; Jes 52,10; Lk 2,30-32; Lk 3,6) aus der konzeptionellen Vielfalt zunächst der hierzu ein geeigneter methodischer Ansatz auszuwählen und zu explizieren.

In der 1. Hälfte des 20. Jh. ist die Exegese von Bibeltexten überwiegend mit Hilfe historisch-kritischer Methoden betrieben worden, d. h. man hat die Texte primär unter Berücksichtigung ihrer geschichtlichen Entstehung, der Autorenintention und der Rekonstruierbarkeit ältester Textstufen analysiert. Seit den 1970er Jahren wird jedoch eine methodische Neuorientierung gefordert, bei welcher der Endtext Gegenstand der (synchronen) Betrachtung sein soll.[13]

In der Literaturwissenschaft sind im Laufe der Zeit zahlreiche neue literaturtheoretische Konzeptionen entwickelt worden, die teilweise direkt oder in Anlehnung ohne unmittelbaren Rekurs auch für die Exegese biblischer Texte relevant geworden sind.[14] Dies ist Bar-Efrat zufolge auch sachlich angemessen: Zwar habe die historisch-kritische Exegese erheblich zum Wissen über die Welt und die Literatur der Bibel beigetragen, dennoch sei der literarische Zugang zu den Texten der Bibel nicht weniger wichtig. Schlussendlich gehe es nicht allein nur um die Erkenntnis bezüglich des *Werdens* der biblischen Texte, sondern auch hinsichtlich ihres *Seins*. Letzteres zu erfassen, sei die unerlässliche Aufgabe der literarischen Analyse. Käser sieht in der literaturwissenschaftlich orientierten Textinterpretation eine Chance, die durch die historisch-kritische Exegese bislang vernachlässigte poetisch, ästhetisch-kunstvolle Gestaltung biblischer Texte wahrzunehmen. Ohne literaturwissenschaftliche Methoden sei es nämlich nicht möglich, das *Wesen* biblischer Texte und ihre *Verflechtungen* vollständig zu verstehen.[15]

---

[12] *Dohmen*, Christoph: Die Bibel und ihre Auslegung. München ^{3}2006, 102.

[13] Vgl. *Fischer*, Georg u. a.: Wege in die Bibel. Leitfaden zur Auslegung. Stuttgart ^{4}2011, 49.

[14] Vgl. *Käser*, Andreas: Literaturwissenschaftliche Interpretation und historische Exegese. Die Erzählung von David und Batseba als Fallbeispiel (BWANT 211). Stuttgart 2016, 37f.

[15] Vgl. *Bar-Efrat*, Shimon u. a.: Wie die Bibel erzählt. Alttestamentliche Texte als literarische Kunstwerke verstehen. Gütersloh 2006, 19f; vgl. hierzu auch *Käser*, Literaturwissenschaftliche Interpretation, 13.

Die vorliegende Untersuchung will die Spur der biblischen Redefigur „*Das Heil unseres Gottes schauen*“ nachvollziehen und daraus Implikationen einer gesamtbiblischen Theologie für den heutigen Rezipienten ableiten. Hierzu wird einer literarischen, synchronen Vorgehensweise der Vorzug gegeben. Da die Redefigur in drei verschiedenen Büchern der Bibel – davon zwei alttestamentliche und ein neutestamentliches – vorkommt, ist hierzu die kanonisch-intertextuelle Untersuchung der Perikopen Ps 98 mit Jes 52,7-10, Lk 2,29-32 und Lk 3,4-6 hinsichtlich ihrer textlichen Relationen die indizierte Methode. Zuvor sind jedoch in einem ersten Schritt die Perikopen jeweils individuell literaturwissenschaftlich mit den für sie angemessenen Methoden der Poetik, der Dramatik bzw. der Narratologie bezüglich ihrer theologischen Bedeutung zu analysieren.

Merz konstatiert 2001, dass das Phänomen *intertextueller Bezüge* im Prinzip immer schon im Fokus der wissenschaftlichen Erforschung alt- und neutestamentlicher Texte stehe. Sowohl bei der Suche nach schriftlichen oder mündlichen Quellen biblischer Texte als auch bei Vergleichen dieser Texte mit antiker Literatur zur Bestimmung der Textgattung oder bei historischen Vergleichen religionsgeschichtlicher und allgemeingeschichtlicher Art gehe es immer um die Bezogenheit des auszulegenden Textes auf andere Texte. Gleichwohl sei diese Erkenntnis – sehr zum Schaden der Exegese – bislang nur selten Gegenstand methodischer Reflexion gewesen.[16] Jedoch ist diese Aussage aus heutiger Sicht nicht mehr zutreffend: So wie Merz selbst die intertextuelle Exegese anwendet, haben inzwischen auch weitere Exegeten die intertextuelle Methodik (weiter-)entwickelt und genutzt.[17]

2.1 Intertextualität in der literarischen Bibelexegese

Im Zuge des Paradigmenwechsels, der Ende der 1960er Jahre innerhalb der Literaturwissenschaft stattgefundenen hat, ist das Postulat der *Werkimmanenz* bzw. der ausschließlichen Fokussierung auf den literarischen Text als *in sich geschlossenes organisches Ganzes* radikal in Frage gestellt worden. Zur terminologischen und konzeptionellen Verortung dieses Paradigmenwechsels hat Julia Kristeva den Begriff der *Intertextualität* in die

---

[16] Vgl. *Merz*, Annette: Die fiktive Selbstauslegung des Paulus. Intertextuelle Studien zur Intention und Rezeption der Pastoralbriefe (NTOA 52). Göttingen u. a. 2004, 1.

[17] Exemplarisch seien hier die Dissertationen von Michael Hartmann (2000), Maria Theresia Ploner (2007), Heike Braun (2010) und Marianne Moser (2014) genannt, auf die in den folgenden Ausführungen noch eingegangen wird.

literaturwissenschaftliche Forschung eingeführt.[18] In der deutschen Literaturwissenschaft hat der Begriff der *Intertextualität* seit den 1990er Jahren vermehrt Eingang gefunden.[19]

2.1.1 Entwicklung der literaturwissenschaftlichen Grundlagen

Einführend ist zunächst zu berücksichtigen, dass der Begriff *Intertextualität* nicht für eine *Methode* steht, sondern eine theoretische Basis mit durchaus unterschiedlichen Denkansätzen darstellt, die sich mit dem *Phänomen* Text beschäftigen.[20]

In diesem Sinne geht es bei *Intertextualität* allgemein gesprochen um die Relationen zwischen Texten. Diese grundsätzliche Aussage ist in der Literaturwissenschaft unumstritten. Umstritten ist jedoch die Frage danach, welche Arten von Beziehungen hierunter zu subsumieren sind. Je nachdem, wie der Begriff konkret inhaltlich gefüllt wird, kann Intertextualität entweder als eine Eigenschaft von Texten generell oder als eine spezifische Eigenschaft bestimmter Texte gesehen werden.[21] Eine allgemeingültige Definition des Phänomens *Intertextualität* ist daher problematisch und hängt schlussendlich von der zugrunde gelegten Texttheorie und der damit verbundenen Bestimmung des Text-Begriffs sowie den daraus resultierenden methodologischen Implikationen ab.[22]

Dementsprechend bestehen in der heutigen Literaturwissenschaft zwei grundsätzliche Denkrichtungen: Die eine Richtung folgt konsequent dem radikalen Postulat Julia Kris-

---

[18] Vgl. *Holthuis*, Susanne: Intertextualität. Aspekte einer rezeptionsorientierten Konzeption (StCol 28). Tübingen 1993, 12.

[19] Vgl. *Ternès*, Anabel: Intertextualität. Der Text als Collage. Wiesbaden 2016, 18. Anabel Ternès kritisiert dabei: Da das ursprüngliche Konzept aus Gründen der Operationalisierbarkeit oftmals weit vereinfacht worden sei, bliebe nur noch ein theoretischer Restbestand übrig, der sich kaum noch von den klassischen Methoden der Zitat-, Allusion- und Motivforschung unterscheide (vgl. Ternès, Intertextualität, 18). Der kritischen Haltung Ternès in Bezug auf die Vereinfachung des Begriffs der Intertextualität ist jedoch die Argumentation der Literaturwissenschaftler Ulrich Broich und Manfred Pfister entgegenzuhalten, die im Hinblick auf Kristevas Theorie zu dem Schluss kommen, dass die Auffassung von Intertextualität, jeder Text sei in all seinen Elementen intertextuell, seine Trennschärfe und damit seine wissenschaftliche Brauchbarkeit verliere (vgl. *Broich*, Bezugsfelder der Intertextualität, 48). Für Zwecke der Textanalyse und -interpretation sei daher zweifellos das engere Modell das angebrachte, weil es sich einfacher in operationalisierte Analysemethoden überführen lasse, wohingegen das weitgefasste ursprüngliche Modell lediglich für literaturtheoretische Überlegungen von größerer Bedeutung sei (vgl. *Pfister*, Konzepte der Intertextualität, 25).

[20] Vgl. *Moyise*, Steve: Intertextualität und historische Zugänge zum Schriftgebrauch im Neuen Testament. In: Alkier, Stefan / Hays, Richard B. (Hg.): Die Bibel im Dialog der Schriften. Konzepte intertextueller Bibellektüre (NET 10). Tübingen 2005, 23–34, 23;

[21] Vgl. *Pfister*, Manfred: Konzepte der Intertextualität. In: Broich, Ulrich / Pfister, Manfred u. a. (Hg.): Intertextualität. Formen, Funktionen, anglistische Fallstudien (KSpLW 35). Tübingen 1985, 1–30, 11; *Alkier*, Stefan: Die Bibel im Dialog der Schriften und das Problem der Verstockung in Mk 4. Intertextualität im Rahmen einer kategorialen Semiotik biblischer Texte. In: Alkier, Stefan / Hays, Richard B. (Hg.): Die Bibel im Dialog der Schriften. Konzepte intertextueller Bibellektüre (NET 10). Tübingen 2005, 1–22, 1. Alkier formuliert hierzu: „Texte sind relationale Zeichengebilde. Kein Text wird isoliert von anderen Texten produziert oder rezipiert (Alkier, Bibel im Dialog, 1)."

[22] Vgl. *Holthuis,* Intertextualität, 29.

tevas des sich selbst reproduzierenden offenen Textes als universalen Intertext. Die andere Richtung – von Broich und Pfister vertreten – versucht, das theoretische Konzept zu operationalisieren, und sieht Intertextualität nicht als eine allgemeine, sondern als eine spezifische Eigenschaft von Texten und als spezifische Strategie im jeweiligen Text verortet.[23]

2.1.1.1 Ursprünglicher, umfassender Begriff der Intertextualität

Die 1960er Jahre sind literaturtheoretisch geprägt von der Methodik des *Strukturalismus*, dessen Ideal in der Wissenschaftlichkeit besteht. Texte gelten dementsprechend als objektiv beschreibbare in sich geschlossene Strukturen. Infolgedessen werden Texte ausschließlich *textimmanent* analysiert. Geschichtliche und kulturelle Kontexte hingegen werden weitgehend ausgeblendet, Rezeption und kreatives Lesen werden konsequent von dem als in sich konsistent gedachten Text getrennt.[24] Gemäß Ferdinand de Saussure besteht die Grundidee des *Strukturalismus* darin, den Untersuchungsgegenstand in seine Bestandteile zu zerlegen, um die Anordnung seiner Komposition zu verstehen. Es geht primär darum, die Relationen der einzelnen Elemente zu analysieren, um so die Konstruktionsregeln zu identifizieren.[25] Roland Barthes bezeichnet diese Vorgehensweise als „strukturalistische Tätigkeit“ und als „Nachahmung“, die sich technisch nicht vom wissenschaftlichen Strukturalismus unterscheidet.[26]

Michail M. Bachtin ist einer der ersten, die die statische Zerlegung von Texten abgelehnt haben. Anstelle dessen setzt er ein Modell, in dem die literarische Struktur nicht bereits in sich vorgegeben ist, sondern erst aus der Beziehung zu anderen Strukturen entsteht. Diese Dynamisierung des Strukturbegriffs setzt jedoch voraus, dass das *literarische Wort* nicht als feststehender Sinn verstanden wird, sondern vielmehr als Überlagerung ver-

---

[23] Vgl. *Holthuis*, Intertextualität, 16; *Ploner*, Maria Theresia: Die Schriften Israels als Auslegungshorizont der Jesusgeschichte. Eine narrative und intertextuelle Analyse von Mt 1-2 (SBB 66). Stuttgart 2011, 39f; *Broich*, Bezugsfelder der Intertextualität, 48; *Pfister*, Konzepte der Intertextualität, 25.
[24] Vgl. *Alkier*, Bibel im Dialog, 2.
[25] Vgl. *Köppe*, Tilmann / *Winko*, Simone: Neuere Literaturtheorien. Eine Einführung. Stuttgart, Weimar ²2013, 49; *Alkier*, Stefan: Intertextualität - Annäherung an ein texttheoretisches Paradigma. In: Sänger, Dieter (Hg.): Heiligkeit und Herrschaft. Intertextuelle Studien zu Heiligkeitsvorstellungen und zu Psalm 110 (BThSt 55). Neukirchen-Vluyn 2003, 1-26, 4.
[26] Vgl. *Barthes*, Roland: Die strukturalistische Tätigkeit. In: Kimmich, Dorothee u. a. (Hg.): Texte zur Literaturtheorie der Gegenwart. Stuttgart 2004, 215–223, 216f.

schiedener Textebenen, die den *Dialog* von Schriftsteller, Adressat sowie gegenwärtigem und vergangenem Kontext repräsentieren.[27]

Hierzu stellt Bachtin den Text in den Kontext von Geschichte und Gesellschaft, welche er gleichermaßen als Texte ansieht, die der Schriftsteller liest und in die er sich beim Schreiben einfügt.[28] Bachtin konstatiert in diesem Zusammenhang, dass „[d]er Text [nur] lebt […], indem er sich mit einem anderen Text (Kontext) berührt." Dabei führt „[j]edes Wort (jedes Zeichen) eines Textes über seine Grenzen hinaus."[29]

Diese bereits dem Wort immanente *Dialogizität* macht Bachtin bevorzugt an Prosatexten fest. Im Gegensatz zur Poesie, die er als *monologisch* sieht, ist für ihn allein der Prosatext *dialogisch* und *polyphon*. Nur dieser relativiert gesellschaftliche und ideologische Systeme, stellt sie in Frage und unterläuft sie, indem er diverse Meinungen in die Erzähler- und Figurenrede einfließen lässt und so als Redevielfalt die sozioideologischen Stimmen seiner Epoche bündelt. Die Poesie hingegen begnügt sich mit dem Wort, ohne seine ihm eigentlich immanente Dialogizität zu nutzen.[30]

Bachtins *Dialogizität* ist insofern primär soziopolitisch zu verstehen. Er bezieht Dialogizität auf die Polyphonie *innerhalb* eines Textes, in dem unterschiedliche Sprecher ihre jeweilige ideologische Position gleichberechtigt nebeneinanderstellen im Gegensatz zur Lyrik, die gesellschaftlich gesehen *monologisch* strukturiert ist.[31] Die Bedeutung der Dialogizität besteht für Bachtin darin, dass *dialogische* Texte zur kritischen Meinungsbildung einladen, während *monologische* Texte zur Unmündigkeit verleiten.[32]

Kristeva überträgt das Konzept Bachtins von der *Dialogizität des Wortes* auf Texte *insgesamt* und kreiert damit die Theorie der *Intertextualität*, wobei sie in ihrem Grundlagenwerk „*Bakhtine, le mot, le dialogue et le roman*"[33] Bachtins Arbeiten aufgreift und erwei-

---

[27] Vgl. *Kristeva*, Julia: Bachtin, das Wort, der Dialog und der Roman. In: Kimmich, Dorothee u. a. (Hg.): Texte zur Literaturtheorie der Gegenwart. Stuttgart 2004, 334–348, 335.

[28] Vgl. *Kristeva*, Bachtin, das Wort, der Dialog und der Roman, 335.

[29] *Bachtin*, Michail M.: Die Ästhetik des Wortes. In: *Bachtin*, Michail M. / *Grübel*, Rainer (Hg.): Die Ästhetik des Wortes. Frankfurt am Main ^{7}2005, 353.

[30] Vgl. *Holthuis*, Intertextualität, 12f; *Herrmann*, Karin: Dialogizität und Intertextualität. Terminologische Fingerübungen im Hinblick auf die Zitatgedichte Ernst Meisters. In: Herrmann, Karin / Hübenthal, Sandra (Hg.): Intertextualität. Perspektiven auf ein interdisziplinäres Arbeitsfeld (SprK). Aachen 2007, 12-25, 15; *Bachtin*, Die Ästhetik des Wortes, 172.177.191.

[31] Vgl. *Herrmann*, Dialogizität und Intertextualität, 16f; *Pfister*, Konzepte der Intertextualität, 5f; *Grübel*, Rainer: Zur Ästhetik des Wortes bei Michail M. Bachtin. In: Bachtin, Michail M. / Grübel, Rainer (Hg.): Die Ästhetik des Wortes. Frankfurt am Main ^{7}2005, 21-78, 45.

[32] Vgl. *Ploner*, Die Schriften Israels, 37; *Bachtin*, Die Ästhetik des Wortes, 165f.

[33] Deutsche Übersetzung: *Kristeva*, Julia: „Bachtin, das Wort, der Dialog und der Roman". In: Kimmich, Dorothee u. a.: Texte der Literaturtheorie der Gegenwart, Stuttgart 1996, 334-348.

tert.[34] Sie entdeckt in Bachtins Werk die Möglichkeit, Literatur und Gesellschaft zusammenzudenken und das Wort nicht als Punkt, sondern als Dialog zu begreifen. Jedoch während Bachtin den Dialog auf die Polyphonie *innerhalb* eines Textes bezieht, erweitert Kristeva diesen Aspekt und begreift den Dialog als Beziehung *zwischen* verschiedenen Einzeltexten. Diese Beziehung zwischen Texten bezeichnet sie als *Intertextualität*.[35]

Für Kristeva baut sich

> „jeder Text [...] als Mosaik von Zitaten auf, jeder Text ist Absorption und Transformation eines anderen Textes. An die Stelle des Begriffs der Intersubjektivität tritt der Begriff der *Intertextualität*, ...".[36]

Da in diesem Sinne jeder Text in intertextuellen Bezügen zu anderen Texten steht, ist *Intertextualität* folglich kein bewusstes Aufgreifen oder Zitieren eines Quellentextes, sondern vielmehr ein *universales Prinzip der Textkonstitution* an sich. Diese vertikale Beziehungsebene gehört zum Text ebenso immanent dazu wie dessen Wortmaterial. Die horizontale Beziehungsebene zwischen Autor und Leser hingegen – auch als *Intersubjektivität* bezeichnet – ist von untergeordneter Bedeutung. Der Autor als Urheber und kontrollierende Instanz des Textes tritt daher vollständig in den Hintergrund (*Tod des Autors*).[37]

Diese Dekonstruktion des Subjekts als Träger der intentionellen Instanz führt zur Vorstellung einer *subjektlosen Produktivität*, in der sich der Text im intertextuellen Prozess ständig, d. h. potentiell unendlich selbst produziert und reproduziert, indem er andere Texte absorbiert und transformiert. Infolgedessen gilt für den Text:

1. Es besteht keinerlei Individualität und Intentionalität.
2. Texte sind nicht begrenzt oder sinnkonsistent.
3. Sie sind vielmehr offen und polyvalent.[38]

Damit radikalisiert Kristeva Bachtins Begriff der *Dialogizität* gleich zweifach: Zum einen bestimmt sie *Intertextualität* als generelle und genuine Eigenschaft von Texten überhaupt und setzt damit grundsätzlich *Textualität* und *Intertextualität* gleich. Zum andern erfasst

---

[34] Vgl. *Hartmann*, Michael: Der Tod Johannes' des Täufers. Eine exegetische und rezeptionsgeschichtliche Studie auf dem Hintergrund narrativer, intertextueller und kulturanthropologischer Zugänge (SBS 45). Stuttgart 1999, 17; *Berndt*, Frauke / *Tonger-Erk*, Lily u. a.: Intertextualität. Eine Einführung (GrG 53). Berlin 2013, 34.

[35] Vgl. *Herrmann*, Dialogizität und Intertextualität, 18.

[36] *Kristeva*, Bachtin, das Wort, der Dialog und der Roman, 337.

[37] Vgl. *Köppe / Winko*, Neuere Literaturtheorien, 128. Siehe hierzu auch *Barthes*, Roland: La mort de l'auteur. Deutsche Übersetzung: Der Tod des Autors. In: Jannidis, Fotis u. a. (Hg.): Texte zur Theorie der Autorschaft. Stuttgart 2000, 185-193 u. *Foucault*, Michel: Qu'est-ce qu'un auteur? Deutsche Übersetzung: Was ist ein Autor? In: Jannidis, Fotis u. a. (Hg.): Texte zur Theorie der Autorschaft. Stuttgart 2000, 198-229. Barthes wie auch Foucault sehen den Autor als ein seit dem Ende des Mittelalters entstandenes Konstrukt der bürgerlichen Gesellschaft, das mit Veränderung der Gesellschaft überflüssig wird.

[38] Vgl. *Holthuis*, Intertextualität, 14f.

sie in Konsequenz ihrer ideologiekritischen Perspektive Text als *Gesellschaft* bzw. *historio-kulturelles Paradigma* und führt so einen total entgrenzten und damit völlig offenen Textbegriff ein. Dementsprechend definiert sie *Text* als *transsemiotisches Universum* bzw. als *Konglomerat aller Sinnsysteme* und *kulturellen Codes*, das über die Idee verbaler Zeichensysteme hinausgeht.[39] Aufgrund dieser totalen Entgrenzung des Textbegriffs sind intertextuelle Relationen kein rein innerliterarisches Phänomen mehr, sondern umfassen semiotisch beschreibbare Objekte unterschiedlichen Typs. Damit wird auch der Begriff des Lesens erweitert, indem er mit den Begriffen des Verstehens und des Wahrnehmens zusammenfällt.[40]

Karlheinz Stierle kritisiert Kristevas Verständnis von *Intertextualität* als umfassender Begriff, indem er feststellt:

> „Der Mythos der Intertextualität hält [...] einer systematischen Betrachtung nicht stand. Daß aber das Konzept der Intertextualität, wenn es von einer textideologischen zu einer deskriptiven, auf das je einzelne Verhältnis bezogenen Kategorie gemacht wird, für das Verständnis einer noch zu wenig beachteten kommunikativen Dimension der Werke fruchtbar ist, steht außer Frage.“[41]

Diesem Urteil ist durchaus zuzustimmen, da die Methodik der *Intertextualität* an sich ausgesprochen hilfreich ist, Zusammenhänge und Abhängigkeiten sowie die „Entwicklungshistorie“ von Texten zu beschreiben und zu erkennen, während eine Anwendung im Sinne eines total entgrenzten und damit völlig offenen Textbegriffs ohne praktischen Nutzen für die literarische Arbeit ist und insofern *l'art pour l'art* darstellt.

2.1.1.2 Neuer, engerer Begriff der Intertextualität

Kristevas Theorie der *Intertextualität* des offenen Textes, der sich universell auf alle Texte bezieht, ermöglicht in der Praxis keine gezielten Textanalysen zu konkreten intertextuellen Bezugnahmen einzelner Texte. Verschiedene Literaturtheoretiker haben daher versucht, die umfassende Perspektive Kristevas in ein methodisches Konzept zu bringen, das eine Textanalyse konkreter Texte erlaubt.[42]

---

[39] Vgl. *Holthuis,* Intertextualität, 14.

[40] Vgl. *Köppe / Winko,* Neuere Literaturtheorien, 129. Auf die metaphysischen und ideologischen Implikationen der Auffassungen Kristevas wird an dieser Stelle nicht eingegangen, da diese für die Thematik der Studie nicht weiter relevant sind.

[41] *Stierle*, Karlheinz: Werk und Intertextualität. In: Stierle, Karlheinz / Warning, Rainer (Hg.): Das Gespräch (PuH XI). München ²1996, 139–150, 150.

[42] Vgl. *Schneider*, Michael: Art. Intertextualität. In: Das Wissenschaftliche Bibellexikon. Stuttgart 2018, http://www.bibelwissenschaft.de/stichwort/200262/, zuletzt geprüft am: 25.10.2023, 3.

In diesem Sinne beschreibt Genette in seiner Veröffentlichung „*Palimpseste. La littérature au second degré*" von 1977/78[43] unterschiedliche Formen von Intertextualität und verwendet dafür den Sammelbegriff *Transtextualität*, den er nach dem Grad der textlichen Bezugnahme in fünf Phänomene unterteilt:[44]

1. Als erstes Phänomen nennt er die *Intertextualität*, die er gleichwohl jedoch restriktiver als Kristeva definiert, nämlich „als Beziehung der Kopräsenz zweier oder mehrerer Texte, d. h. in den meisten Fällen, eidetisch gesprochen, als effektive Präsenz eines Textes in einem anderen Text".[45] Dementsprechend folgert er, dass ein Intertext immer nur dann vorliegt, wenn der Rezipient Bezüge zwischen einem Werk und einem anderen bzw. anderen Werken wahrnehmen kann, die diesem vorausgegangen oder ihm nachgefolgt sind. Die wörtlichste und damit einfachste Form des Intertextes ist das traditionelle *Zitat*; eine weniger explizite Form ist das *Plagiat* als wörtliche, jedoch nicht deklarierte Entlehnung. Darüber hinaus gibt es noch die weniger explizite und weniger wörtliche Form der *Anspielung*, d. h. eine Aussage, zu deren Verständnis die Kenntnis der Relation zwischen der Anspielung und dem Text Voraussetzung ist, auf den sich die Wendung bezieht.[46]
2. Das zweite Phänomen nach Genette ist die *Paratextualität*, die eine weniger explizite bzw. enge Bindung zum eigentlichen Text hat. Hierzu gehören Begleittexte wie Titel, Untertitel, Vorworte, Nachworte, Einleitungen, Fußnoten etc.[47]
3. Ein drittes Phänomen ist die *Metatextualität*, worunter ein Kommentar zu verstehen ist, der sich mit einem anderen Text auseinandersetzt, ohne ihn unbedingt zu zitieren oder auch nur konkret zu erwähnen.[48]
4. Das vierte Phänomen wird als *Hypertextualität* bezeichnet. Damit bezeichnet er die Relation eines Hyper- zu einem Hypotext. Hierbei geht es um eine Überlagerung von Texten, wobei der Hypertext von einem (früheren) Hypotext abgeleitet ist, den er überlagert.[49]

---

[43] Deutsche Übersetzung: *Genette*, Gérard: Palimpseste. Die Literatur auf zweiter Stufe. Frankfurt a. M. ^{8}2018.
[44] Vgl. *Schneider*, Intertextualität, 3; *Genette*, Palimpseste, 9f; Genette verwendet hierfür auch den Begriff „*textuelle Transzendenz des Textes*".
[45] *Genette*, Palimpseste, 10.
[46] Vgl. *Genette*, Palimpseste, 10.
[47] Vgl. *Genette*, Palimpseste, 11f.
[48] Vgl. *Genette*, Palimpseste, 13.
[49] Vgl. *Genette*, Palimpseste, 14f u. 18.

5. Als fünftes Phänomen nennt Genette die *Architextualität*, womit die taxonomische Zuordnung eines Textes zum Ausdruck kommt, und bezeichnet dies als unausgesprochene Beziehung.[50]

Vor allem auch die deutsche Literaturwissenschaft hat eine engere Auffassung von Intertextualität entwickelt. Sie stellt dabei die Operationalisierbarkeit in den Vordergrund und qualifiziert daher nur solche Texte als intertextuell, die eindeutig zu identifizieren und demzufolge für eine Textanalyse von relevanter Bedeutung sind.[51]

Holthuis begründet die Notwendigkeit eines engeren Verständnisses von Intertextualität damit, dass notwendigerweise von einem restriktiveren Text-Begriff ausgegangen werden muss, wenn es um textanalytische Ansätze geht, da diese ein operationalisierbares Intertextualitätskonzept voraussetzen.[52]
Sie versucht einen

> „Brückenschlag [...] zwischen text- und rezeptionsorientierten Ansätzen und damit eine vermittelnde Position [...], die – soweit möglich – die Operationalisierbarkeit des Konzepts zum Ziel hat, ohne dabei von vornherein zu stark zu reduzieren".[53]

Hierbei geht es ihr um den Ansatz, einerseits vom Text motivierte Intertextualitätssignale und andererseits die nicht durch textinhärente Eigenschaften initiierte Interaktion zwischen Text und Rezipienten als Gegenstand der Textinterpretation zu berücksichtigen.[54] Schlussendlich steht jedoch der Rezipient im Vordergrund ihrer Betrachtung, bei dem sie im Rahmen der *intertextuell gelenkten Textinterpretation* die Kompetenz voraussetzt, mit Hilfe seiner Kenntnisse und Erfahrungen die intertextuellen Relationen aufgrund der im Text vorhandenen *Intertextualitätssignale* zu identifizieren. Somit ist also die *Instanz des Lesers* diejenige, die den Kommunikationsprozess der Intertextualität auslöst.[55]

Bereits Broich und Pfister haben 1985 einen engeren Begriff der Intertextualität geprägt, der nicht nur das Verhältnis von Texten und Prätexten untereinander, sondern auch die Interaktion von Autor und Rezipienten beinhaltet.[56] Denn bei der Betrachtung der Intertextualität lassen sich weder Autor noch Adressat ausblenden, weil die Verknüpfung von

---

[50] Vgl. *Genette*, Palimpseste, 13f. Schneider erklärt dieses Phänomen auch als Zuordnung eines Textes zu Genres (vgl. *Schneider*, Intertextualität, 3.).
[51] Vgl. *Moser*, Marion: Schriftdiskurse im Johannesevangelium. Eine narrativ-intertextuelle Analyse am Paradigma von Joh 4 und Joh 7 (WUNT 2/380). Tübingen 2014, 10; *Holthuis*, Intertextualität, 22.
[52] Vgl. *Holthuis,* Intertextualität, 16.
[53] *Holthuis,* Intertextualität, 32.
[54] Vgl. *Holthuis,* Intertextualität, 32.
[55] Vgl. *Holthuis,* Intertextualität, 33; *Moser,* Schriftdiskurse, 12.
[56] Vgl. *Pfister,* Konzepte der Intertextualität, 11.

Texten jeweils im Kopf von Autor und Rezipienten stattfindet und demzufolge immer kognitiv bestimmt ist.[57]

Demzufolge liegt gemäß Broich

> „[...] Intertextualität dann vor, wenn ein Autor bei der Abfassung seines Textes sich nicht nur der Verwendung anderer Texte bewußt ist, sondern auch vom Rezipienten erwartet, daß dieser die Beziehung zwischen seinem Text und anderen Texten als vom Autor intendiert und wichtig für das Verständnis des Textes erkennt."[58]

Neben diesem *Kernbereich* der Intertextualität – dieser wird auch als *Einzeltextreferenz* bezeichnet – ist noch ein *Randbereich* der Intertextualität zu sehen, der *Systemreferenz* genannt wird und der im weitesten Sinne die Beziehungen zum sozio-kulturellen Kontext umfasst.[59] Dieser Randbereich der Intertextualität ist offenbar der Absicht geschuldet, zwischen den Dialogiziäts- bzw. Intertextualitätsvorstellungen Bachtins und Kristevas einerseits und den Notwendigkeiten, die sich aus einer konkreten Textanalyse ergeben, andererseits zu vermitteln.[60]

Im Sinne der von Broich und Pfister postulierten Interaktion zwischen Autor und Rezipienten bedarf Intertextualität einer Prämisse für einen Kommunikationsprozesses, bei dem nicht nur beide Partner um die Intertextualität des betroffenen Textes wissen, sondern beide ebenfalls bei dem jeweils anderen dieses Wissen um die Intertextualität mit in ihre Reflexion einbeziehen.[61] Um sicherzustellen, dass der Rezipient die intertextuellen Bezüge auch als intendiert erkennt und damit der Kommunikationsprozess beginnen kann, markiert der Autor diese Bezüge mit *Intertexualitätssignalen*, die Broich als *Markierungen* bezeichnet. Dies trifft jedoch nur für solche Textbezüge zu, die der engeren Definition von Intertextualität entsprechen. Andererseits wird der Autor auf solche Signalsetzungen verzichten, wenn er in seinem Text auf einen anderen Text verweist, der einem breiten Publikum ohnehin allgemein bekannt ist.[62]

---

[57] Vgl. *Finnern*, Sönke / *Rüggemeier*, Jan: Methoden der neutestamentlichen Exegese. Ein Lehr- und Arbeitsbuch. Tübingen 2016, 165.

[58] *Broich*, Ulrich: Formen der Markierung von Intertextualität. In: Broich, Ulrich / Pfister, Manfred u. a. (Hg.): Intertextualität. Formen, Funktionen, anglistische Fallstudien (KSpLW 35). Tübingen 1985, 31–47, 31.

[59] Vgl. *Ploner*, Die Schriften Israels, 46f; *Broich*, Ulrich: Bezugsfelder der Intertextualität. Zur Einzeltextreferenz. In: Broich, Ulrich / Pfister, Manfred u. a. (Hg.): Intertextualität. Formen, Funktionen, anglistische Fallstudien (KSpLW 35). Tübingen 1985, 48-52, 48-52; *Pfister*, Manfred: Bezugsfelder der Intertextualität. Zur Systemreferenz. In: Broich, Ulrich / Pfister, Manfred u. a. (Hg.): Intertextualität. Formen, Funktionen, anglistische Fallstudien (KSpLW 35). Tübingen 1985, 52-58, 53f.

[60] Vgl. *Pfister*, Konzepte der Intertextualität, 25.

[61] Vgl. *Broich*, Formen der Markierung von Intertextualität, 31.

[62] Vgl. *Broich*, Formen der Markierung von Intertextualität, 31f.

Da es bislang keine geeignete Definition der Markierungen gibt, beschränkt sich auch Broich auf eine Auflistung möglicher Formen der Markierung, die gelegentlich auch im Zusammenwirken mehrerer Formen und auf verschiedenen Textebenen vorkommen können:[63]

1. Als erste Form nennt er die *Markierung in Nebentexten*, worunter er die Identifizierung von übernommenen Prätexten in Fußnoten bzw. die Beifügung derselben neben dem eigenen Haupttext des Autors versteht, aber auch die Verwendung von (Unter-) Titeln, Vorworten oder Nachworten, die einen direkten Hinweis auf den Prätext enthalten.[64]
2. Eine zweite Form ist die *Markierung im inneren Kommunikationssystem*, indem die Charaktere eines literarischen Textes einen Prätext lesen, über ihn diskutieren und sich mit ihm identifizieren bzw. sich von ihm distanzieren. Andere Möglichkeiten dieser Form der Markierung können darin bestehen, dass die Charaktere des literarischen Textes den Prätext physisch auffinden oder aber auch Figuren des Prätextes im Text des Autors „leibhaftig" auftreten.[65]
3. Als dritte Form beschreibt Broich die *Markierung im äußeren Kommunikationssystem*: Beispielsweise übernimmt ein Autor Namen aus einem Prätext und überträgt sie auf Charaktere seines eigenen Werkes. Darüber hinaus besteht die Möglichkeit, einen intertextuellen Bezug durch die Verwendung von Anführungszeichen, eines anderen Schriftbildes oder anderer Drucktypen zu markieren, aber auch durch den Gebrauch eines Stilkontrastes oder einer offensichtlichen Analogie zu einem allgemein bekannten Prätext, der daher nicht mehr ausdrücklich gekennzeichnet werden muss.[66]

Zur Beurteilung der *Intensitität* intertextueller Verweise schlägt Pfister ein *qualitatives* Skalierungssystem vor, für das Maria Theresia Ploner eine detaillierte Darstellung in Form einer Tabelle erarbeitet hat. Da diese Skalierung jedoch keiner konkreten Messung, sondern lediglich einer typologischen Differenzierung dient, ist sie für die vorliegende Untersuchung nicht von Belang und wird daher nicht weiter betrachtet.[67]

---

[63] Vgl. *Broich,* Formen der Markierung von Intertextualität, 34f u. 44-46.
[64] Vgl. *Broich,* Formen der Markierung von Intertextualität, 35–38.
[65] Vgl. *Broich,* Formen der Markierung von Intertextualität, 39f.
[66] Vgl. *Broich,* Formen der Markierung von Intertextualität, 41–43.
[67] Vgl. *Ploner,* Die Schriften Israels, 47. Die detaillierte Tabelle hierzu kann in Ploners Arbeit nachgelesen werden. Hinsichtlich der Kriterien im Detail siehe die ausführliche Beschreibung bei *Pfister,* Konzepte der Intertextualität, 25-30.

2.1.2 Intertextuelle Bibelexegese

Prämisse für einen Transfer intertextueller Konzepte auf die Texte der Bibel ist die Erkenntnis, dass dieselben einen literarischen Charakter besitzen. Bibeltexte sind nämlich polyvalent und unterscheiden sich darin von den monovalenten Texten der Alltagskommunikation. Dies zeigt sich schon bei der innerbiblischen Rezeption alttestamentlicher Texte, die neben Themen und Stoffe bereits auch schon vorhandene Texte wieder verarbeitet hat.[68] Grohmann weist 2005 auf die Bedeutung der Intertextualität in der jüdischen Bibelhermeneutik hin:

> „Jüdische Bibelhermeneutik praktiziert von Anfang an Intertextualität, auch wenn sie nicht explizit so benannt wird. Sie lebt davon, Stellen aus dem Tanach miteinander, mit anderen Auslegungen und mit dem eigenen Kontext der Interpretationsgemeinschaft zu verknüpfen."[69]

2.1.2.1 Entwicklung einer intertextuellen Bibelexegese

Hays hat 1989 erstmalig explizit Intertextualität als Methode der christlichen Bibelexegese angewandt.[70] Im deutschsprachigen Raum hat Hübner 1995 mit seiner Rezension der Arbeit Hays als einer der ersten das Phänomen *Intertextualität in der Exegese* bekanntgemacht.[71]

Erste deutsche intertextuelle Bibelexegesen folgen in den späten 1990er Jahren. Hartmann bezeichnet Intertextualität als Rahmentheorie zur Beschreibung von Textbeziehungen, für deren praktische Umsetzung er sich insbesondere an den Relationen zwischen Autor und Rezipient, Text und Prä- bzw. Referenztext sowie Markierungen orientiert. Der Prozess der intertextuellen Kommunikation beginnt beim vorliegenden Text, der auf Spuren hin zu untersuchen ist, die dem Leser das Erkennen einer oder mehrerer Textrelationen zu erkennen. Hierzu dienen die Markierungen im Text.[72] Hartmann sieht einen speziellen Schwerpunkt der Analyse bei der *Motivkritik*: Da Motive des Autors nicht

---

[68] Vgl. *Steins*, Georg: Die „Bindung Isaaks" im Kanon (Gen 22). Grundlagen und Programm einer kanonisch-intertextuellen Lektüre (HBS 20). Freiburg i. Br. 1999, 69.

[69] *Grohmann*, Marianne: Psalm 113 und das Lied der Hannah (1Sam 2,1-10). Paradebeispiele für eine intertextuelle Lektüre? In: Alkier, Stefan / Hays, Richard B. (Hg.): Die Bibel im Dialog der Schriften. Konzepte intertextueller Bibellektüre (NET 10). Tübingen 2005, 137–156, 138; vgl. *Merz*, Selbstauslegung, 1.

[70] Vgl. *Hays*, Richard B.: Echoes of scripture in the letters of Paul. New Haven/CT/USA 1989. Hays beschreibt in Chapter 2 „*Intertextual Echo in Romans*" die intertextuellen Relationen zu den alttestamentlichen Texten. Allein im Brief an die Römer identifiziert er 51 solcher Bezüge, mit denen er seine Position „[T]he gospel is the fulfillment, not the negation, of God's word to Israel" begründet.

[71] Vgl. *Hübner*, Hans: Intertextualität – die hermeneutische Strategie des Paulus. Zu einem neuen Versuch der theologischen Rezeption des Alten Testaments im Neuen. In: Ders.: Biblische Theologie als Hermeneutik – Gesammelte Aufsätze. Göttingen 1995, 252-271, 253; *Hartmann*, Johannes der Täufer, 40.

[72] Vgl. *Hartmann*, Johannes der Täufer, 40–42. Zum Kommunikationsprozess von Autor und Rezipient siehe auch *Broich*, Formen der Markierung von Intertextualität, 31.

unbedingt immer als solche überliefert, sondern in den Text eingebunden seien, gehe es darum, mit Hilfe der Intertextualität den religions- und geistesgeschichtlichen Kontext zu erkennen. Auf diese Weise lasse sich feststellen, inwieweit übernommene Prätexte bereits vorgeprägt bzw. typisierend seien.[73]

Steins überträgt die Methodik der Intertextualität auf den biblischen Kanon und kreiert damit die *kanonisch-intertextuelle Lektüre*[74], auf die im Folgenden (vgl. Abschnitt „*2.2 Kanonisch-intertextuelle Exegese*") noch eingegangen wird. Nach Steins Auffassung bestehen intertextuelle Relationen nicht nur in markierten Texten bzw. können auf die Intention des Autors zurückgeführt werden, sondern entstehen schon durch das lockere Nebeneinanderstellen von Einzeltexten im Kanon.[75]

Dieses Verständnis Steins von Intertextualität widerspricht zwar grundsätzlichen Überlegungen zur textanalytischen Bearbeitung intertextueller Relationen beispielsweise bei Broich und Pfister, welche Intertextualität darin sehen, dass ein Autor sich nicht nur der Verwendung anderer Texte bewusst ist, sondern auch vom Rezipienten erwartet, diese Beziehung zwischen dem Text des Autors und anderen Texten zu erkennen.[76] Gleichwohl ist jedoch auch nicht auszuschließen, dass spätere Rezipienten in Bezug auf intertextuelle Bezüge zu anderen, weiterführenden Erkenntnissen gelangen, die zur Zeit des Autors nicht denkbar waren. Denn Lesen ist nach Aichele *anachronistisch*, d. h. jeder Text wird immer im Rahmen eines zeitlichen Kontextes gelesen. Somit ist Lektüre auch ältester Texte zugleich immer ein zeitgenössisches Lesen.[77]

In seiner Arbeit zum Thema *Intertextualität in der Exegese* folgt Seiler dem rezeptionsorientierten Ansatz Holthuis und zeigt auf, dass die im Text manifestierten Intertextualitäten durch den Rezipienten letztlich auch richtig gedeutet werden müssen. Es geht dabei also um das Wechselspiel zwischen intertextueller *Textdisposition* einerseits und *Textverarbeitungsstrategien* des Rezipienten andererseits. In Anlehnung an Holthuis konstatiert er, dass nicht notwendigerweise eine philologisch abgesicherte Identifikation eines Referenztextes gegeben sein muss, sondern manchmal reicht auch bereits ein vages Textwis-

---

[73] Vgl. *Hartmann*, Johannes der Täufer, 46f.
[74] Vgl. *Steins*, Die „Bindung Isaaks", 70. Die inhaltliche Ausgestaltung der Verbindung von Intertextualität und Kanonizität erfolgt in der Darstellung „*2.2 Kanonisch-intertextuelle Exegese*" dieser Untersuchung.
[75] Vgl. *Steins*, Georg: Kanonisch-intertextuelle Studien zum Alten Testament (SBAB 48). Stuttgart 2009, 26.
[76] Vgl. *Broich*, Formen der Markierung von Intertextualität, 31.
[77] Vgl. *Aichele*, George: Kanon als Intertext: Einschränkung oder Befreiung? In: Alkier, Stefan / Hays, Richard B. (Hg.): Die Bibel im Dialog der Schriften. Konzepte intertextueller Bibellektüre (NET 10). Tübingen 2005, 159–178, 162.

sen, um einen bedeutungskonstituierenden Prozess zu initiieren. Da er im Rahmen seiner Studie textdeskriptive Modelle anwendet, folgt er im Hinblick auf die Bewertung intertextueller Relationen den Kriterien Pfisters.[78]

Alkier fasst den Forschungsstand zur Intertextualität im Allgemeinen sowie zur intertextuellen Bibelexegese im Besonderen zusammen und plädiert für einen Dialog zwischen literaturwissenschaftlicher und bibelwissenschaftlicher Intertextualitätsforschung zum Zwecke gegenseitiger Bereicherung mit neuen Erkenntnissen.[79] Im Hinblick auf die Bibelexegese betont er, dass das Konzept der Intertextualität einerseits den biblischen Text, um den es eigentlich gehe, wieder in den Fokus der Exegese stelle und andererseits aber auch offen sei für die zahlreichen kulturellen Zusammenhänge seiner Entstehung. Damit nähert er sich zugleich dem Intertextualitätsverständnis Kristevas an.[80]

2.1.2.2 Begriffsklärung zur intertextuellen Bibelexegese

Sehr ausführlich widmet sich Merz der Methodik der intertextuellen Bibelexegese. Dabei legt sie einen weiteren Intertextualitätsbegriff als beispielsweise Genette zugrunde:[81]

> „Die *intertextuelle Dimension* eines Textes umfasst [...] die Summe aller seiner aktuellen und potenziellen Außenreferenzen im Unterschied zu den Binnenreferenzen (der *intratextuellen Dimension*).“[82]

Sie schließt aber auch Verweise auf außertextliche Realitäten materieller wie immaterieller Art mit ein, die sie als Kontext bezeichnet. Letztere zu erforschen weist sie dem Bereich der Literatursoziologie zu.[83]

In Bezug auf den Autor unterscheidet Merz zwischen *intendierter* und *latenter Intertextualität*. Intendierte Intertextualität liegt vor, wenn der Autor sich der Verwendung fremder Texte bewusst ist und vom Rezipienten erwartet, dass dieser sowohl den Fremdtext als auch die Intention des Autors erkennt. Latent ist die Intertextualität bei unbewusstem

---

[78] Vgl. *Seiler*, Stefan: Text-Beziehungen. Zur intertextuellen Interpretation alttestamentlicher Texte am Beispiel ausgewählter Psalmen (BWANT 202). Stuttgart 2013, 29–33; *Holthuis*, Intertextualität, 31.208; *Pfister*, Konzepte der Intertextualität, 25-30.

[79] Vgl. *Alkier*, Stefan: Intertextualität - Annäherung an ein texttheoretisches Paradigma. In: Sänger, Dieter (Hg.): Heiligkeit und Herrschaft. Intertextuelle Studien zu Heiligkeitsvorstellungen und zu Psalm 110 (BThSt 55). Neukirchen-Vluyn 2003, 1–26, 26.

[80] Vgl. *Alkier*, Intertextualität, 3; *Schneider*, Art. Intertextualität, 2-7.

[81] Vgl. *Merz*, Die fiktive Selbstauslegung, 9. Im Hinblick auf ihren Intertextualitätsbegriff verweist Merz auf den Begriff der Transtextualität Genettes, wobei sie seinen (vermeintlichen) Ausschluss der außertextlichen Realitäten jedoch ablehnt (Siehe hierzu auch Genette, Palimpseste, 13, Anmerkung 1). Es ist jedoch fraglich, ob Genette die außertextliche Realität tatsächlich *grundsätzlich* ausschließt oder aber sie ihn „im Moment nicht (direkt) interessiert“.

[82] *Merz*, Die fiktive Selbstauslegung, 9.

[83] Vgl. *Merz*, Die fiktive Selbstauslegung, 10.

Einfließenlassen von Gattungsstrukturen, Ausdrücken, Phrasen, Textsegmenten etc. aus anderen literarischen Kontexten durch den Autor, die zwar sinnkonstitutiv sind, aber keinen Verweisungscharakter besitzen.[84] Dies macht es für den Rezipienten schwierig, die Intention des Autors immer eindeutig zu erkennen. Insofern besteht seitens des Autors keine Interpretationshoheit über seinen Text und damit über intertextuelle Bezüge. Vielmehr ist es der Text selbst die einzige Kontrollinstanz hinsichtlich haltbarer oder unhaltbarer Interpretationen.[85] Gleichwohl legt Merz den Schwerpunkt ihrer Analyse der Pastoralbriefe auf die Erfassung der durch den Autor intendierten intertextuellen Bezüge, wobei sie sich auf die Intentionen der apostolischen Väter als die frühesten Rezipienten abstützt.[86]

mit Hilfe einer Kombination von Intertextualität *und* Narratologie untersucht Ploner die Relationen des Matthäusevangeliums zu den alttestamentlichen Schriften.[87] Sie geht im Rahmen ihrer exegetischen Analyse von einem restriktiven Intertextualitätsverständnis aus. Außerdem hält sie an der korrelativen Bezogenheit von Autor und Rezipienten sowie an der Verankerung des Textes in seinem Kommunikationsumfeld fest. Zur Bezeichnung eines zitierten Textes und des Textes, der den zitierten Text aufnimmt, wählt sie die Begriffe *Prätext* und *Haupttext*, weil diese sich in der Exegese bereits durchgesetzt haben.[88]

Moser nutzt ebenfalls die engere Auffassung von Intertextualität zur Analyse des Johannesevangeliums. Dabei legt auch sie die *Rezeptionsorientierung* zugrunde.[89] Aufgrund der Tatsache, dass hinsichtlich der intertextuellen Beziehung von Texten eine Vielzahl verschiedenster Begriffe Verwendung finden, ohne dass sich bislang eine einheitliche Definition hat durchsetzen können,[90] legt Moser für ihre exegetische Analyse folgende Arbeitsbegriffe fest:[91]

---

[84] Vgl. *Merz,* Die fiktive Selbstauslegung, 29f. Zur *intendierten* Intertextualität im Rahmen des Kommunikationsprozesses von Autor und Rezipient siehe auch *Broich,* Formen der Markierung von Intertextualität, 31.

[85] Vgl. *Merz,* Die fiktive Selbstauslegung, 31f.

[86] Vgl. *Merz,* Die fiktive Selbstauslegung, 70.

[87] Vgl. *Ploner,* Die Schriften Israels, 16f.

[88] Vgl. *Ploner,* Die Schriften Israels, 43. Zum Kommunikationsprozess von Autor und Rezipient siehe auch *Broich,* Formen der Markierung von Intertextualität, 31.

[89] Vgl. *Moser,* Schriftdiskurse im Johannesevangelium, 9f u. 12-14.

[90] Siehe hierzu *Lachmann*, Renate: Ebenen des Intertextualitätsbegriffs. In: Stierle, Karlheinz / Warning, Rainer (Hg.): Das Gespräch (PuH XI). München ^{2}1996, 133–138, 133. Lachmann nennt folgende in den verschiedenen wissenschaftlichen Veröffentlichungen auftretende Begriffsphänomene: „Zwischen ‚Subtext‘, ‚Hypotext‘, ‚Hypertext‘, ‚Anatext‘, ‚Paratext‘, ‚Intertext‘, ‚Transtext‘, ‚Text im Text‘ – im Verbund mit ‚Geno-‘, ‚Phänotext‘, ‚Metatext‘ und ‚Autotext‘ – (und ich möchte in der Folge den des ‚impliziten Textes‘ hinzufügen) oszilliert die Terminologie, jeweils Nuancen des komplexen Phänomens des Text-Text-Kontaktes zu benennen (133).“

[91] Vgl. *Moser,* Schriftdiskurse im Johannesevangelium, 9f.

1. Unter *Haupttext* soll der zu untersuchende Text verstanden werden, während *Prätext* dem aufgenommenen Text entspricht. Der Haupttext nimmt *Bezug* auf den Prätext, d. h. der Bezug beinhaltet die Art des Textbezuges wie Zitat, Anspielung, Verweis, Motivübernahme etc.[92]
2. Sie verwendet *Kotext* für das textuelle Umfeld einer Textpassage; *Kontext* bezeichnet die außertextlichen Gegebenheiten, d. h. die historischen Gegebenheiten, unter denen der Text entstanden ist.[93]
3. Den Begriff *Intratextualität* führt sie ein, um das Phänomen der *Intertextualität* genauer abzugrenzen: Demnach ist unter Intratextualität ein Textbezug zwischen Haupt- und Prätext *innerhalb* eines literarischen Werkes zu verstehen; Intertextualität hingegen bezeichnet einen solchen Textbezug zwischen *unterschiedlichen* literarischen Werken.[94]

Aufgrund der Rezeptionsorientierung sieht Moser eine entscheidende Rolle für die Textauslegung beim Rezipienten/Leser: Der Sinn eines Textes ist diesem nicht auf einfache Weise unmittelbar inhärent, sondern wird letztlich erst durch den Rezipienten beim Akt des Lesens generiert.[95] Damit verbunden stellt sich zugleich die Frage nach den Grenzen der Interpretation, d. h. inwieweit ist ein Textverständnis angemessen bzw. nicht mehr angemessen. Die intertextuellen Phänomene machen die Lösung dieser Problematik nicht leichter, da die Intertextualität dem Rezipienten/Leser ein besonderes Maß an Interpretationskompetenz abverlangt. Denn abhängig vom jeweiligen individuellen Kenntnisstand

---

[92] Vgl. *Moser*, Schriftdiskurse im Johannesevangelium, 10f; *Pfister*, Konzepte der Intertextualität, 11. Den Begriff *Prätext* übernimmt Moser offenbar von Pfister, ohne letzteren jedoch als Quelle zu benennen. Der Begriff *Haupttext* hingegen ist hinsichtlich seiner Herkunft gar nicht belegt. Gleichwohl ist hier Moser aber aus fachlicher Sicht zuzustimmen, da diese Bezeichnung hilft, die beiden Textbegriffe eindeutig zu unterscheiden. Unabhängig davon benutzt auch Ploner die gleichen Begrifflichkeiten (vgl. Ploner, Die Schriften, 43.).

[93] Vgl. *Moser*, Schriftdiskurse im Johannesevangelium, 11f; *Merz*, Selbstauslegung, 10f. Moser verwendet hier die gleichen Begriffe wie Merz, wobei sie den Begriffsinhalt von *Kontext* jedoch allein auf die *historischen Gegebenheiten* verengt. Gleichwohl erscheint es hier angeraten, so wie Merz in Anlehnung an Kristeva auch den sozio-kulturellen Kontext in die Betrachtung mit einzubeziehen.

[94] Vgl. *Moser*, Schriftdiskurse im Johannesevangelium, 11; *Broich*, Ulrich: Bezugsfelder der Intertextualität. Zur Einzeltextreferenz. In: Broich, Ulrich / Pfister, Manfred u. a. (Hg.): Intertextualität. Formen, Funktionen, anglistische Fallstudien (KSpLW 35). Tübingen 1985, 48–52, 49f.

[95] Vgl. *Moser*, Schriftdiskurse im Johannesevangelium, 12; *Poplutz*, Uta: Erzählte Welt. Narratologische Studien zum Matthäusevangelium (BThSt 100). Neukirchen-Vluyn 2008, 21; *Eco*, Umberto: Lector in fabula. Die Mitarbeit der Interpretation in erzählenden Texten. München [3]1998, 64-69. Eco formuliert das hier so: „Wir haben gesagt, daß der Text die Mitarbeit des Lesers als wesentliche Bedingung seiner Aktualisierung formuliert. Wir könnten genauer sagen, daß *ein Text ein Produkt ist, dessen Interpretation Bestandteil des eigentlichen Mechanismus seiner Erzeugung sein muß [sic!]*...(65)."

der Leser wird demzufolge die Interpretation zu recht unterschiedlichen Ergebnissen führen.[96]

Im Hinblick auf den Akt der Interpretation zeigt Moser auf, dass ein breites Wissen des Lesers über biblische Texte diesem über das Erkennen auch impliziter Textbezüge einen breiten Interpretationshorizont ermöglicht. Gleichwohl bestehen durchaus natürliche Grenzen der Interpretation, die durch den Text selbst gesetzt werden, indem er auf eine oder mehrere intertextuelle Relationen verweist. Denn Texte sind – im Gegensatz zum poststrukturalistischen Verständnis von Intertextualität – nicht absolut bedeutungsoffen, sondern setzen ein Sinnfeld, dessen Zentrum sie selbst darstellen.[97]

Für die Umsetzung in die konkrete Analyse biblischer Texte im Rahmen der intertextuellen Exegese bedarf es eines methodischen Apparates. Da es aufgrund zahlreicher Veröffentlichungen zur Intertextualität eine Vielzahl verschiedener, oft ähnlicher sowie z. T. sich überschneidender Begrifflichkeiten besteht, schlägt Moser in Anlehnung an die französische Autorin Piégay-Gros, deren Modell („*Typologie de l'intertextualité*"[98]) Moser als präzise, nachvollziehbar und leserfreundlich bewertet, folgende Kategorisierung der Textbezüge vor:

1. Kopräsenz (*coprésence*) zweier oder mehrerer Texte sowie
2. Ableitung (*dérivation*) von Prätexten.

Die kopräsenten Prätexte, die im Haupttext *präsent* sind, lassen sich in *explizite* und *nicht explizite* Bezüge unterteilen. Zu den *expliziten* Bezügen zählen als wörtliche Übernahmen die *Zitate*, als nicht wörtliche die *Verweise*; zu den *impliziten* Bezügen gehören als wörtliche Übernahmen die *Plagiate* bzw. *implizite Zitate* und als nicht wörtliche die *Anspielungen.*[99]

---

[96] Vgl. *Moser,* Schriftdiskurse im Johannesevangelium, 12f.
[97] Vgl. *Moser,* Schriftdiskurse im Johannesevangelium, 13f; *Stierle,* Werk und Intertextualität, 141 u. 144. Stierle bemerkt hierzu: „Wenn es also prinzipiell möglich ist, daß erst die Auslegung die intertextuelle Relation setzt, oder aber der einfache Zufall vorgängiger Lektüren, so wird die privilegierte, in den Blick genommene intertextuelle Relation doch gewöhnlich dadurch gelenkt, daß der Text selbst eine oder mehrere intertextuelle Relationen anzeigt (141)." Sowie: „Das Werk selbst ist das Zentrum eines Sinns, der über es hinausreicht. Es konstituiert ein Sinnfeld, dessen Mittelpunkt es zugleich ist. Alles was in diesem Feld erscheint, ist auf die Mitte zentriert, die das Werk selbst setzt. Eben deshalb kann auch die ‚Intertextualität' das Werk nicht dezentrieren (144)."
[98] Vgl. *Piégay-Gros,* Nathalie: Introduction à l'intertextualité. Paris 1997, 44–55. Piégay schreibt hierzu: „À la suite de Genette, nous distinguerons deux types de relation intertextuelles: celles fondées une relation de coprésence entre deux ou plusieurs textes [...] et celles fondées sur une relation de dérivation (45)." Als die vier Arten der „coprésence" nennt sie „la citation (45)", „la référence (48)", „le plagiat (50)" und „l'allusion (52)".
[99] Vgl. *Moser,* Schriftdiskurse im Johannesevangelium, 17f.

Hierzu bietet Moser folgende tabellarische Übersicht an:

	Explizit	*Nicht explizit*
Wörtlich	Zitat	Plagiat/implizites Zitat
Nicht wörtlich	Verweis	Anspielung

Abbildung 1: Arten der Kopräsenz zweier oder mehrerer Texte.[100]

Ableitungen sind Überlagerungen der verwendeten Prätexte durch den Haupttext, d. h. die Prätexte treten in den Hintergrund des Haupttextes und werden entweder *nachgeahmt* oder *transformiert*, so dass auf diese Weise ein neuer Text entsteht.[101]

Um jedoch intertextuelle Bezüge von alt- zu neutestamentlichen Texten zu identifizieren, reichen die „klassischen" Kategorien der Intertextualität *Zitat* und *Anspielung/Allusion* häufig nicht aus. Vielmehr sind diese zu grob, um die bestehenden diffizilen und fragilen Bezüge zwischen alt- und neutestamentlichen Texten zu erfassen. Für diese besondere Herausforderung an das Phänomen Intertextualität haben Hays und Moyise den Begriff „Echo" in die exegetische Diskussion eingebracht.[102]

Grohmann versucht, diesen Begriff näher zu fassen, und charakterisiert *Echo* als „Widerhall von Texten in anderen Texten."[103] Das Echo ist somit keine Wiedergabe eines fragmentarischen Prätextes in Form eines (Halb-)Verses, sondern ein Anklang oder eine Erinnerung an einen solchen seitens des Lesers. Insofern ist die Kategorie *Echo* auch nicht autor-, sondern leserorientiert und demzufolge diffuser und individueller als die beiden klassischen Kategorien der Intertextualität.[104]

Aufgrund der fehlenden Autororientierung ist das *Echo* im Gegensatz zu den beiden anderen Kategorien auch nicht durch *Markierungen* (z. B. nach Pfister)[105] erkennbar. Die

---

[100] *Moser,* Schriftdiskurse im Johannesevangelium, 19.

[101] Vgl. *Moser,* Schriftdiskurse im Johannesevangelium, 19. Piégay-Gros nennt in ihrer Veröffentlichung „Intertextualité" in Anlehnung an Genette zwei Formen der „dérivation": „la parodie et le travestissement burlesque = la transformation (56)" und „le pastiche = l'imitation (65)".

[102] Vgl. *Hübenthal,* Sandra: Transformation und Aktualisierung. Zur Rezeption von Sach 9-14 im Neuen Testament (SBB 57). Stuttgart 2006, 55f; *Hübner,* Hans: Intertextualität – die hermeneutische Strategie des Paulus. Zu einem neuen Versuch der theologischen Rezeption des Alten Testaments im Neuen. In: Ders.: Biblische Theologie als Hermeneutik – Gesammelte Aufsätze. Göttingen 1995, 252-271, 258; *Grohmann,* Marianne: Aneignung der Schrift. Wege einer christlichen Rezeption jüdischer Hermeneutik. Neukirchen-Vluyn 2000, 32f; *Hays,* Echoes of scripture in the letters of Paul, 21–24; *Moyise,* Steve: The Old Testament in the New. An introduction. London/UK ^{2}2015, 6–8.

[103] *Grohmann,* Aneignung der Schrift, 33.

[104] Vgl. *Grohmann,* Aneignung der Schrift, 33; *Hübenthal,* Transformation und Aktualisierung, 57f.

[105] Zum Thema Markierungen vgl. Abschnitt *2.1.1.2 Neuer, engerer Begriff der Intertextualität.*

Unbestimmtheit des Begriffs macht einen methodischen Umgang schwierig. Das Echo ist daher eher eine leserorientierte Metapher für eine *unbestimmte* Annahme einer intertextuellen Aufnahme eines Prätextes in einen Haupttext.[106]

Zusammenfassend kann festgestellt werden: Während das Zitat eine „manifeste Präsenz des Fremdtextes" beinhaltet, ist bei der *Anspielung* nur noch eine „latente Präsenz des Fremdtextes" gegeben. Die schwächste Form hingegen stellt das *Echo* dar: eine „diffuse Präsenz" des Fremdtextes.[107]

Die in diesem Unterabschnitt *2.1.2.2* dargestellten Begrifflichkeiten im Zusammenhang mit intertextuellen Beziehungen werden auch in der vorliegenden exegetischen Untersuchung Verwendung finden.

2.2 Kanonisch-intertextuelle Exegese

In der gegenwärtigen Bibelhermeneutik existiert kaum ein anderer Begriff, der so verschiedenartig bestimmt wird und der daher so uneindeutig ist wie der Terminus *Kanon.*[108] Gleichwohl konstatiert Körtner, dass das Phänomen des Kanons zum Kernbestand jeder biblischen Hermeneutik gehört, nach christlichem Verständnis ausgeprägt als Doppelkanon des Alten und Neuen Testaments. Er versteht den biblischen Kanon als ein *Prinzip der Hermeneutik.* Die verschiedenen Gestalten des Kanons sieht er dabei als unterschiedliche Wege der jeweiligen Interpretation, weshalb die biblische Hermeneutik bei ihrer Arbeit der kanonischen Pluralität Rechnung zu tragen hat.[109] Wenn also der Kanonzusammenhang für die Interpretation biblischer Texte von so fundamentaler Bedeutung ist, muss dies folglich auch für die praktische Exegese gelten.[110]

Nach Buber will die Bibel als *ein* Buch gelesen werden, d. h. kein Teil der Bibel soll als in sich geschlossen, sondern jeder Teil als offen für jeden anderen Teil angesehen werden, denn nur auf diese Weise erschließt sich das im Wort immanente Theologumenon,

---

[106] Vgl. *Hübenthal,* Transformation und Aktualisierung, 50; *Grohmann,* Aneignung der Schrift, 33.
[107] Vgl. *Hübenthal,* Transformation und Aktualisierung, 51.
[108] Vgl. *Steins*, Georg: Zwei Konzepte - ein Kanon. Neue Theorien zur Entstehung und Eigenart der hebräischen Bibel. In: Steins, Georg / Taschner, Johannes (Hg.): Kanonisierung - die hebräische Bibel im Werden (BThSt 110). Neukirchen-Vluyn 2010, 8–45, 14.
[109] Vgl. *Körtner*, Ulrich H. J.: Arbeit am Kanon. Studien zur Bibelhermeneutik. Leipzig 2015, 5 u. 11.
[110] Vgl. *Frank*, Günter / *Meier-Oeser*, Stephan: Einleitung: Hermeneutik, Methodenlehre, Exegese. Zur Theorie der Interpretation in der frühen Neuzeit. In: Frank, Günter / Meier-Oeser, Stephan (Hg.): Hermeneutik, Methodenlehre, Exegese. Zur Theorie der Interpretation in der frühen Neuzeit. Stuttgart 2011, 13. Frank und Meier-Oeser stellen in ihrem Beitrag die „hermeneutische Theorie" der „Praxis der Exegese" gegenüber.

welches nicht ausdrücklich gelehrt wird.[111] Steins bemerkt hierzu, dass Buber damit „sowohl die konstitutive Bedeutung von Intertextualität für die Textualität der Bibeltexte als auch die Idee des kanonischen Prozesses als die entscheidende Form der Kanonisierung vorweg[nimmt]".[112]

Dieser Idee folgt die kanonische Exegese, die – nach dem Verständnis, dass das Ganze mehr ist als die Summe seiner Teile – im Kanon den qualifizierten Zusammenhang der einzelnen biblischen Texte wiederentdeckt hat. Denn die Gottesbotschaft ergibt sich nicht durch die Addition einzelner Teiltexte oder Textschichten, sondern vielmehr aus der Zusammenschau des biblischen Kanons.[113]

Für die methodische Umsetzung der kanonischen Bibelexegese misst Steins der *Dialogizität* Bachtins sowie der *Intertextualität* Kristevas erhebliche Bedeutung für den literaturtheoretischen Rahmen bei:[114]

> „Mit Bachtins Konzept des dialogischen Wortes und Kristevas Verständnis von Textualität als Intertextualität steht ein theoretischer Rahmen zur Verfügung, literarische Merkmale des biblischen Kanons wahrzunehmen und eine entsprechende Theorie des Bedeutungsaufbaus zu formulieren."[115]

Ausgangsbasis der intertextuellen Exegese ist die Feststellung, dass sich gerade innerhalb der Bibel ein Zusammenspiel verschiedener Texte finden lässt, welches sich aufgrund der traditionellen Entwicklung der Kanonbildung entfaltet hat. Aus der Analyse der Rezeptionsgeschichte biblischer Texte lässt sich oftmals feststellen, dass verschiedene Bibelstellen immer schon im Laufe der Geschichte zusammengesehen worden sind und sich daher auch entsprechende Hinweise in den Endtexten finden lassen.[116]

---

[111] Vgl. *Buber*, Martin / *Rosenzweig*, Franz: Die Schrift. Die fünf Bücher der Weisung. Stuttgart ^{6}1992, 13. Buber begründet hierzu weiter: „Biblische Grundworte offenbaren ihre Sinnweite und -tiefe nicht von einer einzigen Stelle aus, die Stellen ergänzen, unterstützen einander, Kundgebung strömt dauernd zwischen ihnen, und der Leser, dem ein organisches Bibelgedächtnis zu eigen geworden ist, liest jeweils nicht den einzelnen Zusammenhang für sich, sondern als einen von der Fülle der Zusammenhänge umschlungenen (*Buber*, *Rosenzweig*, Die Schrift 13f.)".

[112] *Steins,* Die „Bindung Isaaks", 20.

[113] Vgl. *Steins*, Georg: Kanonisch lesen. In: Utzschneider, Helmut / Blum, Erhard / Hardmeier, Christof (Hg.): Lesarten der Bibel. Untersuchungen zu einer Theorie der Exegese des Alten Testaments. Stuttgart 2006, 45–64, 60f.

[114] Vgl. *Steins,* Die „Bindung Isaaks", 70.

[115] *Steins,* Die „Bindung Isaaks", 70.

[116] Vgl. *Dohmen,* Die Bibel und ihre Auslegung, 78.

2.2.1 Bedeutung des Bibelkanons

Der Kanon[117] ist keine abstrakte Größe an sich, sondern das funktional-integrative Konzept einer (Glauben-)Gemeinschaft.[118] Steins sieht den Kanon daher als „ein Literaturkorpus gewordenes theologisches Verständnis geschichtlicher Erfahrungen Israels und der Kirche.“[119] Wesentlich ist, dass die Bibel nicht nur in einer Glaubensgemeinschaft entstanden ist, sondern auch die Entstehung derselben zum Inhalt hat und darüber hinaus als „*Konstitution des Gottesvolkes*“[120] immer wieder von Neuem zum Aufbau dieser Gemeinschaft beiträgt.[121]

In der Gesamtschau ist der biblische Kanon nach Steins das Endergebnis einer lange währenden Literatur- und Textgeschichte, die sich jedoch nicht linear entwickelt hat, sondern stets ein Nebeneinander von Vielfalt und Gegensätzlichkeit gewesen ist. Der Kanon steht letztlich für Vielstimmigkeit und ist in seiner Tradition aus den Glaubenserfahrungen von Juden und Christen erwachsen. Das Traditionsprinzip beinhaltet zugleich auch ein Momentum zur Überwindung des Kanonischen, indem fortgesetzte neue Glaubenserfahrungen einen Interpretationshorizont erfordern, der über das geschriebene Wort hinausgeht.[122]

Die Unterschiedlichkeit der Kanonformen hinsichtlich ihrer Auswahl der Bücher sowie deren Anordnung und Sprache resultiert notwendigerweise aus der Relation von Kanon und Glaubensgemeinschaft sowie der damit verbundenen unterschiedlichen Rezeption durch Judentum und Christentum – letzteres in seinen verschiedenen Konfessionen. Dennoch stellt dies letztlich keinen Fehler oder Mangel dar, sondern ist notwendige Konsequenz aus dem Zusammenhang von Text und Gemeinschaft. Insofern bedeutet die Unter-

---

[117] Zur detaillierten Geschichte der Entstehung des alttestamentlichen Kanons siehe *Millard*, Matthias: Die alten Septuaginta Codizes und ihre Bedeutung für die Geschichte des biblischen Kanons. In: Hieke, Thomas: Formen des Kanons. Studien zu Ausprägungen des biblischen Kanons von der Antike bis zum 19. Jahrhundert (SBS 228). Stuttgart 2013, 40-60; eine ausführliche, dabei aber übersichtliche Darstellung der Geschichte des Kanons beschreibt *Alkier*, Stefan: Die Bibel - das Buch der Bücher. Kanongeschichtliche, theologische, intertextuelle und poetologische Anmerkungen zu einem Bestseller. In: Alkier, Stefan / Hays, Richard B. u. a. (Hg.): Kanon und Intertextualität. Frankfurt am Main 2010, 11–52, 11–32; neuere Theorien über die Entstehung des Kanons der Hebräischen Bibel beschreibt *Steins*, Georg: Zwei Konzepte – ein Kanon. Neuere Theorien zur Entstehung und Eigenart der Hebräischen Bibel. In: Ders. / Taschner, Johannes (Hg.): Kanonisierung – die Hebräische Bibel im Werden (BThSt 110). Neukirchen-Vluyn 2010, 8-45.

[118] Vgl. *Steins,* Die „Bindung Isaaks“, 42; *Müllner*, Ilse: Dialogische Autorität. Feministisch-theologische Überlegungen zur kanonischen Schriftauslegung. In: Ballhorn, Egbert / Steins, Georg (Hg.): Der Bibelkanon in der Bibelauslegung. Methodenreflexionen und Beispielexegesen. Stuttgart 2007, 74-84, 81.

[119] *Steins,* Die „Bindung Isaaks“, 43.

[120] *Steins,* Die „Bindung Isaaks“, 43, Anm. 27.

[121] Vgl. *Steins,* Die „Bindung Isaaks“, 43.

[122] Vgl. *Steins,* Die „Bindung Isaaks“, 47f.

schiedlichkeit der Kanonformen zugleich auch eine hermeneutische Bereicherung, die es bei der Lektüre zu berücksichtigen gilt.[123]

Nach Müllner hat der *Kanon* im religiösen Kontext immer auch ein affirmatives Momentum: Seine markierten Grenzen werden zwar analysiert und infolgedessen auch bewertet, jedoch anders als philosophische oder literaturwissenschaftliche Kanones grundsätzlich nicht in Frage gestellt.[124] Doch obgleich der Kanon prinzipiell als in sich geschlossen gilt, ist er doch weder philosophisch hermeneutisch noch empirisch an *eine* Bedeutung gebunden. Vielmehr erfordert gerade das *Prinzip* Kanon eine freie Interpretation. Dabei geht es vor allem darum, dass der Text in einem kontinuierlichen Dialog steht: zum einen zwischen Text und Interpretationsgemeinschaft und zum anderen innerhalb des Kanons zwischen den unterschiedlichen Texten. Auf diese Weise eröffnen sich immer wieder neue Bedeutungspotentiale, wobei der Kanon zwar durch seinen privilegierten intertextuellen Raum generelle Rezeptionsstrukturen, jedoch keine konkreten Einzelbedeutungen vorgibt.[125]

Gleichwohl ist dieser Dialog voller Spannung, wodurch er – wie das Beispiel des Textkomplexes der Torah zeigt – unterschiedliche theologische Konzepte ermöglicht und daher durchaus als produktiv zu werten ist. Denn Vielstimmigkeit ist nicht nur das Prinzip der Schrift, sondern steht auch für eine Lebensform der Kirche, wenn sie sich von der Schrift inspirieren lässt.[126]

2.2.2 Bedeutung der Septuaginta

Die Septuaginta ist eine historisch gewachsene Sammlung griechischer Übersetzungen aus dem Hebräischen und z. T. Aramäischen sowie original griechisch verfasster Schriften, die sich erst im 3. Jh. n. Chr. (alexandrinische Schule des Origenes) verfestigt hat.[127] Jedoch entspricht diese Fixierung *keinem* Kanon im eigentlichen Sinne, sondern eher einer Konstruktion aus verschiedenen Schriften. Üblicherweise wird im Christentum die

[123] Vgl. *Steins,* Die „Bindung Isaaks", 43f; *Grohmann,* Psalm 113 und das Lied der Hannah, 3.
[124] Vgl. *Müllner*, Ilse: Dialogische Autorität. Feministisch-theologische Überlegungen zur kanonischen Schriftauslegung. In: Ballhorn, Egbert / Steins, Georg (Hg.): Der Bibelkanon in der Bibelauslegung. Methodenreflexionen und Beispielexegesen. Stuttgart 2007, 74–84, 82.
[125] Vgl. *Müllner*, Dialogische Autorität, 83.
[126] Vgl. *Müllner*, Dialogische Autorität, 83f.
[127] Vgl. *Tilly*, Michael: Einführung in die Septuaginta. Darmstadt 2005, 20 u. 84.

Bezeichnung *Septuaginta*, die im Judentum ursprünglich nur den Text der Torah umfasste, auf die gesamte Sammlung griechischer alttestamentlicher Texte bezogen.[128]

Zum Verhältnis des Christentums gegenüber der LXX stellt Emanuel Tov fest:

> „The LXX influenced the NT [New Testament] at various levels because early Christianity adopted the LXX as its [own] scripture."[129]

Den Einfluss der LXX auf das Neue Testament macht er am Sprachgebrauch und an der Terminologie sowie an den theologischen Begründungen fest.[130]

Zitate aus der LXX werden durch die neutestamentlichen Autoren verwendet, um damit die Christologie als Erfüllung der alttestamentlichen Prophezeiungen nachzuweisen; dies gilt insbesondere für Zitate aus Jesaja und dem Psalter. Als Beispiel sei Jes 52,13-53,12 genannt: Der hier geschilderte *Gottesknecht* wird im Judentum als der eschatologische Retter Israels gedeutet, das Christentum hingegen deutet die Aussagen Jesajas christologisch.[131]

2.2.3 Kanon und Intertextualität

Das Paradigma von *Kanon* und *Intertextualität* hat sich erst gegen Ende des 20. Jh. als anerkannte Methode in der wissenschaftlichen Bibelauslegung durchgesetzt. Eine Wende im Denken hat in den 1970er Jahren der Ansatz des *„canonical criticism"*[132] von Sanders und mehr noch des *„canonical approach"*[133] von Childs gebracht, die in ihren Arbeiten die Bedeutung des biblischen Kanons für die Exegese und für die Theologie *wiederent-*

---

[128] Vgl. *Tilly*, Septuaginta, 17 u. 19.-21; *Braun*, Heike: Geschichte des Gottesvolkes und christliche Identität. Eine kanonisch-intertextuelle Auslegung der Stephanusepisode Apg 6,1-8,3 (WUNT 279). Tübingen 2012, 73. Auch die Synoden von Hippo (393) und Karthago (396) sowie das Konzil von Konstantinopel (692) führten letztlich nicht zu einer endgültigen Kanonisierung (vgl. Tilly, Septuaginta, 20f). Üblicherweise stellt heute aus pragmatischen Gründen die Septuagintaausgabe von Alfred Rahlfs (1935) in der korrigierten Neuausgabe von Robert Hanhart (2006) die Grundlage des griechischen Alten Testaments dar (vgl. *Walter*, Übersetzung der Schriften Israels, 78; *Ziegert*, Carsten / *Kreuzer*, Siegfried: Art. Septuaginta (AT). In: Wissenschaftliches Bibellexikon. Stuttgart 2012, http://www.bibelwissenschaft.de/stichwort/28417/, zuletzt geprüft am: 07.05.2019, 20).

[129] *Tov*, Emanuel: The Septuagint between Judaism and Christianity. In: Caulley, Thomas S. u. a. (Hg.): Die Septuaginta und das frühe Christentum - The Septuagint and Christian Origins (WUNT 277). Tübingen 2012, 3–25, 8.

[130] Vgl. *Tov*, The Septuagint between Judaism and Christianity, 8f.

[131] Vgl. *Tov*, The Septuagint between Judaism and Christianity, 10f. Emanuel Tov nennt hier irrtümlich Jes 52,14-53,14. Das Gottesknechtslied umfasst jedoch tatsächlich Jes 52,13-53,12. Vgl. *Tilly*, Septuaginta, 103f; *Fabry*, Heinz-Josef: Neue Aufmerksamkeit für die Septuaginta. Einführung in das Thema der Tagung. In: Ders. / Böhler, Dieter: Im Brennpunkt: Die Septuaginta - Bd. 3. Studien zur Theologie, Anthropologie, Ekklesiologie, Eschatologie und Liturgie der Griechischen Bibel (BWANT 174), Stuttgart 2007.

[132] *Taschner*, Johannes: Kanonische Bibelauslegung - Spiel ohne Grenzen? In: Ballhorn, Egbert / Steins, Georg (Hg.): Der Bibelkanon in der Bibelauslegung. Methodenreflexionen und Beispielexegesen. Stuttgart 2007, 31–44, 31.

[133] *Taschner*, Kanonische Bibelauslegung, 31.

deckt haben.[134] Childs führt für das Ernstnehmen des Kanons drei wesentliche Gründe an:

1. *Kanon* ist nicht primär die *juridische* Bestimmung des Umfangs normativer Schriften durch die Kirche (= Kanonisierung), sondern das tief in den Heiligen Schriften wurzelnde Bewusstsein, das aus der Haltung der Tradenten gegenüber der Autorität der Schrift erwächst.[135]
2. Im Zentrum der Überlieferung steht ein grundlegender *hermeneutischer* Vorgang. Die biblischen Traditionen sind nicht ungenutzt aufbewahrt, sondern ständig überarbeitet und durch ihren Gebrauch verändert worden mit dem Ziel der Gestaltung der Texte auf ein religiöses Ziel hin. Im Akt der Kanonisierung hat der kanonische Prozess mit der Fixierung der Schriften sein Ende gefunden.[136]
3. Der kanonische Prozess hat nicht nur eine Auswahl bezüglich der Tradierung bestimmter Texte getroffen, sondern auch deren Inhalte kritisch beurteilt und dementsprechend erweitert bzw. gekürzt oder untergeordnet, so dass sich eine *regula fidei* wie ein roter Faden herausbildet. Dabei ist einerseits eine große *Vielfalt* zugelassen worden, anderseits aber auch eine klare *Grenzziehung* für die Interpretation (wie z. B. das Götzendienstverbot) erfolgt.[137]

Für Childs ist nicht die Frage nach der *ursprünglichen* Form des Textes relevant, sondern allein der Abschluss des kanonischen Prozesses in der *Endgestalt* des Textes:[138]

> „The reason for insisting on the final form of scripture lies in the peculiar relationship between the text and people of God which is constitutive of the canon. [...] The significance of the final form of the biblical text is that it alone bears witness to the full history of revelation."[139]

---

[134] Vgl. *Steins*, Georg: Kanonisch intertextuelle Bibellektüre - *my way*. In: Herrmann, Karin / Hübenthal, Sandra (Hg.): Intertextualität. Perspektiven auf ein interdisziplinäres Arbeitsfeld (SprK). Aachen 2007, 55–68, 60f; *Taschner*, Kanonische Bibelauslegung, 31f; *Alkier*, Die Bibel, 38f. Der Fundamentaltheologe Max Seckler schreibt in einem Artikel zur Kanonproblematik: „Die Kanonfrage erweist sich immer mehr als Schlüsselfrage sowohl für die Interpretation der Bibel in der Kirche im weiteren Sinn als auch für die theologische Identität einer dazu dienlichen Bibelwissenschaft." (s. *Seckler*, Max: Über die Problematik des biblischen Kanons und die Bedeutung seiner Wiederentdeckung. In: ThQ 180 (2000), 30-53, 49). Darüber hinaus verweist er auch auf die parallele Entwicklung zum Thema „Kanon" in den Kulturwissenschaften (vgl. *Seckler*, Problematik, 32). Vgl. hierzu auch Steins, Georg: Der Kanon ist der erste Kontext. Oder: Zurück an den Anfang. In: BiKi 2 (2007), 116-121, 161f.

[135] Vgl. *Childs*, Brevard S.: Biblische Theologie und christlicher Kanon. In: Baldermann, Ingo u. a. (Hg.): Zum Problem des biblischen Kanons. Neukirchen-Vluyn 1988, 14–27, 14; *Steins*, Kanonisch intertextuelle Bibellektüre, 61.

[136] Vgl. *Childs*, Biblische Theologie, 13f.

[137] Vgl. *Childs*, Biblische Theologie, 14.

[138] Vgl. *Taschner*, Kanonische Bibelauslegung, 32.

[139] *Childs*, Brevard S.: Introduction to the Old Testament as Scripture. London / UK ^{2}1983, 75f. Gemäß Childs sieht James A. Sanders den Ursprung des kanonischen Prozesses in der Suche Israels nach eigener Identität. Hierzu merkt Childs kritisch an, dass Sanders dabei den „canonical process" auf den Kopf stellt,

Gleichwohl ist der Text in der Endgestalt durchaus nicht problemlos zu sehen: Zum einen ist der kanonische Endtext nicht frei von Differenzen und zum anderen kann die Fixierung des Kanons nicht den „Tod der Glaubensgeschichte“[140] bedeuten.[141] Dies hat zur Folge, dass der Rezipient beim *close reading* des Endtextes die „intendierten Diskontinuitäten“[142] nicht nivellieren darf, sondern sie in die Exegese mit einbeziehen muss. Darüber hinaus ist zu postulieren, dass auch die im Nachgang zum Abschluss der Kanonisierung entstehenden Kommentierungen zu berücksichtigen sind. Dies alles stellt eine besondere Anforderung an den Rezipienten, der die Vielzahl der Stimmen im Endtext wahrnehmen muss, um zu einem intendierten Sinn des Textes vorstoßen zu können.[143]

Die Betrachtung der Endgestalt des Textes hat zur Folge, dass sich nicht wie bei der historisch-kritischen Exegese die Untersuchung auf den einzelnen Text beschränkt, um dessen redaktionelle Schichten vertikal von oben nach unten zu analysieren. Vielmehr bleibt der Fokus horizontal auf der oberen Ebene des Endtextes, jedoch erweitert sich die Textgrenze auf den gesamten Kanon, um den literarischen Kontext innerhalb der Bibel zu erfassen.[144]

Der Kritik von Dohmen und Oeming an der Priorisierung des Endtextes durch Childs, der damit den „Tod der Glaubensgeschichte“ bewirke[145], ist entgegenzuhalten, dass Childs sehr wohl auch die Entwicklung nach Abschluss der Kanonisierung im Blick behält:

> „When Israel later (also nach Kanonabschluss) reinterpreted its scriptures to address changing needs, it did so in the form of the targum, that is to say, commentary which was set apart sharply from the received sacred text of scripture. “[146]

Zwar trennt Childs zwischen kanonisiertem Text und Kommentierung, schließt damit aber eben keineswegs eine weitere Entwicklung der Glaubenserkenntnisse und damit der weiterer „Glaubensgeschichte“ aus.

---

indem er die eigentlich *theologische* Ursache für die Kanonbildung in eine *anthropologische* umwandelt (vgl. *Childs*, Introduction 59.). Vgl. auch *Taschner*, Kanonische Bibelauslegung, 31f.

[140] *Dohmen*, Christoph / *Oeming*, Manfred: Biblischer Kanon - warum und wozu? Eine Kanontheologie (QD 137). Freiburg 1992, 25.

[141] Vgl. *Dohmen / Oeming*, Biblischer Kanon, 24f; *Taschner*, Kanonische Bibelauslegung, 32f.

[142] *Taschner,* Kanonische Bibelauslegung, 33.

[143] Vgl. *Taschner,* Kanonische Bibelauslegung, 32f.

[144] Vgl. *Taschner,* Kanonische Bibelauslegung, 32; *Ballhorn*, Egbert: Das historische und das kanonische Paradigma in der Exegese. Ein Essay. In: Ders. / Steins, Georg (Hg.): Der Bibelkanon in der Bibelauslegung. Methodenreflexionen und Beispielexegesen. Stuttgart 2007, 9-30, 21. Ballhorn beschreibt in seinem Essay die kanonische Exegese im Vergleich zur historisch-kritischen Methodik, wobei er zu dem Schluss kommt, dass beide Methodenansätze sich zum Vorteil des Ganzen komplementär ergänzen (vgl. *Ballhorn*, Das historische und das kanonische Paradigma, 30.).

[145] Vgl. *Dohmen / Oeming*, Biblischer Kanon, 24f.

[146] *Childs*, Introduction, 59.

2.2.4 Prinzip der „kanonisch-intertextuellen Lektüre"

In der deutschsprachigen Literatur stellt Steins 1998 (vgl. Abschnitt *2.1.2.1 Entwicklung einer intertextuellen Bibelexegese*) erstmalig eine *kanonisch-intertextuelle Exegese* vor. Steins kritisiert hier zu Recht, dass zwar Childs das Verdienst zukommt, den *canonical approach* verbreitet zu haben. Jedoch habe er für dessen Umsetzung keine methodische Operationalisierung entwickelt, weil er die Innovationen der zeitgenössischen Literaturwissenschaft offenbar nicht wahrgenommen habe.[147]

Hierin sieht Steins einen methodischen Mangel und weist daher in seiner Studie einerseits auf den „Kanon als sinnstiftende Instanz und privilegierten Auslegungskontext hin"[148], andererseits aber auch – in der Weiterführung des Childschen Ansatzes hinsichtlich der anzuwendenden Methodik – auf das Textualitätskonzept der *Intertextualität* sowie die Auslegungskonzeption nach dem *Rezeptions-* bzw. *Lektüreparameter*.[149] Er versteht Schriftauslegung in diesem Zusammenhang primär im Rahmen einer Rezeptionstheorie: Der Kanon ist „Gestalt gewordener Dialog"[150], der die Mitarbeit der Rezipienten erfordert, deren Lektüre er als „fortwährende Intertextualisierung im privilegierten Raum des Kanons"[151] bezeichnet.[152] Der Kanon als Text in der Endgestalt ist dabei

> „[d]as unterschiedlichen historischen Konstellationen entstammende Material [...] zu einem vielstimmigen, gegebenenfalls auch kontrastiven und konträren Ensemble zusammengefügt, das allein dem uneinholbaren Thema (Gott – sein Handeln an seinem und durch sein Volk – für die Völker) gerecht wird und zugleich eine Fülle von Anschlussstellen für zukünftige Diskurse bereithält."[153]

Im Rahmen der Rezeptionsorientierung, die Steins besonderen Schwerpunkt darstellt, hat er den Terminus „*kanonisch-intertextuelle Lektüre*"[154] geprägt. Das diesem Begriff zugrundeliegende Konzept geht über ein enges Verständnis von kanonischer Exegese hinaus: Das entsprechende Verfahren beschränkt sich nicht auf eine Spurensuche nach einer kanonische Endredaktion. Dabei wird einerseits an den eminenten Produktionsaspekten nicht vorbeigegangen, andererseits erfolgt aber auch keine Beschränkung auf dieselben.

---

[147] Vgl. *Steins*, Kanonisch intertextuelle Bibellektüre, 60; *Steins*, Die Bindung Isaaks, 4. Steins unterstellt Childs hier eine „barthianisch anmutende Aversion gegen profane Wissenschaft"(s. *Steins*, Kanonisch intertextuelle Bibellektüre, 60). Zu Recht?

[148] *Steins*, Die Bindung Isaaks, 4.

[149] Vgl. *Steins*, Die Bindung Isaaks, 4.

[150] *Steins*, Die Bindung Isaaks, 84.

[151] *Steins*, Die Bindung Isaaks, 84.

[152] Vgl. *Steins*, Die Bindung Isaaks, 84.

[153] *Steins*, Kanonisch-intertextuelle Studien, 31.

[154] Peter Brandt hat Steins Ansatz der *kanonisch-intertextuellen Lektüre* mit drei charakteristischen Aussagen zusammengefasst: 1. *Intertextuell* bezeichnet die Eigenschaft jeden Textes, mit anderen Texten im Dialog zu stehen. 2. *Kanonisch* steht zum einen für die Bemessung des Rahmens, innerhalb dessen die Texte in Relation stehen, und zum anderen für die Strukturierung dieses Dialoges. 3. *Lektüre* steht für eine konsequente Orientierung am Leser. (vgl. *Brand*, Endgestalten des Kanons, 37.).

Denn auch im Text erhobene Aussagen über Autorenintentionen sind letztlich Annahmen des Interpreten und keine objektiv ermittelbaren Tatbestände. Rückbezüge auf die Intentionen des Autors anhand konkreter Textbezüge sind lediglich hypothetischer Natur.[155]

Gleichwohl werden produktionsbedingte Intertextualitäten nicht außer Acht gelassen, denn – soweit im Text manifestiert – steuern sie den Rezeptionsprozess. Problematisch wäre hingegen eine einseitige Fixierung auf die alleinige Untersuchung autorintendierter Textrelationen, da diese das Potential intertextueller Kontexte des Kanons letztlich nicht ausschöpfen. Als komplexer Textzusammenhang leitet der Kanon nämlich zu schöpferischem Lesen und damit zur Schaffung neuer Intertextualitätsbeziehungen an.[156]

Bei der Interaktion Text-Leser im Prozess des Lesens und der Auslegung wird nicht nur der Text durch den Leser bestimmt, sondern der Text beeinflusst auch den Rezipienten, indem er seine Erfassung des Textes von innen heraus steuert. Dies geschieht nicht allein durch die vermittelten Inhalte des Textes, sondern auch durch dessen Struktur, die den impliziten Leser bereits vorbedacht hat und von diesem entsprechend gefüllt werden muss. Steins bringt hier den Terminus „Modell-Leser“[157] ein, der als „informierter Leser“[158] nicht nur den Text intensiv liest und dadurch neue Bezüge entdeckt, sondern auch als kanonbewusster Leser Vernetzungen mit anderen Texten erkennt. Der Kanon stellt hier gleichsam eine „Enzyklopädie“[159] für den Leser dar, die ihm die notwendige Kompetenz vermittelt.[160] Dabei stellt sich „[i]m Horizont des Bibelkanons und der von ihm vorstrukturierten Intertextualität [...] die Lektüre als ‚interplay‘ von Text und Leser in einem Prozess permanenter Neukontextualisierung dar.“[161] Das bedeutet, dass der Leser zugleich Interpret und Intertexter ist; *Lesen* und *Intertextualisieren* sind damit austauschbar.[162]

Für die Operationalisierung der kanonisch-intertextuellen Lektüre müssen demnach drei Funktionen gegeben sein:

---

[155] Vgl. *Steins,* Die Bindung Isaaks, 94f. Umberto Eco bezeichnet den Autor in seinen Ausführungen über den „Modell-Leser“ als „Interpretationshypothese“ (vgl. Eco, Lector in Fabula, 76.).
[156] Vgl. *Steins,* Die Bindung Isaaks, 95.
[157] *Eco*, Umberto: Lector in fabula. Die Mitarbeit der Interpretation in erzählenden Texten. München ^{3}1998, 72.
[158] *Childs*, Brevard S. / *Oeming*, Christiane: Die Theologie der einen Bibel (Bd. 1). Grundstrukturen. Freiburg i. Br. 2003, 383.
[159] *Eco,* Lector in fabula, 172.
[160] Vgl. *Steins,* Die Bindung Isaaks, 95f. Wörtlich schreibt Steins hier zum Verhältnis Text-Leser: „Der Leser tritt nicht nur von außen an den Text heran, er wird vielmehr schon vom Text ‚entworfen‘“. (*Steins,* Die Bindung Isaaks, 95.).
[161] *Steins,* Die Bindung Isaaks, 97.
[162] Vgl. *Steins,* Die Bindung Isaaks, 97.

1. Der Text wird nicht auf *eine* Bedeutung festgelegt, sondern eröffnet die Erkenntnis von Rezeptionsmöglichkeiten als Spielräumen, wobei der Text „in der Vorstellung konkreter Rezeptionen immer ergänzbar und grundsätzlich überholbar“[163] bleibt.
2. Die Möglichkeiten der Lektüresteuerung durch den Kanon müssen den Kanon als Voraussetzung und Moment der Rezeption des auszulegenden Textes erkennen lassen.
3. Die besondere Textualität kanonischer Texte ist als Intertextualität zu verstehen, wobei gilt, dass der Bibelkanon als *objektiver Dialog* und *privilegierter Intertext* unterschiedliche Text-Text-Relationen erlaubt, die nicht im Voraus theoretisch ableitbar, sondern nur am konkreten Text identifizierbar sind.[164]

Braun geht 2010 in ihrer Arbeit zur kanonisch-intertextuellen Exegese ebenfalls wie Steins von dem Rezeptions-/Lektüreparadigma aus. Sie versteht die Bibel als *dialogisches Netzwerk*, welches aus vielfältigen Endtexten in einem „synchronen Neben-, [...] Mit- und Ineinander der biblischen Texte“[165] besteht. Dies bedeutet keine grundsätzliche Absage an diachrone Fragestellungen, gleichwohl ist hier die Richtung der Fragestellung eine andere. Diese ergibt sich aus der theologischen Bedeutung biblischer Texte, „die als erinnernde Erzählung die Geschichte der Gottesbegegnung vergegenwärtigt“[166] hat.[167]

Wegen des dynamischen Verständnisses des Bibeltestes als dialogisches Netzwerk und verschrifteter Kommunikation besteht kaum die Möglichkeit, den *einen* absolut gültigen Sinn des Autors zu ermitteln. Vielmehr leisten die intertextuelle Struktur des Textes und vor allem der Leser einen entscheidenden Beitrag zum Sinnverständnis eines Textes. So weisen „Markierungen“ (Broich)[168] im Text auf intertextuelle Qualitäten hin, die aber erst durch die Interaktion Text-Leser vollzogen werden. Erst durch die Begegnung mit dem Leser erwacht der Text zum Leben, denn der Text ist nichts Fertiges, sondern muss erst

---

[163] *Steins,* Die Bindung Isaaks, 99.
[164] Vgl. *Steins,* Die Bindung Isaaks, 99. Alkier schreibt hierzu: „Das Konzept des christlichen Kanons wird als Transposition der kontingenten Einzelschriften in einen neuen Zusammenhang verstehbar, das aber das Recht der kontingenten Individualität der Einzelschriften keineswegs zugunsten dogmatisch determinierter Aussagen nivelliert. Der Kanon kontextualisiert neu, ohne die Einzelschriften zu dekontextualisieren. [...] Texte haben nicht nur einen Sinn, der rekonstruiert werden muss, sondern vielmehr gelten sie als Bedeutungspotentiale, die in ihren jeweiligen intertextuellen und kulturellen Interpretationssituationen zu neuen Sinnkonfigurationen gelangen.“ (*Alkier*, Die Bibel, 42f.).
[165] *Hieke / Nicklas,* „Die Worte der Prophetie dieses Buches“, 96; vgl. *Braun*, Geschichte des Gottesvolkes, 57.
[166] *Braun,* Geschichte des Gottesvolkes, 57.
[167] Vgl. *Braun*, Geschichte des Gottesvolkes, 57f.
[168] *Broich,* Formen der Markierung von Intertextualität, 31; vgl. hierzu *Braun:* „die als erinnernde Erzählung die Geschichte der Gottesbegegnung vergegenwärtigt“ (*Braun*, Geschichte des Gottesvolkes, 59.).

vom Leser angeeignet werden. Da ein Text als dialogisches Netzwerk darauf abzielt, Informationen, Inhalt und Sinn zu vermitteln, besteht das Ziel des Lesens darin, den Text zu verstehen und seinen Sinn zu finden. Durch reflektiertes Lesen und gesteuert durch den dialogischen Charakter des Textes werden seine Sinnpotentiale erhoben. Aufgrund des dialogischen Kontextes eines Textes erfolgt durch das intra- und intertextuelle Zusammenspiel verschiedener Texte eine Sinnerweiterung des Einzeltextes und zeigen seine Polyvalenz, seine Vielstimmigkeit auf.[169]

Obgleich Polyvalenz die Bibeltexte charakterisiert und diese dementsprechend über vielfältiges Auslegungspotential verfügen, bestehen gemäß Eco dennoch „Grenzen der Interpretation“[170], welche der Text selbst setzt und nicht der empirische Autor. Da die Bibel in einem komplexen Prozess entstanden ist, kann heute häufig nicht mehr klar erkannt werden, auf welche Subtexte der empirische Autor verweisen wollte. Die Grenzen der Interpretationspotentiale zeigt daher der Text in seinen Strategien auf, mit denen er den Rezipienten lenkt. Dementsprechend gibt es in einem Text Details und Strukturen, die einerseits bestimmte Interpretationen zulassen und andererseits ausschließen.[171]

Insofern ist es Aufgabe der kanonisch-intertextuellen Lektüre, die Grenzen der Interpretation auszuloten. Basis hierfür ist nicht der Einzeltext, sondern die vorliegende Textwelt des Bibelkanons, der das Zeugnis der Glaubensgemeinschaft widerspiegelt. Somit begründet der Kanon sowohl Sinnoffenheit als auch Sinnbegrenzung, was den *Modell-Leser* erfordert, der „als textimmanente Größe aus der Strategie des Textes erwächst und diese in idealer Weise umzusetzen versucht“[172] und einer Beliebigkeit der Interpretation gegensteuert. Gleichwohl lassen sich keine allgemeingültige Regeln setzen für die *Grenzen der Interpretation*, denn diese können nur „mühsam in Auseinandersetzung mit einer Einzelinterpretation eines Einzeltextes“[173] verifiziert werden.[174]

---

[169] Vgl. *Braun,* Geschichte des Gottesvolkes, 58-60 u. 61-63.
[170] *Eco*, Umberto / *Memmert*, Günter: Die Grenzen der Interpretation. München ^{2}1999, 20.
[171] Vgl. *Braun,* Geschichte des Gottesvolkes, 64f.
[172] *Braun,* Geschichte des Gottesvolkes, 64.
[173] *Braun,* Geschichte des Gottesvolkes, 65.
[174] Vgl. *Braun,* Geschichte des Gottesvolkes, 64f. Umberto Eco führt zur Erläuterung einer unangemessenen Interpretation folgendes Beispiel an: „Würde Jack the Ripper uns sagen, er habe seine Taten aufgrund einer Inspiration begangen, die ihn beim Lesen des Evangeliums überkam, so würden wir zu der Ansicht neigen, er habe das Neue Testament auf eine Weise interpretiert, die zumindest ungewöhnlich ist. Und dasselbe würden wohl auch die nachsichtigsten Verfechter des Prinzips der völligen Interpretationsfreiheit einräumen. [...] Aber man kann nicht sagen, Jack sei ein Vorbild, anhand dessen man den Kindern in der Schule erklären sollte, wie man mit einem Text umgeht. Das Beispiel [...] soll verdeutlichen, daß in manchen Fällen niemand daran zweifelt, daß eine bestimmte Interpretation unhaltbar ist. Als Falsifikationsbeweis genügt das.“ (vgl. *Eco / Memmert*, Grenzen der Interpretation, 77f).

2.3 Biblische Texte als poetische Kunstwerke

„Weite Teile des AT (weit mehr als in den modernen Übersetzungen kenntlich) sind Poesie.“[175] Der Literaturbegriff der „Poesie“ wie auch die mit ihm verbundene Reflexion und Theoriebildung unter den Bezeichnungen „Poetik“ oder „Poetologie“ hat seine Prägung im griechisch-lateinischen Sprach- und Kulturraum erhalten (Aristoteles: Περι Ποιητικης; Horaz: Epistula ad Pisones de Arte Poetica). Diese antike Begrifflichkeit hat auch die neusprachliche Literatur bzw. Literaturtheorie geprägt.[176] Im Gegensatz dazu ist für das Althebräische *keine* zeitgenössische Literaturtheorie überliefert. Dies bedeutet nicht, dass es keine diesbezüglichen Phänomene gäbe. Gleichwohl liegen hierzu nur die alten Texte vor, aus denen die zugrunde liegenden sprachlich-poetischen Strukturen zu erschließen sind.[177]

2.3.1 Literaturwissenschaftliche Grundlagen

Der Begriff der *Poetik* (= ποιητική) ist in der Antike stets mit dem Nomen τέχνη (= *Kunst; Handwerk*) verbunden gewesen und steht so jahrhundertelang für die „Kunst des Dichtens“, also für die Herstellung eines sprachlichen Kunstwerkes nach bestimmten Regeln und Gesetzen, welche der Autor kennen und entsprechend anwenden muss. Erst in der Neuzeit ist der Begriff dahingehend erweitert worden, dass er nun auch das Reflexionswissen über die Darstellung und Bedeutung eines dichterischen Werkes umfasst. In diesem Sinne wird heute der Begriff der „Lehre von der Sprachkunst“ verwendet, der gleichbedeutend mit dem Begriff der „Poetologie“ verstanden wird.[178]

Der zentrale Terminus der Poetik ist der Begriff μίμησις (griech.) bzw. „imitatio“ (lat.), der im Allgemeinen mit „Nachahmung“ übersetzt wird.[179] „Gegenstand der Nachahmung sind die Handlungsformen, die der Mensch als guter oder schlechter, mehr oder weniger

---

[175] *Fischer u. a.*, Wege in die Bibel, 136.
[176] Vgl. *Weber*, Beat: Art. Poesie (AT). In: Das wissenschaftliche Bibellexikon im Internet. Stuttgart 2007, http://www.bibelwissenschaft.de/stichwort/31132/, zuletzt geprüft am: 27.10.2023, 1; „Περι Ποιητικης“ zitiert nach *Aristoteles / Fuhrmann*, Manfred: Poetik. Griechisch/deutsch. Stuttgart 2018, 1; „Epistula ad Pisones de Arte Poetica“ zitiert nach *Horatius Flaccus*, Quintus / *Sawyer*, John F. A.: Ars poetica. Die Dichtkunst; lateinisch und deutsch. Stuttgart 1972, 5.
[177] Vgl. *Weber*, Beat: Entwurf einer Poetologie der Psalmen. In: Utzschneider, Helmut / Blum, Erhard / Hardmeier, Christof (Hg.): Lesarten der Bibel. Untersuchungen zu einer Theorie der Exegese des Alten Testaments. Stuttgart 2006, 127–154, 128; *Weber*, Art. Poesie (AT), 1; *Seybold*, Klaus: Poetik der Psalmen (PStA 1). Stuttgart 2003, 20.
[178] Vgl. *Seybold*, Poetik der Psalmen (PStA 1), 13; *Simon*, Ralf: Poetik und Poetizität: Übersicht, historischer Abriss, Systematik. Zu den Konzeptentscheidungen für das vorliegende Handbuch. In: Simon, Ralf (Hg.): Grundthemen der Literaturwissenschaft: Poetik und Poetizität (GTLW). Berlin 2021, 3–57, 7.
[179] Vgl. *Simon*, Poetik und Poetizität, 7f.

ausgebildeter auszuführen in der Lage ist.“[180] Die Nachahmung sowie die Freude des Menschen daran liegen in der Natur des Menschen und sind die Quelle der Dichtkunst.[181] Dabei geht es gleichwohl nicht um Tatsachenberichte: Was tatsächlich geschehen ist, beschreibt der Historiker, während dem Dichter die Vorstellung dessen obliegt, was möglich gewesen wäre. Es geht also bei der Dichtung prinzipiell um Fiktionen.[182]

2.3.1.1 Sprachliche Strukturen poetischer Texte

Kleinstes Element eines poetischen Textes ist der *Vers* (lat. „versus“ von „vertere“ = wenden), welcher der rhythmischen Organisation einer Zeile entspricht. Die Verse eines lyrischen Textes fügen sich Zeile für Zeile aneinander. Gemessen werden die Verse, die sich in Takte unterteilen, mithilfe metrischer Regeln. Beim Versmaß oder Metrum geht es um die Zählung betonter und unbetonter Silben sowie von „Sprechpausen“ (= „Zäsuren“) in einem Vers.[183]

Abschnitte eines poetischen Textes, die sich aus mehreren Versen zusammensetzen, welche metrisch gleich konstruiert sind, werden „Strophe“ (griech. στροφή = Wendung) genannt. Die Bezeichnung der Strophenformen resultieren u. a. aus der jeweiligen Anzahl ihrer Verse und variieren vom „Dreizeiler“ (= „Terzine“) bis zum „Zehnzeiler“ (= „Dezime“). Eine besondere Form, die aus dem italienischen Barock stammt, ist der „Achtzeiler“ (= „Oktave“ bzw. „Stanze“ von ital. „stanza“ = „Zimmer“ bzw. „Sinngehäuse“).[184]

2.3.1.2 Rhetorische Figuren

„Rhetorische Figuren“ spielen nicht nur in Reden, sondern vor allem auch in der Poetik eine bedeutende Rolle. So sind zu allen Zeiten rhetorische Figuren in der Dichtung eingesetzt worden; insbesondere aber in der frühen Neuzeit sind Rhetorik und Dichtung eng miteinander verbunden.[185] Zu den am häufigsten verwendeten rhetorischen Figuren gehören:

---

[180] *Simon,* Poetik und Poetizität, Übersicht, 8.
[181] Vgl. *Aristoteles / Fuhrmann,* „Περι Ποιητικης“, 11.
[182] Vgl. *Simon,* Poetik und Poetizität, 10–12.
[183] Vgl. *Felsner*, Kristin / *Helbig*, Holger / *Manz*, Therese: Arbeitsbuch Lyrik (AkStLW). Berlin ^{2}2012, 18f.46.48f; *Becker*, Sabina / *Hummel*, Christine / *Sander*, Gabriele: Literaturwissenschaft. Eine Einführung. Ditzingen ^{2}2018, 80f.
[184] Vgl. *Felsner / Helbig / Manz,* Arbeitsbuch Lyrik (AkStLW), 80–90; *Becker / Hummel / Sander,* Literaturwissenschaft, 78–80.
[185] Vgl. *Felsner / Helbig / Manz,* Arbeitsbuch Lyrik (AkStLW), 174f.

1. Die „Iteration“ einzelner Wörter oder Texteinheiten (i. e. Strophe, Vers, Satz, Teilsatz) in Form einer wörtlichen oder variierten „Wiederholung“ dient der Effektverstärkung einer Aussage.
2. Eine weitere häufig verwendete rhetorische Figur ist die „Aufzählung“ (lat. „Enumeratio“), die durch eine Reihung von Wörtern, Satzteilen oder Sätzen ein Thema besonders betont und verstärkt. Die Elemente können dabei hinsichtlich ihrer Bedeutung aufsteigend („Klimax“) oder absteigend („Antiklimax“) angeordnet sein.[186]
3. Rhetorisch bedeutend kann auch die besondere Anordnung von Sätzen oder Versen sein. Hier sind z. B. der „Parallelismus“ und der „Chiasmus“ (abgeleitet vom griechischen Buchstaben „χ“) zu nennen. Erstgenannter stellt die Gleichordnung von zwei oder mehr Versen, Sätzen oder Satzteilen dar. Beim Zweitgenannten sind analog gebaute Satz- oder Versteile über Kreuz so angeordnet, dass der erste Teil eines Verses mit dem zweiten Teil des nachfolgenden Verses korrespondiert und umgekehrt.[187]

2.3.1.3 Bildliches Reden

Eine Besonderheit der rhetorischen Figuren ist das „bildliche Reden“, auch „uneigentliche Rede“ genannt:

1. Die häufigste Form des „bildlichen Redens“ ist die „Metapher“ (griech. μεταφορά = Übertragung), die einen im übertragenen Sinne gebrauchten Begriff bezeichnet, der mit dem tatsächlich gemeinten Begriff in einer Ähnlichkeitsbeziehung steht, diesen lediglich substituiert und daher durch den eigentlich gemeinten Begriff ausgetauscht werden kann („Substitutionstheorie“). Die modernere „Interaktionstheorie“ hingegen geht von einer grundsätzlichen Vieldeutigkeit von Metaphern aus: Nicht die Ähnlichkeit zwischen Metapher und eigentlichem Ausdruck sei von Bedeutung, sondern die semantische Inkongruenz zwischen den beiden. Aufgabe des Rezipienten sei es daher, diese Inkongruenz interpretierend zu überbrücken und so einen sinnvollen Kontext herzustellen.[188]
2. Anders als die „Metapher“, die nur aus *einem* uneigentlichen Ausdruck besteht und nur *punktuell* in einem Text vorkommt, umfasst die „Allegorie“ (griech. ἀλληγορία“ von ἄλλος = *anders* und ἀγορεύειν = *eindringlich sprechen*) – außer sie tritt als

[186] Vgl. *Felsner / Helbig / Manz,* Arbeitsbuch Lyrik (AkStLW), 178.
[187] Vgl. *Felsner / Helbig / Manz,* Arbeitsbuch Lyrik (AkStLW), 180.
[188] Vgl. *Felsner / Helbig / Manz,* Arbeitsbuch Lyrik (AkStLW), 194; *Becker / Hummel / Sander,* Literaturwissenschaft, 52-54; *Schnocks,* Johannes: Psalmen. Paderborn 2014, 17–19.

„Personifikation" auf – einen längeren Textabschnitt bzw. einen ganzen Text, welcher sowohl eine wörtliche als auch eine allegorische (übertragene) Bedeutung hat.[189]

3. Im Unterschied zur „Allegorie" enthält das „Symbol" (griech. σύμβολον = *Merkmal, Wahrzeichen*) entsprechend der jeweiligen kulturellen Prägung einen Teil, der auf die übertragene Bedeutung hinweist. Insofern sind hier wörtliche *und* übertragene Bedeutung nicht vollständig voneinander getrennt. Hingegen ergibt sich bezüglich der „Allegorie" die Deutungsrichtung jeweils aus dem Kontext.[190]

2.3.1.4 Lyrisches Ich vs. Verfasser

Poesie wird im Allgemeinen als Äußerung subjektiver Empfindungen verstanden. Das „lyrische Ich (= Aussagesubjekt des poetischen Diskurses)"[191] dient jedoch dazu, zwischen der Person des „fiktiven Sprechers", der in einem poetischen Text seine subjektive Gefühlswelt äußert, und dem „realen Verfasser" des Textes zu unterscheiden. Insofern ist es grundsätzlich unzulässig, von den Äußerungen des „lyrischen Ichs" auf eine tatsächliche Erlebniswelt des Verfassers zu schließen. Gleichwohl kann das „lyrische Ich" auch reale Erfahrungen und Zusammenhänge des „autobiografischen Ichs" widerspiegeln.[192]

2.3.2 Elemente biblischer Poesie der Psalmen

Da für das Althebräische *keine* zeitgenössische Literaturtheorie überliefert ist, muss eine bibelhebräische/semitische Poetologie weithin *induktiv* erfasst werden. Mit Hilfe der Wahrnehmung, Bewertung und Gewichtung entsprechender Phänomene muss sie diese in ihrer Gesamtkonstellation reflexiv durchdringen. Dabei können Phänomene und gebräuchliche Klassifizierungen aus dem indogermanischen Sprach- und Kulturbereich allenfalls modifiziert in Analogie Anwendung finden.[193]

Auch wenn die Grenzen dazu, welche alttestamentlichen Texte als Poesie anzusehen sind, nicht immer scharf gezogen werden können, ist doch als gesichert davon auszugehen, dass die Versdichtung eine spezifische literarische Gestaltung aufweist und auch bereits in der ursprünglichen Rezeption als solche erkannt worden ist. Als poetisch gelten daher

---

[189] Vgl. *Felsner / Helbig / Manz,* Arbeitsbuch Lyrik (AkStLW), 196; *Becker / Hummel / Sander,* Literaturwissenschaft, 56.
[190] Vgl. *Felsner / Helbig / Manz,* Arbeitsbuch Lyrik (AkStLW), 197; *Becker / Hummel / Sander,* Literaturwissenschaft, 56f.
[191] *Becker / Hummel / Sander,* Literaturwissenschaft, 75.
[192] Vgl. *Felsner / Helbig / Manz,* Arbeitsbuch Lyrik (AkStLW), 15-17.34f.
[193] Vgl. *Weber,* Art. Poesie (AT), 1f; *Seybold,* Poetik der Psalmen (PStA 1), 14.

vor allem Texte, die den Gattungen der Lieder/Gedichte, weisheitliche Sentenz/Lehre und prophetische Rede zugehörig sind.[194]

Hierzu gehören in erster Linie die alttestamentlichen Psalmen, aber auch z. T. die prophetischen Texte wie die des Deutero-Jesaja. Darüber hinaus enthält auch das Neue Testament poetische Texte wie z. B. die Hymnen im Lukasevangelium.[195]

2.3.2.1 Versstruktur und „Parallelismus membrorum“

Die Grundeinheit eines Psalms stellt der Vers dar, auch als „Stichos“ (griech. στίχος = *Vers*) bezeichnet. Das Ende eines Verses wird durch einen „Soph Pasuq“ hinter dem letzten Wort des Verses (Beispiel Ps 98,2b: צִדְקָתֽוֹ׃) angezeigt, ein Halbvers wird durch einen „Atnach“ unter dem letzten Word des Halbverses (Beispiel Ps 98,2a: יְשׁוּעָת֑וֹ) abgetrennt. Je nach Anzahl zusammengehörender Zeilen eines Verses, „Kolon“ (griech. κῶλον = *Glied*) genannt, spricht man von einem „Monokolon“ (1-zeiliger Vers; meist die Überschrift eines Psalms), einem „Bikolon“ (2-zeiliger Vers; die häufigste Form) oder einem „Trikolon“ (3-zeiliger Vers). Unabhängig davon wird jede Verszeile in der Mitte durch eine Zäsur in Form einer Leerstelle in weitere Versteile unterteilt.[196]

Grundlegend für das poetische Bauprinzip der Psalmen ist als Form der *Iteration* der „Parallelismus membrorum“, welcher das wesentliche Merkmal semitischer Lyrik darstellt. Dabei entsprechen sich zwei oder drei Verszeilen inhaltlich, so dass sie eine Sinneinheit bilden. Das Verständnis dahinter geht davon aus, dass sich die Realität niemals mit einer einzigen Aussage darstellen lässt, sondern dazu mindestens zwei Perspektiven, wobei eine ggf. auch das Gegenteil ausdrückt, zu einem Sachverhalt notwendig sind.[197] Seybold fasst das Prinzip des „Parallelismus membrorum“ in folgende Formel zusammen:

> „Das elementare Prinzip der Verdoppelung und Wiederholung aktiviert Denkvorgänge und setzt insofern semantische Synergien frei, welche die Sinnaussage repetieren, unterstreichen, herausheben, verstärken, steigern, fortführen, spiegeln, erweitern oder auch einschränken können.“[198]

---

[194] Vgl. *Weber*, Art. Poesie (AT), 4.
[195] Vgl. *Weber*, Art. Poesie (AT), 4f. Weber nennt hier die Texte des Deutero-Jesaja nicht, obgleich diese aufgrund ihrer Hymnen und Gottesknechtslieder sehr wohl als poetische Texte anzusehen sind. Vgl. hierzu auch *Seybold*, Klaus: Poetik der prophetischen Literatur im Alten Testament (PStA 4). Stuttgart 2010, 205f.
[196] Vgl. *Schnocks*, Psalmen, 13; *Utzschneider*, Helmut / *Nitsche*, Stefan Ark: Arbeitsbuch literaturwissenschaftliche Bibelauslegung. Eine Methodenlehre zur Exegese des Alten Testaments. Gütersloh ^{4}2014, 204.235; *Seybold*, Poetik der Psalmen (PStA 1), 61.
[197] Vgl. *Schnocks*, Psalmen, 13; *Seybold*, Poetik der Psalmen (PStA 1), 84; *Weber*, Entwurf einer Poetologie der Psalmen, 128f; *Fischer u. a.*, Wege in die Bibel, 137.
[198] *Seybold*, Poetik der Psalmen (PStA 1), 85.

In diesem Sinne sind folgende vier unterschiedliche Arten von „Parallelismen" zu identifizieren:

1. *Synonymer Parallelismus*: Die Aussagen in zwei aufeinanderfolgenden Kola sind synonym, also inhaltlich nahezu gleichbedeutend und legen einander gegenseitig aus.
2. *Antithetischer Parallelismus*: Die zweite Kola ist antithetisch zur ersten, indem sie das Gegenteil derselben aussagt.
3. *Synthetischer Parallelismus*: Der synthetische Parallelismus ist kein eigentlicher Parallelismus, weil die zweite Kola die erste nur inhaltlich fortführt.
4. *Stufenparallelismus*: Eine in den Psalmen seltener vorkommende Form, die Wiederholungen enthält, welche stufenweise weiterentwickelt werden.[199]

2.3.2.2 Gesamtstruktur der Psalmen

Insgesamt sind Psalmen sorgfältig strukturiert: Die kleinsten Einheiten sind die Verszeilen (Kola), von denen im Regelfall zwei bis drei zu einem Vers (Stichos) zusammengefasst sind. In Ausnahmefällen kann ein Vers jedoch auch aus einer Zeile bestehen. Zwei bis drei Verse – im Ausnahmefall auch ein Vers – bilden eine Strophe. Auf der nächsten Strukturebene steht die Stanze, die sich aus mehreren Strophen zusammensetzen kann und in ihrer Summe den Psalm ausmacht.[200]

2.3.2.3 Metrum und Rhythmus

„Metrum" ist das regelmäßige Maß der lautlichen Grundeinheiten (Wörter, Silben oder Einzellaute), aus denen sich ein Stichos (Vers) oder Kolon (Zeile) zusammensetzt. Die Besonderheit der hebräischen Sprache führt dazu, dass *Morpheme* als eine „Worteinheit" gesprochen und geschrieben werden. Demzufolge gelten Nomina und dazugehörige Pronomina und Präpositionen als *eine* „Worteinheit". Gleiches gilt für Wörter, die mittels „Linea Maqqef" verbunden sind. Das Metrum bemisst sich nach der Anzahl der „Worteinheiten" eines Kolon bzw. eines Stichos. Das Kolon entspricht in der Regel einer syntaktischen Einheit und bildet grammatisch einen Satz ab, wobei dieser Satz kurz und parataktisch angeordnet ist. In hebräischen poetischen Texten bildet er eine grundlegende

---

[199] Vgl. *Schnocks,* Psalmen, 13-15.

[200] Vgl. *Weber,* Entwurf einer Poetologie der Psalmen, 145. Die Bezeichnung „Stanze", die Weber hier als Element der semitischen Poesie anführt und die beispielsweise Leene für die Unterteilung des Ps 98 verwendet (s. Abschnitt *3.2.2 Gliederung des Psalms in Strophen*), weicht von der Struktur abendländischer lyrischer Texte ab, die für eine „Stanze" qua definitionem acht Verse (Oktave) vorsieht und diese als spezielle barocke Form einer Strophe betrachtet (vgl. *Felsner / Helbig / Manz,* Arbeitsbuch Lyrik (AkStLW), 88.).

Sinn- und Leseeinheit und stellt so die eigentlich poetische Basiseinheit der biblischen Versdichtung dar.[201]

Der „Rhythmus" ist ein akustisches Phänomen und ergibt sich aus der Betonung der Silben in den „Worteinheiten" eines Kolons und dem daraus entstehenden Takt. In der hebräischen Versdichtung enthält in der Regel jede „Worteinheit" *eine* betonte Silbe. Hinsichtlich des Rhythmus ist davon auszugehen, dass in der hebräischen Versdichtung ein *dynamisches* Maß vorliegt, also der Wechsel von betonten und unbetonten Silben („Hebungen und Senkungen"). Diese können alternierend (gleichmäßiger Wechsel), aber auch akzentuierend (unregelmäßiger Wechsel) sein.[202] Durch die Masoretenzeichen sind die Vokale und die Akzente in der hebräischen Bibel („Kodex Leningradensis") soweit fixiert, dass eine einheitliche Wiedergabe im Sprechgesang der Synagogenliturgie sichergestellt ist.[203]

2.3.2.4 Metaphern und Klangbilder

„Der Psalter ist ein bilderreiches Buch. Gleichwohl enthält er als Buch kein einziges Bild. [Vielmehr geht es hierbei um] Bilder des inneren Auges und der inneren Vorstellung."[204] Denn ein wesentlicher Bestandteil der Psalmenpoesie ist die Metaphorik. Die im Kontext der Psalmen verwendeten Metaphern stammen aus den damaligen altorientalischen Lebenszusammenhängen und mythischen Symbolwelten. Sie übermitteln Emotionen und verschaffen damit eine Intensität, die durch eine rein rational-begriffliche Sprache nie erreicht werden könnte. Waren die verwendeten Bilder den damaligen Lesern/Hörern der Psalmen zumeist noch unmittelbar verständlich, so ist das aufgrund des zeitlichen und kulturellen Abstandes heute nicht unbedingt der Fall.[205]

Musikalische Klänge wirken stärker als gesprochene Worte auf das Gemüt, was insbesondere gilt, wenn diese Musik nicht nur gehört wird, sondern auch beteiligend erlebt wird. Insofern verstärkt sich die Wirkung der in den Psalmen gestalteten Wortbilder,

---

[201] Vgl. *Utzschneider / Nitsche,* Arbeitsbuch literaturwissenschaftliche Bibelauslegung, 210–212. Gemäß *Schnocks* bilden die *Parallelismen*, bestehend aus Bikola oder Trikola die *strukturellen* Basiseinheiten eines *Psalms* (vgl. *Schnocks*, Psalmen, 15). Dies ist jedoch kein Widerspruch zu der hier angesprochenen Aussage von *Utzschneider* und *Nitzsche*, weil es hier um die *poetische* Basis der *Verse* geht.
[202] Vgl. *Utzschneider / Nitsche*, Arbeitsbuch literaturwissenschaftliche Bibelauslegung, 212f.
[203] Vgl. *Schnocks,* Psalmen, 16.
[204] *Bader*, Günter: Psalterspiel. Skizze einer Theologie des Psalters (HUTh 54). Tübingen 2009, 148.
[205] Vgl. *Weber*, Beat: Werkbuch Psalmen III. Theologie und Spiritualität des Psalters und seiner Psalmen (WB Pss 3). Stuttgart 2010, 233f; *Weber,* Art. Poesie (AT), 10.

wenn sie musikalisch intoniert und begleitet werden.[206] Auch die Psalmen selbst beinhalten oftmals direkte Aufforderungen zum musikalischen Lob Gottes.[207] In diesem Kontext besteht eine lange Tradition des Psalmengesangs von Israel über die Liturgie der alten Kirche und der Ordensgemeinschaften bis hin zum heutigen liturgischen Gemeinde- und Chorgesang sowie zu konzertanten Aufführung von Psalmen.[208]

2.3.2.5 Psalmen als Dialog und der Psalmist als Sprecher

Im Hinblick auf die Bedeutung und die Vielfalt der in den Psalmen enthaltenen dialogischen Prozesse ist die *Dialogizität* neben der *Poetizität* das zweite wesentliche Merkmal der Psalmen des Alten Testaments.[209]

Zur *Dialogizität* der Psalmen konstatiert Weber grundsätzlich:

> „Poesie ist Gespräch und will ins Gespräch bringen. Es handelt sich gleichsam um ‚eingefrorene Diskurse' einer geschehenen und immer neu zu geschehenden Kommunikation. Eine pragmatische Funktion ist ihnen damit eingeschrieben: Reden wollen nicht nur gefallen; sie wollen überzeugen, Einverständnis erzielen, Einstellungen bestärken oder verändern, Identifikation stiften, zu Handlungen veranlassen und anderes mehr."[210]

Psalmen sind durchgehend Reden mit unterschiedlichen Akteuren als sprechende und angesprochene Subjekte sowie als besprochene Objekte, oftmals alle drei Dimensionen in einem Psalm. Die genaue Erfassung dieser *Sprechakte* ist wesentliche Voraussetzung für Interpretation und theologisches Verständnis der Psalmen.[211]

Hinsichtlich der *Sprechakte* in Psalmen nennt Weber fünf Kategorien:

1. *Repräsentativa*: stellen einen Sachverhalt (beschreiben, erklären, behaupten etc.) dar.
2. *Direktiva*: lösen eine Reaktion (bitten, befehlen, ermahnen etc.) aus.
3. *Kommissiva*: gehen eine (Selbst-)Verpflichtung (versprechen, drohen, verweigern etc.) ein.
4. *Expressiva*: drücken einer Einstellung (ausrufen, klagen, loben etc.) aus.
5. *Deklarativa*: vollziehen eine Handlung (segnen, bezeichnen, erklären etc.).[212]

---

[206] Vgl. *Weber*, Theologie und Spiritualität des Psalters (WB Pss 3), 282f; *Seybold*, Poetik der Psalmen, 319.
[207] Vgl. *Seybold*, Poetik der Psalmen, 18.
[208] Vgl. *Weber*, Theologie und Spiritualität des Psalters (WB Pss 3), 283.
[209] Vgl. *Weber*, Entwurf einer Poetologie der Psalmen, 138.
[210] *Weber*, Art. Poesie (AT), 15.
[211] Vgl. *Weber*, Theologie und Spiritualität des Psalters (WB Pss 3), 130; *Utzschneider / Nitsche*, Arbeitsbuch literaturwissenschaftliche Bibelauslegung, 206.
[212] Vgl. *Weber*, Theologie und Spiritualität des Psalters (WB Pss 3), 131; *Utzschneider / Nitsche*, Arbeitsbuch literaturwissenschaftliche Bibelauslegung, 206.

Vielen Psalmen liegt nicht nur *ein* dialogisches Geschehen zugrunde, indem ein Beter oder eine Gruppe Gott anspricht, sondern sie enthalten oft vielschichtige kommunikative Konstellationen: So wird z. B. Gott angesprochen in Form eines Gebetes („Du"- oder „Wir"-Rede an Gott) und es erfolgt ein Bekenntnis zu Gott („Er"-Rede über Gott) oder eine Aufforderung an die Mitmenschen zum Lob Gottes. Dies kann dann auch zu unterschiedlichen und miteinander wechselnden *Sprechrichtungen* innerhalb eines Psalms führen.[213]

Neben Darstellungen von Sachverhalten (*Repräsentativa*) finden sich in den Psalmen als wesentliche Sprachstile imperative und jussive Formen, also Anweisungen und Aufforderungen (*Direktiva*).[214]

Ähnlich wie in der abendländischen Poetik das „lyrische Ich", so ist auch der Psalmist – ausgedrückt durch die „Ich-" oder „Wir-Stimmen" – keineswegs zwangsläufig mit dem Autor des Psalms gleichzusetzen. Denn viele Psalmen sind nicht als „biografische" Berichte, sondern vielmehr als „exemplarisch-paradigmatische" Erzählungen zu verstehen, so dass sie für eine Vielzahl von Situationen wiederverwendbar sind, einschließlich der „Ich-" bzw. „Wir-Personen". Dies gilt in gleicher Weise für die Psalmen, die David zugeordnet werden, der hier jedoch lediglich *exemplarisch* als "Dichter und Beter" angesprochen wird und nicht als tatsächlicher Autor.[215]

2.4 Biblische Texte als Erzählungen

Finnern beschreibt Narratologie in der Bibel wie folgt:

> „Die Bibel ist ein Buch voller Erzählungen. Sie handelt von Menschen, die leben, hoffen und fühlen, die streiten und taktieren, schwierige Situationen meistern oder an ihnen zerbrechen: Hirten, Priester und Könige, Heilige und Sünder, die auch immer wieder Erfahrungen mit Gott machen."[216]

2.4.1 Literaturwissenschaftliche Grundlagen

Narrativität (Erzählkunst) ist entstanden als Begriff in der französischsprachigen literaturwissenschaftlichen Diskussion als Ausläufer des Strukturalismus gegen Ende der

---

[213] Vgl. *Weber,* Theologie und Spiritualität des Psalters (WB Pss 3), 132.
[214] Vgl. *Seybold,* Poetik der Psalmen, 18.
[215] Vgl. *Weber,* Entwurf einer Poetologie der Psalmen, 138.
[216] *Finnern,* Sönke: Narratologie und biblische Exegese. Eine integrative Methode der Erzählanalyse und ihr Ertrag am Beispiel von Matthäus 28 (WUNT 285). Tübingen 2010, 1.

1960er Jahre. Etwa ein Jahrzehnt später erst ist er in die englisch- und deutschsprachige Diskussion übernommen worden.[217]

Die *Narratologie* (Erzählanalyse) untersucht die Strukturen von Erzählungen. Sie beleuchtet den Leseprozess und macht damit die Erzählweise als grundlegendes Element von Geschichten erfahrbar und nachvollziehbar. Dementsprechend beantwortet die Narratologie die drei großen Fragen, die stets mit einer Erzählung verbunden sind: „*Wer erzählt?*", „*Wie wird erzählt?*" und vor allem „*Was wird erzählt?*"[218]

Eine wesentliche literaturwissenschaftliche Basis für die Erzähltheorie sind vor allem die Arbeiten von Gérard Genette, der die Ergebnisse aus der formalistischen und strukturalistischen Erzählforschung zu einem differenzierten Modell weiterentwickelt und ein analytisches Instrumentarium zur Bearbeitung konkreter Erzähltexte erarbeitet hat.[219]

Für den Begriff der *Erzählung* bietet Genette folgende Definition an:

> „[...] *Erzählung* [bezeichnet] die narrative Aussage, den mündlichen oder schriftlichen Diskurs (discours), der von einem Ereignis oder einer Reihe von Ereignissen berichtet [...]".[220]

In einem zweiten Sinn bedeutet *Erzählung* auch eine Abfolge realer oder fiktiver Ereignisse, die in unterschiedlichen Beziehungen zueinanderstehen. In einem dritten Sinn steht *Erzählung* als Akt der Narration an sich.[221]

Das grundsätzliche Charakteristikum einer Erzählung besteht darin, dass sie die sprachliche Wiedergabe einer Abfolge von Ereignissen ist, die sowohl real als auch fiktiv sein können. Sie wird auch *Story* genannt und ist Bestandteil jeder gesprochenen oder geschriebenen Erzählung. Die sinnhafte Anordnung der Elemente einer *Story* (Ereignisse und Gespräche) bilden den *Plot* (Ablauf) der Erzählung. Die *Narration* (konkrete Erzählsituation) ist letztlich das, was den Erzähltext realisiert und so in die außertextliche *Erzählwelt* der Gegenwart hinüberbringt.[222]

2.4.2 Elemente der narratologischen Bibelexegese

In diesem Zusammenhang gilt es zu beachten, dass die Hebräische Bibel zu mehr als einem Drittel aus Erzählungen besteht, die eine hohe künstlerische Qualität besitzen und

---

[217] Vgl. *Erbele-Küster*, Dorothea: Art. Narrativität. In: Das Wissenschaftliche Bibellexikon im Internet. Stuttgart 2009, http://www.bibelwissenschaft.de/stichwort/37118/, zuletzt geprüft am: 27.10.2023, 2.
[218] Vgl. *Erbele-Küster*, Narrativität, 1.
[219] Vgl. *Köppe / Winko,* Neuere Literaturtheorien, 55.
[220] *Genette*, Gérard: Die Erzählung. Paderborn ^{3}2010, 11.
[221] Vgl. *Genette*, Die Erzählung, 11.
[222] Vgl. *Utzschneider / Nitsche,* Arbeitsbuch literaturwissenschaftliche Bibelauslegung, 140–143, 171.

zu den herausragenden literarischen Schätzen der Welt gehören.[223] In gleicher Weise kann man die Evangelien als kontinuierliche Erzählungen des Lebens Jesu, als Geschichte Jesu verstehen. Sie sind in diesem Sinne als διήγησις (= Erzählung) über die Worte und Taten Jesu angelegt.[224]

Der erzählerische Charakter der biblischen Texte hängt wesentlich zusammen mit ihrer *Fiktionalität*. Dies darf jedoch nicht als Gegenbegriff zur *Realität* verstanden werden, denn es geht dabei nicht um die Vermittlung einer trügerischen Scheinwelt. Vielmehr beleuchtet die *Fiktionalität* eine positive Funktion des Textes, nämlich die Eröffnung von Erfahrungsräumen. Gleichwohl büßen biblische Texte damit keineswegs ihre Gültigkeit ein. Denn gerade durch ihre *Fiktionalität* und den *exemplarischen* Charakter ihrer Beschreibung sind sie normierend geworden. Dabei geht es nicht um eine wahre oder falsche Darstellung historischer Ereignisse. Denn ihre Wahrheit liegt letztlich darin begründet, dass sie die *Erfahrung* von Wahrheit in die Gegenwart und Zukunft transferieren.[225] Biblische Erzählungen sind ihrer Natur nach literarische Verarbeitungen des Lebens an sich, aus denen nicht zwangsläufig auf direkt hinter der Erzählung liegende tatsächliche Ereignisse geschlossen werden kann, obgleich sich die Erzählung meist als historische Darstellung präsentiert. Vielmehr geht es hier um die Beschreibung einer literarischen Wahrheit.[226]

Die eigentlichen Bausteine der erzählten Welt sind Wörter. Daher lautet das erste Gebot beim Lesen einer biblischen Erzählung *close reading*, d. h. bei jedem Wort und jeder Wortgruppe ist zu überlegen, welche Gedanken, Gefühle oder Ansichten diese vermitteln oder unterstreichen sollen.[227]

In den biblischen Erzählungen erscheint der Erzähler meistens als allwissend und allgegenwärtig. Er kennt nicht nur die Handlungen, sondern auch die geheimen Gedanken und inneren Konflikte der handelnden Personen. Gelegentlich berichtet er auch über die Ge-

---

[223] Vgl. *Bar-Efrat,* Wie die Bibel erzählt, 19.
[224] Vgl. *Poplutz*, Uta: Erzählte Welt. Narratologische Studien zum Matthäusevangelium (BThSt 100). Neukirchen-Vluyn 2008, 1; *Pokorny*, Petr: Theologie der lukanischen Schriften (FRLANT 174). Göttingen 1998, 25.
[225] Vgl. *Erbele-Küster,* Narrativität, 8.
[226] Vgl. *Käser,* Literaturwissenschaftliche Interpretation, 91.
[227] Vgl. *Bar-Efrat*, Shimon: Die Erzählung in der Bibel. In: Utzschneider, Helmut / Blum, Erhard / Hardmeier, Christof (Hg.): Lesarten der Bibel. Untersuchungen zu einer Theorie der Exegese des Alten Testaments. Stuttgart 2006, 97–116, 99.

sinnung, Gefühle und Absichten Gottes. Dies ist immer dann der Fall, wenn er die absolute Geltung ethischer Normen betonen will.[228]

2.4.2.1 Die Rolle des Erzählers und des Autors

Die Instanz des *Erzählers* ist das wesentliche Kennzeichen der Literaturform der Erzählung. Gleichwohl ist der Erzähler nicht mit dem realen Autor oder der Person identisch, die in bestimmten Erzählsituationen den Erzähltext wiedergibt. Vielmehr ist der Erzähler die textinterne Instanz – Genette nennt es die *narrative Instanz* oder *Stimme der Erzählung*[229] –, die als Mittler zwischen Autor und Hörer bzw. Leser steht. Der Erzähler kann in zweierlei Art in einer Erzählung auftreten:
1. zum einen als *expliziter* (Ich-Erzähler),
2. zum anderen als *impliziter* (Er-Erzähler).[230]

Unabhängig davon kann sowohl der *explizite* als auch der *implizite* Erzähler
1. einerseits als *offener* Erzähler (*overt narrator*), dessen Vermittlerfunktion deutlich spürbar erfolgt, sowie
2. andererseits als *verborgener* Erzähler (*covert narrator*), bei dem die Erzählung sich scheinbar von allein bzw. durch die handelnden Personen erzählt,
wahrgenommen werden.[231]

Der *Erzähler* entspricht nicht dem *Autor*.[232] Selbst, wenn der Autor hinsichtlich seiner Biographie bekannt ist, trägt dieser Umstand nicht zwangsläufig zum besseren Verständnis des Erzählers bei. Denn beider Charaktereigenschaften, Einstellungen und Wertesysteme stimmen nicht notwendigerweise überein. So gibt es einerseits den tatsächlichen oder *realen* Autor, der die Erzählung verfasst hat. Andererseits gibt es den *implizierten* Autor, dessen Sicht der Dinge man als Teil des literarischen Werkes beim Hören bzw. Lesen der Erzählung erfahren kann. Im Unterschied zum Erzähler, der sagt, was passiert und wer spricht, wird der implizite Autor wahrnehmbar durch das, was der Erzähler sagt,

---

[228] Vgl. *Bar-Efrat,* Wie die Bibel erzählt, 26–30.
[229] Vgl. *Genette,* Die Erzählung, 137.
[230] Vgl. *Lahn*, Silke / *Meister, Jan Christoph u. a.*: Einführung in die Erzähltextanalyse. Stuttgart, Weimar ²2013, 63.
[231] Vgl. Lahn, Meister u. a., Einführung in die Erzähltextanalyse, 63.
[232] Ausnahme ist der „Ich-Erzähler“, der dem Autor entsprechen kann (vgl. *Lahn / Meister u. a.*, Einführung in die Erzähltextanalyse, 174.).

aber auch durch Reden, Gedanken und Taten der handelnden Personen sowie durch den Handlungsaufriss.[233]

2.4.2.2 Die Rolle des Hörers bzw. des Lesers

Der Hörer bzw. Leser – auch *impliziter* Leser (i. e. der im Text *vorausgesetzte* Leser) genannt – verkörpert im Text die Gesamtheit aller Vororientierungen, die eine fiktionale Erzählung an Rezeptionsangeboten beinhaltet. Er ist eine Instanz im Text bzw. eine Beziehungsgröße zwischen den Welten inner- und außerhalb des Textes, d. h. der Text selbst enthält Anschlusspunkte, an denen der *reale* Leser aufschalten und seine eigene Bewertung einbringen oder den Bewertungsvorschlägen der Erzählerkommentare folgen kann. Diese Anschlusspunkte sind in der Regel sog. *Leerstellen,* i. e. Unschärfen oder Lücken in der Schilderung der Ereignisse, die den Leser zu eigenen Vorstellungen provozieren sollen. Auf diese Weise wird die Lektüre zur Kommunikation zwischen dem *impliziten* Leser im Text und dem *realen* Leser. Daneben gibt es auch den *expliziten* Leser, der im Text ausdrücklich angesprochen wird. Letzterer kommt jedoch in biblischen Erzählungen im Allgemeinen nicht vor, sondern ist vielmehr eine Besonderheit der neutestamentlichen Briefe.[234]

Genette bezeichnet den Hörer bzw. Leser als *den narrativen Adressaten,* den er in zwei Kategorien unterteilt:

1. Der *intradiegetische* narrative Adressat, i. e. der im Text unmittelbar angesprochener Adressat (z. B. Briefadressat) sowie
2. der *extradiegetische* narrative Adressat, i. e. der *virtuelle* Leser, mit dem sich jeder *reale* Leser identifizieren kann.[235]

2.5 Literaturtheoretischer Ertrag

1. Auch in der modernen Bibelexegese spielt das aus der neueren Literaturwissenschaft stammende Paradigma der *Intertextualität* eine wesentliche Rolle. Dieses konstatiert, dass kein Text ein in sich geschlossenes Ganzes ist, sondern vielmehr ein „Mosaik von Zitaten" darstellt. Daher basiert kein Text auf sich allein, d. h. jeder Text ist

[233] Vgl. *Bar-Efrat,* Wie die Bibel erzählt, 24.
[234] Vgl. *Utzschneider / Nitsche,* Arbeitsbuch literaturwissenschaftliche Bibelauslegung, 146, 168-172. Ausnahme hierzu stellt das Lukasevangelium dar, in welchem der Autor in Lk 1,3 mit „κράτιστε Θεόφιλε" (= „hochverehrter Theophilus") den expliziten Leser seiner Erzählung unmittelbar anspricht.
[235] Vgl. *Genette,* Die Erzählung, 169.

prinzipiell „offen sowie polyvalent", steht mit anderen Texten im „Dialog" und hat einen spezifischen „historio-kulturellen" Bezug.

2. Zugleich führt *Intertextualität* unter der Maxime „der Tod des Autors" weg von der Autorenintention des Strukturalismus hin zur „Rezeptionsorientierung", d. h. der Rezipient als „Modell-Leser" entfaltet im „schöpferischen Leseakt" den eigentlichen Sinn des Textes in seinem eigenen Kontext.
3. Gleichwohl kann der Begriff der *Intertextualität* schlussendlich nicht als ein unbegrenztes und alles umfassendes „transsemiotisches Universum bzw. Konglomerat aller Sinnsysteme und kulturellen Codes" verstanden werden, da er auf diese Weise zum „Mythos" würde, der einer systematischen Betrachtung nicht standhielte. Darüber hinaus ermöglicht das weitgefasste Verständnis von Intertextualität keine „gezielten Textanalysen zu konkreten intertextuellen Bezugnahmen einzelner Texte".
4. Insofern ist *Intertextualität* zum Zweck einer *konkreten* Textanalyse als eine „Interaktion zwischen Autor und Rezipienten" zu sehen, bei welcher der Rezipient die vom Autor im Text platzierten „Markierungen" wahrnimmt und auf dieser Basis unter Hinzufügung der Erkenntnisse aus seinem eigenen kulturellen Umfeld als „informierter Leser" sowohl die vom Autor vorgesehenen „expliziten als auch nicht expliziten intertextuellen Verbindungen" erkennt und weiterverarbeitet.
5. Insbesondere für die Bibelexegese bietet sich das Paradigma der *Intertextualität* an, da die biblischen Texte nicht allein für sich existieren, sondern Teil eines Kanons bilden, der im Ganzen als „Gestalt gewordener Dialog" ein „dialogisches Netzwerk" verschiedener Texte darstellt, welche in einem „synchronen Neben-, Mit- und Ineinander" stehen. Gleichwohl schließt dies eine Berücksichtigung „diachroner Fragestellungen" nicht grundsätzlich aus.
6. Der *Bibelkanon* ist als „Konstitution des Gottesvolkes" eine normative Größe, die aus der Relation von Text und Glaubensgemeinschaft historisch gewachsen und schließlich innerhalb der Glaubensgemeinschaften als verbindliche Größe fixiert worden ist. Dementsprechend ist die jeweilige konkrete Ausgestaltung des Kanons in Abhängigkeit von der Glaubensgemeinschaft/Konfession unterschiedlich, wobei diese „Diversifikation" jedoch letztlich keinen Mangel, sondern vielmehr „ein Faktum und eine Bereicherung" darstellt.
7. Als normative Größe wird der *Bibelkanon* zwar „analysiert und hinterfragt, letztlich aber nicht mehr in Frage gestellt". Der Kanon setzt einen „privilegierten intertextuellen Raum" für die Interpretation, lässt darin aber Freiraum für die theologische Detail-

auslegung, indem er keine „Einzelbedeutungen festschreibt“. Vielmehr ist es der Rezipient, der durch seine „kanonisch-intertextuelle Lektüre“ d. d. durch die „Interaktion von Text und Leser“ im Rahmen intertextueller Bezüge des Kanons sowie eigener Kontexte zum Sinngehalt des Textes vordringt.

8. Eine besondere Bedeutung für die christliche Bibelauslegung hat das Alte Testament in Form der griechischen LXX: Die LXX ist *die* hermeneutische Grundlage für das Christuszeugnis und maßgeblich für das christologische Verständnis des Alten Testamentes. Sie wird daher von den neutestamentlichen Autoren in der Regel als Quelle alttestamentlicher Zitate/Querverweise genutzt. Hieraus ergibt sich, dass die Analyse intertextueller Beziehungen zwischen den Schriften des Alten Testamentes und denen des Neuen Testamentes grundsätzlich auch des LXX-Textes als Arbeitsgrundlage bedarf.
9. Weite Teile der alttestamentlichen Schriften sind Poesie. Hierzu zählen insbesondere die Psalmen. Ein grundlegendes Merkmal der *Poetizität* der Psalmen liegt in dem Stil des *Parallelismus membrorum* sowie in der Verwendung von *Metaphern*. Neben der *Poetizität* ist die *Dialogizität* das zweite wesentliche Merkmal der Psalmen des Alten Testaments. Sie enthalten durchgehend Reden mit unterschiedlichen Akteuren als sprechende und angesprochene Subjekte sowie als besprochene Objekte, oftmals auch alle drei Dimensionen in einem Psalm. Dabei stellen sie keineswegs biografische Berichte dar, sondern sind „exemplarisch-paradigmatische“ Erzählungen.
10. Biblische Erzähltexte sind keine historischen Berichte realer Ereignisse. Vielmehr erzählen sie *fiktional* Erfahrungen der Menschen mit Gott. Dabei eröffnet die *Fiktionalität* als positive Funktion des Textes Erfahrungsräume. Gerade durch ihre *Fiktionalität* und den *exemplarischen* Charakter ihrer Beschreibung sind sie normierend geworden. Dabei geht es nicht um eine Darstellung geschichtlicher politischer Ereignisse, sondern ihre literarische Wahrheit liegt darin begründet, dass sie die *Erfahrung* von Wahrheit in die Gegenwart und Zukunft transferieren.

3 Psalm 98

3.1 Hinführung

Sowohl seitens des Judentums als auch des Christentums besteht eine besondere Wertschätzung der Psalmen. In Qumran sowie im Judentum der damaligen Zeit und ebenso im Neuen Testament war bzw. ist der Psalter das meistzitierte Buch der Heiligen Schrift. Für die alten Kirchenväter galt der Psalter gewissermaßen als Zusammenfassung der gesamten Heiligen Schrift des Alten und des Neuen Testaments.[236] Besonders deutlich zeigt dies beispielhaft ein Brief des Athanasius von Alexandrien an Marcellinus: „Wie ein Garten trägt er [der Psalter] in sich die Früchte auch aller übrigen Bücher der Heiligen Schrift und macht sie zu Liedern."[237]

Die Psalmen sind im Prinzip Lieder und Gebete, d. h. sie sind nicht Rede *von* Gott, sondern *zu* Gott. Nur in der Begegnung erschließt sich Gott den Menschen, nicht jedoch in der spekulativen Betrachtung. Insofern erwartet Gott die Gebete der Menschen, wofür die Psalmen Schlüsseltexte sind.[238]

Thomas von Aquin bezeichnete die Psalmen als „Summe der ganzen Bibel" und Robert Bellarmin nannte sie „quasi compendium et summa totius veteri testamenti". Der Grund dafür besteht darin, dass der Psalter sehr vielseitig ist und die unterschiedlichen theologischen Strömungen des Alten Testaments repräsentiert.[239] Oeming bezeichnet daher den Psalter dementsprechend als „Sammelbecken" biblischer Traditionen. So sieht er sowohl die Thora als auch die Prophetie in den Psalmen vergegenwärtigt.[240] Für die frühen Christen war der Psalter als Quelle ihrer Christologie noch vor den Evangelien „das Buch des Messias, des Sohnes Davids, gesprochen von König David"[241].

---

[236] Vgl. *Oeming*, Manfred: Das Buch der Psalmen. Psalm 1-41 (NSK.AT 13/1). Stuttgart 2000, 43; *Böhler*, Dieter: Psalmen 1-50 (HThK.AT). Freiburg i. Br./Basel/Wien 2021, 61; *Reemts*, Christina: Schriftauslegung. Die Psalmen bei den Kirchenvätern (NSK.AT 33.6). Stuttgart 2000, 17; *Schnocks*, Psalmen, 81; *Hossfeld*, Frank-Lothar / *Zenger*, Erich: Die Psalmen. Psalm 1-50 (NEB.AT 29). Würzburg 1993, 8.

[237] *Athanasius von Alexandrien*: Brief an Marcellinus, 2, zitiert nach: *Reemts*, Schriftauslegung. Die Psalmen bei den Kirchenvätern (NSK.AT 33.6), 17; vgl. hierzu auch *Böhler*, Psalmen 1-50 (HThK.AT), 62; *Schnocks*, Psalmen, 82.

[238] Vgl. *Oeming*, Das Buch der Psalmen. Psalm 1-41 (NSK.AT 13/1), 44; *Spieckermann*, Hermann: Psalmen. Band 1: Psalm 1–49 (ATD 14). Göttingen 2023, 1 (siehe hier insbesondere die Einleitung „Vom Gebet".).

[239] Vgl. *Oeming*, Das Buch der Psalmen. Psalm 1-41 (NSK.AT 13/1), 43.

[240] Vgl. *Oeming*, Das Buch der Psalmen. Psalm 1-41 (NSK.AT 13/1), 43; *Böhler*, Psalmen 1-50 (HThK.AT), 62.

[241] *Böhler*, Psalmen 1-50 (HThK.AT), 62.

Aufgrund dieser besonderen theologischen Wertigkeit des Psalters erscheint es als angemessen, die exegetische Untersuchung mit Psalm 98 zu beginnen, obgleich der Psalter in der masoretischen Fassung des Tanach im Gegensatz zur griechischen Fassung der Septuaginta sowie der lateinischen Fassung der Sacra Vulgata zu den Ketubim gehört und damit in der kanonischen Reihenfolge *nach* den Propheten folgt.

In diesem Kapitel der Untersuchung wird Psalm 98 exegetisch analysiert. Da Psalmen poetische Texte sind, müssen sie auch als solche ausgelegt werden. Dementsprechend sind bei der Psalmenexegese die poetischen Eigenschaften des Textes wie beispielsweise seine Struktur, Stichwortverbindungen und Metaphorik angemessen wahrzunehmen. Psalmen sind individuelle sprachliche Kunstwerke, die ihre Bedeutung in unterschiedlichen Kontexten neu entfalten. Der allererste literarische Kontext ist der Psalter, zu dessen literarischen Bestand er gehört. Daher ist neben der Einzelexegese des Ps 98 auch seine Stellung innerhalb des Psalters – hier innerhalb der JHWH-König-Psalmen – intertextuell zu berücksichtigen. Darüber hinaus sind weitere Kontexte innerhalb des alttestamentlichen Kanons – insbesondere im Jesajabuch – sowie kanonübergreifend im neutestamentlichen Kanon – insbesondere im Lukasevangelium – intertextuell zu betrachten.[242]

Hierzu wird der Psalm in seiner hebräischen und griechischen Fassung sprachlich analysiert. Anschließend wird der Psalm poetologisch sowie intra- und intertextuell erschlossen. Danach erfolgt auf der Basis der vorhergegangenen Analyse eine zusammenfassende Auslegung des Psalms unter Berücksichtigung seiner kanonübergreifenden intertextuellen Bezüge. Hinsichtlich der Analyse der neutestamentlichen intertextuellen Bezüge ist die griechische Fassung des Psalms zu berücksichtigen.

3.2 Text und Übersetzung

Im Folgenden wird der Text des Ps 98 zunächst strukturiert sowie textkritisch untersucht. Des Weiteren wird der Text in die deutsche Sprache übertragen (vgl. Abschnitt 3.2.6). Daran anschließend folgen die Analyse der poetischen Struktur des Psalms (vgl. Abschnitt 3.3) sowie die Literarkritik (vgl. Abschnitt 3.4).

---

[242] Vgl. *Schnocks*, Psalmen, 12.

3.2.1 Gegliederter hebräischer Text des Psalms

Der hebräische Text des Ps 98 wird unter Berücksichtigung der vorgegebenen masoretischen *Distinctivi* der Biblia Hebraica Stuttgartensia (BHS) gegliedert. Unter Metrum wird die Anzahl der betonten Silben je Verselement angegeben.[243] Die Gliederung des Textes dokumentiert die Einteilung in Strophen und das poetische Schema.[244]

Text	*Vers*	*Metrum*	*Gliederungsschema*	
מִזְמ֗וֹר a	1aα		Überschrift	
שִׁ֤ירוּ לַיהוָ֨ה׀ שִׁ֣יר חָ֭דָשׁ	1aβ	3	Lobaufruf an Israel	I
כִּֽי־נִפְלָא֣וֹת עָשָׂ֑ה b	1aγ	2	Wundertaten JHWHs und	(A)
הוֹשִֽׁיעָה־לּ֥וֹ יְ֝מִינ֗וֹ	1bα	3	Heilsgeschichte Israels als	
וּזְר֥וֹעַ קָדְשֽׁוֹ׃	1bβ	2	Begründung	
הוֹדִ֣יעַ יְ֭הוָה יְשׁוּעָת֑וֹ	2a	3		
a לְעֵינֵ֥י הַ֝גּוֹיִ֗ם a גִּלָּ֥ה צִדְקָתֽוֹ׃	2b	2+2		
זָ֘כַ֤ר חַסְדּ֨וֹ a ׀ וֶ֥אֱֽמוּנָתוֹ֮ לְבֵ֪ית יִשְׂרָ֫אֵ֥ל	3a	3+2		
רָא֥וּ b כָל־אַפְסֵי־אָ֑רֶץ אֵ֝֗ת יְשׁוּעַ֥ת אֱלֹהֵֽינוּ׃	3b	3+2		
הָרִ֣יעוּ לַ֭יהוָה כָּל־הָאָ֑רֶץ	4a	3	Lobaufruf an die Bewohner	II
פִּצְח֖וּ וְרַנְּנ֣וּ וְזַמֵּֽרוּ׃	4b	3	des Erdkreises	(B)
זַמְּר֣וּ לַיהוָ֣ה בְּכִנּ֑וֹר	5a	3		
בְּ֝כִנּ֗וֹר a וְק֣וֹל זִמְרָֽה׃	5b	3		
בַּֽחֲצֹ֣צְר֔וֹת a וְק֣וֹל שׁוֹפָ֑ר	6a	3		
הָ֝רִ֗יעוּ לִפְנֵ֤י׀ הַמֶּ֬לֶךְ יְהוָֽה b׃	6b	3		
יִרְעַ֣ם הַ֭יָּם וּמְלֹא֑וֹ	7a	3	Lobaufruf an den Kosmos	III
תֵּ֝בֵ֗ל וְיֹ֣שְׁבֵי a בָֽהּ׃	7b	3		(A')
נְהָר֥וֹת יִמְחֲאוּ־כָ֑ף	8a	3		
יַ֝֗חַד הָרִ֥ים יְרַנֵּֽנוּ׃	8b	3		
לִֽפְנֵי־יְהוָ֗ה כִּ֥י בָא֮	9aα	3	Ankündigung des Kommens	
לִשְׁפֹּ֪ט הָ֫אָ֥רֶץ	9aβ	3	JHWHs	
יִשְׁפֹּֽט־תֵּבֵ֥ל בְּצֶ֑דֶק	9bα	3	Ankündigung des Weltge-	
וְ֝עַמִּ֗ים a בְּמֵישָׁרִֽים׃	9bβ	2 (3)	richts JHWHs	

Abbildung 2: Gliederungsschema des hebräischen Textes Ps 98

243 Das Gliederungsschema des hebräischen Textes erfolgt in Anlehnung an die Vorgehensweise von *Kuckhoff*, Antonius: Psalm 6 und die Bitten im Psalter. Ein paradigmatisches Bitt- und Klagegebet im Horizont des Gesamtpsalters (BBB 160). Göttingen 2011, 25f. Zum Metrum des Ps 98 vgl. *Gunkel*, Hermann: Die Psalmen. Göttingen [5]1968, 428. Für das Metrum in V. 2 hat Gunkel keine abgeschlossene Bestimmung (Gunkel setzt für das Metrum in V. 2b ein Fragezeichen). Für V. 9bβ geht Gunkel von einem falschen Versmaß aus. Daher erfolgt hier die Versmaßbestimmung für diese Verse in Anlehnung an *Kraus*, Hans-Joachim: Biblischer Kommentar Altes Testament. Psalmen 60-150 (BK.AT 2). Neunkirchen-Vluyn,[5]1978, 846.

244 Vgl. *Weber*, Beat: Werkbuch Psalmen II. Die Psalmen 73 bis 150 (WB Pss 2). Stuttgart [2]2016, 154.

3.2.2 Griechische Version des Psalms (Psalm 97 LXX)[245]

Der griechische Text des Ps 97 LXX wird unter Berücksichtigung der vorgegebenen Satzzeichen der Septuaginta Editio Altera (SEA) gegliedert.

1aα	Ψαλμὸς τῷ Δαυιδ.
1aβ	Αισατε τῷ κυρίῳ ᾆσμα καινόν,
1aγ	ὅτι θαυμαστὰ ἐποίησεν {κύριος}
1bα	ἔσωσεν αὐτῷ ἡ δεξιὰ αὐτοῦ
1bβ	καὶ ὁ βραχίων ὁ ἅγιος αὐτοῦ.
2a	ἐγνώρισεν κύριος τὸ σωτήριον αὐτοῦ,
2b	ἐναντίον τῶν ἐθνῶν ἀπεκάλυψεν τὴν δικαιοσύνην αὐτοῦ.
3aα	ἐμνήσθη τοῦ ἐλέους αὐτοῦ {τῷ Ιακωβ}
3aβ	καὶ τῆς ἀληθείας αὐτοῦ τῷ οἴκῳ Ισραηλ·
3b	εἴδοσαν πάντα τὰ πέρατα τῆς γῆς τὸ σωτήριον τοῦ θεοῦ ἡμῶν.
4a	ἀλαλάξατε τῷ {θεῷ}[κυρίῳ], πᾶσα ἡ γῆ,
4b	ᾄσατε καὶ ἀγαλλιᾶσθε καὶ ψάλατε·
5a	ψάλατε τῷ κυρίῳ ἐν κιθάρᾳ,
5b	ἐν κιθάρᾳ καὶ φωνῇ ψαλμοῦ·
6a	ἐν σάλπιγξιν ἐλαταῖς καὶ φωνῇ σάλπιγγος κερατίνης
6b	ἀλαλάξατε ἐνώπιον τοῦ βασιλέως κυρίου.
7a	σαλευθήτω ἡ θάλασσα καὶ τὸ πλήρωμα αὐτῆς,
7b	ἡ οἰκουμένη καὶ οἱ κατοικοῦντες ἐν αὐτῇ·
8a	ποταμοὶ κροτήσουσιν χειρὶ ἐπὶ τὸ αὐτό,
8b	τὰ ὄρη ἀγαλλιάσονται,
8c	[από προσώπου Κυρίου·ότι έρχεται]
9a	ὅτι ἥκει κρῖναι τὴν γῆν
9bα	κρινεῖ τὴν οἰκουμένην ἐν δικαιοσύνῃ
9bβ	καὶ λαοὺς ἐν εὐθύτητι.

245 *Anmerkungen zur griechischen Übersetzung des Ps 98 (Ps 97 LXX):* Die griechische Übersetzung folgt im Hinblick auf Wortarten, Wortfolge und Satzbau überwiegend dem masoretischen Text. Lediglich für hebräische Worte *ohne* Entsprechung in der griechischen Sprache erfolgen freie Wiedergaben. Beispiele hierfür sind die hebräischen Begriffe חֲצֹצְרוֹת und שׁוֹפָר in V. 6a, für die der griechische Text als Umschreibung die Begriffe σάλπιγξιν ἐλαταῖς und σάλπιγγος κερατίνης setzt. Der Grund liegt darin, dass es für שׁוֹפָר kein entsprechendes griechisches Wortäquivalent gibt (vgl. *Bons*, Eberhard: Textkritik und Textgeschichte. Studien zur Septuaginta und zum hebräischen Alten Testament (FAT 93). Tübingen 2014, 27f; *Austermann*, Frank: Thesen zur Septuaginta-Exegese am Beispiel der Untersuchung des Septuaginta-Psalters. In: Aejmelaeus, Anneli / Quast, Udo (Hg.): Der Septuaginta-Psalter und seine Tochterübersetzungen. Symposium in Göttingen 1997 (MSU XXIV). Göttingen 2000, 381–386, 382; *Karrer*, Martin / *Kraus*, Wolfgang u. a. (Hg.): Septuaginta Deutsch. Erläuterungen und Kommentare zum griechischen Alten Testament. Bd. II Psalmen bis Daniel. Stuttgart 2011, 1778f.).

3.2.3 Textkritik

Der masoretische Text des Ps 98 ist in der vorliegenden Form insgesamt als gut überliefert zu bewerten.[246] Gleichwohl weisen einzelne Handschriften gegenüber dem Endtext zu einigen Versen diverse Abweichungen auf, die im Einzelnen vorzustellen und zu kommentieren sind.[247] Gleiches gilt analog für den griechischen Text des Ps 97 LXX.

Vers 1:

V. 1aα: Der masoretische Text des Ps 98 ist mit מִזְמוֹר (= ein Lied) überschrieben. Hingegen lautet die Überschrift in der griechischen Fassung des Ps 97 LXX Ψαλμὸς τῷ Δαυιδ. Durch diese Widmung wird der LXX-Psalm „*davidisiert*"[248]. In der Überlieferung des masoretischen Textes von Ps 98 ist gleichwohl *keine* davidische Widmung belegt.[249]

V. 1aγ: Abweichend vom masoretischen Text wird durch die LXX hinter עָשָׂה" bzw. ἐποίησεν der griechische Gottestitel κύριος als Subjekt eingefügt. Dieser Zusatz κύριος ist weder im ursprünglichen Text vorhanden noch im Text des Codex Alexandrinus. Es wird dem ursprünglichen Text gefolgt, weil er hier der besser überlieferte ist.[250]

Vers 2:

V. 2b: Die Wendung לְעֵינֵי הַגּוֹיִם in diesem Versteil ist möglicherweise eine fast wortgleiche Hinzufügung aus Jes 52,10. Gleichwohl ist der masoretische Text in der vorliegenden

---

[246] Vgl. *Hossfeld*, Frank-Lothar / *Zenger*, Erich: Psalmen 51-100 (HThK.AT). Freiburg i. Br. 2000, 688.

[247] Zur Methodik des textkritischen Apparates vgl. *Barthélemy*, Dominique / *Hulst*, Alexander R.: Critique textuelle de l'Ancien Testament (OBO 50/4). Fribourg/CH u. a. 2005, XIII-XXII, 653; *Tov*, Emanuel: Der Text der hebräischen Bibel. Handbuch der Textkritik. Stuttgart, Berlin 1997, 239–258; *Fischer*, Alexander Achilles / *Würthwein*, Ernst: Der Text des Alten Testaments. Neubearbeitung der Einführung in die Biblia Hebraica von Ernst Würthwein. Stuttgart 2009, 219–243. Neben den reinen Grundlagenwerken von Tov und Fischer / Würthwein liefern Barthélemy / Hulst auch konkrete textkritische Anmerkungen zu den meisten Psalmen. Gleichwohl erfolgt zu Ps 98 lediglich eine einzige Anmerkung.

[248] *Hossfeld / Zenger,* Psalmen 51-100 (HThK.AT), 687.

[249] Vgl. *Kraus*, Psalmen 60–150 (BK.AT 2), 845; *Seybold*, Klaus: Die Psalmen (HAT 1/15). Tübingen 1996, 386; *Hossfeld / Zenger,* Psalmen 51-100 (HThK.AT), 687; *Weber*, Die Psalmen 73 bis 150 (WB Pss 2), 155; *Gunkel*, Die Psalmen, 428; *Kleer*, Martin: „Der liebliche Sänger der Psalmen Israels". Untersuchungen zu David als Dichter und Beter der Psalmen (BBB 108). Bodenheim 1996, 86. Die Kommentatoren Hans-Joachim Kraus, Klaus Seybold, Frank-Lothar Hossfeld und Beat Weber nehmen die Tatsache der „Davidisierung" zwar zur Kenntnis, ohne sie jedoch zu hinterfragen. Auch der „klassische" Psalmenkommentar von Herrmann Gunkel erwähnt diesen Sachverhalt bereits ohne Begründung. Martin Kleer hingegen sieht die Ursache für die „*Davidisierung*" verschiedener Psalmen in der Notwendigkeit einer Identifizierung als Schicksalsgemeinschaft während der existenziellen Krise der Exilzeit. Diese Begründung klingt plausibel.

[250] Vgl. *Hossfeld / Zenger,* Psalmen 51-100 (HThK.AT), 687. Der Grund für die Einfügung des Lexems „κύριος" liegt nach Hossfeld offenbar in der metrischen Balance der griechischen Fassung des V. 1.

Fassung in sich plausibel überliefert. Der Hinweis ist daher als entstehungsgeschichtliche Vermutung möglicherweise interessant, aber textkritisch nicht relevant.[251]

Vers 3:

V. 3a: Dieser Versteil ist in der vorliegenden Fassung der griechischen LXX um das Dativobjekt τῷ Ιακωβ ergänzt. Der Zusatz ist jedoch in den ursprünglichen Texten der LXX nicht überliefert. Der Codex Alexandrinus schreibt an dieser Stelle „τοῦ Ιακωβ“, während der Codex Sinaiticus diesen Zusatz gänzlich auslässt. Es wird hier aufgrund der besseren Überlieferung der Fassung des Codex Sinaiticus gefolgt. Im masoretischen Text hingegen ist hinter der Wendung זָכַר חַסְדּוֹ *kein* zusätzliches Objekt überliefert.[252]

V. 3b: Für diesen Versteil schlagen viele Handschriften der syrischen Peschitta und der aramäischen Targumim in Anlehnung an Jes 52,10 anstelle von רָאוּ die Formulierung וְרָאוּ vor. Jedoch wird dem vorliegenden masoretischen Text gefolgt, weil der Vorschlag von Peschitta und Targumim für das Textverständnis irrelevant ist.[253]

Vers 4:

V. 4a: Der vorliegende Text der griechischen LXX setzt als Dativobjekt dieses Versteils τῷ θεῷ, der jedoch im ursprünglichen Text der LXX möglicherweise nicht vorhanden ist. Demgegenüber überliefern sowohl Codex Sinaiticus als auch Codex Alexandrinus an dieser Stelle τῷ κυρίῳ. Aufgrund der besseren Überlieferung wird daher von τῷ κυρίῳ ausgegangen. Diese Textversion entspricht zudem auch dem masoretischen Text (לַיהוָה).

Vers 5:

V. 5b: Der masoretische Text enthält in diesem Versteil die Wendung בְּכִנּוֹר bzw. der LXX-Text ἐν κιθάρᾳ als Dopplung zu V. 5a. In einigen wenigen Handschriften der LXX (Minuskel), der syrischen Peschitta sowie der Vetus Latina fehlt diese doppelte Wendung

---

[251] Vgl. *Hossfeld / Zenger,* Psalmen 51-100 (HThK.AT), 687. Hossfeld kommentiert hierzu: „Die Angabe ‚vor den Augen der Nationen‘ wird gelegentlich aus metrischen Gründen und wegen der Beziehung zu Jes 52,10 als sekundärer Eintrag bewertet. Die Position der Angabe ist aber wegen ihrer Beziehung zu beiden Verskola völlig plausibel und der Einfluß von Jes 52,7-10 gilt dem ganzen Psalm – ob mit oder ohne Zusatz.“ *(Hossfeld / Zenger,* Psalmen 51-100 (HThK.AT), 687.).

[252] Vgl. *Hossfeld / Zenger,* Psalmen 51-100 (HThK.AT), 688. Gemäß Hossfeld entsteht auf diese Weise in der griechischen Version des Ps 98,3 (= Ps 97,3 LXX) ein Trikolon mit einem Parallelismus in den ersten beiden Teilversen. Für den Sinnzusammenhang des masoretischen Textes ist dies gleichwohl ohne Belang.

[253] Für das Textverständnis ist diese Anmerkung ganz offensichtlich ohne Belang. Im Hinblick auf die intertextuelle Beziehung zwischen Ps 98 und Jes 52,10 hingegen ist der Hinweis auf Peschitta und Targumim jedoch möglicherweise interessant, da durch diese Formulierung Ps 98,3b und Jes 52,10b identisch würden und somit ein wörtliches Zitat vorläge. Gleichwohl ist diese Identität der Texte nicht von solch großer Bedeutung, als dass dem masoretischen Text nicht gefolgt werden könnte.

jedoch. Wahrscheinlich handelt es sich bei der Auslassung dieser Doppelung in den o. g. Handschriften um eine fehlerhafte Überlieferung, so dass hier von der Doppelung auszugehen ist.[254]

Vers 6:

V. 6a: In der syrischen Peschitta fehlt in V. 6a das Nomen בַּחֲצֹצְרוֹת, was möglicherweise eine fehlerhafte Auslassung in der Peschitta darstellt.

Für das in der vorliegenden griechischen Fassung stehende Nomen φωνῇ (Dativ Singular) setzen lediglich die Codices Sinaiticus und Alexandrinus die Genitivform φωνης, was möglicherweise eine fehlerhafte Überlieferung darstellt. Der Dativform φωνῇ wird als der plausibleren Form der Vorzug gegeben.[255]

V. 6b: Zu diesem Versteil besteht der Vorschlag, das letzte Wort des Verses יְהוָה aus Gründen der Metrik zu streichen. Es wird jedoch dem vorliegenden masoretischen Text als dem authentischen gefolgt.[256]

Die vorliegende griechische Fassung verwendet in diesem Versteil das Substantiv κυρίου als Genitivobjekt. Sowohl Codex Vaticanus als auch Codex Sinaiticus setzen hingegen κυρίῳ als Dativobjekt, was möglicherweise eine fehlerhafte Überlieferung darstellt. Es wird der Fassung als Genitivobjekt κυρίου als grammatikalisch stimmigere Version der Vorzug gegeben.[257]

Vers 7:

V. 7b: Für diesen Versteil setzten einige Codizes der LXX (Codex Veronensis, Recensio Luciani, Codex Alexandrinus) sowie sinngemäß die syrische Peschitta und aramäische Targumim anstelle von וְיֹשְׁבֵי (griech. Fassung: καὶ οἱ κατοικοῦντες) die Wendung καὶ πάντες οἱ κατοικοῦντες setzen. Es wird dem masoretischen und griechischen Text ohne den Zusatz πάντες als dem vorrangigen gefolgt.[258]

---

[254] Aber auch wegen des poetischen Zusammenhangs (Parallelismus) ist hier der masoretische Text wohl der angemessenere.

[255] Die Form „φωνῇ" wird darüber hinaus auch in dem synonymen V. 5b verwendet, was ihre Verwendung durchaus plausibel macht.

[256] Darüber hinaus gilt zu bedenken, dass die gesamte Wendung „הַמֶּלֶךְ יְהוָה" in V. 6b im Zusammenhang mit dem Topos der JHWH-König-Psalmen zu sehen ist und eine Verkürzung insofern nicht sinnvoll sein kann.

[257] Grammatisch stringenter ist die Genitivversion der vorliegenden griechischen Fassung, da der uneigentlichen Präposition „ἐνώπιον" in der Regel stets ein Genitivobjekt folgt.

[258] Darüber hinaus ist zu bedenken, dass die vorgeschlagene Ergänzung „πάντες" einerseits für das Textverständnis unerheblich ist, andererseits aber das vorgegebene Metrum veränderte.

Der vorliegende griechische Text beendet den Vers mit dem Demonstrativpronomen αὐτῇ. Dagegen setzen einige Handschriften des Codex Vaticanus die Form αὐτην. Da die vor „αὐτῇ" stehende Präposition „ἐν" in der Regel stets mit einem Dativobjekt steht, ist hier die Dativform als die richtigere anzusehen. Darüber hinaus ist die Form αὐτῇ stärker überliefert, so dass der vorliegenden griechischen Fassung der LXX gefolgt wird.

Vers 8:

V. 8b: Der Codex Alexandrinus ergänzt hier entgegen der vorliegenden Fassung der LXX den V. 8b um ein drittes Kolon από προσώπου Κυρίου·ότι έρχεται (V. 8c). Dieser Zusatz deckt sich auch mit dem masoretischen Text von Ps 98,9aα: לִפְנֵי־יְהוָה כִּי בָא sowie mit dem griechischen Text des Parallelpsalms in Ps 95,13aα LXX. Daher wird die Ergänzung des Codex Alexandrinus als plausibel angenommen.

Vers 9:

V. 9bβ: Für diesen Versteil besteht der Vorschlag, als Ergänzung hinter וְעַמִּים die Wendung וְיָדִין (von דין = Recht sprechen) einzufügen. Die masoretische Endgestalt des Textes ist als besser bezeugter Text beizubehalten. Darüber hinaus beinhaltet der Ergänzungsvorschlag auch keine grundlegende Änderung der Bedeutung.[259]

3.2.4 Überlieferungskritik

Wie die textkritische Analyse des masoretischen Textes zeigt, ist dieser gut überliefert und erfordert ungeachtet einiger Vorschläge im textkritischen Apparat der BHS, die primär auf Abweichungen des griechischen LXX-Textes beruhen, keinerlei Änderungen.[260]

In den Qumran-Handschriften sind lediglich Fragmente des Psalms bezeugt, wobei es sich in 4 Q Ps^{m} um Teile der Verse Ps 98,4-8 sowie in 4 Q Ps^{b} um Teile der Verse Ps 98,4f handelt. Der vollständige Inhalt des gesamten Ps 98 liegt dort nicht vor,[261] so dass die Qumran-Handschriften als Beleg für den vollständigen Ps 98 ausscheiden.

Geringe textliche Abweichungen ergeben sich aus den aramäischen Targumim und den syrischen Peschitta. Da diese Textzeugnisse aber keine Wort-für-Wort Übersetzungen der hebräischen Bibel sind und vermutlich frühestens aus der Spätzeit des zweiten Tempels

---

259 Des Weiteren ist hier zu konstatieren, dass der parallele Ps 96,13bβ wortgleich mit Ps 98,9bβ ist, ohne dass hierzu ein entsprechender Ergänzungsvorschlag im textkritischen Apparat der BHS vorliegt.

260 Vgl. *Hossfeld / Zenger,* Psalmen 51-100 (HThK.AT), 688.

261 Vgl. *Seybold,* Die Psalmen (HAT 1/15), 386; *Brütsch,* Matthias: Israels Psalmen in Qumran. Ein textarchäologischer Beitrag zur Entstehung des Psalters (BWANT 193). Stuttgart 2010, 168.181.

stammen[262], ist ihre Bedeutung gegenüber dem masoretischen Text als nachrangig zu bewerten.

Der griechische Text des Ps 98 (Ps 97 LXX) folgt im Wesentlichen der Fassung des Codex Vaticanus sowie in zweiter Linie dem Codex Sinaiticus und dem Codex Alexandrinus. Darüber hinaus wird in Zweifelsfällen auch der masoretische Text herangezogen.[263] Da der Codex Sinaiticus unvollständig und der Codex Alexandrinus oft einen jüngeren Text bietet, stützt sich die SEA überwiegend auf den Codex Vaticanus.[264]

3.2.5 Anmerkungen zur Grammatik

Die hier angeführten allgemeinen Anmerkungen zur Grammatik gelten nicht nur für Ps 98, sondern auch für die *gesamte* vorliegende Untersuchung.

1. Afformativ-Konjugation:
   Das hebräische Perfekt (= AK) ist nicht einfach mit der deutschen Vergangenheitsform gleichzusetzen. Vielmehr kann die AK-Form auch unabhängig von einem Tempus für einen *modus realis* stehen.[265] Dementsprechend kann beispielsweise das Verb עָשָׂה in Ps 98,1aγ so interpretiert werden, dass JHWH zwar schon Wunder in der Vergangenheit getan hat, dieses Tun aber noch in der Gegenwart anhält und weiter bis in die Zukunft reichen wird.[266] Daher kann Oeming, welcher hier für eine vergangenheitsbezogene Deutung plädiert, nicht zugestimmt werden, insbesondere weil die Forschung darüber uneinig ist, *welches* in der Vergangenheit konkret erfolgte Wunder

[262] Vgl. *Tov*, Handbuch der Textkritik, 124–127; *Fischer / Würthwein*, Der Text des Alten Testaments, 157f.164-167.
[263] Vgl. *Bons*, Eberhard / *Brucker*, Ralph: Psalmoi. Das Buch der Psalmen. In: Kreuzer, Siegfried / Karrer, Martin / Kraus, Wolfgang (Hg.): Handbuch zur Septuaginta. Einleitung in die Septuaginta (LXX.H 1). Gütersloh 2016, 333–353, 340f. Der griechische Psalter ist in mehr als 900 Manuskripten überliefert, wobei davon auszugehen ist, dass keine dieser Schriften den ursprünglichen Text der LXX authentisch abbildet. Demzufolge ist im Hinblick auf ein Arbeiten mit dem LXX-Psalters zunächst grundsätzlich zu entscheiden, welchem Quelltext zu folgen ist (vgl. *Cordes*, Ariane: Der Septuaginta-Psalter? Zur Geschichte des griechischen Psalmentextes und seiner Edition. In: Zenger, Erich / Aejmelaeus, Anneli (Hg.): Der Septuaginta-Psalter. Sprachliche und theologische Aspekte (HBS 32). Freiburg i. Br. 2001, 49–60, 49f.
[264] Vgl. *Kreuzer*, Siegfried: Entstehung und Überlieferung der Septuaginta. In: Kreuzer, Siegfried / Karrer, Martin / Kraus, Wolfgang (Hg.): Handbuch zur Septuaginta. Einleitung in die Septuaginta (LXX.H 1). Gütersloh 2016, 29–88, 50f.
[265] Vgl. *Zuber*, Beat: Die Psalmen. Eine Studienübersetzung unter besonderer Berücksichtigung des hebräischen Tempus (DBAT 7). Heidelberg 1986, 2f.
[266] Vgl. *Joüon*, Paul / *Muraoka*, T.: A Grammar of Biblical Hebrew. Part Three: Syntax (SB 14/II). Roma/IT ³2000, 362f.

hier gemeint sein könnte.[267] In der vorliegenden Untersuchung wird daher die AK-Form präsentisch übersetzt.

2. Gnomischer Aorist:

   Auch das konjugierte griechische Verb im Aorist steht nicht zwangsläufig für ein Präteritum, sondern kann als „gnomischer Aorist" eine zeitlose Erfahrungstatsache darstellen.[268] Daher wird in der Übersetzung die Präsensform verwendet.

3. Gnomisches Präsens:
   Ebenso drückt das griechische „gnomische Präsens" eine zeitlose allgemein gültige Wahrheit aus, weshalb häufig zwischen Aorist und Präsens gewechselt wird.[269] Beispiel: Die Aufforderung zum Jubel für JHWH in Ps 98,4 ist auch hier zeitlos gültig.

4. Griechisches Futur:
   Das Futur ersetzt aufgrund des hebräischen Einflusses oftmals den Imperativ.[270] Beispiel: In Ps 98,8 ist es die Aufforderung an die kosmischen Elemente, vor JHWH „in die Hände zu klatschen".

---

[267] Vgl. Oeming, Manfred / Vette, Joachim: Das Buch der Psalmen. Psalm 90-151 (NSK.AT 13/3). Stuttgart 2016, 68f.

[268] Vgl. *Kühner*, Raphael / *Gerth*, Bernhard: Ausführliche Grammatik der griechischen Sprache. Hannover / Leipzig ^{3}1898, 158–161.

[269] Vgl. *Kühner / Gerth*, Ausführliche Grammatik der griechischen Sprache, 159.

[270] Vgl. *Thackeray*, Henry St. John: A Grammar of the Old Testament in Greek According to the Septuagint. Vol. I: Introduction, Orthography and Accidence. Cambridge 1909, 194.

3.2.6 Deutsche Übersetzung

Ps 98 Masoretischer Text	*Ps 97 LXX Griechischer Text*
1aα Ein Psalm.	**1aα** Ein Psalm *für David.*[271]
1aβ Singt für JHWH ein neues Lied!	**1aβ** Singt dem Herrn ein neues Lied!
1aγ Denn er tut Wunder.	**1aγ** Denn er tut Wunder.
1bα es hilft ihm seine Rechte	**1bα** es hilft ihm seine Rechte
1bβ und sein heiliger Arm.	**1bβ** und sein heiliger Arm.
2a JHWH tut sein Heil kund,	**2a** Bekannt macht der Herr sein Heil,
2b vor den Augen der Völker offenbart er seine Gerechtigkeit.	**2b** vor den Augen der Völker offenbart er seine Gerechtigkeit.
3a Er erinnert sich seiner Huld und seiner Treue für das Haus Israel;	**3a** Er erinnert sich seines Erbarmens und seiner Wahrheit für das Haus Israel;
3b alle Enden der Erde schauen das Heil unseres Gottes.	**3b** alle Enden der Erde schauen das Heil unseres Gottes.
4a Jauchzt für JHWH die ganze Erde,	**4a** Jubelt für den Herrn die ganze Erde,
4b brecht in Jubel aus und freut euch und musiziert.	**4b** singt und freut euch und spielt.
5a Musiziert für JHWH mit einer Harfe,	**5a** Spielt für den Herrn auf einer Leier,
5b mit einer Harfe und [dem] Laut des Gesangs;	**5b** auf einer Leier und [dem] Laut des Gesangs;
6a mit Trompeten und [dem] Laut des Schofar	**6a** mit metallenen Trompeten und [dem] Laut der hörnernen Trompete
6b jauchzt vor dem König JHWH.	**6b** jubelt vor dem König, dem Herrn.
7a Brausen soll das Meer und seine Fülle,	**7a** Brausen soll das Meer und seine Fülle,
7b der Erdkreis und in ihm Wohnende.	**7b** der Erdkreis und ihn Bewohnenden.
8a Ströme sollen in die Hände klatschen,	**8a** Flüsse sollen in ihre Hände klatschen,
8b miteinander sollen Berge jubeln.	**8b** Berge sollen jubeln.
9aα Vor JHWH, denn er ist kommend,	**8c** Vor dem Angesicht des Herrn, denn er kommt,
9aβ um zu richten die Erde;	**9a** *denn er kommt*, um zu richten die Erde;
9bα er richtet den Erdkreis mit Gerechtigkeit	**9bα** er richtet den Erdkreis mit Gerechtigkeit
9bβ und Völker mit Geradheit.	**9bβ** und Völker mit Geradheit.

Abbildung 3: Gegenüberstellung der deutschen Übersetzungen zur hebräischen und griechischen Fassung des Psalms

[271] Abweichungen vom hebräischen Text sind in kursiver Schrift gekennzeichnet.

3.3 Poetische Struktur

Bei der poetischen Analyse der Struktur des Ps 98 geht es um die in diesem poetischen Text festzustellenden Merkmale der hebräischen Poesie:

1. die Metrik,
2. der *Parallelismus membrorum* (hier: synonymer und synthetischer Parallelismus),
3. die sich aus den Parallelismen zusammensetzenden Texteinheiten, im vorliegenden Ps 98 in Form von Bikola (Ausnahme: ein Monokolon als Überschrift),
4. die metaphorische Bildsprache[272],
5. die Stichwortverbindungen.

3.3.1 Metrik[273]

Das Versmaß des Ps 98 ist unregelmäßig, wofür Hossfeld den anthologischen Stil des Psalms als ursächlich ansieht:[274]

In Strophe I ist das Metrum 3+2 vorherrschend. Dabei fällt jedoch V. 2 aus dem Rahmen, da dessen Versmaß in V. 2a als 3 und in V. 2b als 2+2 zu lesen ist. Ursache hierfür ist nach Kraus möglicherweise das Fehlen eines Stichos.[275] Jedoch bleibt diese Hypothese unbewiesen.

Die Strophen II und III (V. 4-9) hingegen weisen grundsätzlich ein einheitliches Metrum 3+3 auf. Gleichwohl deutet Kraus im Hinblick auf V. 9 darauf hin, dass ohne die Annahme des Vorschlags im textkritischen Apparat der BHS, in V. 9bβ hinter וְעַמִּים die Wendung וְיָדִין einzufügen, V. 9b eigentlich mit dem Versmaß 3+2 zu lesen sei.[276]

Aufgrund des bis auf V. 9bβ einheitlichen Metrums in den Strophen II und III werden diese von Gunkel und Kraus als eine zusammenhängende Strophe betrachtet.[277] Weber hingegen, der eine dreistrophige Gliederung des Ps 98 vertritt, sieht zwar prinzipiell einen engen strukturellen Zusammenhang zwischen Strophe II und III, aufgrund des inhalt-

---

[272] Vgl. *Schnocks,* Psalmen, 13–21; *Seybold,* Poetik der Psalmen (PStA 1), 73–101; *Weber*, Art. Poesie (AT), 12.

[273] Die Angaben zum Versmaß des Ps 98 sind in der Tabelle des Abschnitts *3.1.1 Gegliederter hebräischer Text* abgebildet.

[274] Vgl. *Hossfeld / Zenger,* Psalmen 51-100 (HThK.AT), 688; *Hossfeld / Zenger*, Psalm 51-100 (NEB.AT 40), 521.

[275] Vgl. *Kraus,* Psalmen 60–150 (BK.AT 2), 846.

[276] Vgl. *Kraus,* Psalmen 60–150 (BK.AT 2), 846.

[277] Vgl. *Gunkel*, Die Psalmen, 427; *Kraus,* Psalmen 60–150 (BK.AT 2), 846.

lichen Kontextes geht er jedoch eher von einer intensiveren Beziehung zwischen Strophe I und III aus.[278]

3.3.2 Gliederung des Psalms in Strophen

Zur Gliederung des Ps 98 lassen sich in der Literatur unterschiedliche Auffassungen finden: Gunkel, Kraus, Jeremias und Koenen vertreten eine Einteilung des Psalms in zwei Strophen (Strophe I: V. 1aβ-3; Strophe II: V. 4-9).[279] Neuere Kommentare und Studien z. B. von Seybold, Weber, Hossfeld, Oeming, Zenger, Howard Jr., Leuenberger, Longman III oder Blunda Grubert hingegen gehen von einer dreistrophigen Gliederung aus (Strophe I: V. 1aβ-3; Strophe II: V. 4-6; Strophe III: V. 7-9).[280] Andererseits gliedert Leene den Psalm in seiner aktuellen Studie analog zur älteren Auffassung in zwei Teile (Stanze A: V. 1-3; Stanze B: V. 4-9), die er jeweils in zwei Strophen unterteilt, so dass in summa vier Strophen (Strophe I: V. 1; Strophe II: V. 2f; Strophe III: V. 4-6; Strophe IV: V. 7-9) entstehen.[281]

Während für die zweistrophige Struktur vor allem der Metrumwechsel zwischen V. 3 und V. 4 als Begründung gesehen wird[282], bestehen für eine Unterteilung in drei Strophen hingegen neben formalen im Wesentlichen inhaltliche Gründe. Während Hossfeld als formales Argument den Wechsel von imperativischen zu jussivischen Lobaufrufen an-

---

[278] Vgl. *Weber,* Die Psalmen 73 bis 150 (WB Pss 2), 154.

[279] Vgl. *Gunkel,* Die Psalmen, 427; *Kraus,* Psalmen 60–150 (BK.AT 2), 846; *Jeremias*, Jörg: Das Königtum Gottes in den Psalmen. Israels Begegnung mit dem kanaanäischen Mythos in den Jahwe-König-Psalmen (FRLANT 141). Göttingen 1987, 132; *Koenen*, Klaus: Jahwe wird kommen, zu herrschen über die Erde. Ps 90-110 als Komposition (BBB 101). Weinheim 1995, 72. Der Kommentar Goldingay von 2008 greift ebenfalls die althergebrachte zweistrophige Gliederung auf und begründet dies mit den zwei „challenges" in V. 1-3 und V. 4-9 (vgl. *Goldingay*, John: Psalms, Volume 3. Psalms 90-150 (BCOTWP). Grand Rapids/MI/USA 2008, 119.).

[280] Vgl. *Seybold,* Die Psalmen (HAT 1/15), 98; *Weber,* Die Psalmen 73 bis 150 (WB Pss 2), 154; *Hossfeld / Zenger,* Psalmen 51-100 (HThK.AT), 688; *Hossfeld / Zenger,* Psalmen 51-100 (NEB.AT 40), 522; *Oeming / Vette*, Psalm 90-151 (NSK.AT 13/3), 68; *Zenger*, Erich: Theophanien des Königsgottes JHWH. Transformationen von Psalm 29 in den Teilkompositionen Ps 28-30 und Ps 93-100. In: Flint, Peter W. / Miller, Patrick D. (Hg.): The Book of Psalms. Composition and reception (SVT XCIX). Leiden/NL 2005, 407–442, 426; *Howard*, David M., JR.: The Structure of Psalms 93-100 (BJSUC 5). Winona Lake/IN/USA 1997, 80; *Leuenberger*, Martin: Konzeptionen des Königtums Gottes im Psalter. Untersuchungen zu Komposition und Redaktion der theokratischen Bücher IV - V im Psalter (AThANT 83). Zürich 2004, 151; *Longman III,* Tremper: Psalms. An Introduction and Commentary (TOTC 15-16). Downers Grove/IL/USA 2014, 345; *Blunda Grubert*, Jorge M.: The Vision of History According to the Yhwh malak Psalms. In: Berges, Ulrich / Bremer, Johannes u. a. (Hg.): Zur Theologie des Psalters und der Psalmen. Beiträge in memoriam Frank-Lothar Hossfeld (BBB 189) 2019, 113–132, 121.

[281] Vgl. *Leene*, Henk: Newness in Old Testament prophecy. An intertextual study (OTS 64). Leiden/NL 2014, 18., Anm. 9.

[282] Vgl. *Gunkel,* Die Psalmen, 427; *Kraus,* Psalmen 60 - 150 (BK.AT 2), 846. Gunkel geht davon aus, dass der zweite Teil des Psalms ab V. 4 möglicherweise ursprünglich ein eigenständiger Psalm war, wofür seiner Ansicht nach der Metrumwechsel spricht.

führt,[283] nennt Leuenberger drei Gründe gegen die Zweistrophigkeit und damit für eine Gliederung in drei Strophen: erstens den Wechsel der Verbformen vom Imperativ zum Jussiv ab V. 7, zweitens die Rahmung von V. 4-6 durch הָרִיעוּ sowie drittens den Themenwechsel zur Natur ab V. 7.[284]

Leene begründet seine Unterteilung des Psalms in vier Strophen ebenfalls inhaltlich: Während Strophe I zum Singen für JHWH auffordert und dessen Wundertaten als Motivation nennt, sieht er diese Motivation in Strophe II expliziert. Strophe III wiederholt den Aufruf zum Lob JHWHs und Strophe IV erweitert diesen Lobaufruf auf die gesamte Schöpfung und verweist als Motivation hierfür auf das Kommen JHWHs.[285] Gleichwohl fehlt dieser Gliederung die inhaltliche Stringenz, da der Systematik Leenes folgend, letztlich auch die Strophe IV noch einmal in zwei Teile zu untergliedern wäre (V. 7f und V. 9).

Weber dagegen bleibt bei der dreistrophigen Struktur und stellt in der Gestaltung der drei Strophen zwei sich ergänzende Formen fest: Zum einen steigern die Strophen I *bis* III das Lob JHWHs vom Lob Israels über das Lob des Erdkreises und seiner Bewohner bis hin zum Lob der gesamten Schöpfung zu einem Crescendo. Zum anderen stellen die Strophen I *und* III einen das Crescendo überlagernden Chiasmus dar, in dem Heilsgeschichte Israels (Strophe I) sowie Kommen JHWHs und sein Weltgericht (Strophe III), den programmatischen Rahmen bilden, der JHWHs Herrschaft manifestiert, während die Mitte (Strophe II) den Lobaufruf an den Erdkreis und seine Bewohner beinhaltet. Dieser Chiasmus findet poetologisch in einer A-B-A'-Form des Psalms seinen angemessenen Ausdruck.[286]

Auch Seybold, Hossfeld und Oeming konstatieren eine klimaktische Entwicklung des Aufrufs zum Lob JHWHs,[287] ohne jedoch den überlagernden Chiasmus wahrzunehmen. Insofern wird die A-B-A'-Struktur Webers als die differenziertere poetische Form der Komplexität des Psalms gerechter, weshalb sein Modell in der vorliegenden Studie favorisiert wird.

---

[283] Vgl. *Hossfeld / Zenger,* Psalmen 51-100 (HThK.AT), 688.
[284] Vgl. *Leuenberger*, Konzeptionen des Königtums Gottes im Psalter, 161, Anm. 116.
[285] Vgl. *Leene,* Newness in Old Testament Prophecy, 19–21.
[286] Vgl. *Weber,* Die Psalmen 73 bis 150 (WB Pss 2), 154. Vgl. hierzu auch die Darstellung in dieser Arbeit unter *3.2.1 Gegliederter hebräischer Text.*
[287] Vgl. *Seybold,* Die Psalmen (HAT 1/15), 386f; *Hossfeld / Zenger,* Psalm 51-100 (NEB.AT 40), 523; *Hossfeld / Zenger,* Psalmen 51-100 (HThK.AT), 688; *Oeming / Vette,* Psalm 90-151 (NSK.AT 13/3), 68.

Strophen	*Crescendo*		*Chiasmus*	
I	Aufruf zum Lob JHWHs durch Israel	⇩	***Rahmen:*** ***Wundertaten JHWHs und Heilsgeschichte Israels***	A
II	Aufruf zum Lob JHWHs durch den Erdkreis und seine Bewohner		Mitte: Lob JHWHs durch den Erdkreis und seine Bewohner	B
III	Aufruf zum Lob JHWHs durch den Kosmos	**Klimax**	***Rahmen:*** ***Kommen JHWHs und sein Weltgericht***	A‘

Abbildung 4: Poetische Struktur Ps 98[288]

3.3.3 Struktur der Strophen und Verse

Die drei Strophen des Ps 98 sind unterschiedlich strukturiert. So weist Strophe I acht Zeilen gegliedert in vier Bikola auf (zwei Bikola in V. 1aβ-1b sowie je ein Bikolon in V. 2 und V. 3). Strophe III ist in gleicher Weise, jedoch in umgekehrter Reihenfolge strukturiert (je ein Bikolon in V. 7 und V. 8 sowie zwei Bikola in V. 9), während Strophe II sechszeilig mit je einem Bikolon pro Vers aufgebaut ist.[289]

Aber auch durch die Konjugationsarten der gebrauchten Verben unterscheiden sich die Strophen I - III: Strophe I beginnt in V. 1aβ zwar mit einem Imperativ, der den Psalm als programmatische Überschrift einleitet. Darüber hinaus jedoch sind die übrigen Verse der Strophe I durch Verben in der Afformativkonjugation gekennzeichnet. In Strophe II hingegen ist die bestimmende Verbform der Imperativ, in Strophe III der Jussiv.[290]

Überschrift:

Vers 1aα: Die Überschrift wird durch ein Monokolon gebildet, das lediglich aus einem Substantiv (מִזְמוֹר) besteht.

[288] Die poetische Struktur des Ps 98 ist angelehnt an: *Weber*, Die Psalmen 73 bis 150 (WB Pss 2), 154.
[289] Vgl. *Weber*, Die Psalmen 73 bis 150 (WB Pss 2), 154.
[290] Vgl. *Hossfeld / Zenger*, Psalm 51-100 (NEB.AT 40), 521; *Seybold*, Die Psalmen (HAT 1/15), 386; *Hossfeld / Zenger*, Psalmen 51-100 (HThK.AT), 688.

Strophe I:

Vers 1aβ-1aγ:

	Hebräischer Text des Versteils	*Strukturelemente*[291]
V. 1aβ	שִׁירוּ לַיהוָה ׀ שִׁיר חָדָשׁ	a b c
V. 1aγ	כִּי־נִפְלָאוֹת עָשָׂה	d e

Der erste Versteil von V. 1 besteht aus einem Bikolon, wobei die erste Zeile (V. 1aβ) eine imperative Aufforderung allgemeiner Art ausdrückt und die zweite Zeile (V. 1aγ) als kausaler Nebensatz die Begründung dazu aufzeigt. In diesem Sinne entspricht die Versstruktur einem *synthetischen Parallelismus*, weil die zweite Zeile die erste inhaltlich fortführt.[292] Des Weiteren ist zu konstatieren: Im Gegensatz zu der sehr allgemein gehaltenen Kurzüberschrift in V. 1aα („מִזְמוֹר“ = ein Psalm) stellt der V. 1aβ gleichsam die programmatische Überschrift für den Inhalt des Ps 98 dar.[293]

Vers 1b:

V. 1bα	הוֹשִׁיעָה־לּוֹ יְמִינוֹ	a **b**
V. 1bβ	וּזְרוֹעַ קָדְשׁוֹ׃	**b**

Der zweite Versteil wird durch ein Bikolon gebildet, das in einem *synonymen Parallelismus* als sinngemäße Wiederholung des Subjekts aus V. 1bα „יְמִינוֹ“ (Strukturelement b) in V. 1bβ „זְרוֹעַ קָדְשׁוֹ“ (Strukturelement b) besteht. Die beiden Begriffe „seine Rechte“ und „sein heiliger Arm“ sind alttestamentliche Metaphern, die für das machtvolle Eingreifen JHWHs stehen.[294]

Vers 2:

V. 2a	הוֹדִיעַ יְהוָה יְשׁוּעָתוֹ	**a** b **c**
V. 2b	לְעֵינֵי הַגּוֹיִם גִּלָּה צִדְקָתוֹ	d **a** **c**

---

[291] Die Einteilung der Strukturelemente erfolgt nach dem Muster von *Kuckhoff*, Psalm 6 und die Bitten im Psalter, 42-48. Die mit „Fettdruck“ hervorgehobenen Strukturelemente kommen jeweils synonym in beiden Kola eines Verses/Versteils vor.

[292] Vgl. *Weber*, Art. Poesie (AT), 9.

[293] Vgl. *Hossfeld / Zenger*, Psalm 51-100 (NEB.AT 40), 522.

[294] Vgl. *Hossfeld / Zenger*, Psalmen 51-100 (HThK.AT), 689; *Hossfeld / Zenger*, Psalm 51-100 (NEB.AT 40), 522; *Seybold*, Die Psalmen (HAT 1/15), 386.

Das Bikolon in V. 2 bildet ebenfalls einen *synonymen Parallelismus*, der sich aus der sinngemäßen Wiederholung der Aktivitäten JHWHs zusammensetzt. So wird das entsprechende Prädikat in V. 2a, bestehend aus dem Verb הוֹדִיעַ (Strukturelement a) sowie dem Akkusativobjekt יְשׁוּעָתוֹ (Strukturelement c), durch das Verb גִּלָּה"(Strukturelement a) und das Akkusativobjekt צִדְקָתוֹ (Strukturelement c) in V. 2b wieder aufgenommen. Im weiteren Verlauf des Psalmtextes tauchen „Heil" und „Gerechtigkeit"[295] in V. 3b (יְשׁוּעַת אֱלֹהֵינוּ) bzw. in V. 9bα (בְּצֶדֶק) als Stichwortverbindungen wieder auf.

Vers 3:

V. 3a	זָכַר חַסְדּוֹ ׀ וֶאֱמוּנָתוֹ לְבֵית יִשְׂרָאֵל	a b c d
V. 3b	רָאוּ כָל־אַפְסֵי־אָרֶץ אֵת יְשׁוּעַת אֱלֹהֵינוּ	e f g

Eine besondere Form stellt V. 3 dar: Das Bikolon kann als *synthetischer Parallelismus* bezeichnet werden, weil V. 3b die Folge der Ereignisse in V. 3a beschreibt. Gleichwohl fällt V. 3b poetologisch aus dem Rahmen, da er eher einem Prosatext gleicht und offenbar mit Jes 52,10b nahezu wortidentisch ist.[296] Das Objekt des V. 3a לְבֵית יִשְׂרָאֵל (Strukturelement d) macht deutlich, dass in V. 1aβ zunächst nur das *Haus Israel* zum Singen aufgefordert wird.[297] Als syntaktische Besonderheit des Ps 98 ist für V. 3 festzustellen, dass nicht der *Atnach* bei אָרֶץ als Versteiler zwischen V. 3a und V. 3b fungiert, sondern der *Olä wejored* bei יִשְׂרָאֵל. Darüber hinaus wird das Akkusativobjekt יְשׁוּעַת des Teilverses durch die *nota accusativi* אֵת eingeleitet, was in poetischen Texten eher ungewöhnlich ist.[298]

Strophe II:

Vers 4:

V. 4a	הָרִיעוּ לַיהוָה כָּל־הָאָרֶץ	a^1 b c
V. 4b	פִּצְחוּ וְרַנְּנוּ וְזַמֵּרוּ	a^2 a^3 a^4

[295] Vgl. *Hossfeld / Zenger,* Psalm 51-100 (NEB.AT 40), 522; *Hossfeld / Zenger,* Psalmen 51-100 (HThK.AT), 689; *Förg,* Florian: Die Jahwe-König-Psalmen und die Apokalyptik (DBTRP 11). Wien/A u. a. 2012, 58ff; *Seybold,* Die Psalmen (HAT 1/15), 386; *Kraus,* Psalmen 60–150 (BK.AT 2), 847.
[296] Vgl. *Seybold,* Die Psalmen (HAT 1/15), 386; *Hossfeld / Zenger,* Psalmen 51-100 (HThK.AT), 689; *Hossfeld / Zenger,* Psalm 51-100 (NEB.AT 40), 523.
[297] Vgl. *Weber,* Die Psalmen 73 bis 150 (WB Pss 2), 154; *Seybold,* Die Psalmen (HAT 1/15), 386.
[298] Vgl. *Gesenius,* Wilhelm: Hebräisches Elementarbuch. Erster Teil. Hebräische Grammatik. Leipzig [13]1842, 203.

Dieser Vers besteht aus einem Bikolon, das einen *synonymen Parallelismus* abbildet, indem die imperativische Aufforderung zur hymnischen Verehrung JHWHs הָרִיעוּ (Strukturelement a^1) in V. 4a gleich dreifach mit jeweils anderen Verben, jedoch analogem Sinngehalt פִּצְחוּ (Strukturelement a^2), וְרַנְּנוּ (Strukturelement a^3) und וְזַמֵּרוּ (Strukturelement a^4) wiederaufgenommen wird. Diese „Trias der Imperative“[299] findet Parallelen in Jes 44,23; 52,9.[300] Das Subjekt des V. 4 כָּל־הָאָרֶץ (Strukturelement c), das zugleich Subjekt der gesamten Strophe II darstellt, steht hier für die klimaktische Steigerung des Adressatenkreises derer, die zum Lob JHWHs aufgefordert werden.[301]

Vers 5:

V. 5a	זַמְּרוּ לַיהוָה בְּכִנּוֹר	a b $\mathbf{c^1}$
V. 5b	בְּכִנּוֹר וְקוֹל זִמְרָה	$\mathbf{c^1}$ $\mathbf{c^2}$

Das Bikolon dieses Verses bildet ebenfalls einen *synonymen Parallelismus*, bei dem sich das Objekt des ersten Versteils – hier die Instrumente des Musizierens – im zweiten Versteil sowohl wörtlich als auch analog wiederholt. Das in V. 5a an letzter Position genannte Instrument בְּכִנּוֹר (Strukturelement c^1) wird in V. 5b an erster Stelle wörtlich wiederholt, so dass sich zwischen V. 5a und V. 5b eine *Anadiplosis* ergibt.[302] Der weitere Bestandteil des V. 5b וְקוֹל זִמְרָה (Strukturelement c^2) ist eine nicht wortgleiche, sondern analoge Wiederaufnahme von Strukturelement c^1. Zudem ergibt sich eine Stichwortverbindung zwischen וְזַמֵּרוּ (Strukturelement a^4) aus V. 4b und וְקוֹל זִמְרָה (Strukturelement c^2) aus V. 5b.

Vers 6:

V. 6a	בַּחֲצֹצְרוֹת וְקוֹל שׁוֹפָר	a b
V. 6b	הָרִיעוּ לִפְנֵי הַמֶּלֶךְ יְהוָה	c d

Der V. 6 stellt mit seinem Bikolon einen *synthetischen Parallelismus* dar: Während V. 6a mit בַּחֲצֹצְרוֹת (Strukturelement a) und וְקוֹל שׁוֹפָר (Strukturelement b) die Reihung der Instrumente aus V. 5b fortsetzt, beschreibt V. 6b mit הָרִיעוּ (Strukturelement c) und dem Lexem

---

[299] *Hossfeld / Zenger,* Psalmen 51-100 (HThK.AT), 689; *Hossfeld / Zenger,* Psalm 51-100 (NEB.AT 40), 523.

[300] Vgl. *Hossfeld / Zenger,* Psalm 51-100 (NEB.AT 40), 523; *Hossfeld / Zenger,* Psalmen 51-100 (HThK.AT), 689; *Förg,* Die Jahwe-König-Psalmen, 59.

[301] Vgl. *Seybold,* Die Psalmen (HAT 1/15), 386; *Weber,* Die Psalmen 73 bis 150 (WB Pss 2), 154; *Hossfeld / Zenger,* Psalm 51-100 (NEB.AT 40), 523; *Hossfeld / Zenger,* Psalmen 51-100 (HThK.AT), 689.

[302] Vgl. *Weber,* Die Psalmen 73 bis 150 (WB Pss 2), 155.

לִפְנֵי הַמֶּלֶךְ יְהוָה (Strukturelement d) für wen zu jauchzen ist. Strukturell wird dadurch das zusammengesetzte Motiv aus V. 4a – bestehend aus הָרִיעוּ (Strukturelement a[1]) und לַיהוָה (Strukturelement b) – als Stichwortverbindung wieder aufgenommen, wobei es hier jedoch um die Apposition הַמֶּלֶךְ erweitert wird. Durch diese Stichwortverbindung beginnt und endet Strophe II jeweils mit der Aufforderung vor JHWH zu jauchzen, wobei das letzte Kolon des V. 6 mit dem Lexem הַמֶּלֶךְ יְהוָה die besondere Königswürde JHWHs herausstellt.[303]

Strophe III:

Vers 7:

V. 7a	יִרְעַם הַיָּם וּמְלֹאוֹ	**a b c**
V. 7b	תֵּבֵל וְיֹשְׁבֵי בָהּ	**b c**

Das Bikolon in V. 7 ist als *synonymer Parallelismus* gestaltet. V. 7a beginnt mit der Aufforderung יִרְעַם (= brausen soll), die für den Inhalt des gesamten V. 7 gilt. Im Weiteren bezeichnet V. 7a mit הַיָּם (Strukturelement b) und וּמְלֹאוֹ (Strukturelement c) sowie parallel analog dazu V. 7b mit תֵּבֵל (Strukturelement b) und וְיֹשְׁבֵי בָהּ (Strukturelement c) die kosmischen Naturelemente, die für JHWH „brausen sollen". Dabei sind sowohl in V. 7a als auch in V. 7b die Strukturelemente b und c jeweils inhaltlich aufeinander bezogen: einerseits das Meer (b) und seine Fülle (c), andererseits der Erdkreis (b) und in ihm Wohnende (c). Zusammen mit den Subjekten in V. 8 (נְהָרוֹת und הָרִים) wird damit in Strophe III die letzte Steigerungsstufe zum Lobaufruf darstellt. Nach Israel und der gesamten Erde wird nun die gesamte Schöpfung zum Lob JHWHs aufgerufen.[304] Zudem sind hier Parallelitäten zu Ps 96,11-13 gegeben.[305]

Vers 8:

V. 8a	נְהָרוֹת יִמְחֲאוּ־כָף	**a b**
V. 8b	יַחַד הָרִים יְרַנֵּנוּ	**c a b**

303 Vgl. *Seybold,* Die Psalmen (HAT 1/15), 386; *Hossfeld / Zenger,* Psalm 51-100 (NEB.AT 40), 523; *Hossfeld / Zenger,* Psalmen 51-100 (HThK.AT), 689; *Förg,* Jahwe-König-Psalmen, 113.

304 Vgl. *Weber,* Die Psalmen 73 bis 150 (WB Pss 2), 154; *Förg,* Jahwe-König-Psalmen, 112f; *Seybold,* Die Psalmen (HAT 1/15), 386f.

305 Vgl. *Hossfeld / Zenger,* Psalmen 51-100 (HThK.AT), 689; *Hossfeld / Zenger,* Psalm 51-100 (NEB.AT 40), 523; *Kraus,* Psalmen 60–150 (BK.AT 2), 848.

Das Bikolon des V. 8 bildet ebenfalls einen *synonymen Parallelismus*, der den Jubel der kosmischen Elemente aus V. 7 fortsetzt: So werden in V. 8a mit נְהָרוֹת (Strukturelement a) und יִמְחֲאוּ־כָף (Strukturelement b) sowie parallel dazu analog in V. 8b הָרִים (Strukturelement a) und יְרַנֵּנוּ (Strukturelement b) die weiteren kosmischen Elemente und deren Jubel angesprochen. Darüber hinaus liegt mit יַחַד (Strukturelement c) in V. 8b eine Ergänzung zu Strukturelement b vor. Auch hier sind die Strukturelemente a und b in V. 8a sowie in V. 8b inhaltlich aufeinander bezogen: Ströme (a) sollen in die Hände klatschen (b), Berge (a) sollen jubeln (b), letzteres gemeinsam (c). Die Beschreibungen in V. 8 weisen ebenfalls Parallelen zu Ps 96,11-13 sowie zu Jes 52,12 auf.[306] Die „personifizierten Mächte der Natur“[307] stehen in V. 7 und V. 8 als Metaphern für die gesamte Schöpfung, die JHWH als den gerechten König und Richter erwartet.[308]

Vers 9a:

V. 9aα	לִפְנֵי־יְהוָה כִּי בָא	a b
V. 9aβ	לִשְׁפֹּט הָאָרֶץ	c d

Das erste Bikolon in V. 9 ist wiederum als *synthetischer Parallelismus* gestaltet. V. 9aα stellt mit לִפְנֵי־יְהוָה (Strukturelement a) heraus, wem der Jubel der kosmischen Elemente gilt, nämlich JHWH. Mit כִּי בָא (Strukturelement b) wird sein Kommen als kausale Begründung für den Jubel genannt. V. 9aβ beschreibt mit לִשְׁפֹּט (Strukturelement c) und הָאָרֶץ (Strukturelement d) den Zweck seines Kommens. Der V. 9a stellt zugleich die Klimax des Ps 98 dar: die Theophanie JHWHs zum Weltgericht.[309]

Vers 9b:

V. 9bα	יִשְׁפֹּט־תֵּבֵל בְּצֶדֶק	a **b** **c**
V. 9bβ	וְעַמִּים בְּמֵישָׁרִים׃	**b** **c**

Das zweite Bikolon in V. 9 bildet einen *synonymen Parallelismus*, der die Besonderheit von JHWHs Weltgericht beschreibt: V. 9bα beginnt mit der Feststellung יִשְׁפֹּט (Strukturelement a). Verbunden mittels *Linea Maqqeph* schließt sich תֵּבֵל־ (Strukturelement b) als

---

[306] Vgl. *Kraus,* Psalmen 60–150 (BK.AT 2), 848; *Hossfeld / Zenger,* Psalmen 51-100 (HThK.AT), 689f; *Hossfeld / Zenger,* Psalm 51-100 (NEB.AT 40), 523.
[307] *Oeming, Vette,* Psalm 90-151 (NSK.AT 13/3), 70.
[308] Vgl. *Oeming, Vette,* Psalm 90-151 (NSK.AT 13/3), 69f; *Förg,* Jahwe-König-Psalmen, 113f.
[309] Vgl. *Hossfeld / Zenger,* Psalmen 51-100 (HThK.AT), 690; *Oeming / Vette,* Psalm 90-151 (NSK.AT 13/3), 70; *Hossfeld / Zenger,* Psalm 51-100 (NEB.AT 40), 523.

Objekt an, das gerichtet wird. Es folgt als die Beschreibung der Art, wie JHWH richtet: בְּצֶדֶק (Strukturelement c). V. 9bβ nimmt Objekt und Art des Gerichts aus V. 9bα mit den analogen Begriffen וְעַמִּים (Strukturelement b) und בְּמֵישָׁרִים (Strukturelement c) wieder auf. Dies wird als die Unüberbietbarkeit von JHWHs Gerichtsbarkeit besonders betont, indem mit der analogen Wiederholung des Strukturelements c sowohl in V. 9bα (בְּצֶדֶק) als auch in V. 9bβ (בְּמֵישָׁרִים) die göttlich absolute Gerechtigkeit JHWHs herausgestellt wird, mit der er die göttliche Weltordnung seiner Schöpfung wiederherstellt.[310]

3.3.4 Intratextuelle Stichwort- und Motivverbindungen innerhalb des Psalms

Der Ps 98 erweist sich als dreiteiliger hymnischer Kollektivpsalm zum Lobpreis JHWHs als der Weltenkönig. Dementsprechend stehen hier einerseits JHWH, seine Eigenschaften und sein Handeln als Schöpfer und Richter sowie andererseits die Schöpfung bzw. ihre Elemente und deren Jubel für JHWH als Motiv im Fokus des Psalms.[311] Aus dieser Konstellation ergeben sich zahlreiche *intratextuelle* Stichwort- und Motivverbindungen innerhalb des Ps 98.[312]

Vers	***JHWH***	***JHWHs Eigenschaften***	***JHWHs Handeln***	***Schöpfung***	***Jubel der Schöpfung für JHWH***
1aα					מִזְמוֹר
1aβ	יְהוָה				שִׁירוּ שִׁיר חָדָשׁ
1aγ			נִפְלָאוֹת עָשָׂה		
1bα		יְמִינוֹ			
1bβ		זְרוֹעַ קָדְשׁוֹ			
2a		יְשׁוּעָתוֹ	הוֹדִיעַ		
2b		צִדְקָתוֹ	גִּלָּה	גּוֹיִם	
3a	יְהוָה	חַסְדּוֹ וֶאֱמוּנָתוֹ	זָכַר	יִשְׂרָאֵל	
3b	אֱלֹהֵינוּ	יְשׁוּעַת		כָל־אַפְסֵי־אָרֶץ	רָאוּ

[310] Vgl. *Seybold,* Die Psalmen (HAT 1/15), 387; *Oeming / Vette,* Psalm 90-151 (NSK.AT 13/3), 70; *Förg,* Jahwe-König-Psalmen, 113f; *Weber,* Die Psalmen 73 bis 150 (WB Pss 2), 154.

[311] Vgl. *Weber,* Die Psalmen 73 bis 150 (WB Pss 2), 154, *Seybold,* Die Psalmen (HAT 1/15), 386; *Hossfeld / Zenger,* Psalmen 51-100 (HThK.AT), 690.

[312] Die darüberhinausgehenden Stichwort- und Motivverbindungen werden in der Analyse der intertextuellen Verbindungen des Psalms behandelt.

4a				כָּל־הָאָרֶץ	הָרִיעוּ
4b	יְהוָה				פִּצְחוּ וְרַנְּנוּ וְזַמֵּרוּ
5a					זַמְּרוּ בְּכִנּוֹר
5b	יְהוָה				בְּכִנּוֹר וְקוֹל זִמְרָה
6a					בַּחֲצֹצְרוֹת וְקוֹל שׁוֹפָר
6b	הַמֶּלֶךְ יְהוָה				הָרִיעוּ
7a				הַיָּם וּמְלֹאוֹ	יִרְעַם
7b				תֵּבֵל וְיֹשְׁבֵי בָהּ	
8a				נְהָרוֹת	יִמְחֲאוּ־כָף
8b				הָרִים	יְרַנֵּנוּ
9aα	יְהוָה		בָא		
9aβ			לִשְׁפֹּט	הָאָרֶץ	
9bα		צֶדֶק	יִשְׁפֹּט	תֵּבֵל	
9bβ		מֵישָׁרִים		עַמִּים	

Abbildung 5: Stichwort- und Motivverbindungen innerhalb des Ps 98

Aufgrund des thematischen Schwerpunkts des Ps 98 stellt das Lexem יְהוָה das wesentliche und unmittelbar verbindende Stichwort der drei Strophen des Psalms dar. So kommt יְהוָה in Strophe I zweimal (V. 1aβ und V. 3a) vor, zusätzlich in V. 3b in Form des Synonyms אֱלֹהֵינוּ. In Strophe II erscheint יְהוָה gleich dreimal (V. 4b, V. 5b und V. 6b), hingegen in Strophe III nur einmal (V. 9aα). Die Besonderheit in V. 6b ist das erweiterte Lexem הַמֶּלֶךְ יְהוָה (= Verbindung von יְהוָה mit der Apposition הַמֶּלֶךְ), durch welches die Akklamation des Weltenkönigs JHWH als Schöpfer, König und Richter sowie seine Ehrung als programmatisches Motiv des Psalms herausgestellt wird.[313]

In Strophe I und III werden die besonderen Eigenschaften des Weltenkönigs JHWH genannt: So werden in V. 1b als Stichworte JHWHs יְמִינוֹ und sein זְרוֹעַ קָדְשׁוֹ angeführt, die beide als Metaphern für sein machtvolles Eingreifen in der Geschichte stehen. Es folgen in V. 2 die Motive יְשׁוּעָתוֹ und צִדְקָתוֹ, die einander analog zugeordnet sind: Denn das Heil JHWHs fußt auf seiner Gerechtigkeit. Diese Aufzählung wird in V. 3a fortgesetzt mit den Stichworten חַסְדּוֹ וֶאֱמוּנָתוֹ für Israel, denen in V. 3b יְשׁוּעַת als Wiederaufnahme von V. 2a gegenübergestellt wird. In V. 9b schließlich werden diese Begriffe aus Strophe I erneut

[313] Vgl. *Förg,* Jahwe-König-Psalmen, 113; *Seybold,* Die Psalmen (HAT 1/15), 386; *Kraus,* Psalmen 60 - 150 (BK.AT 2), 848; *Hossfeld, Zenger,* Psalmen 51-100 (HThK.AT), 689.

aufgegriffen, zum einen wortgetreu mit צֶדֶק (V. 9bα) und zum andern synonym mit מֵישָׁרִים (V. 9bβ). Die Strophen I und III werden so zu einem Rahmen verbunden, der einerseits das bisherige Heil und die Gerechtigkeit JHWHs sowie seine Huld und Treue für Israel darstellt und zum andern seine künftige Gerechtigkeit und Wahrheit beim kommenden Weltgericht über den Kosmos und die Völker rühmt.[314]

Mit den Eigenschaften JHWHs im Zusammenhang steht auch sein Handeln, das ebenfalls ausschließlich in den Strophen I und III dargestellt wird. In V. 1aγ erfolgt zunächst eine Begründung allgemeiner Art für die Aufforderung zum Lob JHWHs, nämlich das Motiv נִפְלָאוֹת עָשָׂה. Eingeleitet wird dieses Lexem mit der Konjunktion כִּי. In den folgenden Versen wird das Handeln JHWHs durch die Stichworte הוֹדִיעַ (V. 2a), גִּלָּה (V. 2b) und זָכַר (V. 3a) spezifiziert, wobei diese Verben sich auf das Handeln JHWHs an Israel beziehen. In Strophe III (V. 9) erfolgt nach den Aufforderungen zum Lob in Strophe II und in den V. 7 und V. der Strophe III erneut eine Begründung: Wiederum eingeleitet durch die Konjunktion כִּי wird mit בָא (V. 9aα), לִשְׁפֹּט (V. 9aβ) und יִשְׁפֹּט (V. 9bα) das künftige Handeln JHWHs für die Völker angesprochen. Dementsprechend sind die hier vorkommenden Verbformen Partizip, Infinitiv und Imperfekt.[315]

Neben JHWH wird als Gegenmotiv seine Schöpfung gesetzt, die mit verschiedenen Stichworten bzw. Metaphern beschrieben wird und ebenfalls alle drei Strophen miteinander verbindet. Dies sind einerseits JHWHs Bundesvolk יִשְׂרָאֵל (V. 3a) und andererseits die Völkerwelt, mit dem Stichwort גּוֹיִם in V. 2b bzw. in V. 9bβ synonym mit dem Begriff עַמִּים bezeichnet. Darüber hinaus wird die Schöpfung durch die kosmischen Elemente in Form von Metaphern abgebildet: Zunächst wird hierzu in V. 3b das Lexem כָּל־אַפְסֵי־אָרֶץ genannt und in V. 4a als כָּל־הָאָרֶץ sowie in V. 9ab als הָאָרֶץ wieder aufgenommen. Weiterhin wird in V. 7b mit dem Lexem תֵּבֵל וְיֹשְׁבֵי בָהּ ein synonymes Motiv angeführt, das in V. 9bα durch תֵּבֵל wiederaufgenommen wird. Ebenso werden in V. 7a mit הַיָּם וּמְלֹאוֹ sowie in V. 8a mit נְהָרוֹת und in V. 8b mit הָרִים vergleichbare Motive für die kosmischen Elemente genannt.[316]

---

[314] Vgl. *Förg,* Jahwe-König-Psalmen, 58; *Seybold,* Die Psalmen (HAT 1/15), 386; *Hossfeld / Zenger,* Psalmen 51-100 (HThK.AT), 688f; *Kraus,* Psalmen 60 - 150 (BK.AT 2), 847f; *Weber,* Die Psalmen 73 bis 150 (WB Pss 2), 154.

[315] Vgl. *Weber,* Die Psalmen 73 bis 150 (WB Pss 2), 154; *Hossfeld / Zenger,* Psalmen 51-100 (HThK.AT), 689f; *Kraus,* Psalmen 60 - 150 (BK.AT 2), 847f; *Förg,* Jahwe-König-Psalmen, 60 u. 113f; *Seybold,* Die Psalmen (HAT 1/15), 387.

[316] Vgl. *Förg,* Jahwe-König-Psalmen, 112f; *Weber,* Die Psalmen 73 bis 150 (WB Pss 2), 154f; *Kraus,* Psalmen 60 - 150 (BK.AT 2), 847f; *Seybold,* Die Psalmen (HAT 1/15), 386f; *Hossfeld / Zenger,* Psalmen 51-100 (HThK.AT), 688f; *Hossfeld / Zenger,* Psalm 51-100 (NEB.AT 40), 521–523.

Das Motiv des Gotteslobs verbindet JHWH und seine Schöpfung. Der Einstieg beginnt mit der Überschrift מִזְמוֹר (V. 1aα) als Stichwort, durch welches das Motiv des Gotteslobs zunächst nur angedeutet wird. Erst V. 1aβ beschreibt das Programm, um das es in Ps 98 geht: שִׁירוּ שִׁיר חָדָשׁ für JHWH.[317] Im Weiteren begründet das Stichwort רָאוּ in V. 3b, warum JHWH ein neues Lied gesungen werden soll, denn das Heil Gottes ist für alle Enden der Erde sichtbar geworden.[318] Der Imperativ הָרִיעוּ in V. 4a und V. 6b verstärkt die Aufforderung zum Singen aus V. 1aβ und verbindet so die Strophen I und II miteinander. Zugleich bildet das Stichwort הָרִיעוּ den Rahmen für die gesamte Strophe II, indem es die konkreten Formen des Jauchzens für JHWH, nämlich פִּצְחוּ וְרַנְּנוּ וְזַמֵּרוּ (V. 4b), זַמְּרוּ בְּכִנּוֹר (V. 5a), בְּכִנּוֹר וְקוֹל זִמְרָה (V. 5b) und בַּחֲצֹצְרוֹת וְקוֹל שׁוֹפָר (V. 6a) einschließt.[319]

Die Wiederaufnahme von בְּכִנּוֹר aus V. 5a in V. 5b stellt dabei eine *Anadiplosis* als semantische Verstärkung dar.[320] Im Zusammenhang mit dem Verb זַמְּרוּ aus V. 5a, das in V. 5b als Substantiv זִמְרָה auftritt, bildet das Stichwort zugleich ein Wortspiel. In Strophe III folgt in den V. 7 und V. 8 der Jubel der kosmischen Elemente, die in ihrer jeweils eigenen Art lautmalerisch beschrieben werden: Das Meer und der Erdkreis sollen יִרְעַם (V. 7a), die Ströme יִמְחֲאוּ־כָף (V. 8a) und die Berge יְרַנֵּנוּ (V. 8b), wodurch der Jubel des Kosmos für JHWH in eine anthropomorphe Metaphorik gekleidet wird.[321]

3.3.5 Stimmen und Sprechrichtungen

Neben der Poetizität ist die Dialogizität ein wesentliches Merkmal der Psalmendichtung, wobei es um die *Stimmen* und die *Sprechrichtungen* eines Psalmentextes geht, die vom Autor veranlasst, vom Sprecher nacherlebt werden und auf die Adressaten hinzielen.[322] Dabei werden auch unterschiedliche *Sprachkategorien* angewendet; in Ps 98 sind dies die *Direktiva*, die eine Reaktion des Hörers bzw. Lesers auslösen, und die *Repräsentativa*, die einen Sachverhalt darstellen.[323]

In diesem Sinne beinhaltet Ps 98 folgende dialogische Struktur, in der Sprecher und Hörer/Leser einen *kommunikativen Raum*[324] bilden:

---

[317] Vgl. *Hossfeld / Zenger*, Psalm 51-100 (NEB.AT 40), 522.
[318] Vgl. *Förg*, Jahwe-König-Psalmen, 112.
[319] Vgl. *Hossfeld / Zenger*, Psalmen 51-100 (HThK.AT), 688.
[320] Vgl. *Weber*, Die Psalmen 73 bis 150 (WB Pss 2), 155.
[321] Vgl. *Seybold*, Die Psalmen (HAT 1/15), 387; *Oeming / Vette*, Psalm 90-151 (NSK.AT 13/3), 70.
[322] Vgl. *Weber*, Entwurf einer Poetologie der Psalmen, 138; *Weber*, Theologie und Spiritualität des Psalters (WB Pss 3), 132.
[323] Vgl. *Weber*, Theologie und Spiritualität des Psalters (WB Pss 3), 131.
[324] Vgl. *Utzschneider / Nitsche*, Arbeitsbuch literaturwissenschaftliche Bibelauslegung, 202.

1. Einzige sprechende *Stimme* des Ps 98 ist der Psalmist, der sich unmittelbar an den *impliziten* Hörer bzw. Leser des Psalms wendet[325].
2. Die *Sprechrichtung* des Psalmisten wechselt im Ablauf des Psalms in Strophe I. In Strophe II wird die ursprüngliche Sprechrichtung der Strophe I wieder aufgenommen, die in Strophe III erneut wechselt:

   V. 1aβ: Beginn mit einer imperativen Aufforderung an Israel, für JHWH ein neues Lied zu singen. Entspricht der Sprachkategorie eines *Direktivum*.

      V. 1aγ-3b: Begründung hierfür (eingeleitet durch die Konjunktion „כִּי") ist die an die Allgemeinheit gerichtete narrative Beschreibung der Wundertaten JHWHs für Israel und das daraus resultierende Heil, das die gesamte Völkerwelt sieht. Dies stellt ein *Repräsentativum* dar.

   V. 4a-6b: Fortsetzung mit einer imperativen Aufforderung an die Völkerwelt, für den Weltenkönig JHWH zu jauchzen und zu musizieren. Dies entspricht ebenfalls einem *Direktivum*.

   V. 7a-8b: Fortsetzung mit einer jussiven Aufforderung (*Direktivum*) an die kosmischen Elemente, vor JHWH zu jubeln in ihrer jeweiligen anthropomorphen „Sprache".

      V. 9aα-9bβ: Begründung hierfür (eingeleitet durch die Konjunktion „כִּי") ist die an die Allgemeinheit gerichtete narrative Schilderung des Kommens JHWHs als gerechter und wahrer Richter des gesamten Erdkreises und seiner Völker (*Repräsentativum*).

3.3.6 Kompositionsstruktur des Psalms

Als Ergebnis der poetischen Analyse ergibt sich folgende Kompositionsstruktur:

Überschrift: V. 1aα *Andeutung des Programms des Ps 98 „Ein Psalm"*

A Strophe I: V. 1aβ-3b *Lobaufruf an Israel sowie Heilsgeschichte Israels und Wundertaten JHWHs*

V. 1aβ *1. Programm des Psalms*: Singt für JHWH ein neues Lied!

V. 1aγ *Begründung zu 1*: Denn er tut Wunder.

V. 1bα es helfen ihm seine Rechte

V. 1bβ und sein heiliger Arm

V. 2a er tut sein Heil kund

[325] Vgl. *Utzschneider / Nitsche,* Arbeitsbuch literaturwissenschaftliche Bibelauslegung, 146.171.

V. 2b vor den Augen der Völker er offenbart seine Gerechtigkeit
V. 3a er erinnert sich seiner Huld und Treue für Israel
V. 3b alle Enden der Erde schauen das Heil unseres Gottes

B Strophe II: V. 4a-6b Lobaufruf an die Bewohner des Erdkreises

V. 4a *2. Programm des Psalms*: jauchzt die ganze Erde
V. 4b brecht in Jubel aus und freut euch und singt
V. 5a musiziert mit einer Harfe
V. 5b mit Harfe und Gesang
V. 6a mit Trompeten und Schofar
V. 6b jauchzt vor dem *König JHWH*

A' Strophe III: V. 7a-9bβ Lobaufruf an den Kosmos sowie Kommen JHWHs als gerechter Weltenrichter

V. 7a *3. Programm des Psalms*: brausen soll das Meer und seine Fülle
V. 7b der Erdkreis und in ihm Wohnende
V. 8a Ströme sollen in die Hände klatschen
V. 8b miteinander sollen Berge jubeln
V. 9aα *Begründung zu 2+3*: vor JHWH, denn er ist kommend
V. 9aβ um zu richten die Erde
V. 9bα er richtet den Erdkreis mit Gerechtigkeit
V. 9bβ und Völker mit Wahrheit

Die Besonderheit der Kompositionsstruktur des Ps 98 besteht darin, dass er einerseits den Lobaufruf für JHWH von Israel (V. 1aβ) über die Bewohner des Erdkreises (V. 4-6) bis hin zum Kosmos (V. 7f) klimaktisch steigert und andererseits das Heilshandeln JHWHs in der Geschichte Israels (V. 1γ-3) sowie als König und Richter der gesamten Erde und ihrer Völker (V. 9) chiastisch schildert (vgl. Abschnitt *3.2.2 Gliederung des Psalms in Strophen*). Mit dieser Struktur korrespondieren auch die Sprechrichtungen und die Sprachkategorien des Psalms. Die Bezeichnung JHWHs als König, die zugleich für die Typisierung des Psalms steht, steht im Zentrum des Ps 98 zwischen dem Lobaufruf an die Völker und dem an die kosmischen Elemente (V. 6b).

3.4 Literarkritische und formgeschichtliche Analyse

3.4.1 Literarkritik

Ausgangsbasis für die Betrachtung der literarischen Textauffälligkeiten des Ps 98 ist die Feststellung Hossfelds, dass der Psalm einen anthologischen Stil aufweist. In diesem Zusammenhang deutet er auf die z. T. wörtlichen Parallelen zu anderen Psalmen sowie zu Deuterojesaja. So ist die Lobaufforderung in V. 1aβ mit der in Ps 96,1a sowie in Jes 42,10aα wortgleich. Ebenfalls besteht ein nahezu gleicher Wortlaut zwischen V. 3b und Jes 52,10b.[326] Diese Feststellungen erklären zwar die als wahrscheinlich anzunehmende redaktionelle Entstehung des Ps 98, beeinträchtigen jedoch nicht die Integrität des vorliegenden masoretischen Endtextes.

Gunkel vermutet, dass die V. 4-9 möglicherweise ursprünglich Bestandteil eines selbständigen Psalms gewesen sind, da diese ein anderes Versmaß als die V. 1-3 aufweisen und ebenfalls mit einer hymnischen Einführung beginnen.[327] Aber diese Hypothese lässt sich nicht belegen. Vielmehr ist in Anlehnung an die neueren Exegeten – so beispielsweise Weber (vgl. Abschnitt *3.2.2 Gliederung des Psalms in Strophen*) – von einem insgesamt schlüssigen zusammenhängenden Text auszugehen.[328]

Seybold bewertet V. 3b als Prosatext, der V. 2 sachlich wiederholt und V. 7-9 vorwegnimmt[329] sowie nach Hossfeld ein Zitat aus Jes 52,10b darstellt[330]. Der Hinweis Seybolds trifft hinsichtlich der inhaltlichen Wiederaufnahme von V. 2 zu, gleichwohl ist der Hinweis auf eine Vorwegnahme der Strophe III (V. 7-9) unzutreffend, da hier lediglich V. 9 die gleiche Aussagequalität (narrative Darstellung eines Sachverhalts = Repräsentativum) wie V. 3 abbildet, während V. 7f substantiell eher der Strophe II näherstehen. Darüber hinaus ist die inhaltliche Wiederholung im Sinne einer Verstärkung der Aussage ein übliches Stilmittel lyrischer Texte. Der Hinweis auf die sehr wahrscheinliche Übernahme aus Jes 52,10b ist ebenfalls lediglich für die Entstehungsgeschichte des Ps 98 relevant. Gleichwohl ist V. 3b inhaltlich als integraler Bestandteil der Strophe I einzuschätzen.

---

[326] Vgl. *Hossfeld / Zenger,* Psalmen 51-100 (HThK.AT), 688f.
[327] Vgl. *Gunkel,* Die Psalmen, 427.
[328] Vgl. *Weber,* Die Psalmen 73 bis 150 (WB Pss 2), 154.
[329] Vgl. *Seybold,* Die Psalmen (HAT 1/15), 386.
[330] Vgl. *Hossfeld / Zenger,* Psalmen 51-100 (HThK.AT), 689.

Hinsichtlich V. 9 merkt Seybold in seinem Kommentar zu Ps 96 an, dass Ps 96,13 Motive aus Ps 98,9 übernimmt.[331] Darüber hinausgehend ist jedoch festzustellen: Ps 96,13 nimmt nicht nur Motive von Ps 98,9 auf, sondern ist auch bis auf die Verdoppelung des Lexems „כִּי בָא“ mit diesem identisch. Eine Identität, die auch Weber sieht.[332] Gemäß der textkritischen Anmerkung der BHS zu Ps 96,13 ist die Verdoppelung in vielen Handschriften der syrischen Peschitta nicht enthalten, sondern dort entspricht der Text exakt dem Wortlaut von Ps 98,9, was die These der Identität von Ps 98,9 und Ps 96,13 durchaus stützt. Aber auch diese Anmerkung zeigt nur einen möglichen redaktionsgeschichtlichen Zusammenhang der beiden Psalmen auf, ohne die literarische Integrität von V. 9 zu beeinträchtigen.

Fazit: Im Hinblick auf die literarische Integrität des masoretischen Textes werden in den neueren Kommentaren zwar einige Textauffälligkeiten genannt, die jedoch letztlich die Textintegrität des Psalms insgesamt nicht in Frage stellen.[333]

3.4.2 Textgattung und Datierung

Gunkel sieht in der Gattungsforschung eine grundlegende Arbeit für die Exegese der Psalmen, da es sich bei diesen um literarische Erzeugnisse handelt.[334] Gleichwohl hat sich im weiteren Verlauf der Forschung gezeigt, dass sich die Mehrzahl der biblischen Psalmen nicht unbedingt einer eindeutigen Gattung zuordnen lassen.[335] Daher hat man damit begonnen, die Psalmengruppen anhand anderer Kriterien wie fiktiven Autorenzuschreibungen (z. B. Davidpsalmen), Funktionsbeschreibungen (z. B. Wallfahrtspsalmen), gemeinsamer Rahmungen (z. B. Halleluja) oder inhaltlicher Gemeinsamkeiten (z. B. JHWH-König-Psalmen) zusammenzufassen.[336]

Gunkel bezeichnet den Ps 98 als einen „eschatologischen Hymnus mit den Motiven eines Liedes von Jahves Thronbesteigung“[337]. In seiner „Einleitung in die Psalmen“ nennt Gunkel als Kriterien eines Hymnus die ausgeprägte Einführung in Form der Aufforderung zum Singen für JHWH in Imperativ und Jussiv, die sich kollektiv an eine oder mehrere

[331] Vgl. *Seybold,* Die Psalmen (HAT 1/15), 382.
[332] Vgl. *Weber,* Die Psalmen 73 bis 150 (WB Pss 2), 155.
[333] Vgl. *Leuenberger,* Konzeptionen des Königtums Gottes im Psalter, 163 u. Anm. 125.
[334] Vgl. *Gunkel*, Hermann / *Begrich*, Joachim: Einleitung in die Psalmen. Die Gattungen der Religiösen Lyrik Israels. Göttingen ^{2}1966, 8.
[335] Vgl. *Hossfeld / Zenger*, Psalm 1-50 (NEB.AT 29), 18.
[336] Vgl. *Ballhorn*, Egbert: Zum Telos des Psalters. Der Textzusammenhang des vierten und fünften Psalmenbuches (Ps 90 - 150) (BBB 138). Berlin 2004, 14f.
[337] *Gunkel,* Die Psalmen, 427.

Gruppen richtet. Eschatologisch ist der Hymnus, wenn er prophetisch von JHWHs Taten berichtet. Die Lieder von JHWHs Thronbesteigung sind eine spezielle Form, die dem eschatologischen Hymnus verwandt ist. Ps 98 stellt demzufolge nach Gunkel eine Mischform der Gattungen dar.[338]

Aber auch anderen Autoren (z. B. Jeremias, Kraus, Weber, Hossfeld, Förg, Howard, Goldingay und Leene) gelingt es nicht, für den Ps 98 *eine* eindeutige Gattung zu bestimmen.[339] Insofern wird in dieser Studie der Kategorisierung Leuenbergers und Oemings gefolgt und Ps 98 gemäß seiner *inhaltlichen* Gemeinsamkeiten der Gruppe der JHWH-König-Psalmen (Ps 93-100) zugeordnet.[340]

Die Datierung von Psalmen ist in der Bibelwissenschaft insbesondere im Hinblick auf eine Früh- oder Spätdatierung umstritten.[341] Allenfalls können intertextuelle Verbindungen in Form von *Zitaten* und *Allusionen* zu anderen biblischen Texten einen Hinweis auf die ungefähre Entstehungszeit des betreffenden Psalms geben.

In Bezug auf Ps 98 sind die engen Beziehungen zu Ps 96 und zu Deuterojesaja für die zeitliche Einordnung grundlegend. Hossfeld sieht hier im besonderen Maße die Textgleichheit von Ps 98,3b und Jes 52,10b als Beleg dafür, dass Ps 98 in der nachexilischen Perserzeit entstanden ist.[342] In gleicher Weise plädiert Krusche aufgrund der Nähe zu

[338] Vgl. *Gunkel / Begrich, Einleitung in die Psalmen*, 32f, 35f u. 82f; *Mowinckel*, Sigmund: Psalmenstudien II. Das Thronbesteigungsfest Jahwäs und der Ursprung der Eschatologie. Amsterdam/NL 1961 (Oslo/NOR 1921-1924), 6.16-21.38; *Jungbluth*, Rüdiger: Im Himmel und auf Erden: Dimensionen von Königsherrschaft im Alten Testament (BWANT 196). Stuttgart 2011, 173f. Im Gegensatz zu Gunkel geht Mowinckel davon aus, dass die JHWH-König-Psalmen ihren Sitz im Leben in einem jährlich wiederholten Thronbesteigungsgfest Jahwäs [sic]" haben. Aber bereits Gunkel lehnte diese Hypothese ab. Auch moderne Autoren wie Jungbluth weisen diese Hypothese als unwahrscheinlich zurück.

[339] Vgl. *Jeremias*, Das Königtum Gottes in den Psalmen, 132; *Kraus,* Psalmen 60 - 150 (BK.AT 2), 846; *Weber,* Die Psalmen 73 bis 150 (WB Pss 2), 154; *Hossfeld, Zenger,* Psalm 51-100 (NEB.AT 40), 521; *Förg,* Jahwe-König-Psalmen, 11; *Howard*, The Structure of Psalms 93-100 (BJSt 5), 79; *Goldingay*, Psalms 90-150 (BCOTWP 3), 119; *Leene,* Newness in Old Testament prophecy, 19. So zählt Jeremias Ps 98 zur „Gruppe der imperativischen Hymnen und [...] Jahwe-König-Psalmen". Für Kraus gehört der Psalm zu den „Jahwe-Königs-Hymnen [..., die...] dem festlichen Vorgang der ‚Thronbesteigungsfeier Jahwes' zugeschrieben [werden]". Weber bezeichnet Ps 98 als „hymnischen Kollektivpsalm mit einem gottesdienstlichen Konzept". Hossfeld zählt ihn zur „Textgruppe der Hymnen". Förg verbindet „die Jahwe-Königs-Psalmen und die Apokalyptik" miteinander – so auch in Ps 98 – und ebenso rechnet Oeming Ps 98 zu den „JHWH-König-Psalmen". Goldingay hingegen bezeichnet Ps 98 einfach nur als „praise psalm", ohne ihn inhaltlich einer spezifischen Gattung zuzuordnen. Gleiches gilt für Howard, der Ps 98 als „hymn in praise of YHWH" bezeichnet. Leene verzichtet auf eine Gattungsbezeichnung und weist stattdessen ganz allgemein auf den kultischen Zusammenhang des Psalms hin.

[340] Vgl. *Leuenberger,* Konzeptionen des Königtums Gottes im Psalter, 138f; *Oeming / Vette,* Psalm 90-151 (NSK.AT 13/3), 14–17. Die Zuweisung von Ps 98 zu den JHWH-König-Psalmen wird auch von Hossfeld (vgl. *Hossfeld / Zenger*, Psalmen 51-100 (HThK.AT), 34) und Zenger (vgl. Zenger, Theophanien des Königsgottes JHWH, 422.) geteilt.

[341] Vgl. *Hossfeld / Zenger,* Psalm 1-50 (NEB.AT 29), 22.

[342] Vgl. *Hossfeld / Zenger,* Psalm 51-100 (NEB.AT 40), 521.

Deuterojesaja und dessen völkeroffener Perspektive für eine frühnachexilische Entstehung des Psalms.[343] Auch Weber geht von einer nachexilischen Entstehung des Psalms aus.[344] Gleichwohl beinhaltet der vorliegende masoretische Text des Psalms sicherlich auch bereits existierende ältere Elemente, die ihm seinen charakteristischen anthologischen Stil verleihen.[345] In diesem Sinne argumentiert auch Zenger, der die JHWH-König-Psalmen und in diesem Kontext den Ps 98 als frühnachexilische Rezeption älterer Psalmen – insbesondere Ps 29 – ansieht.[346]

3.5 Psalm 98 im literarischen Kontext der JHWH-König-Psalmen

Die methodischen Erfordernisse einer kanonischen Psalmenexegese hat Zenger in vier Thesen beschrieben:

> „*These 1*: Bei kanonischer Auslegung sind die Beziehungen eines Psalms zu seinen Nachbarpsalmen zu beachten.
>
> *These 2*: Bei kanonischer Auslegung ist die Stellung eines Psalms in der jeweiligen (von der Redaktion intendierten) kompositionellen Einheit zu beachten.
>
> *These 3*: Bei kanonischer Auslegung sind die Psalmenüberschriften als Deutehorizont mitzulesen.
>
> *These 4*: Bei kanonischer Auslegung sind die innerbiblischen Bezüge und Wiederaufnahmen eines Psalms mitzuhören."[347]

Ihre konkrete Anwendung auf den vorliegenden Psalm erfordert zum einen die Analyse von Stichwort- und Motivverbindungen zwischen Ps 98 und seinen Nachbarpsalmen (*concatenatio*) sowie zum anderen die Frage nach der Anordnung der Psalmen innerhalb der JHWH-König-Psalmen (*iuxtapositio*). Des Weiteren sind auch die Psalmenüberschriften als Deutehorizont zu beachten sowie die innerbiblischen Bezüge und Rezeptionen des Psalms wahrzunehmen.[348]

Hierzu sind zunächst die *intertextuellen* Bezüge von Ps 98 *innerhalb* der Gruppe der JHWH-König-Psalmen zu erheben, danach die besonderen Verbindungen zwischen den

---

[343] Vgl. *Krusche*, Marcel: Göttliches und irdisches Königtum in den Psalmen (FAT 2/109). Tübingen 2019, 126.

[344] Vgl. *Weber*, Die Psalmen 73 bis 150 (WB Pss 2), 154.

[345] Vgl. *Weber*, Die Psalmen 73 bis 150 (WB Pss 2), 155; *Leuenberger*, Konzeptionen des Königtums Gottes im Psalter, 163; *Hossfeld / Zenger*, Psalm 51-100 (NEB.AT 40), 522f; *Hossfeld / Zenger*, Psalmen 51-100 (HThK.AT), 34f.

[346] *Zenger*, Theophanien des Königsgottes JHWH, 407–442, 422.

[347] *Zenger*, Erich: Was wird anders bei kanonischer Psalmenauslegung? In: Reiterer, Friedrich V. (Hg.): Ein Gott, eine Offenbarung. Beiträge zur biblischen Exegese, Theologie und Spiritualität. Würzburg 1991, 397–413.

[348] Vgl. *Zenger*, Was wird anders bei kanonischer Psalmenauslegung?, 399–409; *Zenger*, Erich: Das Weltenkönigtum des Gottes Israels (Ps 90-106). In: Lohfink, Norbert / Zenger, Erich (Hg.): Der Gott Israels und die Völker. Untersuchungen zum Jesajabuch und zu den Psalmen (SBS 154). Stuttgart 1994, 151–178, 156; *Liess*, Kathrin: Der Weg des Lebens. Psalm 16 und das Lebens- und Todesverständnis der Individualpsalmen (FAT 2/5). Tübingen 2004, 405.

„Zwillingspsalmen“[349] Ps 98 und Ps 96 zu untersuchen und die Kompositionsstruktur dieser Psalmengruppe abzuleiten. Die Analyse der *intertextuellen* Bezüge des Ps 98 hinsichtlich ihrer alttestamentlichen und neutestamentlichen Rezeption folgt daran anschließend in Abschnitt „*3.6 Das Königtum JHWHs in den JHWH-König-Psalmen*“.

3.5.1 Intertextuelle Bezüge zu den JHWH-König-Psalmen

Bei der Betrachtung der Stichwort- und Motivverbindungen in Ps 98 geht es um solche, welche in einem *intertextuellen* Bezug zu den übrigen JHWH-König-Psalmen stehen. Die wichtigsten Motive in diesem Zusammenhang sind die Königsformel („הַמֶּלֶךְ יְהוָה“) sowie das Handeln JHWHs für Israel und die Völker, das seinen Ausdruck findet in den Stichworten und Motiven „Heil“ (= יְשׁוּעָה) und „Gerechtigkeit“ (= צְדָקָה) sowie „Huld“ (= חֶסֶד) und „Treue“ (= אֱמוּנָה). Dies sind Begriffe, die unmittelbar zusammengehören und das Königtum JHWHs qualifizieren.[350]

Überschrift:

Stichworte und Motive	***Ps 98***	***JHWH-König-Psalmen*** (*sine Ps 98*)
מִזְמוֹר	V. 1aα	Ps 100,1a

Als Besonderheit gegenüber den vorhergehenden JHWH-König-Psalmen weist Ps 98 in V. 1aα eine eigene Überschrift auf, was Hossfeld darauf hindeutet, dass Ps 98 eine Zäsur im dramatischen Ablauf der JHWH-König-Psalmen bildet.[351] Ballhorn bezeichnet Ps 98 dementsprechend als „eine wiederholende Zusammenfassung und Bestätigung der vorigen Psalmen“[352], was seiner besonderen literarische Funktion entspricht. Die Überschrift מִזְמוֹר des Ps 98 wird in Ps 100 wiederaufgenommen und dort zu „Ein Psalm zum Dankopfer“ (= מִזְמוֹר לְתוֹדָה) erweitert. Mit dieser Überschrift steht Ps 100, der den abschließenden Höhepunkt der JHWH-König-Psalmen darstellt, nach Hossfeld in einem liturgischen Kontext.[353] Ballhorn hingegen konstatiert, dass תוֹדָה ein ambivalenter Begriff ist, der daher lediglich auf die Tempelorientierung von Ps 100 hinweist und nicht auf einen kul-

---

349 *Ballhorn*, Zum Telos des Psalters, 101.
350 Vgl. *Weber*, Die Psalmen 73 bis 150 (WB Pss 2), 154f; *Kraus*, Psalmen 60 - 150 (BK.AT 2), 847; *Seybold*, Die Psalmen (HAT 1/15), 386; *Hossfeld / Zenger*, Psalm 51-100 (NEB.AT 40), 521f.
351 Vgl. *Hossfeld / Zenger*, Psalm 51-100 (NEB.AT 40), 522; *Zenger*, Theophanien des Königsgottes JHWH, 422.425; *Kraus*, Psalmen 60 - 150 (BK.AT 2), 386; *Weber*, Die Psalmen 73 bis 150 (WB Pss 2), 155; *Seybold*, Die Psalmen (HAT 1/15), 259.
352 *Ballhorn*, Zum Telos des Psalters, 101.
353 Vgl. *Hossfeld / Zenger*, Psalm 51-100 (NEB.AT 40), 529.

tischen Zusammenhang.[354] Da insgesamt nur zwei Psalmen aus dieser Gruppe eine Überschrift aufweisen, scheint der von Zenger postulierte Deutehorizont der Überschriften hier nur sehr begrenzt aussagefähig zu sein. Zenger weist auch selbst darauf hin, dass die Psalmenüberschriften zu den „dunkelsten Feldern der Psalmenforschung" gehören und insofern allenfalls nur die Überschriften mit fiktiven „Verfasserzuweisungen" von exegetischem Interesse sein können.[355]

Strophe I:

Stichworte und Motive	***Ps 98***	***JHWH-König-Psalmen*** (*sine Ps 98*)
שִׁירוּ לַיהוָה שִׁיר חָדָשׁ	V. 1aβ	Ps 95,1; 96,1a; 97,1; 99,3.5; 100,1
כִּי־נִפְלָאוֹת עָשָׂה	V. 1aγ	Ps 96,3b
הוֹשִׁיעָה־לּוֹ יְמִינוֹ	V. 1bα	- / -
וּזְרוֹעַ קָדְשׁוֹ	V. 1bβ	- / -
הוֹדִיעַ יְהוָה יְשׁוּעָתוֹ	V. 2a	Ps 95,1b; 96,2b
לְעֵינֵי הַגּוֹיִם גִּלָּה צִדְקָתוֹ	V. 2b	Ps 94,15a; 96,13bα; 97,6a; 99,4b
זָכַר חַסְדּוֹ וֶאֱמוּנָתוֹ לְבֵית יִשְׂרָאֵל	V. 3a	Ps 96,13bβ
רָאוּ כָל־אַפְסֵי־אָרֶץ אֵת יְשׁוּעַת אֱלֹהֵינוּ	V. 3b	Ps 96,2b

Ein wesentliches literarisches Element stellt die Aufforderung שִׁירוּ לַיהוָה שִׁיר חָדָשׁ in V. 1aβ dar, mit der zum Lob JHWHs aufgerufen wird. Das Singen für JHWH und seine Taten für Israel bilden den Inhalt der Strophe I. Zugleich kommt damit das Leitmotiv des gesamten Psalms zum Ausdruck, auf welches innerhalb der Gruppe der JHWH-König-Psalmen jedoch ausschließlich Ps 96,1a noch einmal wortgleich zurückgreift.[356] Gleichwohl beinhalten auch Ps 95,1; 97,1; 99,3.5; 100,1 entsprechende Aufforderungen zum Lob JHWHs, die jedoch mit anderen Worten umschrieben sind.[357]

---

[354] Vgl. *Ballhorn,* Zum Telos des Psalters, 106. So kann „תּוֹדָה" das im Tempel darzubringende Dankopfer meinen (z. B. Lev 7,12), aber auch nur das im Tempel stattfindende Sprachgeschehen (z. B. Jer 33,11).

[355] Vgl. *Zenger,* Was wird anders bei kanonischer Psalmenauslegung?, 407–409.

[356] Vgl. *Hossfeld / Zenger,* Psalm 51-100 (NEB.AT 40), 522.

[357] Siehe hierzu Ps 95,1: לְכוּ נְרַנְּנָה לַיהוָה נָרִיעָה לְצוּר יִשְׁעֵנוּ; Ps 97,1aβ.1b: תָּגֵל הָאָרֶץ יִשְׂמְחוּ אִיִּים רַבִּים; Ps 99,3a: יוֹדוּ שִׁמְךָ גָּדוֹל; Ps 99,5a: רוֹמְמוּ יְהוָה אֱלֹהֵינוּ; Ps 100,1b: הָרִיעוּ לַיהוָה כָּל־הָאָרֶץ.

Ähnlich verhält es sich mit „denn er tut Wunder“ (= כִּי־נִפְלָאוֹת עָשָׂה) in V. 1aγ: Diese Begründung für das Singen vor JHWH wird ebenfalls nur noch einmal in Ps 96,3b verwendet. Während aber V. 1aγ die נִפְלָאוֹת als Taten JHWHs erzählt, fordert Ps 96,3b hingegen dazu auf, diese vor allen Völkern zu verkünden. Handelndes Subjekt der Verkündigung meint hier „die ganze Erde“ (= כָּל־הָאָרֶץ) und ergibt sich implizit aus Ps 96,1b.[358] Was die נִפְלָאוֹת konkret ausmacht, beschreiben die V. 2a-3b.

Die beiden Motive הוֹשִׁיעָה־לּוֹ יְמִינוֹ und וּזְרוֹעַ קָדְשׁוֹ in V. 1bα bzw. V. 1bβ stehen in keinem intratextuellen Bezug zu den übrigen JHWH-König-Psalmen, sondern weisen auf deuterojesajanische Diktion hin.[359]

Das Motiv הוֹדִיעַ יְהוָה יְשׁוּעָתוֹ als weitere Begründung für das Lob JHWHs kommt außer in V. 2a ähnlich in zwei weiteren JHWH-König-Psalmen vor, wobei das bestimmende Stichwort in den drei Psalmen „Heil“ (= יְשׁוּעַת) ist. Im Gegensatz zur Erzählung in V 2a, wonach JHWH selbst sein Heil kundtut[360] wird in den Ps 95,1b; 96,2b an die Hörer/Leser des Psalms appelliert, zum Lob JHWHs beizutragen. In Ps 95,1b erfolgt mit dem Lexem נָרִיעָה לְצוּר יִשְׁעֵנוּ die Aufforderung, JHWH als dem Fels des Heils zuzujauchzen. Dass hier Israel als Ansprechpartner zum Loben aufgefordert wird, ergibt sich implizit aus Ps 95,7aβ (עַם מַרְעִיתוֹ).[361] Und in Ps 96,2b (בַּשְּׂרוּ מִיּוֹם־לְיוֹם יְשׁוּעָתוֹ) gilt die Aufforderung JHWHs Heil zu verkünden für die „ganze Erde“ (= כָּל־הָאָרֶץ), wobei sich hier das handelnde Subjekt aus Ps 96,1b ergibt.[362]

Das zweite grundlegende Motiv für das Singen vor JHWH ist das Stichwort „Gerechtigkeit“ (= צְדָקָה), das auch in den Ps 94,15a; 96,13bα; 97,6a; 99,4b aufgenommen wird. In V. 2b ist es JHWH, der „seine Gerechtigkeit offenbart“ (= גִּלָּה צִדְקָתוֹ).[363] In Ps 94,15a wird grundsätzlich als Tatsache geschildert, dass in Israel „Recht zur Gerechtigkeit zurück-

---

[358] Vgl. *Hossfeld / Zenger,* 688, 522; *Gerstenberger*, Psalms, part 2, and Lamentations (FOTL 15). Grand Rapids/MI/USA 2001, 196; *Leene,* Newness in Old Testament prophecy, 22; *Goldingay*, Psalms 90-150 (BCOTWP 3), 120.

[359] Vgl. *Hossfeld, Zenger,* Psalmen 51-100 (HThK.AT), 689; *Hossfeld, Zenger,* Psalm 51-100 (NEB.AT 40), 522. Auf die beiden Motive „seine Rechte“ und „sein heiliger Arm“ wird in der zusammenfassenden Auslegung eingegangen.

[360] Vgl. *Kraus*, Psalmen 60 - 150 (BK..AT 2), 847; *Hossfeld / Zenger,* Psalmen 51-100 (HThK.AT), 689; *Gerstenberger*, Psalms, Part 2, and Lamentations (FOTL 15), 196; *Goldingay*, Psalms 90-150 (BCTWP 3), 121.

[361] Vgl. *Seybold,* Die Psalmen (HAT 1/15), 377; *Hossfeld / Zenger,* Psalmen 51-100 (HThK.AT), 662; *Kraus,* Psalmen 60-150 (BK.AT 2), 630; *Longman III,* Psalms, 339.

[362] Vgl. *Kraus,* Psalmen 60 - 150 (BK.AT 2), 836; *Seybold,* Die Psalmen (HAT 1/15), 380f; *Hossfeld / Zenger,* Psalmen 51-100 (HThK.AT), 668; *Goldingay,* Psalms 90-150 (BCOTWP 3), 103.

[363] Vgl. *Hossfeld / Zenger,* Psalmen 51-100 (HThK.AT), 689; *Kraus,* Psalmen 60-150 (BK.AT 2), 847.

gekehrt ist“ (= כִּי־עַד־צֶדֶק יָשׁוּב מִשְׁפָּט), dessen Urheber JHWH ist (vgl. Ps 94,14).[364] In Ps 96,13bα wird die Gerechtigkeit JHWHs im Zusammenhang mit dem eschatologischen Weltgericht über den Erdkreis genannt (יִשְׁפֹּט־תֵּבֵל בְּצֶדֶק).[365] Ps 97,6a beschreibt hingegen, dass bereits der „Himmel seine Gerechtigkeit verkündet“ (= הִגִּידוּ הַשָּׁמַיִם צִדְקוֹ).[366] Und Ps 99,4b preist JHWH (hier: literarisches „du“), der „Recht und Gerechtigkeit bei Jakob geschaffen hat“ (= מִשְׁפָּט וּצְדָקָה בְּיַעֲקֹב אַתָּה עָשִׂיתָ).[367]

In V. 3a werden als drittes und viertes Motiv für das Lob JHWHs „Huld“ (= חֶסֶד) und „Treue“ (= אֱמוּנָה) genannt: Mit dem Lexem זָכַר חַסְדּוֹ וֶאֱמוּנָתוֹ לְבֵית יִשְׂרָאֵל dienen sie der Qualifizierung der Bundestreue JHWHs gegenüber Israel.[368] Das Motiv der Treue JHWHs kommt auch in Ps 96,13bβ vor. Dort wird die Treue verbunden mit dem gerechten Gericht JHWHs über die Völker (וְעַמִּים בֶּאֱמוּנָתוֹ).[369]

Der V. 3b beschließt die Strophe I, indem er in erzählerischer Form das erste Motiv יְשׁוּעַת wieder aufnimmt und mit der Formulierung „alle Enden der Erde schauen das Heil unseres Gottes“ (= כָל־אַפְסֵי־אָרֶץ רָאוּ אֵת יְשׁוּעַת אֱלֹהֵינוּ) zu einem Theologumenon mit universeller Bedeutung ausweitet. Die Völker sollen die Möglichkeit erhalten, JHWHs Heil zu schauen und sein Königtum anzuerkennen.[370] Darüber hinaus erscheint das Motiv יְשׁוּעַת – wie schon in den Ausführungen zu V. 2a dargestellt – auch in Ps 96,2b als Bestandteil der Aufforderung, JHWH zuzujubeln und sein Heil zu verkünden.[371]

Strophe II:

Stichworte und Motive	***Ps 98***	***JHWH-König-Psalmen*** (*sine Ps 98*)
הָרִיעוּ לַיהוָה כָּל־הָאָרֶץ	V. 4a	Ps 95,1b.2b; 100,1b
פִּצְחוּ וְרַנְּנוּ וְזַמֵּרוּ	V. 4b	- / -

[364] Vgl. *Seybold,* Die Psalmen (HAT 1/15), 374; *Hossfeld / Zenger,* Psalmen 51-100 (HThK.AT), 655; *Kraus,* Psalmen 60-150 (BK.AT 2), 825f.
[365] Vgl. *Hossfeld / Zenger,* Psalmen 51-100 (HThK.AT), 670; *Seybold,* Die Psalmen (HAT 1/15), 382.
[366] Vgl. *Weber,* Die Psalmen 73 bis 150 (WB Pss 2), 151; *Seybold,* Die Psalmen (HAT 1/15), 384; *Kraus,* Psalmen 60-150 (BK.AT 2), 843; *Hossfeld / Zenger,* Psalmen 51-100 (HThK.AT), 682.
[367] Vgl. *Seybold,* Die Psalmen (HAT 1/15), 389f; *Kraus,* Psalmen 60-150 (BK.AT 2), 853; *Weber,* Die Psalmen 73 bis 150 (WB Pss 2), 159.
[368] Vgl. *Kraus,* Psalmen 60-150 (BK.AT 2), 847; *Seybold,* Die Psalmen (HAT 1/15), 386; *Hossfeld / Zenger,* Psalmen 51-100 (HThK.AT), 689.
[369] Vgl. *Seybold,* Die Psalmen (HAT 1/15), 382; *Hossfeld / Zenger,* Psalmen 51-100 (HThK.AT), 670; *Kraus,* Psalmen 60-150 (BK.AT 2), 838.
[370] Vgl. *Blunda Grubert,* History According to the Yhwh-malak-Psalms, 123; *Seybold,* Die Psalmen (HAT 1/15), 386; *Jeremias,* Das Königtum Gottes in den Psalmen, 136; *Kraus,* Psalmen 60-150 (BK.AT 2), 847f.
[371] Vgl. *Seybold,* Die Psalmen (HAT 1/15), 380f; *Kraus,* Psalmen 60-150 (BK.AT 2), 836; *Hossfeld / Zenger,* Psalmen 51-100 (HThK.AT), 668.

זַמְּרוּ לַיהוָה בְּכִנּוֹר	V. 5a	- / -
בְּכִנּוֹר וְקוֹל זִמְרָה	V. 5b	- / -
בַּחֲצֹצְרוֹת וְקוֹל שׁוֹפָר	V. 6a	- / -
הָרִיעוּ לִפְנֵי הַמֶּלֶךְ יְהוָה	V. 6b	Ps 93,1aα; 95,3a; 96,10aα; 97,1a; 99,1a.4a

Wesentlicher Inhalt der Strophe II ist der Jubel für JHWH durch כָּל־הָאָרֶץ (V. 4a). Dem gegenüber steht als Antipode in V. 6b „der König JHWH" (= הַמֶּלֶךְ יְהוָה), dem dieser Jubel gilt. Gleich zu Beginn der Strophe II beinhaltet V. 4a mit „Jauchzt für JHWH die ganze Erde" (= הָרִיעוּ לַיהוָה כָּל־הָאָרֶץ) die Aufforderung zum Jauchzen, die in den nachfolgenden Versen gesteigert und musikalisch konkretisiert wird.[372] Ein gleichartiges Motiv beinhalten Ps 95,1b (נָרִיעָה לְצוּר יִשְׁעֵנוּ) und Ps 95,2b (בִּזְמִרוֹת נָרִיעַ לוֹ), die ebenfalls zum Jauchzen für JHWH auffordern. Gleichwohl gilt die Aufforderung an dieser Stelle jedoch für Israel, das in Ps 95,7aβ als „Volk seiner Weide" (=עַם מַרְעִיתוֹ) angesprochen wird.[373] Anders hingegen bei Ps 100,1b: hier wird mit identischer Formulierung wie in V. 4a (i. e. הָרִיעוּ לַיהוָה כָּל־הָאָרֶץ) wiederum die ganze Erde zum Jauchzen für JHWH eingeladen.[374]

In V. 4b folgt mit „brecht in Jubel aus und freut euch und singt" (= פִּצְחוּ וְרַנְּנוּ וְזַמֵּרוּ) eine „Trias der Imperative", die eine Steigerung der Aufforderung zum Jubel in V. 4a darstellt. Diese Trias kommt in den übrigen JHWH-König-Psalmen nicht vor, sondern hat eine Parallele bei Deuterojesaja.[375]

Die V. 5a-6a wird die musikalische Ausgestaltung des Jubels beschrieben: „musiziert mit einer Harfe" (= זַמְּרוּ בְּכִנּוֹר), „mit Harfe und Laut des Gesangs" (= בְּכִנּוֹר וְקוֹל זִמְרָה) und „mit Trompeten und Laut des Schofar" (= בַּחֲצֹצְרוֹת וְקוֹל שׁוֹפָר). Auch hierfür gibt es innerhalb der JHWH-König-Psalmen keine Parallelen, wohl aber in den Ps 33,2f; 47,6-8; 81,3f; 150,3-5.[376]

Der V. 6b „jauchzt vor dem König JHWH" (= הָרִיעוּ לִפְנֵי הַמֶּלֶךְ יְהוָה) bildet durch das Verb הָרִיעוּ, das aus V. 4a wieder aufgenommen wird, eine Klammer für die gesamte Stro-

---

[372] Vgl. *Hossfeld / Zenger,* Psalmen 51-100 (HThK.AT), 689; *Kraus,* Psalmen 60-150 (BK.AT 2), 848.
[373] Vgl. *Hossfeld / Zenger,* Psalmen 51-100 (HThK.AT), 662f; *Seybold,* Die Psalmen (HAT 1/15), 377f; *Hossfeld / Zenger,* Psalm 51-100 (NEB.AT 40), 513f; *Kraus,* Psalmen 60-150 (BK.AT 2), 830f.
[374] Vgl. *Hossfeld / Zenger,* Psalm 51-100 (NEB.AT 40), 529; *Longman III,* Psalms, 348f; *Hossfeld, Zenger,* Psalmen 51-100 (HThK.AT), 710f.
[375] Vgl. *Hossfeld / Zenger,* Psalmen 51-100 (HThK.AT), 689; *Kraus,* Psalmen 60-150 (BK.AT 2), 848. Auf die „Trias der Imperative" wird im Rahmen der intertextuellen Bezüge eingegangen.
[376] Vgl. *Hossfeld / Zenger,* Psalmen 51-100 (HThK.AT), 689; *Goldingay,* Psalms 90-150 (BCOTWP), 122. Auch die musikalische Ausgestaltung des Jubels wird im Rahmen der intertextuellen Bezüge behandelt.

phe II.[377] Während V. 4a mit dem Subjekt des Jauchzens כָּל־הָאָרֶץ in die Strophe einführt, beendet V. 6b die Strophe mit הַמֶּלֶךְ יְהוָה als dem Objekt, dem der Jubel gilt bzw. vor dem gesungen wird. Das Lexem הַמֶּלֶךְ יְהוָה ist zugleich das Motiv, durch das Ps 98 zu einem JHWH-König-Psalm wird und dementsprechend in den Ps 93,1aα; 95,3a; 96,10a; 97,1a; 99,1a.4a – wenn auch in jeweils anderer Syntax – ebenfalls vorkommt.[378]

In Ps 93,1aα erfolgt mit dem Verbalsatz יְהוָה מָלָךְ (3 sg m AK qal) die Feststellung, dass JHWH König geworden ist. Dieser Proklamations- oder Huldigungsruf steht jedoch ohne zeitlichen und personalen Bezug.[379] Ps 95,3 entfaltet diese Königstitulatur JHWHs in zwei Dimensionen: Einerseits ist „JHWH ein großer Gott" (= אֵל גָּדוֹל יְהוָה) in Bezug auf die Erde sowie die Unterwelt und andererseits steht er im Bereich des Himmels als „ein großer König über allen Göttern" (= מֶלֶךְ גָּדוֹל עַל־כָּל־אֱלֹהִים).[380]

In Ps 96,10aα werden die Hörer/Leser dazu aufgefordert, „bei den Völkern zu sagen, dass JHWH König geworden ist" (= אִמְרוּ בַגּוֹיִם יְהוָה מָלָךְ).[381] Ps 97,1a beginnt wie schon Ps 93,1aα mit dem identischen Verbalsatz „JHWH ist König geworden" (= יְהוָה מָלָךְ), durch den JHWH als der König vor aller Welt proklamiert wird. Daher soll nach Ps 97,1b „die Erde jubeln und sollen sich freuen die vielen Inseln" (= תָּגֵל הָאָרֶץ יִשְׂמְחוּ אִיִּים רַבִּים).[382]

Auch in Ps 99,1a wird einleitend mit gleichlautendem Verbalsatz die JHWH-König-Formel aufgegriffen (יְהוָה מָלָךְ). Hierzu begründet Ps 99,4a die Besonderheit des Königtums JHWHs mit seiner einzigartigen Gerechtigkeit: „Die Macht eines Königs ist Recht, das er liebt" (= וְעֹז מֶלֶךְ מִשְׁפָּט אָהֵב) und nicht mehr die Gewalt, auf der die Macht der irdischen Könige beruht. Altes Königsrecht und die damit verbundenen Pflichten bekommen hier eine theologische Form.[383]

---

[377] Vgl. *Weber,* Die Psalmen 73 bis 150 (WB Pss 2), 155; *Hossfeld / Zenger,* Psalmen 51-100 (HThK.AT), 689.

[378] Vgl. *Zenger*, Das Weltenkönigtum des Gottes Israels (Ps 90-106), 151–178, 158–160; *Hossfeld / Zenger,* Psalm 51-100 (NEB.AT 40), 523.

[379] Vgl. *Hossfeld / Zenger,* Psalmen 51-100 (HThK.AT), 646; *Weber,* Die Psalmen 73 bis 150 (WB Pss 2), 132; *Seybold,* Die Psalmen (HAT 1/15), 368f.

[380] Vgl. *Hossfeld / Zenger,* Psalmen 51-100 (HThK.AT), 662; *Seybold,* Die Psalmen (HAT 1/15), 377f; *Goldingay, Goldingay,* Psalms 90-150 (BCOTWP), 91f; *Longman III,* Psalms. An Introduction and Commentary, 339.

[381] Vgl. *Kraus,* Psalmen 60-150 (BK.AT 2), 837; *Hossfeld / Zenger,* Psalm 51-100 (NEB.AT 40), 515.517.

[382] Vgl. *Hossfeld / Zenger,* Psalmen 51-100 (HThK.AT), 677; *Kraus,* Psalmen 60-150 (BK.AT 2), 841; *Weber,* Die Psalmen 73 bis 150 (WB Pss 2), 150.

[383] Vgl. *Hossfeld / Zenger,* Psalmen 51-100 (HThK.AT), 692.698.701f; *Seybold,* Die Psalmen (HAT 1/15), 388f; *Weber,* Die Psalmen 73 bis 150 (WB Pss 2), 158.

Strophe III:

Stichworte und Motive	***Ps 98***	***JHWH-König-Psalmen*** (*sine Ps 98*)
יִרְעַם הַיָּם וּמְלֹאוֹ	V. 7a	Ps 95,5a; 96,11b
תֵּבֵל וְיֹשְׁבֵי בָהּ	V. 7b	Ps 93,1bβ; 96,10aβ; 97,4a
נְהָרוֹת יִמְחֲאוּ־כָף	V. 8a	Ps 93,3
יַחַד הָרִים יְרַנֵּנוּ	V. 8b	Ps 95,4b; 99,9bα
לִפְנֵי־יְהוָה כִּי בָא	V. 9aα	Ps 96,13aα
לִשְׁפֹּט הָאָרֶץ	V. 9aβ	Ps 94,2a; 96,13aβ
יִשְׁפֹּט־תֵּבֵל בְּצֶדֶק	V. 9bα	Ps 94,15a; 96,13bα; 97,2b; 99,4
וְעַמִּים בְּמֵישָׁרִים	V. 9bβ	Ps 96,10b; 99,4aβ

In Strophe III wird das Lob JHWHs darin gesteigert, dass nunmehr nicht nur Israel und die Völker der Erde, sondern auch die Elemente der Schöpfung JHWH in ihrer jeweils eigenen Weise zujubeln sollen. So wird in V. 7a das Meer aufgefordert, für JHWH zu jubeln: „brausen soll das Meer und seine Fülle" (= יִרְעַם הַיָּם וּמְלֹאוֹ). Das Objekt dieses Jubels der Natur wird jedoch erst in V. 9aα (i. e. לִפְנֵי־יְהוָה) genannt.[384] In Ps 95,5a wird das Meer als Schöpfung und Eigentum JHWHs genannt: „sein ist das Meer, das er gemacht hat" (= אֲשֶׁר־לוֹ הַיָּם וְהוּא עָשָׂהוּ).[385] Ps 96,11b übernimmt die Aufforderung an das Meer und seine Fülle zum Jubel mit wortgleicher jussivischer Formulierung wie in V. 7a.[386]

In den folgenden Versen/Teilversen wird diese Aufforderung zum Jubel weiter entfaltet. V. 7b gilt dem „Erdkreis und in ihm Wohnenden" (= תֵּבֵל וְיֹשְׁבֵי בָהּ), wobei der Begriff der „Wohnenden" sich möglicherweise auch auf das Tierreich bezieht.[387] Ps 93,1bβ nennt zwar ebenfalls den Erdkreis, jedoch nicht als Subjekt des Jubels, sondern als Objekt der Schöpfung JHWHs, das „nicht wanken wird" (= תֵּבֵל בַּל־תִּמּוֹט) und dadurch dem Lob des

---

[384] Vgl. *Kraus,* Psalmen 60-150 (BK.AT 2), 848; *Seybold,* Die Psalmen (HAT 1/15), 387; *Hossfeld / Zenger,* Psalmen 51-100 (HThK.AT), 689f.

[385] Vgl. *Seybold,* Die Psalmen (HAT 1/15), 378; *Kraus,* Psalmen 60-150 (BK.AT 2), 830; *Hossfeld / Zenger,* Psalmen 51-100 (HThK.AT), 662.

[386] Vgl. *Kraus,* Psalmen 60-150 (BK.AT 2), 837; *Seybold,* Die Psalmen (HAT 1/15), 382; *Hossfeld / Zenger,* Psalmen 51-100 (HThK.AT), 670.

[387] Vgl. *Hossfeld / Zenger,* Psalmen 51-100 (HThK.AT), 689; *Seybold,* Die Psalmen (HAT 1/15), 387; *Weber,* Die Psalmen 73 bis 150 (WB Pss 2), 154.

Schöpfers dient.[388] Ps 96,10aβ führt diese Aussage wortgleich an, um sie als Tatsache unter den Völkern zu verkünden.[389] In Ps 97,4a wird das Motiv des „Erdkreises" (= תֵּבֵל) im Rahmen einer Gewittertheophanie wieder aufgenommen, die das Erscheinen JHWHs beschreibt: „seine Blitze erhellen den Erdkreis" (= הֵאִירוּ בְרָקָיו תֵּבֵל). Mit dieser Metapher wird die rettende Rechtschaffung JHWHs angekündigt.[390]

In V. 8a werden als weitere Elemente der jubelnden Schöpfung „Ströme" (= נְהָרוֹת) genannt, die „in die Hände klatschen sollen" (= יִמְחֲאוּ־כָף). Das Motiv der Ströme kommt ebenfalls in Ps 93,3 vor. Dort wird es als *Anadiplosis* dreifach in einem Stufenparallelismus aufgeführt, der hier nicht für das Lob JHWHs durch die Natur steht, sondern die gegnerischen Mächte des Chaos symbolisiert, die von JHWH überwunden worden sind: „Ströme haben erhoben, JHWH, Ströme haben erhoben ihr Tosen, Ströme werden erheben ihr Brausen" (= נָשְׂאוּ נְהָרוֹת יְהוָה נָשְׂאוּ נְהָרוֹת קוֹלָם יִשְׂאוּ נְהָרוֹת דָּכְיָם).[391]

Mit V. 8b wird die Aufforderung an die Elemente der Schöpfung zum Jubel für JHWH abgeschlossen: „miteinander sollen Berge jubeln" (= יַחַד הָרִים יְרַנֵּנוּ).[392] Auch in Ps 95,4b kommt das Motiv der Berge vor, wobei es hier jedoch nicht um den Jubel der Berge geht, sondern darum, dass die Berge – wie die ganze Erde – JHWHs Eigentum sind: „sein sind die Gipfel der Berge" (= וְתוֹעֲפוֹת הָרִים לוֹ).[393] Des Weiteren spielt das Motiv des Berges auch in Ps 99,9bα eine wesentliche Rolle. Doch steht hier die Verehrung JHWHs „am heiligen Berg" (= לְהַר קָדְשׁוֹ) im Fokus und bezieht sich auf den Berg Zion als dem Thronsitz JHWHs.[394]

V. 9 bildet die Klimax der Strophe III sowie des gesamten Ps 98. Mit V. 9aα „vor JHWH, denn er ist kommend" (= לִפְנֵי־יְהוָה כִּי בָא) werden zugleich zwei wichtige Aussagen getroffen: zum einen, dass JHWH derjenige ist, dem aller Jubel gilt, und zum anderen, dass er es ist, der kommt.[395] Die Aussage zum Kommen JHWHs wird in Ps 96,13aα mit iden-

---

388 Vgl. *Seybold,* Die Psalmen (HAT 1/15), 369; *Kraus,* Psalmen 60-150 (BK.AT 2), 818; *Hossfeld / Zenger,* Psalmen 51-100 (HThK.AT), 647.

389 Vgl. *Hossfeld / Zenger r,* Psalm 51-100 (NEB.AT 40), 517; *Kraus,* Psalmen 60-150 (BK.AT 2), 837; *Hossfeld / Zenger,* Die Psalmen (HAT 1/15), 670.

390 Vgl. *Hossfeld / Zenger,* Psalmen 51-100 (HThK.AT), 681; *Seybold,* Die Psalmen (HAT 1/15), 384; *Kraus,* Psalmen 60-150 (BK.AT 2), 842f.

391 Vgl. *Hossfeld / Zenger,* Psalmen 51-100 (HThK.AT), 647f.689f; *Kraus,* Psalmen 60-150 (BK.AT 2), 818.848; *Seybold,* Die Psalmen (HAT 1/15), 369.387; *Weber,* Die Psalmen 73 bis 150 (WB Pss 2), 133.

392 Vgl. *Hossfeld / Zenger,* Psalm 51-100 (NEB.AT 40), 523; *Seybold,* Die Psalmen (HAT 1/15), 387; *Weber,* Die Psalmen 73 bis 150 (WB Pss 2), 154.

393 Vgl. *Seybold,* Die Psalmen (HAT 1/15), 378; *Hossfeld / Zenger,* Psalmen 51-100 (HThK.AT), 662.

394 Vgl. *Weber,* Die Psalmen 73 bis 150 (WB Pss 2), 158; *Seybold,* Die Psalmen (HAT 1/15), 390.

395 Vgl. *Hossfeld / Zenger,* Psalmen 51-100 (HThK.AT), 690; *Weber,* Die Psalmen 73 bis 150 (WB Pss 2), 154; *Kraus,* Psalmen 60-150 (BK.AT 2), 848.

tischem Wortlaut wieder aufgenommen und beschreibt auch hier die Begründung für den kosmischen Jubel.[396]

In V. 9aβ wird das Warum des Kommens JHWHs mit dem Lexem: „um zu richten die Erde“ (= לִשְׁפֹּט הָאָרֶץ) begründet. Der umjubelte König JHWH wird als universeller Weltenrichter über allen Völkern thronen.[397] Auch Ps 94,2a enthält bereits das Gerichtsmotiv und fordert JHWH auf, sein Amt als Weltenrichter anzutreten (הִנָּשֵׂא שֹׁפֵט הָאָרֶץ). Das Ziel, das durch JHWHs Gericht erreicht werden soll, ergibt sich aus Ps 94,15a: nämlich, dass die Benachteiligten zu ihrem Recht kommen, indem wieder Recht nach Gerechtigkeit gesprochen wird“ (כִּי־עַד־צֶדֶק יָשׁוּב מִשְׁפָּט).[398] Und in Ps 96,13aβ kommt das genannte Gerichtsmotiv des V. 9aβ (לִשְׁפֹּט הָאָרֶץ) wortgleich ebenfalls vor.[399]

In V. 9bα wird die Art beschrieben, wie JHWH richtet: „er wird richten den Erdkreis mit Gerechtigkeit“ (= יִשְׁפֹּט־תֵּבֵל בְּצֶדֶק). Die gesamte Schöpfung soll das gerechte Gericht des Königs und Weltenrichters JHWH erfahren.[400] So beschreibt auch Ps 94,15a – wie schon im Zusammenhang mit V. 9aβ erwähnt – die Art und Weise, wie JHWH richten wird und damit die Rechtsordnung wiederherstellt (כִּי־עַד־צֶדֶק יָשׁוּב מִשְׁפָּט).[401] Auch in Ps 96,13bα erscheint das Motiv des gerechten Richtens JHWHs mit identischem Wortlaut wie in V. 9bα.[402] Und Ps 97,2b stellt mit der Aussage „Gerechtigkeit und Recht sind die Stützen seines Thrones“ (= צֶדֶק וּמִשְׁפָּט מְכוֹן כִּסְאוֹ) die göttliche Qualität des Königtums JHWHs heraus.[403] Ps 99,4 schildert die Gerechtigkeit JHWHs anhand von drei Aspekten:

1. Gemäß Ps 99,4aα ist JHWH der ideale König, dessen Macht darin besteht, daß er das Recht liebt (וְעֹז מֶלֶךְ מִשְׁפָּט אָהֵב).
2. Ps 99,4aβ weiß, dass es JHWH ist, der die Geradheit begründet hat (אַתָּה כּוֹנַנְתָּ מֵישָׁרִים).
3. Und Ps 99,4b rühmt JHWH dafür, dass er die Gerechtigkeit in Jakob bewirkt hat (מִשְׁפָּט וּצְדָקָה בְּיַעֲקֹב אַתָּה עָשִׂיתָ).[404]

---

[396] Vgl. *Hossfeld / Zenger,* Psalmen 51-100 (HThK.AT), 670; *Seybold,* Die Psalmen (HAT 1/15), 382.
[397] Vgl. *Kraus,* Psalmen 60-150 (BK.AT 2), 848; *Weber,* Die Psalmen 73 bis 150 (WB Pss 2), 154; *Seybold,* Die Psalmen (HAT 1/15), 387.
[398] Vgl. *Hossfeld / Zenger,* Psalmen 51-100 (HThK.AT), 653.655; *Seybold,* Die Psalmen (HAT 1/15), 372.374; *Kraus,* Psalmen 60-150 (BK.AT 2), 823.825.
[399] Vgl. *Seybold,* Die Psalmen (HAT 1/15), 382.
[400] Vgl. *Hossfeld / Zenger,* Psalm 51-100 (NEB.AT 40), 523; *Gerstenberger*, Psalms, Part 2, and Lamentations (FOTL 15), 197; *Seybold,* Die Psalmen (HAT 1/15), 387.
[401] Vgl. *Seybold,* Die Psalmen (HAT 1/15), 374; *Kraus,* Psalmen 60-150 (BK.AT 2), 825; *Hossfeld / Zenger,* Psalmen 51-100 (HThK.AT), 655; *Weber,* Die Psalmen 73 bis 150 (WB Pss 2), 137.
[402] Vgl. *Hossfeld / Zenger,* Psalmen 51-100 (HThK.AT), 670; *Seybold,* Die Psalmen (HAT 1/15), 382; *Kraus,* Psalmen 60-150 (BK.AT 2), 838.
[403] Vgl. *Hossfeld / Zenger,* Psalm 51-100 (NEB.AT 40), 520.
[404] Vgl. *Hossfeld / Zenger,* Psalmen 51-100 (HThK.AT), 701f; *Seybold,* Die Psalmen (HAT 1/15), 389f; *Weber,* Die Psalmen 73 bis 150 (WB Pss 2), 158.

V. 9bβ ergänzt V. 9bα, indem er der Gerechtigkeit JHWHs seine Geradheit als Parallelismus zuordnet: „und Völker mit Geradheit“ (= וְעַמִּים בְּמֵישָׁרִים).[405] Auch Ps 96,10b nimmt dieses Motiv in fast gleichem Wortlaut davon, dass „er [JHWH] die Völker in Geradheit richtet (יָדִין עַמִּים בְּמֵישָׁרִים).[406] Der Begriff „בְּמֵישָׁרִים“ wird auch in Ps 99,4aβ – wie in den Ausführungen zu V. 9bα erwähnt – wieder aufgenommen, indem JHWH als Begründer der Geradheit gepriesen wird.[407]

3.5.2 Die „Zwillingspsalmen“ Psalm 98 und Psalm 96

Ein Spezifikum von Ps 98 ist die semantische und formale Nähe mit Ps 96, weshalb die beiden Psalmen auch als „Zwillingspsalmen“[408] bezeichnet werden, obgleich sie entgegen der klassischen Definition nicht nebeneinanderstehen, sondern durch Ps 97 in der synchronen Reihenfolge unterbrochen sind.[409] Aufgrund dieser engen textlichen Verwandtschaft ist Ps 96 bei der Exegese von Ps 98 unbedingt mit in die Betrachtung einzubeziehen.[410]

Schon die Struktur beider Psalmen macht ihre Ähnlichkeit deutlich: Sowohl Ps 96 als auch Ps 98 sind jeweils in drei Strophen gegliedert. Beide Psalmen steigern die Aufforderung zum Lob JHWHs klimaktisch, indem sie zunächst Israel, dann die Völker und schließlich als Höhepunkt den gesamten Kosmos zum Jubel für JHWH aufrufen. Die jeweilige Binnenstruktur beider Psalmen ist so angelegt, dass jede der drei Strophen mit einer Aufforderung zum Lob JHWHs beginnt und mit einer Begründung für den Jubel schließt. Hieraus ergibt sich in Anlehnung an Blunda Grubert folgendes Strukturschema der beiden Psalmen im Vergleich:[411]

---

[405] Vgl. *Seybold,* Die Psalmen (HAT 1/15), 387; *Weber,* Die Psalmen 73 bis 150 (WB Pss 2), 154.
[406] Vgl. *Hossfeld / Zenger,* Psalmen 51-100 (HThK.AT), 670.
[407] Vgl. *Hossfeld / Zenger,* Psalm 51-100 (NEB.AT 40, 526; *Seybold,* Die Psalmen (HAT 1/15), 389f; *Hossfeld / Zenger,* Psalmen 51-100 (HThK.AT), 701.
[408] *Ballhorn,* Zum Telos des Psalters, 101.
[409] Vgl. *Ballhorn,* Zum Telos des Psalters, 101.
[410] Vgl. *Jeremias,* Das Königtum Gottes in den Psalmen, 131; *Schnocks*, Johannes: Vergänglichkeit und Gottesherrschaft. Studien zu Psalm 90 und dem vierten Psalmenbuch (BBB 140). Berlin 2002, 228. Nach Jeremias und Schnocks können beide Psalmen aufgrund ihrer engen Verwandtschaft nur gemeinsam ausgelegt werden.
[411] Vgl. *Blunda Grubert,* History According to the Yhwh-malak-Psalms, 121f; *Howard,* The Structure of Psalms 93-100 (BJSt 5), 178.

Strophen		Inhalt	Ps 98	Ps 96	Adressaten
I	⇩	Lobaufruf	V. 1aβ	V. 1a-3b	Israel
		Begründung	V. 1aγ-3b	V. 4a-6b	
II		Lobaufruf	V. 4a-6a	V. 7a-9b	Völker
		Begründung	V. 6b	V. 10aα-b	
III	Klimax	Lobaufruf	V. 7a-8b	V. 11a-12b	Kosmos
		Begründung	V. 9aα-9bβ	V. 13aα-bβ	

Abbildung 6: Struktur von Ps 98 und Ps 96 im Vergleich[412]

Aber auch konkret inhaltlich bestehen eine Reihe sowohl textlicher Ähnlichkeiten als auch identischer Formulierungen bei Ps 98 und Ps 96:

Strophe I:

So ist bereits der erste Versteil Ps 98,1aβ mit Ps 96,1a identisch. Beide Psalmen rufen wortgleich dazu auf: „singt für JHWH ein neues Lied“ (= שִׁירוּ לַיהוָה שִׁיר חָדָשׁ).[413] Adressat für diesen 1. Lobaufruf ist in beiden Psalmen Israel, was sich für Ps. 98 aus V. 3a ergibt (בֵּית יִשְׂרָאֵל); für Ps 96 ist Israel als der Adressat indirekt aus V. 3 rückzuschließen (סַפְּרוּ בַגּוֹיִם כְּבוֹדוֹ בְּכָל־הָעַמִּים נִפְלְאוֹתָיו).[414] Während der Lobaufruf für JHWH in Ps 98 sich auf V. 1aβ beschränkt, erweitert Ps 96 diesen in den nachfolgenden V. 1b-3b: Nach V. 1b soll „das ganze Land für JHWH singen“ (= שִׁירוּ לַיהוָה כָּל־הָאָרֶץ). V. 2 fordert nochmals dazu auf, für JHWH zu singen und „sein Heil“ (= יְשׁוּעָתוֹ) täglich zu verkünden. Und V. 3 postuliert, bei den Nationen von „seiner Herrlichkeit“ (= כְּבוֹדוֹ) und bei allen Völkern von „seinen Wundern“ (= נִפְלְאוֹתָיו) zu erzählen. Obgleich in Ps 96 nicht konkret genannt, kann sich der Lobaufruf in Strophe I nur auf Israel beziehen, das durch seine Verkündigung

[412] Vgl. *Blunda Grubert,* History According to the Yhwh-malak-Psalms, 121. Die tabellarische Darstellung erfolgt in Anlehnung an die Grafik bei Blunda Grubert. Im Hinblick auf Ps 98,6b passt der Strukturvergleich jedoch nur, wenn davon ausgegangen wird, dass die Königsakklamation JHWHs als „Begründung“ für den Jubel anzusehen ist.

[413] Vgl. *Jeremias,* Das Königtum Gottes in den Psalmen, 121; *Krusche,* Göttliches und irdisches Königtum in den Psalmen (FAT 2/109), 108; *Leuenberger,* Konzeptionen des Königtums Gottes im Psalter, 150f.161; *Seybold,* Die Psalmen (HAT 1/15), 380f.

[414] Vgl. *Krusche,* Göttliches und irdisches Königtum in den Psalmen (FAT 2/109), 115; *Seybold,* Die Psalmen (HAT 1/15), 380f; *Hossfeld / Zenger,* Psalmen 51-100 (HThK.AT), 688.

JHWHs Heil und seine Wundertaten bei den Völkern bekanntmachen und so zur weltweiten Verehrung JHWHs einladen soll.[415]

Die Begründung für den Aufruf, JHWH ein neues Lied zu singen, erfolgt in Ps 98 in V. 1aγ-3b: Ein wichtiges Stichwort in diesem Zusammenhang ist der Begriff der „Wunder“ (= נִפְלָאוֹת), die JHWH für Israel vollbringt. V. 1b nennt als Hilfe für diese Wunder „seine Rechte“ (= יְמִינוֹ) und „seinen heiligen Arm“ (= וּזְרוֹעַ קָדְשׁוֹ). Das bedeutet, JHWH vollbringt diese Wunder aus *seiner* Kraft, also aus sich selbst. In V. 2 stehen zwei weitere wichtige Stichworte im Fokus: Es geht darum, dass JHWH durch seine Wundertaten „sein Heil“ (= יְשׁוּעָתוֹ) kundtut und vor den Augen der Völker „seine Gerechtigkeit“ (= צִדְקָתוֹ) offenbart. V. 3a bezieht sich auf Israel, für das JHWH sich „seiner Huld“ (= חַסְדּוֹ) und „seiner Treue“ (= וֶאֱמוּנָתוֹ) erinnert. Abschließend in V. 3b folgt als Kernaussage des Ps 98 das bedeutsame Theologumenon: „alle Enden der Erde schauen das Heil unseres Gottes“ (= רָאוּ כָל־אַפְסֵי־אָרֶץ אֵת יְשׁוּעַת אֱלֹהֵינוּ), wodurch das Heilswirken JHWHs an Israel nun universell für die gesamte Erde sichtbar wird und damit auch die Völker zum Jubel für JHWH motiviert werden.[416]

Ps 96 begründet in V. 4a-6b das Singen des neuen Liedes für JHWH hingegen mit den besonderen Eigenschaften JHWHs, die seine göttliche Qualität ausmachen: V. 4 beschreibt ihn als den „großen Herrn [JHWH]“ (= גָדוֹל יְהוָה), der „gefürchtet ist über alle Götter“ (= נוֹרָא הוּא עַל־כָּל־אֱלֹהִים). Gemäß V. 5 sind alle Götter der Völker wertlos, sie sind „Nichtse“ (= אֱלִילִים), denn sie haben nichts vollbracht. Vielmehr ist es allein „JHWH, der den Himmel gemacht hat“ (= וַיהוָה שָׁמַיִם עָשָׂה) und ihn deshalb auch allein beherrscht. V. 6 veranschaulicht JHWHs göttliche Qualität in Form einer *Tetrade*: „Majestät und

---

[415] Vgl. *Jeremias,* Das Königtum Gottes in den Psalmen, 125; *Krusche,* Göttliches und irdisches Königtum in den Psalmen (FAT 2/109), 115; *Seybold,* Die Psalmen (HAT 1/15), 380f; *Weber,* Die Psalmen 73 bis 150 (WB Pss 2), 145; *Hossfeld / Zenger,* Psalmen 51-100 (HThK.AT), 668. Hossfeld übersetzt „כָּל־הָאָרֶץ“ mit „die ganze Erde“ (vgl. *Hossfeld / Zenger*, Psalmen 51-100 (HThK.AT), 665.) und begründet dies damit, dass Ps 96 alle Völker der Erde dazu aufruft, JHWH zu loben. Gleichwohl zieht Weber diese Übersetzung offenbar in Zweifel, indem er andeutet, das Lexem könne auch mit „ganzes Land“ interpretiert werden. Webers Interpretation ist hier insofern vorzuziehen, als zwar im weiteren Verlauf ab Ps 96,7 die „Stämme der Völker“ zum Lob JHWHs aufgefordert sind, diese jedoch in Strophe I zunächst durch Israel über JHWHs „Herrlichkeit“ und „Wunder“ zu informieren sind. So legt auch Jeremias Ps 96 dahingehend aus, dass es in Strophe I um das „Erzählen vor den Völkern“ geht, die dann in den Jubel für JHWH einstimmen werden.

[416] Vgl. *Seybold,* Die Psalmen (HAT 1/15), 386; *Hossfeld / Zenger,* Psalmen 51-100 (HThK.AT), 689; *Kraus,* Psalmen 60-150 (BK.AT 2), 847; *Krusche,* Göttliches und irdisches Königtum in den Psalmen (FAT 2/109), 114. Krusche spricht darüber hinaus an, dass die Lexeme „seine Rechte“ und „sein heiliger Arm“ von Longman III als Hinweis darauf gedeutet werden, Ps 98 als „Divine Warrior victory song“ zu klassifizieren (vgl. *Longman*, Psalms, 345f.). Diese militärischen Stichworte in Bezug auf JHWH mögen zwar einen Sieg bezeichnen, jedoch fehlen die Angaben sowohl über einen Gegner als auch über ein Kampfgeschehen. Insofern erfolgt hier zwar eine Machtdemonstration JHWHs, die aber nicht als Niederwerfung von Feinden, sondern als rettendes Heilshandeln an Israel (i. e. Rückführung aus dem Exil) zu verstehen ist.

Erhabenheit“ (= הוֹד־וְהָדָר) zeichnen ihn aus, „Macht und Glanz“ (= עֹז וְתִפְאֶרֶת) sind „in seinem Heiligtum“ (= בְּמִקְדָּשׁוֹ). Das letztere Stichwort bezieht sich auf den Tempel, auf den heiligen Berg Zion. V. 4a-6b des Ps 96 stellen somit insgesamt eine zionstheologische Begründung für den Lobaufruf dar.[417]

Strophe II:

Der 2. Lobaufruf umfasst in Ps 98 die V. 4a-6a und gilt „der ganzen Erde“ (= כָּל־הָאָרֶץ). Dabei handelt es sich neben einem frenetischen Jubelschrei (הָרִיעוּ) in V. 4a um eine musikalische Bezeugung der Ehre für JHWH durch „Gesang“ (= קוֹל זִמְרָה), der „von einer Harfe“ (= בְּכִנּוֹר), „von Trompeten“ (= בַּחֲצֹצְרוֹת) und „Schofar“ (= קוֹל שׁוֹפָר) begleitet wird (V. 4b-6a).[418] In Ps 96 beschreiben V. 7a-9b den universalen Lobaufruf. So lädt V. 7 die „Stämme der Völker“ (= מִשְׁפְּחוֹת עַמִּים) zur Huldigung JHWHs ein. Gemäß V. 8 sollen die Völker „vor JHWH seinem Namen Ehre geben“ (= הָבוּ לַיהוָה כְּבוֹד שְׁמוֹ), „Gaben zu ihm tragen“ (= שְׂאוּ־מִנְחָה) und „in seine Vorhöfe kommen“ (= בֹּאוּ לְחַצְרוֹתָיו), womit schon die Völkerwallfahrt aus Ps 100 vorweggenommen wird. V. 9 fordert zur Proskynese vor JHWH auf, bildhaft beschrieben mit „werft euch nieder“ (= הִשְׁתַּחֲווּ) und „fürchtet euch vor seinem Angesicht“ (= חִילוּ מִפָּנָיו).[419]

Die Begründung des Jubels für JHWH ist in beiden Psalmen kurz und prägnant ausgeführt: Ps 98,6b fordert, „jauchzt vor dem König JHWH“ (= הָרִיעוּ לִפְנֵי הַמֶּלֶךְ יְהוָה). Und Ps 96,10 ruft analog dazu auf, „verkündet bei den Nationen: JHWH ist König (geworden)“ (= אִמְרוּ בַגּוֹיִם יְהוָה מָלָךְ) und weist außerdem darauf hin, dass zum einen durch ihn der Erdkreis fest gegründet ist (תֵּבֵל בַּל־תִּמּוֹט) und er zum anderen Recht spricht bei den Völkern in Geradheit (יָדִין עַמִּים בְּמֵישָׁרִים). Der Jubel wird in der jeweiligen Strophe II beider Psalmen damit begründet, dass JHWH König (geworden) ist. und damit sein Amt als der gerechte Weltenrichter übernimmt.[420] Die besondere eschatologische Bedeutung dieser

---

[417] Vgl. *Hossfeld / Zenger,* Psalmen 51-100 (HThK.AT), 668f; *Krusche,* Göttliches und irdisches Königtum in den Psalmen (FAT 2/109), 112f; *Seybold,* Die Psalmen (HAT 1/15), 381; *Leuenberger,* Konzeptionen des Königtums Gottes im Psalter, 151.

[418] Vgl. *Hossfeld / Zenger,* Psalmen 51-100 (HThK.AT), 689; *Seybold,* Die Psalmen (HAT 1/15), 386; *Weber,* Die Psalmen 73 bis 150 (WB Pss 2), 154; *Krusche,* Göttliches und irdisches Königtum in den Psalmen (FAT 2/109), 115. Seybold übersetzt כָּל־הָאָרֶץ mit „das ganze Land“, da er „die ganze Erde“ erst ab Ps 98,7 in Strophe III angesprochen sieht. Gleichwohl interpretieren jedoch Hossfeld, Weber und Krusche dieses Lexem als „die ganze Erde“. Letzterer Auffassung ist zuzustimmen, da bereits in Ps 98,3b „alle Enden der Erde“ JHWHs Heil schauen und daher nun folgerichtig in den Jubel für JHWH miteinstimmen sollen.

[419] Vgl. *Krusche,* Göttliches und irdisches Königtum in den Psalmen (FAT 2/109), 116f; *Seybold,* Die Psalmen (HAT 1/15), 381f; *Hossfeld / Zenger,* Psalmen 51-100 (HThK.AT), 669; *Weber,* Die Psalmen 73 bis 150 (WB Pss 2), 145f.

[420] Vgl. *Hossfeld / Zenger,* Psalmen 51-100 (HThK.AT), 670.689; *Leene,* Newness in Old Testament prophecy, 16.20f; *Blunda Grubert,* History According to the Yhwh-malak-Psalms, 123; *Seybold,* Die Psalmen

Aussage wird gleichwohl als Klimax erst im jeweils letzten Vers der beiden Psalmen (i. e. Ps 98,9; 96,13) weiter ausgeführt.

Strophe III:

In Strophe III wird der Lobaufruf für JHWH dahingehend gesteigert, dass nunmehr nicht nur Israel und die Völker, sondern der gesamte Kosmos JHWH zujubeln soll. Dies wird metaphorisch anhand der Schöpfungselemente beschrieben, wobei die beiden Psalmen jedoch jeweils individuell unterschiedliche Elemente benennen. Eine Ausnahme bilden hierbei jedoch Ps 98,7a und Ps 96,11b: beide Teilverse fordern wortgleich „das Meer und seine Fülle“ (= הַיָּם וּמְלֹאוֹ) auf, für JHWH zu „brausen“ (= יִרְעַם). Während das Meer ursprünglich als lebensfeindliche Macht des Chaos verstanden worden ist, stellt es nunmehr keine Gefahr mehr da, sondern ist ein Schöpfungselement JHWHs, das ihm, dem Kommenden zujubelt.[421] Darüber hinaus ergeht die Einladung zum Jubel in Ps 98,7b-8b an den „Erdkreis und in ihm Wohnende“ (= תֵּבֵל וְיֹשְׁבֵי בָהּ), an „Ströme“ (= נְהָרוֹת) sowie an „Berge“ (= הָרִים).[422] In Ps 96,11a-12b werden „der Himmel“ (= הַשָּׁמַיִם) und „die Erde“ (= הָאָרֶץ) sowie „die Flur und alles was auf ihr ist“ (= שָׂדַי וְכָל־אֲשֶׁר־בּוֹ) und „alle Bäume des Waldes“ (= כָּל־עֲצֵי־יָעַר) aufgefordert, zu frohlocken und zu jauchzen. Aus den Objekten der Schöpfung und bislang eher lebensfeindlichen Elementen werden hier Subjekte, die dem Schöpfer und Herrn des Lebens zujubeln.[423]

Der jeweils letzte Vers bildet bei beiden Psalmen den Höhepunkt und ist zudem nahezu wortgleich: Der Grund des Jubels besteht darin, dass dieser „vor JHWH“ (= לִפְנֵי־יְהוָה) erfolgt, „denn er ist kommend“ (= כִּי בָא) um „zu richten die Erde“ (= לִשְׁפֹּט הָאָרֶץ). Aber JHWH ist zugleich der göttliche König, der den „Erdkreis richtet mit Gerechtigkeit“ (= יִשְׁפֹּט־תֵּבֵל בְּצֶדֶק) und „Völker mit Geradheit“ (= עַמִּים בְּמֵישָׁרִים), wie es in Ps 98,9bβ heißt, bzw. „Völker mit seiner Treue“ (= עַמִּים בֶּאֱמוּנָתוֹ) in Ps 96,13b. Die Abweichungen im Wortlaut zwischen Ps 98,9 und Ps 96,13 bestehen zum einen in der unterschiedlichen Qualifizierung der Art des Richtens der Völker (i. e. „Geradheit“ vs. „Treue“) und zum

(HAT 1/15), 382.386. Seybold zählt Ps 96,10 zur Strophe III, während Hossfeld, Leene und Blunda Grubert den Vers der Strophe II zuordnen. Letztere Auffassung ist überzeugender, weil nach V. 10 ein deutlicher Einschnitt im Gedankenfluss von Ps 96 erfolgt. Denn Strophe II einschl. V. 10 spricht von den „Völkern“ und „Nationen“, hingegen handelt Strophe III in V. 11-12 von den Naturelementen.

[421] Vgl. *Seybold,* Die Psalmen (HAT 1/15), 382.387; *Kraus,* Psalmen 60-150 (BK.AT 2), 837.848; *Krusche,* Göttliches und irdisches Königtum in den Psalmen (FAT 2/109), 121f.127; *Weber,* Die Psalmen 73 bis 150 (WB Pss 2), 146.155.

[422] Vgl. *Hossfeld / Zenger,* Psalmen 51-100 (HThK.AT), 389f; *Seybold,* Die Psalmen (HAT 1/15), 387.

[423] Vgl. *Krusche,* Göttliches und irdisches Königtum in den Psalmen (FAT 2/109), 119f; *Kraus,* Psalmen 60-150 (BK.AT 2), 837f; *Seybold,* Die Psalmen (HAT 1/15), 382.

anderen darin, dass Ps 96,13a das Lexem כִּי בָא wiederholt. Das Stichwort von der Treue JHWHs (אֱמוּנָתוֹ) steht ursprünglich nur im Kontext mit Israel – z. B. in Ps 98,3a –; hier wird es nun auch auf die Völker angewandt.[424] Die Wiederholung des Lexems כִּי בָא ist gemäß textkritischer Anmerkung zu Ps 96,13a in vielen Handschriften der syrischen Peschitta nicht vorhanden. Insofern handelt es sich hier möglicherweise um einen Zusatz aus Gründen der Versmetrik.[425]

3.5.3 Kompositionsstruktur der JHWH-König-Psalmen

Auf synchroner Ebene sind die Ps 93-100 unter dem Begriff „JHWH-König-Psalmen" in der alttestamentlichen Forschung als eigenständige Psalmengruppe anerkannt.[426] Zenger begründet ihre Eigenständigkeit mit spezifischen Charakteristika:

1. Lobaufruf und anschließende Begründung als strukturbestimmende hymnische Elemente,
2. Verwendung des themenbestimmenden Motivs יְהוָה מָלָךְ (Ps 93; 96; 97; 99) bzw. מֶלֶךְ גָּדוֹל (Ps 95) und הַמֶּלֶךְ יְהוָה (Ps 98),
3. Durchgängigkeit der Königsmotivik: JHWH als Höchster, König, Hirte und Richter,
4. Verknüpfung der Psalmengruppe durch Semantik und Stilistik,
5. Titellosigkeit der Psalmen (Ausnahmen: Ps 98 und Ps 100).[427]

---

[424] Vgl. *Weber,* Die Psalmen 73 bis 150 (WB Pss 2), 145.154f; *Krusche,* Göttliches und irdisches Königtum in den Psalmen (FAT 2/109), 117.125f; *Kraus,* Psalmen 60 - 150 (BK.AT 2), 838.848; *Seybold,* Die Psalmen (HAT 1/15), 382.387; *Hossfeld / Zenger,* Psalmen 51-100 (HThK.AT), 670.690. Hossfeld sieht hier in Übereinstimmung mit Jeremias (Vgl. Jeremias, Das Königtum Gottes in den Psalmen, 135.), dass die Völker in Ps 98 lediglich eine „Nebenrolle" spielen. Dieser These ist jedoch zu widersprechen, denn es ist doch gerade der Universalismus, der ausgedrückt durch die *gemeinsame* Freude von Israel, Völkern und Kosmos vor JHWH und seinem Heilsgericht den inhaltlichen Kern der „Zwillingspsalmen" ausmacht.

[425] Vgl. *Gunkel,* Die Psalmen, 423.

[426] Vgl. *Zenger,* Theophanien des Königsgottes JHWH, 422; *Schnocks*, Vergänglichkeit und Gottesherrschaft, 196f.211.

[427] Vgl. *Hossfeld / Zenger,* Psalmen 51-100 (HThK.AT), 34; *Schnocks,* Vergänglichkeit und Gottesherrschaft, 197; *Jungbluth*, Im Himmel und auf Erden, 158. Jungbluth merkt im Gegensatz zu Zenger hinsichtlich des Königstitels JHWHs an, dass dieser lediglich in den Psalmen 93, 96, 97 u. 99 vorkomme. Dies trifft so pauschal jedoch nicht zu. Das königliche Lexem kommt in Ps 98 als הַמֶּלֶךְ יְהוָה vor. Gleichwohl wird JHWH in Ps 94 als שֹׁפֵט הָאָרֶץ bezeichnet, was inhaltlich einer „Ausformung königlichen Autorität" (vgl. *Schnocks*, 203.) gleichkommt. Und Ps 95 bezeichnet JHWH als „großen König über allen Göttern" (= מֶלֶךְ גָּדוֹל עַל־כָּל־אֱלֹהִים) (vgl. *Hossfeld / Zenger*, 662). Auch in Ps 100 fehlt das königliche Lexem. Gleichwohl sehen hier z. B. Zenger und Schnocks jedoch das Hirtenbild צֹאן מַרְעִיתוֹ als Königsmetapher (vgl. *Hossfeld / Zenger*, 108; *Schnocks*, 208f.). Darüber hinaus wird JHWH in Ps 100 als der alleinige Gott (עוּ כִּי־יְהוָה הוּא אֱלֹהִים) bezeichnet. Diese Aussage stellt zweifellos den Höhepunkt der Psalmenreihe dar. Während JHWH in Ps 95 noch als „König über allen Göttern" bezeichnet worden ist, steht er nun hier als alleiniger Gott über allen Königen und ist damit selbst *der* Großkönig schlechthin.

Die JHWH-König-Psalmen entfalten in einer dramaturgischen Abfolge verschiedene Aspekte der Königsherrschaft JHWHs bis hin zur Klimax in Ps 100.[428] Nach Zenger „ließe sich die Komposition Ps 93-100 geradezu als ‚Oratorium‘ über das Kommen des Gottesreichs aufführen“[429]. In diesem Sinne stellen die einzelnen JHWH-König-Psalmen gewissermaßen die acht Akte eines solchen Oratoriums dar, wobei die Akte nicht im Sinne einer Singspielaufführung handelnder Personen zu verstehen ist, sondern den Ablauf der Ereignisse im Hinblick auf das Kommen des Reiches Gottes.

Auftakt und *I. Akt* ist Ps 93, der die „seit fernster Zeit“[430] bestehende und auf Dauer gegründete kosmische Königsherrschaft JHWHs beschreibt. Der Psalm „setzt einem Paukenschlag gleich, mit der [...] Themenformel יהוה מלך ein“[431]. Nach Jeremias beschreibt die Königsformel die „permanent wirksame Ausübung von Hoheit und Macht durch den König Jahwe“[432]. Das Königtum JHWHs manifestiert sich darin, dass der Erdkreis durch ihn fest gegründet ist (vgl. Ps 93,1b) und sein Thron seit jeher feststeht (vgl. Ps 93,2a). Den Mächten des Chaos – metaphorisch beschrieben mit dem Tosen der Ströme (נְהָרוֹת קוֹלָם יִשְׂאוּ) – ist er seit Anbeginn und stets immer wieder überlegen, denn „er ist gewaltig in der Höhe“ (= אַדִּיר בַּמָּרוֹם יְהוָה) (vgl. Ps 93,4b).[433]

Es folgt als *II. Akt* Ps 94 mit der Bitte um den Beistand JHWHs als gerechter Richter, der die gerechte Ordnung wiederherstellt. Diese Ordnung ist durch die Frevler ins Gegenteil verkehrt worden. Ballhorn sieht hier einen innerisraelischen Gruppenkonflikt, bei dem der schwächere Teil des Volkes durch die Ungerechtigkeit der Herrschenden unterdrückt

---

428 Vgl. *Hossfeld / Zenger,* Psalmen 51-100 (HThK.AT), 34; *Zenger*, Erich: Psalmen. Auslegungen Bd. 2, Ich will die Morgenröte wecken. Freiburg i. Br. ²2006, 74.

429 *Zenger*, Psalmen. Auslegungen Bd. 2, 76. Vgl. *Blunda*, History According to the Yhwh-malak-Psalms, 118; *Flynn*, Shawn W.: YHWH is king. The development of divine kingship in ancient Israel (SVT 159). Leiden/NL 2014, 38f. Andere Autoren wie z. B. Flynn zählen ausschließlich die Ps 93; 95-99 zu den JHWH-König-Psalmen und lassen Ps 94 u. Ps 95 unberücksichtigt, da sie nicht die Königsformel יהוה מלך enthalten. Dies greift jedoch zu kurz, wie bereits in der Anmerkung zu Zengers „Charakteristika“ dargestellt worden ist.

430 *Leuenberger,* Konzeptionen des Königtums Gottes im Psalter, 138.

431 *Leuenberger,* Konzeptionen des Königtums Gottes im Psalter, 142; sowie: *Hossfeld / Zenger,* Psalmen 51-100 (HThK.AT), 649. Hossfeld bezeichnet Ps 93 als „programmatische[n] Eröffnungspsalm der planvollen Komposition der JHWH-Königs-Psalmen Ps 93-100“.

432 *Jeremias,* Das Königtum Gottes in den Psalmen, 18. Vgl. *Körting*, Corinna: JHWH besteigt seinen Thron. In: Berges, Ulrich / Bremer, Johannes u. a. (Hg.): Zur Theologie des Psalters und der Psalmen. Beiträge in memoriam Frank-Lothar Hossfeld (BBB 189) 2019, 237–257, 238. Leuenberger konstatiert hierzu, dass eine Debatte über die Formel מָלַךְ/מָלָךְ letztlich wenig hilfreich sei. Es bestehe vielmehr „Einigkeit darüber, daß die *lexikalische Semantik* des (stativischen) Verbs מלך sowohl (punktuell-)ingressive (‚König werden‘) wie durative (‚König sein‘) Ablaufs- und Aktionsart[en] umfassen kann“ (*Leuenberger*, Konzeptionen des Königtums Gottes im Psalter, 139.).

433 Vgl. *Zenger,* Theophanien des Königsgottes JHWH, 423; *Leuenberger,* Konzeptionen des Königtums Gottes im Psalter, 142; *Blunda Grubert*: History According to the Yhwh-malak-Psalms, 118.

wird. Verbunden ist die Klage zugleich mit Zuversicht: So wird die Hoffnung auf Wendung der Verhältnisse zum einen ausgedrückt durch die Aussage in Ps 94,15a, dass „Recht zur Gerechtigkeit zurückgekehrt ist“ (= כִּי־עַד־צֶדֶק יָשׁוּב מִשְׁפָּט), und zum anderen in Ps 94,22 durch die Erinnerung an frühere Hilfe durch JHWH, als er Schutzburg und Fels der Zuflucht geworden ist (וַיְהִי יְהוָה לִי לְמִשְׂגָּב וֵאלֹהַי לְצוּר מַחְסִי).[434]

Der anschließende *III. Akt* ist Ps 95, der JHWH, dem einzigartigen König huldigt. Die Singularität JHWHs besteht darin, dass sein Königtum alle Götter (מֶלֶךְ גָּדוֹל עַל־כָּל־אֱלֹהִים) sowie den Kosmos – dargestellt anhand der Metaphern „Tiefen der Erde“ (= מֶחְקְרֵי־אָרֶץ), „Gipfel der Berge“ (= תוֹעֲפוֹת הָרִים) sowie „Meer“ (= הַיָּם) und „trockenes Land“ (= יַבֶּשֶׁת) – umfasst, den er geschaffen hat (vgl. Ps 95,3-5). Darüber hinaus steht er als Gott Israels in einer besonderen Beziehung zu seinem Volk (vgl. Ps 95,1b.7a): Israel betrachtet sich daher als „Volk seiner Weide“ (= עַם מַרְעִיתוֹ) und bezeichnet JHWH als den „Fels unseres Heils“ (= לְצוּר יִשְׁעֵנוּ). Zugleich wird jedoch das Volk gemahnt, auf die Stimme JHWHs zu hören, um nicht wieder wie in der Vergangenheit durch Ungehorsam Unheil zu erfahren (vgl. Ps 95,8-11).[435]

Als *IV. Akt* folgt Ps 96, der mit seiner imperativischen Einleitung das Lob Israels für JHWH (שִׁירוּ לַיהוָה שִׁיר חָדָשׁ) dadurch steigert, dass nun aufgrund des Zeugnisses Israels die Völker und der gesamte Kosmos in das Jauchzen für JHWH einstimmen sollen. Und dieses neue, weltweite Lied der Freude für den König JHWH gilt seinem Kommen und Eingreifen als Richter, der Israel sowie die Völkerwelt und den Kosmos „mit Gerechtigkeit“ (= בְּצֶדֶק) und „mit seiner Treue“ (= בֶּאֱמוּנָתוֹ) richtet.[436] Ps 96 weist indes große Übereinstimmungen mit Ps 98 auf, die in Abschnitt *3.5.2 Die „Zwillingspsalmen“ Ps 98 und Ps 96* näher beschrieben sind.

Es folgt als *V. Akt* Ps 97, der das in Ps 96 angekündigte Kommen JHWHs zur definitiven Durchsetzung seiner Rechtsordnung in narrativer Abfolge beschreibt. Die Einleitung in

---

[434] Vgl. *Leuenberger*, Konzeptionen des Königtums Gottes im Psalter, 138.142f; *Hossfeld / Zenger,* Psalmen 51-100 (HThK.AT), 34; *Zenger*, Erich: Psalmen. Auslegungen Bd. 2. Ich will die Morgenröte wecken. Freiburg im Breisgau ²2006, 76. *Blunda Grubert,* The Vision of History According to the Yhwh-malak-Psalms, 118f. Leuenberger irrt hier sicherlich, wenn er in Ps 94 primär das Problem von Rache und Vergeltung sieht. Vielmehr ist hier wohl Zenger zu folgen, der den Beistand JHWHs als gerechter Richter für die Unterdrückten („König als Rechtsbringer für Witwen und Waisen“) in den Fokus stellt.

[435] Vgl. *Zenger,* Theophanien des Königsgottes JHWH, 424; *Leuenberger,* Konzeptionen des Königtums Gottes im Psalter, 148f; *Schnocks,* Vergänglichkeit und Gottesherrschaft, 204; *Koenen*, Jahwe wird kommen, 65–67.

[436] Vgl. *Zenger,* Theophanien des Königsgottes JHWH, 424f; *Leuenberger,* Konzeptionen des Königtums Gottes im Psalter, 150f; *Schnocks,* Vergänglichkeit und Gottesherrschaft, 204; *Koenen*, Jahwe wird kommen, 70.

Ps 97,1a beginnt unmittelbar mit der klaren Ansage יְהוָה מָלָךְ und der anschließenden Aufforderung an die Erde zum Jubel (תָּגֵל הָאָרֶץ). Es folgt die Darstellung des zwar gegenwärtigen, aber dennoch durch „Wolken und Dunkelheit" (= עָנָן וַעֲרָפֶל) verborgenen Weltenkönig JHWH. Gleichwohl werden seine Herrschaftsgrundlagen „Gerechtigkeit und Recht" (= צֶדֶק וּמִשְׁפָּט) nunmehr offenkundig (vgl. Ps 97,2), da sie von den Himmeln verkündet werden (הִגִּידוּ הַשָּׁמַיִם צִדְקוֹ) und somit weltweit sichtbar und erfahrbar sind (vgl. Ps 97,6a). Sein Kommen wird als „Naturtheophanie" mit Feuer, Blitzen und Erdbeben angekündigt (vgl. Ps 97,3-5). Damit zeigt sich zugleich, dass alle Hoffnungen der Völker, die sich auf andere Götter und deren Bilder verlassen haben, enttäuscht werden. Denn alle Götter werfen sich vor JHWH nieder, dem wahren Gott und König der Götter (vgl. Ps 97,7). Und es ist daher allein nur JHWH, der durch sein Gericht die „Leben seiner Frommen" (= נַפְשׁוֹת חֲסִידָיו) aus der Hand der Frevler entreißt.[437]

Ps 98 ist der *VI. Akt* und beginnt mit einer imperativischen Aufforderung zum Lob JHWHs an Israel, die Völker und den Kosmos, die in Ps 98,1aα wortgleich lautet wie in Ps 96,1a (שִׁירוּ לַיהוָה שִׁיר חָדָשׁ). Im weiteren Verlauf weisen beide Psalmen große Ähnlichkeit miteinander auf. Während jedoch in Ps 96,3 Israel aufgerufen ist, die Wunder JHWHs den Völkern zu erzählen, und in Ps 97,6 die Himmel die Gerechtigkeit JHWHs verkünden, sehen in Ps 98,3b die Völker bereits selbst das Heil JHWHs und freuen sich auf sein Kommen (רָאוּ כָל־אַפְסֵי־אָרֶץ אֵת יְשׁוּעַת אֱלֹהֵינוּ). Die Ankündigung des Kommens JHWHs als gerechter Richter der Welt ist ebenfalls in Ps 98,9 wortgleich mit Ps 96,13. Ausnahmen hiervon sind Abweichungen im Wortlaut zwischen Ps 98,9 und Ps 96,13 bezüglich der Art des Richtens der Völker (i. e. בְּמֵישָׁרִים vs. בֶּאֱמוּנָתוֹ) und zum anderen die Wiederholung des Lexems כִּי בָא in Ps 96,13a (vgl. Abschnitt *3.5.2 Die „Zwillingspsalmen" Ps 98 und Ps 96*). Ps 98 fasst Gedanken der vorherigen JHWH-König-Psalmen zusammen und bildet insofern eine „Zäsur"[438], indem mit ihm der „Schlussabschnitt"[439] dieser Psalmengruppe beginnt.[440]

Dieser Zäsur folgt Ps 99 als *VII. Akt* und „Brückentext", der die göttliche Königsherrschaft JHWHs auf Zion ausmalt und damit zur Klimax des Ps 100 überleitet. Der Psalm

---

[437] Vgl. *Zenger,* Theophanien des Königsgottes JHWH, 425; *Schnocks,* Vergänglichkeit und Gottesherrschaft, 204f; *Leuenberger,* Konzeptionen des Königtums Gottes im Psalter, 157.160; *Ballhorn,* Zum Telos des Psalters, 100f; *Blunda Grubert,* History According to the Yhwh-malak-Psalms, 119; *Koenen,* Jahwe wird kommen, 71f.

[438] *Zenger,* Theophanien des Königsgottes JHWH, 422.

[439] *Zenger,* Theophanien des Königsgottes JHWH, 425.

[440] Vgl. *Zenger,* Theophanien des Königsgottes JHWH, 425f; *Schnocks,* Vergänglichkeit und Gottesherrschaft, 205f; *Ballhorn,* Zum Telos des Psalters, 101; *Koenen,* Jahwe wird kommen, 72f.

beginnt in Ps 99,1aα wie schon zuvor die Ps 93,1aα und 97,1aα mit der Königsakklamation יְהוָה מָלָךְ. Nachdem in Ps 96 und 98 das Kommen JHWHs thematisiert worden ist, geht es nun um seine königliche Präsenz: JHWH sitzt auf dem Kerubenthron (יֹשֵׁב כְּרוּבִים) im Tempel auf Zion, wo er nun sowohl von Israel als auch von den Völkern verehrt werden kann. Die Lobaufforderungen für JHWH an die Völker finden ihre Begründung jeweils durch die Gottesprädikation „heilig ist er“ (= קָדוֹשׁ הוּא) in Ps 99,3b.5b bzw. „denn heilig ist unser Gott“ (= כִּי־קָדוֹשׁ יְהוָה אֱלֹהֵינוּ) in Ps 99,9b. Hierzu beschreibt Ps 99,4 das Grundprinzip seiner Macht, welches darin besteht, dass er das Recht liebt (וְעֹז מֶלֶךְ מִשְׁפָּט אָהֵב) und er derjenige ist, der die grundsätzliche Ordnung geschaffen hat (אַתָּה כּוֹנַנְתָּ מֵישָׁרִים) und Recht und Gerechtigkeit in Israel/Jakob bewirkt hat (מִשְׁפָּט וּצְדָקָה בְּיַעֲקֹב אַתָּה עָשִׂיתָ). Mit der Etablierung der Rechtsordnung ist JHWH der dynamische Weltkönig. Begründet wird die Theologie des Weltkönigs auf dem Zion mit Anspielungen auf das Exodusgeschehen und den Bund vom Sinai (vgl. Ps 99,6-8)[441]

Ps 100, der letzte und *VIII. Akt*, stellt durch die Einbeziehung der Völker in das Königtum JHWHs die abschließende Klimax der König-JHWH-Psalmen dar. Gemäß Ps 100,1b sollen die Völker – hier metaphorisch „die ganze Erde“ genannt – erkennen, dass allein JHWH Gott ist (דְּעוּ כִּי־יְהוָה הוּא אֱלֹהִים). Damit ist er nicht mehr allein der Gott Israels, sondern der Gott *aller* Völker. Gleichwohl geht es nicht darum, dass Israel durch die Völker ersetzt wird, sondern um die Zusammenführung beider im Dienst vor JHWH. Die ersten drei Imperative fordern daher Israel *und* die Völker auf (כָּל־הָאָרֶץ), für JHWH zu jubeln beim Einzug in den Tempel auf Zion (vgl. Ps 100,1b-2b). Die Zusammenführung Israels und der Völker wird deutlich durch die Übernahme von Inhalten aus dem auf Israel bezogenen Ps 95 (vgl. Ps 100,2b-4b) sowie aus den auf die Völker bezogenen Ps 96 und Ps 98 (vgl. Ps 100,1b.2b.3a.4a-c.5b-c). Israel als Psalmsprecher lädt die Völker der ganzen Welt dazu ein, sich an der Völkerwallfahrt zum Zion zu beteiligen und JHWH als ihren König sowie seine Rechtsordnung als verbindliche Grundlage anzunehmen.[442] Ps 100,5 ist gewissermaßen der Schlussakkord des „Oratoriums“[443] der JHWH-König-

---

[441] Vgl. *Hossfeld / Zenger,* Psalmen 51-100 (HThK.AT), 704; *Zenger,* Theophanien des Königsgottes JHWH, 426; *Leuenberger,* Konzeptionen des Königtums Gottes im Psalter, 164–166; *Ballhorn,* Zum Telos des Psalters, 103–105; *Schnocks,* Vergänglichkeit und Gottesherrschaft, 206f; *Blunda Grubert,* History According to the Yhwh-malak-Psalms, 119f.

[442] Vgl. *Zenger,* Das Weltenkönigtum des Gottes Israels (Ps 90-106), 165–168; *Hossfeld / Zenger,* Psalmen 51-100 (HThK.AT), 712f; *Schnocks,* Vergänglichkeit und Gottesherrschaft, 208–210; *Ballhorn,* Zum Telos des Psalters, 106–108; *Koenen,* Jahwe wird kommen, 76–78; *Leuenberger,* Konzeptionen des Königtums Gottes im Psalter, 168f; *Blunda Grubert,* History According to the Yhwh-malak-Psalms, 120; *Lohfink,* Norbert: Die Universalisierung der "Bundesformel" in Ps 100,3. In: ThPh 65 (1990), 172–183, 176.182f.

[443] *Zenger,* Psalmen. Auslegungen Bd. 2, 76.

Psalmen: Seine Huld (חַסְדּוֹ) und seine Treue (אֱמוּנָתוֹ), die bislang stets allein JHWHs Volk Israel erfahren hat, wird nun auch für die Völkerwelt zugänglich.[444]

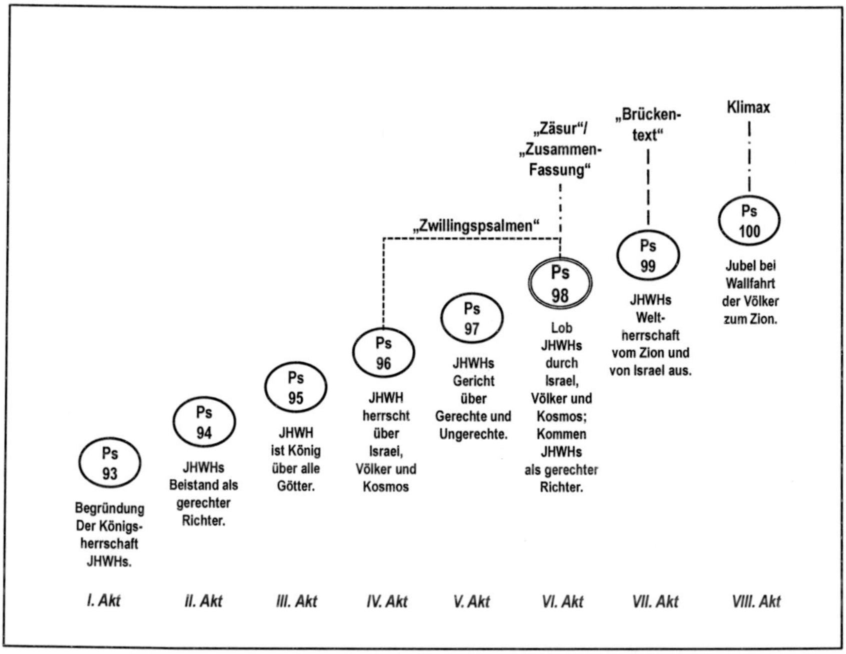

Abbildung 7: Synchrone Kompositionsstruktur der JHWH-König-Psalmen[445]

3.6 Das Königtum JHWHs in den JHWH-König-Psalmen

Im Folgenden geht es um die zusammenfassende Auswertung der JHWH-König-Psalmen hinsichtlich ihres theologischen Ertrags für das Königtum JHWHs. Dabei geht es um die Beantwortung der Frage nach den Aspekten, die dieses göttliche Königtum ausmachen, sowie um die Darstellung derselben in den Ps 93-100. In diesem Kontext wird auch deutlich, dass Ps 98 zwar ebenfalls wichtige Aussagen zum Königtum JHWHs trifft, aber sein alleinige Betrachtung nicht ausreicht, um das Gesamtspektrum des göttlichen Königtums abzubilden.

---

[444] Vgl. *Hossfeld / Zenger,* Psalmen 51-100 (HThK.AT), 712.

[445] Vgl. *Leuenberger,* Konzeptionen des Königtums Gottes im Psalter, 235. Leuenberger betrachtet die Kompositionsstruktur in *diachroner* Lesart, wobei er die Ps 93; 95; 96 sowie Ps 98; 99; 100 in konzentrischer Anordnung um Ps 97 als Zentrum der Komposition sieht. Diese *diachrone* Betrachtung ist für die Studie jedoch nicht von Belang.

Die Komposition der JHWH-König-Psalmen beginnt in Ps 93,1aα mit dem thematischen Lexem יְהוָה מָלָךְ. Die finite Verbform (AK 3 sg m qal) ist hier nach Hossfeld wohl eher „ingressiv-durativ“[446] zu verstehen, d. h. JHWH hat die Königsherrschaft angetreten und herrscht seither als König. Wann der Herrschaftsantritt mit auf Dauer anhaltender Wirkung stattgefunden hat, wird damit nicht ausgesagt.[447] Vielmehr geht es gemäß Ps 95,7b darum, *heute* auf JHWHs Stimme zu hören (הַיּוֹם אִם־בְּקֹלוֹ תִשְׁמָעוּ).[448] Zu der Themenformel des Königseins ergeben sich aus der Komposition der JHWH-König-Psalmen theologische Aussagen darüber, was das Königtum JHWHs ausmacht. In diesem Kontext geht es um die Aspekte (1) Schöpfer und Erhalter des Kosmos, (2) Retter seines Volkes Israel und universaler Weltenkönig sowie (3) gerechter und getreuer Weltenrichter.[449]

3.6.1 Schöpfer und Erhalter des Kosmos

JHWH ist der Schöpfer und Erhalter des Kosmos. Dementsprechend gilt ihm der Jubel nicht nur Israels und der Völker, sondern der gesamten Schöpfung. Dies wird ausgedrückt in Ps 98,7a-8b und geschieht bildhaft durch die Lobaufforderungen an einzelne Elemente des Kosmos: an das Meer (יִרְעַם הַיָּם וּמְלֹאוֹ), an den Erdkreis (תֵּבֵל וְיֹשְׁבֵי בָהּ), die Flüsse (נְהָרוֹת יִמְחֲאוּ־כָף) und die Berge (יַחַד הָרִים יְרַנֵּנוּ). In der Urzeit hat JHWH den Erdkreis gefestigt gegen die Mächte des Chaos, die in Ps 93,3 noch metaphorisch als tosende Ströme/Fluten beschrieben werden (נָשְׂאוּ נְהָרוֹת קוֹלָם). Diese hat er im Anfang gebändigt und er beherrscht sie auch weiterhin durch seine überlegene Macht, denn „er ist gewaltig in der Höhe“ (= אַדִּיר בַּמָּרוֹם יְהוָה) und „sein Thron steht fest“ (= נָכוֹן כִּסְאֲךָ) als Garant für die Festigkeit des Erdkreises (vgl. Ps 93,1b-4b).[450] Dies spricht zwar primär die *creatio continua* an, setzt aber logisch die *creatio prima* als Prämisse voraus, auf die in Folge konsequent die Ps 95,5; 96,5; 100,3 eingehen.

---

[446] *Hossfeld / Zenger,* Psalmen 51-100 (HThK.AT), 646.

[447] Vgl. *Hossfeld / Zenger,* Psalmen 51-100 (HThK.AT), 646; *Janowski*, Bernd: „Ein großer König über die ganze Erde“ (Ps 47,3). Zum Königtum Gottes im Alten Testament. In: BiKi 62 (2007), 102–108, 106. Hossfeld bringt es auf den Punkt: „Die Königsherrschaft ist mit der Existenz Gottes gegeben.“ (*Hossfeld / Zenger* Psalmen 51-100 (HThK.AT), 647).

[448] Vgl. *Körting*, Corinna: JHWH besteigt seinen Thron. In: Berges, Ulrich / Bremer, Johannes u. a. (Hg.): Zur Theologie des Psalters und der Psalmen. Beiträge in memoriam Frank-Lothar Hossfeld (BBB 189) 2019, 237–257, 238f.

[449] Vgl. *Flynn*, YHWH is king, 38. Flynn nennt hier folgende „motifs of that kingship: universal, creator, and judge.“ Damit greift er jedoch zu kurz, weil ein wesentlicher Grundaspekt auch der des Retters seines Volkes Israel ist. Erst durch das Zeugnis Israels, das von „allen Enden der Erde“ gesehen wird, ist die Anerkennung JHWHs als universaler Herrscher möglich.

[450] Vgl. *Zenger,* Theophanien des Königsgottes JHWH, 423; *Hossfeld / Zenger,* Psalmen 51-100 (HThK.AT), 647f; *Kraus,* Psalmen 60 - 150 (BK.AT 2), 818f; *Janowski*, „Ein großer König über die ganze Erde“ (Ps 47,3), 106.

In Ps 95,5 werden sowohl das Meer (אֲשֶׁר־לוֹ הַיָּם וְהוּא עָשָׂהוּ) als auch das trockene Land (וְיַבֶּשֶׁת יָדָיו יָצָרוּ) JHWHs Schöpfungsmacht zugeschrieben. Ps 96,5 bezeugt, dass allein JHWH den Himmel gemacht hat (וַיהוָה שָׁמַיִם עָשָׂה). Und den schöpferischen Höhepunkt schildert Ps 100,3aβ mit der Aussage, dass er auch den Menschen („uns") gemacht hat (הוּא־עָשָׂנוּ).[451] Die Feststellung in Ps 100,3b „[wir sind] sein Volk und [die] Herde seiner Weide" (= עַמּוֹ וְצֹאן מַרְעִיתוֹ) ist vor dem Hintergrund der Aussage in Ps 100,1b „die ganze Erde" (= כָּל־הָאָרֶץ) jedoch nicht partikular bundestheologisch auf Israel zu beschränken, sondern schöpfungstheologisch auf die gesamte Menschheit zu beziehen.[452] Nur im Rahmen eines universalen Verständnisses ist die Aussage „erkennt, dass JHWH, [nur] er [ist] Gott" (= דְּעוּ כִּי־יְהוָה הוּא אֱלֹהִים) in Ps 100,3aα überhaupt einleuchtend, da sie für Israel als sein Volk längst bekannt ist und nunmehr auch die Völkerwelt dies begreifen soll. In diesem Sinne ist es Israel, dass die Völker zum Gottesdienst für JHWH in den Tempel einlädt.[453]

Die JHWH-König-Psalmen begründen das Königtum JHWHs damit auch *schöpfungstheologisch*, indem sie durch intertextuelle Bezüge implizit Assoziationen zur Schöpfungserzählung in Gen 1 bewirken:
„Am Anfang schafft Gott Himmel und Erde" (= בְּרֵאשִׁית בָּרָא אֱלֹהִים אֵת הַשָּׁמַיִם וְאֵת הָאָרֶץ). Zunächst ist die Erde jedoch noch wüst und leer und Finsternis liegt über der Urflut (וְהָאָרֶץ הָיְתָה תֹהוּ וָבֹהוּ וְחֹשֶׁךְ עַל־פְּנֵי תְהוֹם). Aber JHWH besiegt die Mächte des Chaos, indem sein wirkmächtiges Wort Licht schafft, die Urflut bändigt und die Wasser vom Trockenen trennt (vgl. Gen 1,1-10). Nach Vollendung des Kosmos mit seiner Pflanzenwelt und seinem vielfältigen Tierreich erschafft er abschließend den Menschen (vgl. Gen 1,27) nach

---

[451] Vgl. *Zenger,* Theophanien des Königsgottes JHWH, 424.426f; *Hossfeld / Zenger,* Psalmen 51-100 (HThK.AT), 662.668.711; *Seybold,* Die Psalmen (HAT 1/15), 378.381.392; *Kraus,* Psalmen 60 - 150 (BK.AT 2), 830.836.

[452] Vgl. *Hossfeld / Zenger,* Psalmen 51-100 (HThK.AT), 711; *Zenger,* Theophanien des Königsgottes JHWH, 426f; *Howard,* The Structure of Psalms 93-100 (BJSUC 5), 92f. *Weber,* Die Psalmen 73 bis 150 (WB Pss 2), 161f; *Seybold,* Die Psalmen (HAT 1/15), 392; *Longman III,* Psalms, 349. Howard bezieht im Gegensatz zu Hossfeld und Zenger die Schöpfungsaussage in Ps 100,3aβ הוּא־עָשָׂנוּ ausschließlich auf Israel wegen des Bezugs in Ps 100,3b עַמּוֹ וְצֹאן מַרְעִיתוֹ. Die Auslegung Zengers ist hier jedoch vorzuziehen, da durch die Lobaufforderung an כָּל־הָאָרֶץ in Ps 100,1b die Universalität des Psalms klar bestimmt ist. Weber sieht hier zwar wie in den vorherigen JHWH-König-Psalmen ein „Oszillieren" zwischen Israel und der Völkerwelt, geht aber für Ps 100 ebenfalls davon aus, dass „der universale Zug" vorherrschend ist. Auch Seybold geht davon aus, dass es sich hier um „eine universale Öffnung der Festgemeinde für die ‚ganze Erde'" handelt. Longman III interpretiert Ps 100,3 in Verbindung mit Ps 100,1 ebenfalls als Einladung an alle Völker mit der Begründung, dass alle von JHWH geschaffen seien. Voraussetzung für die Einladung ist gleichwohl die Anerkennung JHWHs als alleinigen Gott.

[453] Vgl. *Weber,* Die Psalmen 73 bis 150 (WB Pss 2), 161; *Hossfeld / Zenger,* Psalmen 51-100 (HThK.AT), 711.

seinem Bild, nach Gottes Bild erschafft er ihn, als männlich und weiblich erschafft er sie (= וַיִּבְרָא אֱלֹהִים אֶת־הָאָדָם בְּצַלְמוֹ בְּצֶלֶם אֱלֹהִים בָּרָא אֹתוֹ זָכָר וּנְקֵבָה בָּרָא אֹתָם).

Allusionen in JHWH-König-Psalmen		***Prätexte der Schöpfungserzählung***	
Ps 93,3aβ	נָשְׂאוּ נְהָרוֹת קוֹלָם	Gen 1,2aβ	וְחֹשֶׁךְ עַל־פְּנֵי תְהוֹם
Ps 95,5	אֲשֶׁר־לוֹ הַיָּם וְהוּא עָשָׂהוּ וְיַבֶּשֶׁת יָדָיו יָצָרוּ	Gen 1,10a	וַיִּקְרָא אֱלֹהִים לַיַּבָּשָׁה אֶרֶץ וּלְמִקְוֵה הַמַּיִם קָרָא יַמִּים
Ps 96,5b	וַיהוָה שָׁמַיִם עָשָׂה	Gen 1,1	בְּרֵאשִׁית בָּרָא אֱלֹהִים אֵת הַשָּׁמַיִם וְאֵת הָאָרֶץ
Ps 100,3aβ	הוּא־עָשָׂנוּ	Gen 1,27aα	וַיִּבְרָא אֱלֹהִים אֶת־הָאָדָם

3.6.2 Retter seines Volkes Israel und universaler Weltenkönig

JHWH ist der Retter seines Volkes Israel und der universale Weltenkönig. Auch wenn sich die Feinde gegen die Gerechten zusammenrotten (יָגוֹדּוּ עַל־נֶפֶשׁ צַדִּיק), so lässt JHWH sein Volk Israel nicht im Stich (כִּי לֹא־יִטֹּשׁ יְהוָה עַמּוֹ). Die Bedrohung der Gerechten kann sich auf innerisraelitische soziale Auseinandersetzungen beziehen, während der Hinweis darauf, dass JHWH sein Volk (עַמּוֹ) nicht im Stich lässt, auch im Zusammenhang mit einer Bedrohung durch externe Feinde stehen kann (vgl. Ps 94,14.21). Gleichwohl wird JHWH hier zur Zuflucht (לְמִשְׂגָּב) sowohl seines Volkes Israel als auch eines jeden Einzelnen des Volkes (vgl. Ps 94,22).[454] Denn er ist ihr Gott (כִּי הוּא אֱלֹהֵינוּ) und sie sind das Volk seiner Weide (עַם מַרְעִיתוֹ). Dies setzt jedoch voraus, dass Israel auf ihn hört und nicht wieder eigensinnig in sein Verderben läuft. Hier wird mittels der Stichworte מְרִיבָה und מַסָּה auf die „Verhärtung der Herzen" (= אַל־תַּקְשׁוּ לְבַבְכֶם) während des Exodus in der Wüste (vgl. Ex 17,7) und auf die damit verbundenen negativen Folgen angespielt (vgl. Ps 95,7f).[455]

Ps 98,1b-3a bejubelt JHWHs rettendes Eingreifen in die Geschichte zugunsten seines Volkes als „Wunder, die er tut" (= נִפְלָאוֹת עָשָׂה). Zugleich macht JHWH „sein Heil" (= יְשׁוּעָתוֹ) und „seine Gerechtigkeit" (= צִדְקָתוֹ) sowie „seine Huld und Treue für das Haus Israel" (= חַסְדּוֹ וֶאֱמוּנָתוֹ לְבֵית יִשְׂרָאֵל) vor den Augen der Völker sichtbar.[456] „Seine Rechte

[454] Vgl. *Ballhorn,* Zum Telos des Psalters, 91f; *Kraus,* Psalmen 60 - 150 (BK.AT 2), 825f; *Hossfeld / Zenger,* Psalmen 51-100 (HThK.AT), 656.
[455] Vgl. *Hossfeld / Zenger,* Psalmen 51-100 (HThK.AT), 662f; *Kraus,* Psalmen 60 - 150 (BK.AT 2), 831.
[456] Vgl. *Schnocks,* Vergänglichkeit und Gottesherrschaft, 205; *Ballhorn,* Zum Telos des Psalters, 101f; *Hossfeld / Zenger,* Psalmen 51-100 (HThK.AT), 689.

und sein heiliger Arm“ (= יְמִינוֹ וּזְרוֹעַ קָדְשׁוֹ) erwecken den Eindruck eines kriegerischen Handelns JHWHs, jedoch fehlen hier die Angaben sowohl über einen Gegner als auch über ein Kampfgeschehen an sich. Insofern erfolgt hier zwar eine Machtdemonstration JHWHs, die aber nicht als Niederwerfung von Feinden, sondern als rettendes Heilshandeln an sein Volk Israel zu verstehen ist. In diesem Kontext schauen auch die Völker der Welt – hier metaphorisch als „alle Enden der Erde“ bezeichnet – das Heil des Gottes Israels (רָאוּ כָל־אַפְסֵי־אָרֶץ אֵת יְשׁוּעַת אֱלֹהֵינוּ). Damit sind die Völker nicht nur Publikum für JHWHs Heilshandeln, sondern Empfänger der Botschaft.[457]

Auf diese Weise werden die Völker – zunächst *passiv er-kennend* durch Schauen und als Folge daraus dann auch *aktiv be-kennend* – in den Bund mit JHWH einbezogen. Grundlage dazu ist jedoch die Erkenntnis, dass es nicht die vielen Götter der Völker sind, die den Kosmos und den Menschen erschaffen haben und erhalten – denn sie sind lediglich „Nichtse“ (כִּי כָּל־אֱלֹהֵי הָעַמִּים אֱלִילִים) –, sondern nur der eine Gott JHWH: Denn „JHWH, er [allein] ist Gott“ (= יְהוָה הוּא אֱלֹהִים). Somit ist die Anerkennung des judäischen Monotheismus Voraussetzung für den Zutritt der Völker zum Bund mit JHWH, d. h. die Universalisierung der Bundesformel ist einerseits schöpfungstheologisch begründet und andererseits an das (An-)Erkennen JHWHs durch die Völker gebunden: Das Heilshandeln JHWHs an Israel erweist sich somit als attraktiv für die Völker, um auf diese Weise die Herrschaft JHWHs universal auszubreiten (vgl. Ps 96,5a; 100,3a).[458]

Das Heilshandeln JHWHs wird von Exegeten des Ps 98 wie beispielsweise Hossfeld, Zenger, Kraus und Krusche allein vergangenheitsbezogen auf den zweiten Exodus aus Babylon verstanden.[459] Andere Exegeten wie Kraus, Leuenberger, Oeming, Leene und Goldingay subsumieren unter dem Heilshandeln JHWHs mehrere und jeweils verschiedene Ereignisse der Vergangenheit: Befreiung aus Ägypten, Landnahme in Palästina, Befreiung aus Babylon durch Kyros, Widerstand der Makkabäer gegen Antiochus IV. Epiphanes bzw. Errichtung des zweiten Tempels.[460] Gleichwohl erscheinen all diese Sichtweisen insgesamt zu eng, weil sie ausschließlich vergangenheitsorientiert sind. Aus-

[457] Vgl. *Krusche,* Göttliches und irdisches Königtum in den Psalmen (FAT 2/109), 114f; *Hossfeld / Zenger,* Psalmen 51-100 (HThK.AT), 689.

[458] Vgl. *Hossfeld / Zenger,* Psalmen 51-100 (HThK.AT), 668.710f; *Krusche,* Göttliches und irdisches Königtum in den Psalmen (FAT 2/109), 115; *Schnocks,* Vergänglichkeit und Gottesherrschaft, 205.

[459] Vgl. *Hossfeld / Zenger,* Psalmen 51-100 (HThK.AT), 689; *Zenger,* Theophanien des Königsgottes JHWH, 425f; *Kraus,* Psalmen 60 - 150 (BK.AT 2), 831; *Krusche,* Göttliches und irdisches Königtum in den Psalmen (FAT 2/109), 114f.

[460] Vgl. *Kraus,* Psalmen 60 - 150 (BK.AT 2), 386; *Leuenberger,* Konzeptionen des Königtums Gottes im Psalter, 161; *Oeming / Vette,* Psalm 90-151 (NSK.AT 13/3), 69; *Leene,* Newness in Old Testament prophecy, 20; *Goldingay,* Psalms 90-150 (BCOTWP), 121.

gehend von der sprachlichen Bedeutung der in Ps 98,1aβ-3b verwendeten hebräischen AK-Form auch als *modus realis*, ist das Heilshandeln JHWHs für sein Volk Israel jedoch nicht nur als ein einmaliger Akt in der Vergangenheit zu betrachten, sondern als immer wieder neu sich ereignende Hilfe zu verstehen.

3.6.3 Gerechter und getreuer Weltenrichter

JHWH ist der gerechte und getreue Weltenrichter. In Ps 94,2a wird über die Ungerechtigkeit der Menschen geklagt und JHWH aufgefordert, sich zu erheben und sein Richteramt wahrzunehmen (הִנָּשֵׂא שֹׁפֵט הָאָרֶץ), um den Bedrängten zu helfen.[461] Damit verbunden steht aber auch die Gewissheit (vgl. Ps 94,15a), dass mit JHWH die „Gerechtigkeit wieder zum Recht zurückkehrt ist“ (= כִּי־עַד־צֶדֶק יָשׁוּב מִשְׁפָּט).[462] Denn „Gerechtigkeit und Recht sind die Stützen seines Thrones“ (= צֶדֶק וּמִשְׁפָּט מְכוֹן כִּסְאוֹ) (vgl. Ps 97,2b).[463] Ps 98,2b weist darauf hin, dass JHWH „vor den Augen der Völker seine Gerechtigkeit offenbart hat“ (= לְעֵינֵי הַגּוֹיִם גִּלָּה צִדְקָתוֹ).[464] Und Ps 96,13 sowie Ps 98,9 fordern nahezu gleichlautend zum Jubel über das Kommen JHWHs auf, der den Erdkreis und die Völker mit Gerechtigkeit und Treue bzw. Geradheit richten wird (יִשְׁפֹּט־תֵּבֵל בְּצֶדֶק וְעַמִּים בֶּאֱמוּנָתוֹ bzw. בְּמֵישָׁרִים).[465] Abschließend erinnert Ps 99,4 noch einmal grundlegend daran, dass die Liebe zum Recht die eigentliche Macht eines Königs ist (עֹז מֶלֶךְ מִשְׁפָּט אָהֵב) und JHWH daher der ist, der in diesem Sinne Ordnung an sich begründet (אַתָּה כּוֹנַנְתָּ מֵישָׁרִים) sowie er auch schon Recht und Gerechtigkeit für sein Volk Israel („Jakob“) bewirkt hat (מִשְׁפָּט וּצְדָקָה בְּיַעֲקֹב אַתָּה עָשִׂיתָ).[466]

Eine weitere Besonderheit stellt im Kontext des Weltgerichts in Ps 96,13bβ das Motiv dar, dass JHWH mit seiner Treue richtet (בֶּאֱמוּנָתוֹ). Das Lexem אֱמוּנָה wird alttestamentlich sonst nur im Hinblick auf das Verhältnis von JHWH zu seinem Volk Israel gebraucht. So schildert beispielsweise Ps 98,3a das Erinnern JHWHs an seine Huld und seine Treue für das Haus Israel (זָכַר חַסְדּוֹ וֶאֱמוּנָתוֹ לְבֵית יִשְׂרָאֵל). In Ps 96,13bβ wird der Begriff der Treue jedoch auch auf die Völker übertragen. Wenn JHWH die Völker und den Erdkreis richtet,

---

461 Vgl. *Seybold,* Die Psalmen (HAT 1/15), 372; *Kraus,* Psalmen 60 - 150 (BK.AT 2), 823; *Zenger,* Theophanien des Königsgottes JHWH, 424; *Weber,* Die Psalmen 73 bis 150 (WB Pss 2), 136f.
462 Vgl. *Hossfeld / Zenger,* Psalmen 51-100 (HThK.AT), 655; *Seybold,* Die Psalmen (HAT 1/15), 374; *Kraus,* Psalmen 60 - 150 (BK.AT 2), 825; *Weber,* Die Psalmen 73 bis 150 (WB Pss 2), 137.
463 Vgl. *Kraus,* Psalmen 60 - 150 (BK.AT 2), 841f; *Schnocks,* Vergänglichkeit und Gottesherrschaft, 205; *Seybold,* Die Psalmen (HAT 1/15), 384.
464 Vgl. *Hossfeld / Zenger,* Psalmen 51-100 (HThK.AT), 689; *Seybold,* Die Psalmen (HAT 1/15), 386.
465 Vgl. *Hossfeld / Zenger,* 670.689f.; *Weber,* Die Psalmen 73 bis 150 (WB Pss 2), 154.
466 Vgl. *Seybold,* Die Psalmen (HAT 1/15), 389f; *Hossfeld / Zenger,* Psalmen 51-100 (HThK.AT), 701f; *Weber,* Die Psalmen 73 bis 150 (WB Pss 2), 158.

handelt es sich nicht um ein Strafgericht, sondern um ein der Welt zugewandtes, wohlwollendes Gericht, das die gerechte Schöpfungsordnung für Mensch und Natur wiederherstellt. Dies ist der Grund dafür, dass Israel, Völker und Natur dem Kommen JHWHs entgegenjubeln.[467]

3.7 Zusammenfassende Auslegung des Psalms

Zum Abschluss der sprachlichen, poetischen und literarischen Analyse wird in diesem Abschnitt die zusammenfassende Auslegung des Ps 98 unter Berücksichtigung der Ergebnisse der Abschnitte 3.2 bis 3.6 vorgenommen. Neben der starken textlichen Kongruenz mit Ps 96 ist die inhaltliche Nähe mit Deuterojesaja unverkennbar.

Überschrift:

Während der masoretische Text des Ps 98 mit V. 1aα eine nur aus dem Wort „ein Psalm" (מִזְמוֹר) bestehende Überschrift aufweist, ist die griechische Fassung des Ps 97 LXX mit der Widmung „Ein Psalm für David" (Ψαλμὸς τῷ Δαυιδ) überschrieben. Ballhorn erkennt darin die Tendenz der LXX, ursprünglich im masoretischen Text überschriftslose Psalmen im Nachhinein bis auf wenige Ausnahmen ebenfalls mit Überschriften zu versehen. Dabei wird die Mehrzahl der Psalmen „davidisiert". Theologisch steckt dahinter das Konzept, das Königtum Davids mit dem Königtum JHWHs in Verbindung zu bringen.[468] Durch die Verbindung insbesondere der universal ausgerichteten JHWH-König-Psalmen mit David wird die messianische Leserichtung dieser Psalmen verstärkt. In der Person des David gipfeln die unterschiedlichen Traditionen. David wird idealtypisch zum Vorbild des gerechten Herrschers.[469] Zugleich eröffnet der implizite Dichter David den Lesern/Hörern der Psalmen neue Rezeptionsmöglichkeiten.[470]

Strophe I:

Die Strophe I beginnt in V. 1aβ mit der Aufforderung zum jubelnden Singen für JHWH: „Singt JHWH ein neues Lied" (= שִׁירוּ לַיהוָה שִׁיר חָדָשׁ bzw. ᾄσατε τῷ κυρίῳ ᾆσμα καινόν).

---

[467] Vgl. *Krusche,* Göttliches und irdisches Königtum in den Psalmen (FAT 2/109), 117; *Hossfeld / Zenger,* Psalmen 51-100 (HThK.AT), 670; *Kraus,* Psalmen 60 - 150 (BK.AT 2), 837f; *Weber,* Die Psalmen 73 bis 150 (WB Pss 2), 145; *Seybold,* Die Psalmen (HAT 1/15), 382.

[468] Vgl. *Ballhorn,* Zum Telos des Psalters, 141f; *Hossfeld*, Frank-Lothar: Akzentuierungen der Septuaginta im vierten Psalmenbuch Ps 90-106 (Ps 89-105 bzw. 106 LXX). In: Zenger, Erich / Aejmelaeus, Anneli (Hg.): Der Septuaginta-Psalter. Sprachliche und theologische Aspekte (HBS 32). Freiburg i. Br. 2001, 163–169, 165.

[469] Vgl. *Erbele-Küster*, Dorothea: Lesen als Akt des Betens. Eine Rezeptionsästhetik der Psalmen (WMANT 87). Neukirchen-Vluyn 2001, 94.

[470] Vgl. *Erbele-Küster*, Lesen als Akt des Betens, 107.

Dieser Jubelgesang, der zugleich Leitmotiv und Inhalt des Psalms ist, soll ein *neues Lied* sein, „das Raum und Zeit sprengt – ein eschatologisches Lied“[471], das den großen Wundertaten JHWHs gerecht wird.[472] Hier richtet sich die Einladung zum Singen zunächst noch allein an Israel, was in V. 1aβ nicht explizit ausgedrückt wird, sich jedoch implizit aus V. 3a ergibt.[473] Die Aufforderung zum Singen kommt wortgleich bzw. sinngemäß auch in verschiedenen alt- und neutestamentlichen Texten vor. Am deutlichsten ist die Übereinstimmung mit den wortgleichen Formulierungen in dem Zwillingspsalm Ps 96,1a sowie in Jes 42,10aα.[474] Weber sieht in diesem Vers auch Anklänge an das Schilfmeerlied des Mose in Ex 15,1-18, denn das Grundmotiv des Singens für JHWH kommt bereits in Ex 15,1bα (אָשִׁירָה לַיהוָה) als Jubel über den erfolgten Auszug aus Ägypten vor.[475] Und auch Ps 149,1aβ stimmt nahezu wortgleich mit den Formulierungen von Ps 96,1a; 98,1aβ; Jes 42,10aα überein.[476] Ps 33,3a (שִׁירוּ־לוֹ שִׁיר חָדָשׁ) hingegen beinhaltet zwar keine wörtliche, jedoch eine inhaltliche Kongruenz.[477] Im Neuen Testament findet das Motiv vom neuen Lied in der Offenbarung des Johannes an zwei Stellen Verwendung: Offb 5,9a (καὶ ᾄδουσιν ᾠδὴν καινὴν) und Offb 14,3a (καὶ ᾄδουσιν ὡς ᾠδὴν καινὴν ἐνώπιον τοῦ θρόνου).[478] Das *neue Lied* gilt hier der uneinholbaren eschatologischen Wirklichkeit Gottes.[479] „Es ist das Siegeslied Gottes über die sich ihm entgegenstellenden Mächte der Welt“[480], die nun für immer überwunden sind.[481]

---

[471] *Kraus,* Psalmen 60 - 150 (BK.AT 2), 847.

[472] Vgl. *Kraus,* Psalmen 60 - 150 (BK.AT 2), 847; *Weber,* Die Psalmen 73 bis 150 (WB Pss 2), 155.

[473] Vgl. *Hossfeld / Zenger,* Psalmen 51-100 (HThK.AT), 688.

[474] Vgl. *Zenger,* Theophanien des Königsgottes JHWH, 432; *Zapff,* Burkard M.: Jesaja 40-55 (NEB.AT 36). Würzburg 2001, 220f; *Weber,* Die Psalmen 73 bis 150 (WB Pss 2), 155. In Anlehnung an Zenger ist für Ps 98 zumindest in seiner Endredaktion von einer frühnachexilischen Entstehung auszugehen. Deuterojesaja hingegen ist gemäß Zapf im Hinblick auf seine Entstehung zweigeteilt: Während Jes 40-48 wohl gegen Ende der Exilszeit entstanden ist, liegt die Entstehungszeit von Jes 49-55 frühnachexilisch, also etwa zur gleichen Zeit wie die Endredaktion von Ps 98. Insofern kann hinsichtlich der Textbeziehungen zwischen Ps 98 und Deuterojesaja nicht grundsätzlich von Zitaten gesprochen werden, da dies letztlich nur für Jes 40-48 zutreffen könnte. Hingegen ist für den intertextuellen Bezug von Ps 98 und Jes 49-55 keine seriöse Aussage darüber möglich, welcher Text früher entstanden ist und damit den Prätext bildet. Zur Datierung von Ps 98 vgl. auch Abschnitt *„3.3.2 Textgattung und Datierung“*.

[475] Vgl. *Weber,* Die Psalmen 73 bis 150 (WB Pss 2), 155.

[476] Vgl. *Hossfeld,* Frank-Lothar / *Zenger,* Erich: Psalm 101-150 (NEB.AT 3). Würzburg 2012, 902.

[477] Vgl. *Hossfeld / Zenger,* Psalm 1-50 (NEB.AT 29), 208. Die Formulierung „שִׁיר חָדָשׁ“ in Ps 33,3a deutet gemäß Zenger auf eine früheste Entstehung in der Exilszeit hin. Gleichwohl ist die Endredaktion des Psalms wahrscheinlich später im Rahmen der nachexilischen „Armenredaktion“ erfolgt. Insofern ist auch in diesem Fall nicht eindeutig bestimmbar, ob Ps 33 Motive von Ps 98 übernommen hat oder umgekehrt.

[478] Vgl. *Hossfeld / Zenger,* Psalmen 51-100 (HThK.AT), 691; *Kraus,* Psalmen 60 - 150 (BK.AT 2), 847; *Weber,* Die Psalmen 73 bis 150 (WB Pss 2), 155; *Holtz,* Traugott: Die Offenbarung des Johannes (NTD 11). Göttingen 2008, 62.

[479] Vgl. *Holtz,* Traugott: Die Offenbarung des Johannes (NTD 11). Göttingen 2008, 62.

[480] *Holtz,* Die Offenbarung des Johannes (NTD 11), 103.

[481] Vgl. *Holtz,* Die Offenbarung des Johannes (NTD 11), 103.

In V. 1aγ wird die Aufforderung zum Singen für JHWH damit begründet, dass er Wunder tut (כִּי־נִפְלָאוֹת עָשָׂה bzw. ὅτι θαυμαστὰ ἐποίησεν). Dieses Motiv kommt wortgleich nicht weiter vor, wohl aber in abgewandelter Form. So tritt das Motiv der Wunder bereits in der Bundeszusage JHWHs in Ex 34,10aβ (נֶגֶד כָּל־עַמְּךָ אֶעֱשֶׂה נִפְלָאֹת) in Erscheinung.[482] Als neutestamentliches Beispiel ist Mt 21,15 (ἰδόντες δὲ οἱ ἀρχιερεῖς καὶ οἱ γραμματεῖς τὰ θαυμάσια ἃ ἐποίησεν) zu nennen.[483] Die Heilungswunder im Neuen Testament werden dort als Zeichen für die angebrochene Heilszeit Gottes gedeutet.[484]

Darüber, welche Wundertaten dies sind, geben die V. 2a-3a Auskunft: JHWH macht vor den Augen der Völker sein Heil und seine Gerechtigkeit bekannt, indem er sein Volk Israel in seiner huldvollen Bundestreue rettet (זָכַר חַסְדּוֹ וֶאֱמוּנָתוֹ לְבֵית יִשְׂרָאֵל bzw. ἐμνήσθη τοῦ ἐλέους αὐτοῦ καὶ τῆς ἀληθείας αὐτοῦ τῷ οἴκῳ Ισραηλ).[485] Die Erwähnung in V. 1b, dass er seine Rechte und seinen heiligen Arm bei seinen Wundertaten einsetzt (הוֹשִׁיעָה־לּוֹ יְמִינוֹ וּזְרוֹעַ קָדְשׁוֹ bzw. ἔσωσεν αὐτῷ ἡ δεξιὰ αὐτοῦ καὶ ὁ βραχίων ὁ ἅγιος αὐτοῦ), deuten jedoch keineswegs auf eine kriegerische Gewaltausübung JHWHs hin. Vielmehr geht es bei dieser Machtdemonstration JHWHs allein um sein rettendes Heilshandeln an seinem Volk Israel.[486] Dieses Heilshandeln JHWHs zugunsten seines Volkes Israel ist gleichwohl nicht auf eines oder mehrere einzelne Ereignisse der Vergangenheit zu beziehen, sondern es wiederholt sich immer wieder neu, weil JHWH den Bund mit Israel niemals aufgibt, solange das Volk Israel/Juda existiert.[487]

Die Strophe I endet in V. 3b mit dem Theologumenon: „alle Enden der Erde schauen das Heil unseres Gottes" (רָאוּ כָל־אַפְסֵי־אָרֶץ אֵת יְשׁוּעַת אֱלֹהֵינוּ bzw. εἴδοσαν πάντα τὰ πέρατα τῆς γῆς τὸ σωτήριον τοῦ θεοῦ ἡμῶν). Die Parallelstelle hierzu ist der nahezu wortgleiche Text

---

[482] Vgl. *Hossfeld / Zenger,* Psalmen 51-100 (HThK.AT), 689. Darüber hinaus lassen sich für das Motiv der Wunder JHWHs beispielhaft noch zwei weitere Stellen im Psalter anführen, i. e. Ps 72,18b עֹשֵׂה נִפְלָאוֹת לְבַדּוֹ und Ps 86,10a כִּי־גָדוֹל אַתָּה וְעֹשֵׂה נִפְלָאוֹת.

[483] Andere Textstellen im Neuen Testament sind hinsichtlich des Begriffs „Wunder" etwas unpräzise. Während nämlich Mt 21,15 eindeutig den Begriff θαυμάσια verwendet, der auch im griechischen Alten Testament (LXX) benutzt wird, kommt in anderen neutestamentlichen Stellen wie z. B. Joh 4,48; Apg 2,19; Hebr 2,4 der Begriff τέρατα vor, der im klassischen Griechisch „(Vor-)Zeichen" bedeutet.

[484] Vgl. *Schnackenburg*, Rudolf: Matthäusevangelium 16,21-28,20 (NEB.NT 1/2). Würzburg ^{3}2000, 198.

[485] Vgl. *Kraus,* Psalmen 60 - 150 (BK.AT 2), 847.

[486] Vgl. *Krusche*, Göttliches und irdisches Königtum in den Psalmen (FAT 2/109), 114. Vgl. auch Abschnitt „*3.5.2 Retter seines Volkes Israel und universaler Weltenkönig*". Die Ableitung des „Divine Warrior" aus dem jesajanischen Motiv von „seiner Rechten und seinem heiligen Arm" durch Longman III ist daher eine Interpretation, die dem universalen Kontext des Psalms nicht gerecht wird (vgl. Longman III, Psalms, 345f.).

[487] Vgl. *Leene*, Henk: The Coming of JHWH as King. The Complementary Character of Psalms 96 and 98. In: Dyk, Janet Wilma u. a. (Hg.): Unless some one guide me (ACEBT 2). Maastricht/NL 2001, 212–228, 223f; *Schenker*, Adrian: Der nie aufgehobene Bund. Exegetische Beobachtungen zu Jer 31,31-34. In: Zenger, Erich / Dohmen, Christoph (Hg.): Der neue Bund im Alten. Studien zur Bundestheologie der beiden Testamente (QD 146). Freiburg 1993, 85–112, 112. Vgl. auch Abschnitt „*3.5.2 Retter seines Volkes Israel und universaler Weltenkönig*".

in Jes 52,10b.[488] Im Neuen Testament formuliert Lukas analog dazu in Lk 2,30: „denn meine Augen schauen dein Heil“ (= ὅτι εἶδον οἱ ὀφθαλμοί μου τὸ σωτήριόν σου) sowie in Lk 3,6: „und alles Fleisch schaut das Heil Gottes“ (=καὶ ὄψεται πᾶσα σὰρξ τὸ σωτήριον τοῦ θεοῦ).[489] Die Bedeutung dieses Theologumenons aus Ps 98,3b und Jes 52,10b sowie der neutestamentlichen Rezeption durch Lukas besteht wesentlich in der Einbeziehung der Völker der Welt in das Heilsgeschehen. Zwar sind die Völker zunächst nur Zeugen für JHWHs Heilshandeln. Aber über das Erleben seines Wirkens gelangen sie zu der Erkenntnis: JHWH allein ist Gott und sonst keiner mehr (Jes 45,22b: כִּי אֲנִי־אֵל וְאֵין עוד).[490] Das Königtum JHWHs ist demzufolge nicht mehr nur allein auf Israel bezogen, sondern dient dem Heil der ganzen Welt. Der Kosmos ist nicht mehr die Macht des Chaos, die Völker der Welt sind nicht mehr die Gegner. Vielmehr empfangen sie den König JHWH mit Jubel. Das Königtum JHWHs ist überzeitlich und vollzieht sich in der Erhaltung der Stabilität der Welt. Gleichwohl steht die weltweite Durchsetzung von JHWHs Königtum noch aus; sie vollzieht sich aber nicht durch Macht und Gewalt, sondern mittels freiwilliger Anerkennung der Herrschaft JHWHs durch die Völker bzw. den gesamten Kosmos. Israel kommt dabei die Schlüsselfunktion zu: Das Heilshandeln JHWHs an Israel und seine dadurch offenbarte Güte vor den Augen der Völker führt dazu, dass letztere davon angezogen werden. Israel hat demzufolge eine wichtige missionarische Funktion im Hinblick auf das Werben für eine weltweite Anerkennung der Herrschaft JHWHs. Ein irdischer König ist dazu jedoch nicht mehr erforderlich, weil nunmehr JHWH selbst sein Königtum durchsetzt.[491]

---

[488] Vgl. *Hossfeld / Zenger,* Psalmen 51-100 (HThK.AT), 689; *Kraus,* Psalmen 60 - 150 (BK.AT 2), 848. Die Aussage „wortgleicher Text“ trifft nur auf den masoretischen Text zu; der griechische Text von Jes 52,10b LXX ist leicht abweichend, aber sinngemäß dennoch gleich.

[489] Vgl. *Wolter*, Michael: Das Lukasevangelium (HNT 5). Tübingen 2008, 139f.

[490] Vgl. *Krusche,* Göttliches und irdisches Königtum in den Psalmen (FAT 2/109), 115; *Hossfeld / Zenger,* Psalmen 51-100 (HThK.AT), 689; *Jeremias,* Das Königtum Gottes in den Psalmen, 134. Der durch Hossfeld von Jeremias übernommene Hinweis, dass Ps 98,3b die Ankündigung in Jes 52,10b als eingetretene Tatsache preise, ist eher als unzutreffend anzusehen. Denn da die Texte von Ps 98 sowie Jes 52 vermutlich zeitnah entstandenen sind und sowohl Ps 98,3b als auch Jes 52,10b das gleiche Tempus verwenden, ist eine solche Textabhängigkeit nicht eindeutig zu belegen.

[491] Vgl. *Krusche,* Göttliches und irdisches Königtum in den Psalmen (FAT 2/109), 121–127; *Schnocks*, Johannes: Vergänglichkeit und Gottesherrschaft. Studien zu Psalm 90 und dem vierten Psalmenbuch (BBB 140). Berlin 2002, 205; *Ballhorn,* Zum Telos des Psalters, 97–99; *Blunda Grubert,* The Vision of History According to the Yhwh-malak-Psalms, 124f; *Ballhorn,* Zum Telos des Psalters, 101. Der Aussage Ballhorns, dass Israel außer dem Gotteslob hier keine besondere Funktion habe, ist zu widersprechen. Zwar schauen alle Enden der Erde das Heil Gottes, aber letztlich ist es doch gerade der Jubel Israels über das Heilshandeln JHWHs, der den Völkern die Zusammenhänge zwischen dem Heilsgeschehen und dessen Urheber erklärt. Erst dadurch wird den Völkern verständlich, dass JHWH Gott ist und sonst keiner mehr (vgl. Jes 45,22).

Strophe II:

Nachdem Israel in Strophe I zum Jubelgesang für JHWH aufgerufen worden ist, lautet nun in V. 4a die Aufforderung an alle Völker der Welt – metaphorisch als „die ganze Erde“ bezeichnet: „jauchzt für JHWH die ganze Erde“ (= הָרִיעוּ לַיהוָה כָּל־הָאָרֶץ bzw. ἀλαλάξατε τῷ κυρίῳ, πᾶσα ἡ γῆ). Die universale Ausrichtung durch die Einbeziehung der Völker in den Jubel für JHWH findet verschiedene Parallelen: zum einen in Ps 96,1b (שִׁירוּ לַיהוָה כָּל־הָאָרֶץ), zum anderen in Ps 47,2a (כָּל־הָעַמִּים תִּקְעוּ־כָף) sowie in Ps 66,1b (הָרִיעוּ לֵאלֹהִים כָּל־הָאָרֶץ). Darüber hinaus finden sich auch Jubelausrufe aufgrund des Heilshandelns an Israel in Jes 44,23aα (רָנּוּ שָׁמַיִם כִּי־עָשָׂה יְהוָה הָרִיעוּ תַּחְתִּיּוֹת אָרֶץ) sowie in Jes 52,9 (פִּצְחוּ רַנְּנוּ יַחְדָּו חָרְבוֹת יְרוּשָׁלָ‍ִם).[492] Neutestamentlich ist hierzu ein ähnliches Motiv aus Offb 19,6b zu nennen, wobei es um den Jubel des Himmels darüber geht, „dass König geworden ist der Herr unser Gott“ (= ὅτι ἐβασίλευσεν κύριος ὁ θεὸς ἡμῶν ὁ παντοκράτωρ). In Offb 7a folgt dazu die Aufforderung, „wir wollen uns freuen und jubeln und ihm die Ehre geben“ (= χαίρωμεν καὶ ἀγαλλιῶμεν καὶ δώσωμεν τὴν δόξαν αὐτῷ). Damit feiert die Welt die eschatologische Königsherrschaft Gottes und die Freudenzeit Heils.[493]

Die Einbeziehung der Völker in den Jubel für JHWH ist die Konsequenz aus ihrem Sehen und Erkennen des Heils, das JHWH seinem Volk Israel bereitet hat. Insofern sind V. 3b und Strophe II (V. 4a-6b) als unmittelbar aufeinander bezogen zu verstehen.[494] In V. 4b folgt eine Trias der Imperative, die sich auf כָּל־הָאָרֶץ in V. 4a beziehen und konkret die Art und Weise des Jauchzens beschreiben: „brecht in Jubel aus und freut euch und singt“ (= פִּצְחוּ וְרַנְּנוּ וְזַמֵּרוּ bzw. ᾄσατε καὶ ἀγαλλιᾶσθε καὶ ψάλατε). Die V. 5a-6a beinhalten dazu die musikalische Orchestrierung des Jubels, der Gesang für JHWH soll begleitet werden mit „Harfe“ (= כִּנּוֹר bzw. κιθάρᾳ), „Trompeten“ (= חֲצֹצְרוֹת bzw. σάλπιγξιν ἐλαταῖς) und „Schofar“ (= שׁוֹפָר bzw. σάλπιγγος κερατίνης).[495]

Dieser musikalische Jubel symbolisiert die Akklamation des Königs JHWH, die in V. 6b (הָרִיעוּ לִפְנֵי הַמֶּלֶךְ יְהוָה) als Abschluss der Strophe II konkret genannt wird, wobei das erste Verb aus V. 4a הָרִיעוּ hier noch einmal wiederholt wird und so die Klammer der Strophe II bildet. Für die Königsakklamation gibt es eine Parallelstelle in Ps 47,9a: „König geworden ist Gott über die Völker“ (= מָלַךְ אֱלֹהִים עַל־גּוֹיִם). Die in Ps 98,5a-6a genannten

---

492 Vgl. *Hossfeld / Zenger,* Psalmen 51-100 (HThK.AT), 668.689; *Kraus,* Psalmen 60 - 150 (BK.AT 2), 848; *Weber,* Die Psalmen 73 bis 150 (WB Pss 2), 154f.

493 Vgl. *Holtz,* Die Offenbarung des Johannes (NTD 11), 122.

494 Vgl. *Krusche,* Göttliches und irdisches Königtum in den Psalmen (FAT 2/109), 115.

495 Vgl. *Hossfeld / Zenger,* Psalmen 51-100 (HThK.AT), 689; *Kraus,* Psalmen 60 - 150 (BK.AT 2), 848.

Musikinstrumente kommen darüber hinaus auch in den Ps 33,2; 81,3f; 150,3-5 vor.[496] Mit ihrer musikalischen Akklamation und ihrem Jubel geben die Völker klar zu erkennen, dass sie JHWH, den Gott Israels, auch als ihren Gott anerkennen und sich damit unter seine Königsherrschaft stellen.[497] Die Musik mit ihrer Instrumentierung erinnert vermutlich an die priesterliche Tempelmusik. Gleichwohl geht es hier jedoch um die eschatologische Königsherrschaft JHWHs, die nunmehr alle geographischen Grenzen und – wie Strophe III zeigt – auch den Bereich des Menschen überschreiten wird.[498]

Strophe III:

Strophe III weitet zum einen den Königsjubel auf den gesamten Kosmos aus, indem nach Israel (Strophe I) und die Völker (Strophe II) nun die gesamte Schöpfung mit ihren Naturelementen einbezogen wird, und zum anderen verkündet Strophe III als Klimax des Psalms das Kommen JHWHs zum Weltgericht. Die V. 7a-8b zählen beispielhaft die Elemente der jubelnden Schöpfung der Reihe nach auf: Das Meer und seine Fülle sollen brausen (יִרְעַם הַיָּם וּמְלֹאוֹ bzw. σαλευθήτω ἡ θάλασσα καὶ τὸ πλήρωμα αὐτῆς) ebenso der Erdkreis und in ihm Wohnende (תֵּבֵל וְיֹשְׁבֵי בָהּ bzw. ἡ οἰκουμένη καὶ οἱ κατοικοῦντες ἐν αὐτῇ); Ströme sollen in die Hände klatschen (נְהָרוֹת יִמְחֲאוּ־כָף bzw. ποταμοὶ κροτήσουσιν χειρὶ ἐπὶ τὸ αὐτό) und Berge miteinander jubeln (יַחַד הָרִים יְרַנֵּנוּ bzw. τὰ ὄρη ἀγαλλιάσονται). Mit diesen Elementen wird metaphorisch die gesamte Schöpfung abgebildet, wobei die Fülle des Meeres und die Bewohnenden des Erdkreises auch die belebte Kreatur – Mensch und Tier – umfassen.[499]

Hossfeld vertritt dazu die Position, dass bei der Nennung der Elemente des Kosmos die Systematik der Strophe III durchbrochen sei, weil die Erdenbewohner aus der vorhergehenden Strophe implizit erneut erwähnt seien.[500] Diese Kritik ist jedoch unzutreffend: Vielmehr erweitert Ps 98 den Lobgesang für JHWH schrittweise von Strophe zu Strophe. So wird in Strophe I zunächst nur Israel aufgerufen; in Strophe II hingegen werden *alle* Völker eingeladen, ausgedrückt durch die Metapher כָּל־הָאָרֶץ. Gleichwohl bedeutet dies bereits eine Erweiterung, da auch Israel unter den Begriff der *Völker der Erde* zu subsumieren ist. In Strophe III wird dieser Kreis der Jubelnden abschließend erweitert um alle Elemente der Schöpfung, wobei die Fülle des Meeres (הַיָּם וּמְלֹאוֹ) und die Bewohnenden

---

[496] Vgl. *Hossfeld / Zenger,* Psalmen 51-100 (HThK.AT), 688f; *Kraus,* Psalmen 60 - 150 (BK.AT 2), 848.
[497] Vgl. *Krusche,* Göttliches und irdisches Königtum in den Psalmen (FAT 2/109), 115.
[498] Vgl. *Ballhorn,* Zum Telos des Psalters, 102f; *Hossfeld / Zenger,* Psalmen 51-100 (HThK.AT), 689.
[499] Vgl. *Kraus,* Psalmen 60 - 150 (BK.AT 2), 848; *Hossfeld / Zenger,* Psalmen 51-100 (HThK.AT), 688f.
[500] Vgl. *Hossfeld / Zenger,* Psalmen 51-100 (HThK.AT), 689.

der Erde (תֵּבֵל וְיֹשְׁבֵי בָהּ) schlussendlich die *Gesamtheit* der Schöpfung umfasst, die aus Israel, den Weltvölkern und der belebten Natur besteht. Ein weiteres Indiz für diese Inklusion ist die anthropomorphe Form des Jubels der Natur: die Flüsse klatschen in die Hände und die Berge jubeln gemeinsam. Insofern wird hier keine Systematik durchbrochen, sondern Ps 98 folgt einer eigenen sinnvollen Systematik.[501]

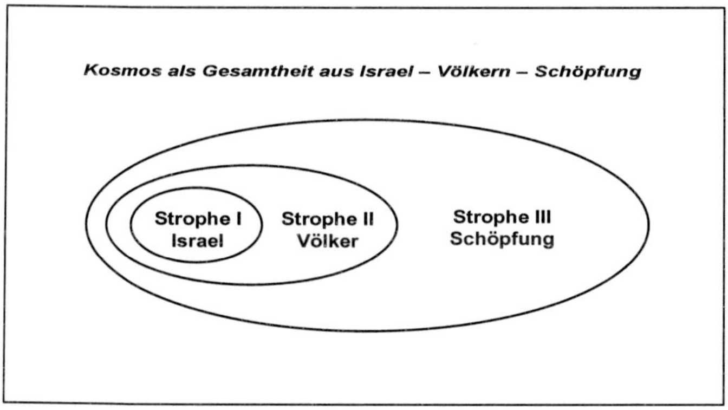

Abbildung 8: Inhaltliche Struktur der Strophen I, II und III

In V. 9 folgt als Abschluss der Strophe III die Klimax des Ps 98. Zunächst spricht V. 9aα JHWH als den an, dem der Jubel gilt, und begründet dies zugleich mit seinem Kommen (לִפְנֵי־יְהוָה כִּי בָא bzw. από προσώπου Κυρίου·ότι έρχεται[502]). V. 9aβ nennt die Ursache für sein Kommen: Er kommt, „um die Erde zu richten“ (=לִשְׁפֹּט הָאָרֶץ bzw. κρῖναι τὴν γῆν[503]). Das Lexem כִּי בָא ist in Anlehnung an Weber als Partizip („denn er ist kommend“) zu übersetzen, weil damit nicht eine abgeschlossene Handlung, sondern ein eschatologisches Ereignis beschrieben wird. Denn JHWH als König und Richter ist im Kommen begriffen und wird künftig den Erdkreis und die Völker regieren und richten.[504]

---

[501] Mathematisch ausgedrückt ist Israel (Strophe I) eine Teilmenge der Völker (Strophe II), die wiederum eine Teilmenge der Schöpfung (Strophe III) bilden.

[502] Dieser Vers ist nicht in allen Texten der LXX tradiert. Sofern er jedoch überliefert ist, wird er nicht als Bestandteil von V. 9, sondern als Versteil 8c dem V. 8 zugeordnet.

[503] Ps 97,9a LXX wiederholt an dieser Stelle noch einmal die Aussage „denn er kommt“, verwendet jedoch hierfür „ἥκει“ (Präsens aktiv von „ἥκειν“) anstatt „ἔρχομαι“ (Präsens Medium von „έρχεται“).

[504] Vgl. Die Psalmen 73 bis 150 (WB Pss 2), 154; *Kraus,* Psalmen 60 - 150 (BK.AT 2), 848; *Leuenberger,* Konzeptionen des Königtums Gottes im Psalter, 162. Leuenbergers Auffassung, „בָא“ an dieser Stelle als „echtes Perfekt“ zu übersetzen, kann hier nicht gefolgt werden. Das Kommen JHWHs zum Gericht ist zwar angekündigt, aber es lässt noch auf sich warten, da es *das* eschatologische Ereignis sein wird.

Die Metapher הָאָרֶץ steht an dieser Stelle zwar ebenso wie schon in V. 4a für die Völker der Welt; gleichwohl ist sie an dieser Stelle – ausgehend von dem oben genannten Kontext – gedanklich auf die gesamte belebte Schöpfung auszuweiten.[505]

In V. 9b wird die Weise erklärt, *wie* JHWH seine Schöpfung richtet: Er richtet „mit Gerechtigkeit" (= בְּצֶדֶק bzw. ἐν δικαιοσύνῃ) und „mit Geradheit" (= בְּמֵישָׁרִים bzw. ἐν εὐθύτητι). Als Objekt des göttlichen Gerichts bezeichnet Ps 98,9bα „den Erdkreis" (= תֵּבֵל bzw. τὴν οἰκουμένην) sowie Ps 98,9bβ als synonymer Parallelismus dazu die „Völker" (= עַמִּים bzw. λαοὺς).[506] Neutestamentlich wird das Motiv des göttlichen Weltgerichts in Apg 17,31a rezipiert: „Denn er hat einen Tag festgesetzt, an dem er den Erdkreis in Gerechtigkeit richten wird" (= καθότι ἔστησεν ἡμέραν ἐν ᾗ μέλλει κρίνειν τὴν οἰκουμένην ἐν δικαιοσύνῃ). Darüber hinaus erscheint das Motiv des gerechten Richtens auch in Offb 19,11c: „Und in Gerechtigkeit richtet und kämpft er" (= καὶ ἐν δικαιοσύνῃ κρίνει καὶ πολεμεῖ).[507] Die kanonübergreifende Betrachtung des Gerichtsmotivs im alt- und neutestamentlichen Kontext unterstreicht genauso wie schon die PK-Form des Verbs in V. 9bα („er wird richten" = יִשְׁפֹּט) die eschatologisch-futurische Bedeutung desselben. Denn es geht nicht um eine bereits stattgefundene Begebenheit, sondern um das noch zu erwartende letzte Ereignis.[508]

Wie bereits festgestellt, sind Ps 98,9 und Ps 96,13 nahezu textlich identisch.[509] Der wesentliche Unterschied zwischen den beiden Versen besteht in der Beschreibung der Weise, wie JHWH richten wird. So heißt es in Ps 96,13b im Unterschied zu Ps 98,9b: „er wird richten [...] Völker mit seiner Treue" (= יִשְׁפֹּט [...] עַמִּים בֶּאֱמוּנָתוֹ bzw. κρινεῖ [...] λαοὺς ἐν τῇ ἀληθείᾳ αὐτοῦ). Die Treue JHWHs wird alttestamentlich grundsätzlich mit seinem Volk Israel kontextualisiert. In diesem Sinne betont beispielsweise auch Ps 98,3a „seine Treue für das Haus Israel" (= „אֱמוּנָתוֹ לְבֵית יִשְׂרָאֵל"). In Ps 96,13b wird diese אֱמוּנָתוֹ vor dem Hinblick des Weltgerichts auf alle Völker ausgeweitet, denn sie sind ebenso wie Israel Wesen seiner Schöpfung.[510] Aber nicht nur Israel und den Völkern gilt das eschatologische Gericht JHWHs, sondern der ganzen Welt – also sowohl den Menschen als auch der

---

505 Vgl. *Kraus,* Psalmen 60 - 150 (BK.AT 2), 848f; *Krusche,* Göttliches und irdisches Königtum in den Psalmen (FAT 2/109), 125.
506 Vgl. *Hossfeld / Zenger,* Psalmen 51-100 (HThK.AT), 689f; *Krusche,* Göttliches und irdisches Königtum in den Psalmen (FAT 2/109), 118; *Kraus,* Psalmen 60 - 150 (BK.AT 2), 848.
507 Vgl. *Weber,* Die Psalmen 73 bis 150 (WB Pss 2), 155.
508 Vgl. *Krusche,* Göttliches und irdisches Königtum in den Psalmen (FAT 2/109), 117.
509 Vgl. auch Abschnitt „*3.5.2 Die ‚Zwillingspsalmen' Ps 98 und Ps 96*".
510 Vgl. *Krusche,* Göttliches und irdisches Königtum in den Psalmen (FAT 2/109), 117; *Hossfeld / Zenger,* Psalmen 51-100 (HThK.AT), 670; *Kraus,* Psalmen 60 - 150 (BK.AT 2), 837f; *Seybold,* Die Psalmen (HAT 1/15), 382. Vgl. auch Abschnitt „*3.5.3 Gerechter und getreuer Weltenrichter*".

gesamten belebten, von JHWH geschaffenen Kreatur. Daher entsteht die gemeinsame Freude Israels, der Völker und des Kosmos über das Kommen JHWHs und sein Gericht, denn es geht nicht um ein forensisches Gericht, sondern um das universale und eschatologische, der Welt zugewandte heilvolle Rechtschaffung, mit dem die voll-kommene göttliche Ordnung der Schöpfung für Mensch und Natur wiederhergestellt wird.[511]

3.8 Theologischer Ertrag

Kernanliegen des Ps 98 ist die Wendung in der judäischen Theologie zum Universalismus. Kennzeichnend hierfür ist besonders das Theologumenon „alle Enden der Erde schauen das Heil unseres Gottes" (= רָאוּ כָל־אַפְסֵי־אָרֶץ אֵת יְשׁוּעַת אֱלֹהֵינוּ bzw. εἴδοσαν πάντα τὰ πέρατα τῆς γῆς τὸ σωτήριον τοῦ θεοῦ ἡμῶν), das wortgleich mit Jes 52,10b ist.[512] Die „Enden der Erde", die hier als Metapher für die Völker der Welt stehen, beziehen die Völker in das Heilsgeschehen JHWHs mit ein, was bislang nur allein auf Israel bezogen betrachtet worden ist. Durch das *Sehen* des heilvollen Eingreifen JHWHs in das Weltgeschehen zugunsten Israels werden die Völker zu *Er*-kennenden und damit auch zu *An*-erkennenden der göttlichen Königsherrschaft JHWHs über die *gesamte* Schöpfung. Israel wird durch seine Existenz und den Lobpreis für JHWH seiner Rolle gerecht, Licht der Völker zu sein (וּנְתַתִּיךָ לְאוֹר גּוֹיִם לִהְיוֹת יְשׁוּעָתִי עַד־קְצֵה הָאָרֶץ), die ihm JHWH gemäß Jes 49,6b übertragen hat. Und so können die Völker mit Israel dem Kommen JHWHs zum Weltgericht entgegenjubeln. Gleichwohl geht es dabei nicht um ein historisches Geschehen, das bereits stattgefunden hätte. Vielmehr wird hier das eschatologische Ereignis des Weltgerichts JHWHs in seiner Eigenart angesprochen, dessen wichtigstes Ziel die Wiederherstellung der göttlichen Schöpfungsordnung in all ihren Facetten ist, von der es in Gen 1,31α heißt: „und Gott sah alles, was er gemacht hatte: und siehe, es war sehr gut." (= וַיַּרְא אֱלֹהִים אֶת־כָּל־אֲשֶׁר עָשָׂה וְהִנֵּה־טוֹב מְאֹד).

[511] Vgl. *Krusche,* Göttliches und irdisches Königtum in den Psalmen (FAT 2/109), 125f; *Kraus,* Psalmen 60 - 150 (BK.AT 2), 848.

[512] „Wortgleich" bezieht sich hier nur auf den masoretischen Text; der griechische Text von Ps 98,3b (Ps 97,3 LXX) und Jes 52,10b weichen insbesondere hinsichtlich des Tempus der finiten Verben voneinander ab.

4 Jesaja 52,7-10

4.1 Hinführung

Der Name Jesaja (יְשַׁעְיָהוּ = „JHWH rettet") ist die programmatische Zusammenfassung der Schriften, die unter diesem Namen vereint sind. Diese prophetischen Schriften handeln vom Heilswillen und Heilshandeln JHWHs an seinem Volk Israel durch alle Tiefen seiner Geschichte von der Zeit der assyrischen Bedrohung über das babylonische Exil bis hin zur Rückkehr Israels unter der persischen Herrschaft.[513] Der Teil des Deuterojesaja (= „zweiter Jesaja") beinhaltet die Geschichte vom Ende des Exils durch den persischen König Kyros bis zur Wiederherstellung Israels als persische Provinz Jehuda. Dieser Teil des Jesajabuches (Kapitel 40-55) ist hymnisch strukturiert.[514] Die Texte dieser Kapitel „greifen auf die Jhwh-König-Tradition der Psalmen zurück (bes. Ps 96 und98) [und beinhalten] das Motiv vom ‚neuen Lied', das nur in Jes 42,10 und im Psalter belegt ist."[515] Ebenso ist das Theologumenon „Alle Enden der Erde schauen das Heil unseres Gottes" wie in Ps 98 so auch in dem Hymnus Jes 52,7-10 enthalten und weist bereits auf den universellen Charakter des Heils Gottes hin (vgl. Jes 52,10b).

Im vorliegenden Kapitel der Untersuchung wird die Perikope Jes 52,7-10 exegetisch analysiert. Die Perikope wird heute von den meisten Exegeten als in sich abgegrenzte Texteinheit gesehen, so z. B. Berges, Hermisson, Baltzer und Ehring.[516] Mit Ps 98 hat diese Perikope den hymnischen Jubel über das Kommen JHWHs gemeinsam, das bei Deuterojesaja als Rückkehr JHWHs zum Zion als König beschrieben wird.[517] Und auch neutestamentlich ist Deuterojesaja von Belang. So hat insbesondere Lukas Texte des Deuterojesaja rezipiert.[518] Insofern ist Jes 52,7-10 sowohl als einzelne Perikope zu analysieren, darüber hinaus aber auch als Bestandteil des Deuterojesaja zu betrachten sowie seine intertextuellen Beziehungen zu Ps 98 und Lk 2,30-32; 3,1-6 zu untersuchen.

---

[513] Vgl. *Berges*, Ulrich: Jesaja 49-54 (HThK.AT). Freiburg i. Br. 2015, 11.
[514] Vgl. *Berges*, Jesaja 49-54 (HThK.AT), 91.
[515] *Berges,* Jesaja 49-54 (HThK.AT), 91f.
[516] Vgl. *Berges,* Jesaja 49-54 (HThK.AT), 193; *Hermisson*, Hans-Jürgen: Deuterojesaja. Jesaja 49,14-55,13 (BK.AT XI 3). Göttingen, Bristol/CT/USA 2017, 294; *Baltzer*, Klaus: Deutero-Jesaja (KAT 10/2). Gütersloh 1999, 474; *Ehring*, Christina: Die Rückkehr JHWHs. Traditions- und religionsgeschichtliche Untersuchungen zu Jesaja 40,1-11, Jesaja 52,7-10 und verwandten Texten (WMANT 116). Neukirchen-Vluyn 2007, 66.
[517] Vgl. *Ehring*, Die Rückkehr JHWHs, 66.68; *Gunkel / Begrich,* Einleitung in die Psalmen, 420.
[518] Vgl. *Frör*, Hans: Das Drama des Zweiten Jesaja. Inszenierung und Reflexion der prophetischen Dialoge Jesaja 40-55. Stuttgart 2016, 242.252.

4.2 Text und Übersetzung

Im Folgenden wird der Text der Perikope Jes 52,7-10 zunächst strukturiert sowie textkritisch untersucht. Des Weiteren wird der Text ins Deutsche übertragen (vgl. Abschnitt *4.2.5 Deutsche Übersetzung*). Daran anschließend folgen die Analyse der poetischen Struktur der Perikope (vgl. Abschnitt *4.3 Poetische Struktur der Perikope*) sowie die Literarkritik (vgl. Abschnitt *4.4 Literarkritische und formgeschichtliche Analyse*).

4.2.1 Gegliederter hebräischer Text der Perikope

Zuerst wird der hebräische Text der Perikope unter Berücksichtigung der vorgegebenen masoretischen Distinctivi der Biblia Hebraica Stuttgartensia (BHS) gegliedert. Die Gliederung des Textes dokumentiert die Einteilung in Erzählabschnitte.[519]

Text	***Vers***	***Gliederungsschema***
מַה־נָּאווּ עַל־הֶהָרִים רַגְלֵי מְבַשֵּׂר מַשְׁמִיעַ שָׁלוֹם מְבַשֵּׂר טוֹב מַשְׁמִיעַ יְשׁוּעָה אֹמֵר לְצִיּוֹן מָלַךְ אֱלֹהָיִךְ׃	7aα 7aβ 7b	Szene I ***Bote auf den Bergen***
קוֹל צֹפַיִךְ נָשְׂאוּ קוֹל יַחְדָּו יְרַנֵּנוּ כִּי עַיִן בְּעַיִן יִרְאוּ בְּשׁוּב יְהוָה צִיּוֹן a : פִּצְחוּ רַנְּנוּ יַחְדָּו חָרְבוֹת יְרוּשָׁלָםִ כִּי־נִחַם יְהוָה עַמּוֹ גָּאַל יְרוּשָׁלָםִ a :	8a 8bα 8bβ 9aα 9aβ 9bα 9bβ	Szene II ***JHWH, Wächter und „Trümmer Jerusalems“***
חָשַׂף יְהוָה אֶת־זְרוֹעַ קָדְשׁוֹ לְעֵינֵי כָּל־הַגּוֹיִם וְרָאוּ כָּל־אַפְסֵי־אָרֶץ אֵת יְשׁוּעַת אֱלֹהֵינוּ׃	10aα 10aβ 10bα 10bβ	Szene III ***JHWH und Völker***

Abbildung 9: Gliederungsschema des hebräischen Textes Jes 52,7-10

[519] Vgl. *Baltzer*, Deutero-Jesaja (KAT X 2), 476. Das Gliederungsschema der Perikope ist übernommen von Baltzer, da dieses am besten der dramaturgischen Struktur der Perikope entspricht.

4.2.2 Griechische Version der Perikope

Der griechische Text der Perikope Jes 52,7-10 LXX wird unter Berücksichtigung der vorgegebenen Satzzeichen der Septuaginta Editio Altera (SEA) gegliedert:

7aα [πάρειμι][520] ὡς ὥρα ἐπὶ τῶν ὀρέων,
7aβ ὡς πόδες εὐαγγελιζομένου ἀκοὴν εἰρήνης,
7aγ ὡς εὐαγγελιζόμενος ἀγαθά,
7b ὅτι ἀκουστὴν ποιήσω τὴν σωτηρίαν σου λέγων Σιων Βασιλεύσει σου ὁ θεός·

8aα ὅτι φωνὴ τῶν φυλασσόντων σε ὑψώθη,
8aβ καὶ τῇ φωνῇ ἅμα εὐφρανθήσονται·
8bα ὅτι ὀφθαλμοὶ πρὸς ὀφθαλμοὺς ὄψονται,
8bβ ἡνίκα ἂν ἐλεήσῃ κύριος τὴν Σιων.
9a ῥηξάτω εὐφροσύνην ἅμα τὰ ἔρημα Ιερουσαλημ,
9b ὅτι ἠλέησεν κύριος αὐτὴν καὶ ἐρρύσατο Ιερουσαλημ.

10a καὶ ἀποκαλύψει κύριος τὸν βραχίονα αὐτοῦ τὸν ἅγιον ἐνώπιον πάντων τῶν ἐθνῶν,
10b καὶ ὄψονται πάντα τὰ ἄκρα τῆς γῆς τὴν σωτηρίαν τὴν παρὰ τοῦ θεοῦ [ἡμῶν].

4.2.3 Textkritik

Sowohl der masoretische als auch der griechische Text sind beide offenbar gut überliefert. Beide vorliegende Fassungen weisen gleichwohl in einigen Handschriften Abweichungen auf, die es zu erörtern gilt:

Vers 8:

Der Qumrantext 1 Q Jes[a] ergänzt hinter das letzte Wort in V. 8bβ צִיּוֹן den Text um ברחמים. Der Grund für den Zusatz ברחמים (= „mit Erbarmen“) liegt darin, dass der Qumrantext die Aussage von der Rückkehr JHWHs zum Zion (בְּשׁוּב יְהוָה צִיּוֹן) abschwächen wollten, weil die Formulierung des masoretischen Textes den Revisoren von Qumran offenbar zu anthropomorph klang. Die Formulierung des Qumrantextes entspricht darüber hinaus auch Sach 1,16aα (לָכֵן כֹּה־אָמַר יְהוָה שַׁבְתִּי לִירוּשָׁלַ͏ִם בְּרַחֲמִים).[521] Es wird dem masoretischen Text als dem besser überlieferten gefolgt.

---

[520] Das Verb „πάρειμι“ gehört formal als letztes Wort zu V. 6b, inhaltlich stellt es jedoch das erste Wort von V. 7aα dar.

[521] Vgl. *Berges,* Jesaja 49-54 (HThK.AT), 144; *Hermisson,* Jesaja 49,14-55,13 (BK.AT XI 3), 209; *Barthélemy*, Dominique: Critique textuelle de l'ancient Testament. 2. Isaie, Jérémie, Lamentations (OBO 50,2). Göttingen 1986, 382f.

Der griechische Text der LXX löst das Problem dahingehend, indem er davon spricht, dass ἡνίκα ἂν ἐλεήσῃ κύριος τὴν Σιων.[522] Insofern verfolgt die LXX augenscheinlich ein anderes theologisches Konzept als der masoretische Text. Der vorliegende Fassung der LXX ist daher hier für den griechischen Text maßgebend.

Vers 9:

Zwei Handschriften (Mss^{K}) ersetzen das letzte Wort in V. 9bβ des masoretischen Textes יְרוּשָׁלָֽםִ wohl versehentlich durch ישראל“[523] Der masoretische Text ist hier der besser überlieferte.

Für den LXX-Text existieren zwei abweichende Überlieferungen: Zum einen ist in der ursprünglichen Lesart einer Handschrift des Codex Sinaiticus 393 in V. 9b das satzbestimmende Subjekt κύριος ausgelassen; zum anderen fehlt in der ursprünglichen Lesart einer weiteren Handschrift des Codex Sinaiticus am Ende von V. 9b das Objekt „Ιερουσαλημ“. Da diese Abweichungen nur in einzelnen Handschriften vorliegen, ist von der Endfassung der LXX als besser überlieferter Text auszugehen.

Vers 10:

Für V. 10 werden für den Text der LXX vier abweichende Überlieferungen angezeigt: Das Attribut τὸν ἅγιον, welches τὸν βραχίονα αὐτοῦ in V. 10a näher beschreibt, ist nicht Bestandteil der ursprünglichen Texte der Codizes Alexandrinus, Marchalianus und Purpureus Vindobonensis. Möglicherweise liegt hier ein Übertragungsfehler vor. In den Codizes Vaticanus, Sinaiticus und Ephraemi hingegen, auf den sich hier der vorliegende Text stützt, ist das Attribut analog zum masoretischen Text enthalten. Dem vorliegenden Text der LXX ist daher als dem besser überlieferten zu folgen.

In einer Handschrift des Codex Vaticanus fehlt in V. 10b der bestimmte Artikel τὰ vor ἄκρα. Die ursprüngliche Lesart einer Handschrift des Codex Sinaiticus ergänzt den Satzteil zu πάντα ἐθνη τὰ ἄκρα. Die Lesart der vorliegenden Fassung der LXX ist die besser überlieferte.

In den Codizes Alexandrinus und Marchalianus fehlt das Ende des V. 10b; die Codizes Vaticanus, Sinaiticus, Purpureus Vindobonensis und Ephraemi ergänzen analog zum ma-

[522] Vgl. *Hermisson,* Jesaja 49,14-55,13 (BK.AT XI 3), 209; *Berges,* Jesaja 49-54 (HThK.AT), 144; *Barthélemy*, Critique textuelle de l'ancient Testament. 2. Isaie, Jérémie, Lamentations (OBO 50,2), 383.

[523] Vgl. Jesaja 49,14-55,13 (BK.AT XI 3), 209f. Die zwei Handschriften (Mss^{K}) setzen hier ישראל, weil sie einen Parallelismus zu עַמּוֹ in V. 9bα sehen. Der inhaltliche Zusammenhang ist jedoch auf חָרְבוֹת יְרוּשָׁלָם in V. 9aβ zu beziehen. Denn die Trümmer Jerusalems sollen jubeln, weil JHWH Jerusalem erlöst hat.

soretischen Text ἡμῶν als letztes Wort. Damit besteht auch eine Übereinstimmung mit Ps 97,3b LXX (… τὸ σωτήριον τοῦ θεοῦ ἡμῶν.). Der vorliegende Text der LXX ist hier offenbar nicht der bessere Text, sondern entsprechend der älteren Textzeugen (Codizes Vaticanus und Sinaiticus) zu ergänzen.

4.2.4 Überlieferungskritik

Wie die textkritische Analyse des masoretischen Textes zeigt, ist dieser gut überliefert und erfordert ungeachtet zweier Vorschläge im textkritischen Apparat der BHS, die primär auf Abweichungen einzelner Handschriften beruhen, keinerlei Änderungen.

In den Qumran-Handschriften ist die gesamte Rolle des Jesajabuches bezeugt, wobei der Text in 1 Q Jes[a] relativ frei z. T. von anderen Überlieferungen bewusst abweicht, wie z. B. der textkritische Hinweis zu Jes 52,8 verdeutlicht. Möglicherweise entstanden dabei auch Übertragungsfehler. 1 Q Jes[a] wurde Grundlage für eine Jesaja-Kommentarreihe (i. e. Pescharim), wobei man sich dort der textlichen Abweichungen wohl bewusst war.[524]

Der griechische Text der Perikope Jes 52,7-10 LXX ist von seinem Ursprung her *keine* Wort-für-Wort Übersetzung des masoretischen Textes, sondern eine eigenständige Übersetzung, die möglicherweise älteren hebräischen Texten folgt. Dabei kamen auch Deutungsansätze aus der jeweils aktuellen Zeitgeschichte zum Tragen.[525]

Im Hinblick auf die textlichen Unterschiede zwischen dem masoretischen und dem griechischen Text besteht noch umfangreicher Forschungsbedarf dahingehend, ob die abweichenden Lesarten auf andere hebräische Textvorlagen oder aber auf den Übersetzer zurückgehen.[526] Wahrscheinlicher scheint jedoch der Übersetzer der Urheber der Abweichungen zu sein, da die Koiné-Begrifflichkeiten nicht zwangsläufig mit den hebräischen Vokabeln deckungsgleich waren.[527]

Gleichwohl ist auffällig, dass die Perikope Jes 52,7-10 LXX nicht als Ruf des Freudenboten, sondern als Rede des κύριος in Fortsetzung von Jes 52,3-6 LXX ausgelegt ist. Auch wandelt sie den masoretischen Text von der Rückkehr JHWHs nach Zion analog

---

[524] Vgl. *Höffken*, Peter: Jesaja. Der Stand der theologischen Diskussion. Darmstadt 2004, 11–14.

[525] Vgl. *Höffken,* Stand der theologischen Diskussion, 15–17.

[526] *Kooij*, Arie van der: Esaias / Isaias / Jesaja. In: Kreuzer, Siegfried / Karrer, Martin / Kraus, Wolfgang (Hg.): Handbuch zur Septuaginta. Einleitung in die Septuaginta (LXX.H 1). Gütersloh 2016, 559–573, 573.

[527] Vgl. *Kooij*, Arie van der: Schwerpunkte der Septuaginta-Lexikographie. In: Kreuzer, Siegfried / Lesch, Jürgen Peter (Hg.): Im Brennpunkt: Die Septuaginta – Bd. 2. Studien zur Entstehung und Bedeutung der Griechischen Bibel. Stuttgart 2004, 119-132, 120.

zu 1 Q Jes[a] in ἡνίκα ἂν ἐλεήσῃ κύριος τὴν Σιων ab.[528] Daraus lässt sich vermuten, dass es hier im Prinzip darum geht, anthropomorphe Metaphern in Bezug auf Gott zu vermeiden.[529]

4.2.5 Deutsche Übersetzung

Jes 52,7-10 Masoretischer Text	***Jes 52,7-10 LXX Griechischer Text***
	[**6bβ** Ich bin da]
7aα Wie willkommen sind auf den Bergen [die] Füße des Freudenboten,	**7aα** wie Frühling auf den Bergen,
7aβ der Frieden hören lässt, der eine gute Botschaft bringt, der Heil hören lässt,	**7aβ** wie Füße eines Verkündigenden der Kunde des Friedens,
	7aγ wie ein Verkündigender des Guten,
7b sagend zu Zion: „König [geworden] ist dein Gott."	**7b** dass ich werde hörbar machen dein Heil sagend: „Zion, dein König ist [der] Gott";
8a Horch! Deine Wächter haben erhoben [die] Stimme, gemeinsam jubeln sie.	**8aα** dass [die] Stimme der Wächter erhoben ist,
	8aβ und mit der Stimme werden sie sich gemeinsam freuen;
8bα Denn Auge in Auge sehen sie,	**8bα** denn Auge in Auge werden sie sehen,
8bβ beim Zurückkehren JHWHs nach Zion.	**8bβ** wenn sich erbarmen wird der Herr [über] Zion.
	9a Brecht in Freude aus gemeinsam [ihr] Trümmer Jerusalems,
9aα Brecht in Jubel aus, jauchzt zusammen,	
9aβ Trümmer Jerusalems!	**9b** denn erbarmen wird sich der Herr [über] sie und erlösen Jerusalem.
9bα Denn getröstet hat JHWH sein Volk,	
9bβ er hat erlöst Jerusalem.	
10aα Entblößt hat JHWH seinen heiligen Arm	**10a** und entblößen wird der Herr seinen heiligen Arm vor dem Angesicht aller Völker,
10aβ vor [den] Augen all der Nationen;	
10bα und alle Enden der Erde schauen	**10b** und schauen werden alle Enden der Erde das Heil von [unserem] Gott.
10bβ das Heil unseres Gottes.	

Abbildung 10: Gegenüberstellung der deutschen Übersetzungen zur hebräischen und griechischen Fassung der Perikope Jes 52,7-10

[528] Vgl. *Hermisson,* Jesaja 49,14-55,13 (BK.AT XI 3), 208f; *Berges,* Jesaja 49-54 (HThK.AT), 144.
[529] Vgl. *Kooij,* Esaias / Isaias / Jesaja, 567. Insofern ist die Position Kooijs, Jesaja LXX sei nicht anti-anthropomorph, durchaus in Zweifel zu ziehen.

4.3 Poetische Struktur der Perikope

Baltzer bezeichnet das Buch des Deuterojesaja als „liturgisches Drama". *Drama* ist eine Literaturgattung, die verschiedene Einzelgattungen in sich vereint. Dabei bleiben die einzelnen Teile relativ selbständig, sind aber dennoch einem literarischen Ganzen zugeordnet. *Liturgisches* Drama drückt die Nähe des Textes zu Gottesdienst und Kultus sowie die Wiederholbarkeit seiner Aufführung aus.[530] Vor diesem Hintergrund ist Deuterojesaja auch ein hymnischer Text. Hierzu enthält er Doppelungen, Reihungen und Wiederholungen. Gleichwohl verwendet er auch – wie in prophetischer Rede üblich – Metaphern.[531] Dies gilt ebenso für die Perikope Jes 52,7-10. Im Folgenden geht es darum, die Struktur der Perikope hinsichtlich ihrer poetischen Art als auch ihrer narrativen Struktur zu untersuchen.

4.3.1 Gliederung der Perikope in Szenen

Inhaltlich weist die Perikope Jes 52,7-10 verschiedene Handlungsorte und handelnde Personen auf: Die Handlungsorte sind „auf den Bergen", „Jerusalem" sowie „alle Enden der Erde"; handelnde Personen sind JHWH, „deine Wächter", „Trümmer Jerusalems" und „die Völker". Hieraus ergibt sich eine Untergliederung der Perikope folgend den drei Handlungsorten in drei Szenen, denen die handelnden Personen jeweils zugeordnet sind. Die Szene I schildert das Kommen des Freudenboten auf den Bergen. In Szene II greifen die Wächter Jerusalems die Nachricht auf, dass JHWH nach Zion zurückkehrt, und Jerusalem wird zum Jubel aufgefordert. Szene III erweitert den Horizont, indem die Völker durch JHWH in sein heilbringendes Handeln inkludiert werden.[532]
Der griechische Text Jes 52,7-10 LXX hingegen weicht hier von der masoretischen Fassung ab: Unter Einbeziehung des Verbs πάρειμι aus V. 6bβ ist hier nicht der מְבַשֵּׂר bzw. εὐαγγελιζομένος, sondern der κύριος die handelnde Person. Durch das Verb πάρειμι wird die Perikope zu einer Fortsetzung der Rede JHWHs bzw. des κύριος" in Jes 52,3-6.[533] Im

---

[530] Vgl. *Baltzer,* Deutero-Jesaja (KAT X 2), 29.
[531] Vgl. *Seybold*, Poetik der prophetischen Literatur im Alten Testament (PStA 4), 205f.
[532] Vgl. *Hermisson,* Jesaja 49,14-55,13 (BK.AT XI 3), 294–296; *Hermisson*, Hans-Jürgen: Deuterojesaja. Jes 51,9-23; 52,1-12 (BK.AT XI 15). Neukirchen-Vluyn 2011, 249f; *Berges,* Jesaja 49-54 (HThK.AT), 195–201; *Zapff,* Jesaja 40-55 (NEB.AT 36), 320–322; *Höffken*, Peter: Das Buch Jesaja. Kapitel 40-66 (NSK.AT 18/2). Stuttgart 1998, 160f; *Ehring,* Die Rückkehr JHWHs, 72–74; *Baltzer,* Deutero-Jesaja (KAT X 2), 14f.475f.
[533] Vgl. *Hermisson,* Jesaja 49,14-55,13 (BK.AT XI 3), 209.

Hinblick auf die Handlungsorte und die handelnden Personen ergibt sich folgende poetische Gliederung der Perikope:

Perikope Jes 52,7-10				
	Szene		***Ort der Handlung***	***Handelnde Personen***
	I	V. 7	„auf den Bergen …"	Freudenbote
	II	V. 8f	„Jerusalem …"	JHWH, Wächter und „Trümmer Jerusalems"
Klimax	III	V. 10	„alle Enden der Erde …"	JHWH, die Völker

Abbildung 11: Poetische Gliederung der Perikope Jes 52,7-10[534]

4.3.2 Struktur der Szenen und Verse

Im dramatischen Ablauf der Handlung beinhalten alle sieben Verse eigene Höhepunkte, die gesteigert werden bis zur abschließenden Klimax der gesamten Perikope in V. 10b.[535]

Szene I:

Vers 7:

	Hebräischer Text des Versteils	***Strukturelemente***[536]
V. 7aα	מַה־נָּאווּ עַל־הֶהָרִים רַגְלֵי מְבַשֵּׂר	a b **c**^{1}
V. 7aβ	מַשְׁמִיעַ שָׁלוֹם מְבַשֵּׂר טוֹב מַשְׁמִיעַ יְשׁוּעָה	**c**^{2} **c**^{3} **c**^{4}
V. 7b	אֹמֵר לְצִיּוֹן מָלַךְ אֱלֹהָיִךְ	**c**^{5} d

Der V. 7 besteht aus einem Trikolon als *synonymer Parallelismus*, wobei die Teilverse die Handlung von V. 7aα bis V. 7b durch eine Reihung von vier Partizipialkonstruktionen „staccatoartig"[537] steigern.[538] Zentrales Strukturelement und Träger des synonymer

[534] Das Gliederungsschema der Perikope Jes 52,7-10 ist angelehnt an: *Baltzer*, Deutero-Jesaja (KAT X 2), 476. Abweichend ist hier jedoch in Szene II JHWH als handelnde Person hinzugefügt worden, weil er derjenige ist, der nach Zion zurückkehrt, sein Volk tröstet und Jerusalem erlöst.
[535] Vgl. *Zapff*, Jesaja 40-55 (NEB.AT 36), 321.
[536] Die Einteilung der Strukturelemente erfolgt nach dem Muster von *Kuckhoff*, Psalm 6 und die Bitten im Psalter, 42-48. Die mit „Fettdruck" hervorgehobenen Strukturelemente kommen jeweils synonym in mehreren Kola eines Verses/Versteils vor.
[537] *Berges*, Jesaja 49-54 (HThK.AT), 195.
[538] Vgl. *Berges*, Jesaja 49-54 (HThK.AT), 195.

Parallelismus ist in allen drei Teilversen der „Freudenbote“, mit dem in jedem Teilvers synonyme Aussagen verbunden sind:

1. רַגְלֵי מְבַשֵּׂר (Strukturelement c[1]) sind willkommen,
2. מַשְׁמִיעַ שָׁלוֹם (Strukturelement c[2]) hören lässt,
3. מְבַשֵּׂר טוֹב (Strukturelement c[3]) bringt,
4. מַשְׁמִיעַ יְשׁוּעָה (Strukturelement c[4]) hören lässt,
5. אֹמֵר לְצִיּוֹן (Strukturelement c[5]) sagt.

Abschließend folgt מָלַךְ אֱלֹהָיִךְ (Strukturelement d) als wörtliche Rede des Freudenboten an Zion. Diese Aussage des Freudenboten über die Königsherrschaft Gottes bildet den krönenden Abschluss der Aussagen von V. 7 bzw. Szene I und hat direkten intertextuellen Bezug zu den Inhalten der JHWH-König-Psalmen (Ps 93-100), insbesondere zu Ps 98,1-6.[539]

Szene II:

Vers 8:

V. 8a	קוֹל צֹפַיִךְ נָשְׂאוּ קוֹל יַחְדָּו יְרַנֵּנוּ	a **b¹ b²**
V. 8bα	כִּי עַיִן בְּעַיִן יִרְאוּ	c **b³**
V. 8bβ	בְּשׁוּב יְהוָה צִיּוֹן	d e

Auch V. 8 ist ein Trikolon, das sowohl einen *synonymen* (V. 8a mit V. 8bα) als auch einen *synthetischen Parallelismus* (V. 8a/V. 8bα mit V. 8bβ) abbildet. Synonymität liegt in V. 8a - 8bα durch das Handeln der Wächter vor; Synthetizität hingegen besteht darin, dass der gesamte V. 8 inhaltlich eine fortlaufende Handlung darstellt.[540] Ähnlich wie V. 7 steigern sich auch in diesem Vers die Aussagen, wenn auch weniger dramatisch. V. 8a beginnt mit קוֹל als Interjektion (Strukturelement a). Es folgen in V. 8a zwei synonyme Elemente צֹפַיִךְ נָשְׂאוּ קוֹל (Strukturelement b[1]) und יַחְדָּו יְרַנֵּנוּ (Strukturelement b[2]), das in V. 8bα mit יִרְאוּ (Strukturelement b[3]) ebenfalls synonym wieder aufgenommen wird und sich auf צֹפַיִךְ bezieht. Höhepunkt von V. 8 ist die Aussage בְּשׁוּב יְהוָה צִיּוֹן (Strukturelemente d - e) mit der Ankündigung der Rückkehr JHWHs zum Zion.[541] Hinsichtlich des Zion-Motivs bestehen intertextuelle Bezüge zu Ps 97,8; 99,2.9.

---

[539] Vgl. *Berges,* Jesaja 49-54 (HThK.AT), 196.
[540] Vgl. *Weber,* Art. Poesie (AT), 9.
[541] Vgl. *Ehring,* Die Rückkehr JHWHs, 80.

Die Aussage über die Rückkehr JHWHs zum Zion bezieht sich auf den masoretischen Text. Der griechische Text des V. 8bβ LXX hingegen besagt lediglich, dass sich der κύριος wieder über Zion erbarmen wird (ἐλεήσῃ).[542]

Vers 9:

V. 9aα	פִּצְחוּ רַנְּנוּ יַחְדָּו	$\mathbf{a}^1$ $\mathbf{a}^2$
V. 9aβ	חָרְבוֹת יְרוּשָׁלָם	$\mathbf{b}^1$
V. 9bα	כִּי־נִחַם יְהוָה עַמּוֹ	$\mathbf{c}^1$ d e
V. 9bβ	גָּאַל יְרוּשָׁלָם	$\mathbf{c}^2$ d $\mathbf{b}^2$

Der V. 9 besteht aus zwei Bikola, die zusammengenommen einen *synonymen Parallelismus* ausmachen, indem sie sich beide auf Jerusalem beziehen. V. 9aα besteht aus zwei synonymen Elementen: פִּצְחוּ (Strukturelement a^1) und רַנְּנוּ יַחְדָּו (Strukturelement a^2) mit Bezug auf חָרְבוֹת יְרוּשָׁלָם (Strukturelement b^1) in V. 9aβ. In V. 9bα und V. 9bβ kommen ebenfalls zwei synonyme Elemente vor: כִּי־נִחַם (Strukturelement c^1) sowie גָּאַל (Strukturelement c^2). Das erstere bezieht sich auf עַמּוֹ (Strukturelement e), das letztere auf יְרוּשָׁלָם (Strukturelement b^2). Handelndes Subjekt für die Strukturelemente a^1 - a^2 ist in beiden Teilversen יְהוָה (Strukturelement d), das in V. 9bβ jedoch nur implizit durch das Verb גָּאַל (AK 3 sg m qal) zum Ausdruck kommt. V. 9b beinhaltet damit einen weiteren Höhepunkt in Szene II, nämlich die Tröstung des Volkes (V. 9bα) sowie die Erlösung und Befreiung Jerusalems (V. 9bβ).[543]

Szene III:

Vers 10:

V. 10aα	חָשַׂף יְהוָה אֶת־זְרוֹעַ קָדְשׁוֹ	a $\mathbf{b}^1$ $\mathbf{c}^1$
V. 10aβ	לְעֵינֵי כָּל־הַגּוֹיִם	d $\mathbf{e}^1$
V. 10bα	וְרָאוּ כָּל־אַפְסֵי־אָרֶץ	f $\mathbf{e}^2$
V. 10bβ	אֵת יְשׁוּעַת אֱלֹהֵינוּ	g $\mathbf{c}^2$ $\mathbf{b}^2$

---

542 Vgl. *Hermisson,* Jesaja 49,14-55,13 (BK.AT XI 3), 209; *Berges,* Jesaja 49-54 (HThK.AT), 144.
543 Vgl. *Berges,* Jesaja 49-54 (HThK.AT), 200f.

Der V. 10 enthält ebenfalls zwei Bikola, die in Form eines *Chiasmus* einen *synonymen Parallelismus* abbilden.[544] Dadurch entsteht hinsichtlich der vier Teilverse die folgende Struktur:

1. V. 10aα – **A** יְהוָה und זְרוֹעַ קָדְשׁוֹ (Strukturelemente b^1 - c^1).
2. V. 10aβ – **B** כָּל־הַגּוֹיִם (Strukturelement e^1).
3. V. 10bα – **B'** כָּל־אַפְסֵי־אָרֶץ (Strukturelement e^2).
4. V. 10bβ – **A'** יְשׁוּעַת und אֱלֹהֵינוּ (Strukturelemente c^2 - b^2).

Klimax des V. 10 bzw. der Szene III sowie zugleich der gesamten Perikope ist das Theologumenon in V. 10b: וְרָאוּ כָּל־אַפְסֵי־אָרֶץ אֵת יְשׁוּעַת אֱלֹהֵינוּ, das einen unmittelbaren nahezu wortgleichen intertextuellen Bezug zu Ps 98,3b aufweist.[545]

4.3.3 Intratextuelle Stichwort- und Motivverbindungen innerhalb der Perikope

Die Perikope Jes 52,7-10 stellt einen hymnischen Text des Jubels über die Rückkehr JHWHs als König auf Zion dar. Insofern ist JHWH als *die handelnde Person* das Hauptmotiv der Perikope, welches sich durch alle Szenen und Verse zieht. Gleichwohl wird JHWH im Szene I nur einmal erwähnt und auch nicht mit dem Tetragramm, sondern in V. 7b synonym mit dem Gottesbegriff אֱלֹהָיִךְ bezeichnet. In Szene II kommt יְהוָה gleich zweimal vor: in V. 8bβ sowie in V. 9bα. In Szene III hingegen kommen beide Bezeichnungen vor, nämlich יְהוָה in V. 10aα und אֱלֹהֵינוּ in V. 10bβ. Auf diese Weise bildet der Gottesbegriff אֱלֹהִים in seinen beiden deklinierten Formen die Klammer der Perikope: zum einen als *Gott Israels* (אֱלֹהָיִךְ), der zum Zion zurückkehrt und sich seines Volkes wieder annimmt, sowie zum anderen als *unser Gott* (אֱלֹהֵינוּ), der nunmehr als der Gott aller Völker erkennbar ist.

Mit dieser verbalen Klammer im direkten Kontext steht auch das Handeln JHWHs: In V. 7b ist er derjenige, „der (wieder) König (geworden) ist" (מָלַךְ אֱלֹהָיִךְ), d. h. er hat mit der Rückkehr nach Zion seine Königsherrschaft wieder angetreten bzw. sich damit Zion wieder zugewandt.[546] In V. 10b hingegen schauen die Völker (metaphorisch כָּל־אַפְסֵי־אָרֶץ genannt) sein Heil (יְשׁוּעַת אֱלֹהֵינוּ). Dazwischen werden weitere wichtige Aspekte über

---

[544] Vgl. *Berges,* Jesaja 49-54 (HThK.AT), 201; *Ehring,* Die Rückkehr JHWHs, 76.

[545] Für den masoretischen Text besteht lediglich ein geringfügiger Unterschied hinsichtlich des ersten Wortes in Ps 98,3b (רָאוּ) und Jes 52,10b (וְרָאוּ). Der griechische Text der LXX hingegen unterscheidet sich – sofern die Ergänzung ἡμῶν akzeptiert wird – vor allem durch die finite Verbform in Ps 97,3b LXX εἴδοσαν – Aor I und in Jes 52,10b LXX ὄψονται – Fut.

[546] Vgl. *Ehring,* Die Rückkehr JHWHs, 77–79.

JHWHs Handeln genannt: So kündigt V.8bβ an, dass er nach Zion zurückkehrt (בְּשׁוּב צִיּוֹן). Dies ist eine wesentliche Aussage für Zion, die mit dem Ausruf des Freudenboten יְשׁוּעַת אֱלֹהֵינוּ in unmittelbarem Zusammenhang steht. Durch die Rückkehr JHWHs nach Zion ist seine Königsherrschaft wiederhergestellt, die durch seine Abwesenheit unterbrochen war.[547] In diesem Kontext stehen auch die beiden Aussagen in V. 9b, denn JHWH ist nicht nur nach Zion zurückgekehrt, sondern er hat zugleich auch sein Volk getröstet (נִחַם עַמּוֹ) und Jerusalem erlöst (גָּאַל יְרוּשָׁלָֽם). V. 10 schließt das Szenario mit dem erweiterten Blick auf die Völker ab. Unser Gott lässt sie sein Heil (יְשׁוּעַת אֱלֹהֵינוּ) schauen, indem er seinen heiligen Arm vor den Augen der Völker „entblößt (offenbart)“ hat (חָשַׂף אֶת־זְרוֹעַ קָדְשׁוֹ).[548]

Vers	*JHWH*	*JHWHs Handeln*	*Menschen*	*Menschl. Handeln*
7aα			רַגְלֵי מְבַשֵּׂר	מַה־נָּאווּ
7aβ			מַשְׁמִיעַ / מְבַשֵּׂר	שָׁלוֹם / טוֹב / יְשׁוּעָה
7b	אֱלֹהָיִךְ	מָלַךְ		אֹמֵר לְצִיּוֹן
8a			צֹפַיִךְ	נָשְׂאוּ קוֹל יַחְדָּו יְרַנֵּנוּ
8bα				עַיִן בְּעַיִן יִרְאוּ
8bβ	יְהוָה	בְּשׁוּב צִיּוֹן		
9aα				פִּצְחוּ רַנְּנוּ יַחְדָּו
9aβ			חָרְבוֹת יְרוּשָׁלָםִ	
9bα	יְהוָה	נִחַם עַמּוֹ		
9bβ		גָּאַל יְרוּשָׁלָֽם		
10aα	יְהוָה	חָשַׂף אֶת־זְרוֹעַ קָדְשׁוֹ		
10aβ			לְעֵינֵי כָּל־הַגּוֹיִם	
10bα			כָּל־אַפְסֵי־אָרֶץ	וְרָאוּ
10bβ	אֱלֹהֵינוּ	יְשׁוּעַת		

Abbildung 12: Stichwort- und Motivverbindungen innerhalb der Perikope Jes 52,7-10

JHWH gegenüber stehen die Menschen, die hier in unterschiedlicher Weise von seinem Handeln betroffen sind. Da steht in Szene I der Freudenbote als Überbringer seiner guten Nachrichten: In V. 7aα werden zunächst die Füße des Freudenboten רַגְלֵי מְבַשֵּׂר genannt, die über die Berge kommen. Im Folgenden V. 7aβ wird dieser gleich dreimal, jedoch mit wechselnden Stichworten genannt (מַשְׁמִיעַ und מְבַשֵּׂר). Dabei wird der erste Begriff מְבַשֵּׂר

[547] Vgl. *Ehring,* Die Rückkehr JHWHs, 79f.
[548] Vgl. *Ehring,* Die Rückkehr JHWHs, 76.

aus V. 7aα wieder aufgenommen und von dem in V. 7aβ zweimal genannten Begriff מַשְׁמִיעַ flankiert. In Szene II geht es um Jerusalem: Hier werden in V. 8a zunächst die Wächter der Stadt angesprochen (צֹפַיִךְ), die den Boten kommen hören. In V. 9aβ wird dann Jerusalem (metaphorisch als חָרְבוֹת יְרוּשָׁלָםִ bezeichnet) direkt genannt und durch den Freudenboten zum Jubeln ausgefordert. Szene III schließlich erweitert den Horizont, indem nun die Völker gleich zweimal mit Hilfe von Metaphern angesprochen werden: zunächst in V. 10aβ als לְעֵינֵי כָּל־הַגּוֹיִם, dann in V. 10bα als כָּל־אַפְסֵי־אָרֶץ. Das menschliche Handeln besteht in dieser Perikope vornehmlich im Staunen und Jubeln über JHWHs Handeln.

In Szene I steht der Freudenbote im Mittelpunkt der Betrachtung: Wenn sein Erscheinen in V. 7aα metaphorisch als מַה־נָּאווּ עַל־הֶהָרִים רַגְלֵי מְבַשֵּׂר ausgedrückt wird, ist damit nicht die Form oder die Gestalt seiner Füße gemeint, sondern die Art seiner Bewegung. Er kommt herangeeilt, um seine hoch willkommene Botschaft zu verkünden. Es handelt sich hierbei um eine Besonderheit der hebräischen Sprache, die mit der Nennung des Körperteils zugleich dessen Funktion meint, was als „synthetisches Denken“ bezeichnet wird. Deuterojesaja spricht hier von den „lieblichen Füßen“ des Freudenboten, meint damit jedoch dessen „hurtige Bewegung“ und sein „sprunghaftes Nahen“ zum Ort des Geschehens Zion.[549]

Die Botschaft des Freudenboten wird in V. 7aβ mit den Stichworten שָׁלוֹם, טוֹב und יְשׁוּעָה benannt. Gleichwohl erfolgt der Höhepunkt der Botschaft an Zion in V. 7b (אֹמֵר לְצִיּוֹן), nämlich dass „sein Gott König (geworden) ist“ (= מָלַךְ אֱלֹהָיִךְ). Schwerpunkte in Szene II sind in V. 9a die Stadt Jerusalem und in V. 8 ihre Wächter. Gemeinsam jubeln die Wächter laut in V. 8a (נָשְׂאוּ קוֹל יַחְדָּו יְרַנֵּנוּ), in V. 8bα sehen sie den Ereignissen Auge in Auge (עַיִן בְּעַיִן יִרְאוּ) entgegen. Jerusalem wird in V. 9aα aufgefordert, laut zu jauchzen (פִּצְחוּ רַנְּנוּ יַחְדָּו) im Hinblick auf das, was JHWH für sein Volk und seine Stadt getan hat. In Szene III treten nun die Völker in der Vordergrund der Betrachtung (V. 10aβ-10bα). Denn sie sind es, die JHWHs heiligen Arm (V. 10aα) und sein heilvolles Handeln (V. 10bβ) schauen (רָאוּ).

---

549 Vgl. *Wolff*, Hans Walter / *Janowski*, Bernd (Hg.): Anthropologie des Alten Testaments. Gütersloh 2010, 30f.113; *Gies*, Kathrin / *Stosch*, Klaus von (Hg.): Anthropologie des Alten Testaments. Paderborn 2023.

4.3.4 Stimmen und Sprechrichtungen

Im nächsten Schritt geht es um die Dialogstruktur der Perikope, die einen hymnischen Text darstellt und daher analog zur Dialogstruktur der Psalmen betrachtet werden kann. Wie bei Ps 98 stehen hier die wechselnde *Sprechrichtung*, die *Stimmen* und die *Sprachkategorien* im Fokus der Betrachtung.

Die Perikope Jes 52,7-10 beinhaltet die folgende Redestruktur, in der einerseits der Erzähler und andererseits die Hörer bzw. Leser einen *kommunikativen Raum*[550] bilden:

1. Die eigentlich sprechende *Stimme* der Perikope ist der „*implizite* Erzähler" (= Er-Erzähler)[551], der sich unmittelbar an die *impliziten* Hörer bzw. Leser (= extradiegetische, narrative Adressaten)[552] der Perikope wendet. Ab V. 7b hingegen wechselt die kommunikative Situation: denn ab hier ist es der in V. 7a eingeführte Freudenbote, der als handelnde Person zu Zion als Metapher für Jerusalem spricht. D. h. die Rede des Freudenboten wird innerhalb der Rede des Erzählers zitiert.[553]
   Der *implizite* Erzähler als sprechende Stimme gilt jedoch nicht für Jes 52,7-10 LXX, weil dort in Fortsetzung seiner Rede aus Jes 52,3-6 LXX der „κύριος" durchgängig spricht, der in diesem Fall als *expliziter* Erzähler (Ich-Erzähler)[554] auftritt. Dementsprechend entfällt natürlich für diese Konstellation auch die Rede des Freudenboten ab V. 7b als *Rede-in-der-Rede*.
2. Die Rede des Freudenboten ist ausschließlich an Zion gerichtet und stellt ein Zitat des *impliziten* Erzählers der Perikope dar. Ein Wechsel der *Sprechrichtung* findet in V. 7b statt, indem der Freudenbote sich ab hier als *expliziter* Erzähler (Ich-Erzähler) unmittelbar an Zion als *expliziten* Hörer (intradiegetischer, narrativer Adressat)[555] wendet.
3. Die hauptsächlich vorkommende *Sprachkategorie* der Perikope ist das *Repräsentativum*, also die Narration fiktiver Geschehnisse. Ausnahme ist die nur einmal vorkommende Sprachkategorie des *Direktivum* in V. 9, mit der Jerusalem (metaphorisch als „Trümmer Jerusalems" bezeichnet) zum gemeinsamen Jubeln und Jauchzen aufgefordert wird. In gewisser Weise kann dies auch für das erste קוֹל in V. 8a gelten, wenn

[550] Vgl. *Utzschneider / Nitsche,* Arbeitsbuch literaturwissenschaftliche Bibelauslegung, 202.
[551] Vgl. *Lahn / Meister u. a.,* Einführung in die Erzähltextanalyse, 63.
[552] Vgl. *Utzschneider / Nitsche,* Arbeitsbuch literaturwissenschaftliche Bibelauslegung, 146.171; *Genette,* Gérard u. a.: Die Erzählung, 169.
[553] Vgl. *Ehring,* Die Rückkehr JHWHs, 70–72.
[554] Vgl. *Lahn / Meister u. a.,* Einführung in die Erzähltextanalyse, 63.
[555] Vgl. *Utzschneider / Nitsche,* Arbeitsbuch literaturwissenschaftliche Bibelauslegung, 149.171; *Genette,* Gérard u. a.: Die Erzählung, 169.

es denn im Sinne einer Interjektion („Horch!") verstanden wird. Ab V. 9bα folgt bis einschließlich V. 10bβ als *Repräsentativum* eine Begründung für den Jubelaufruf, eingeleitet durch die Konjunktion כִּי.

4.3.5 Kompositionsstruktur der Perikope

Die Perikope Jes 52,7-10 weist folgende Kompositionsstruktur auf:

Szene I: der Bote auf den Bergen

V. 7aα *Redner für Gesamtperikope: impliziter* Erzähler
erzählt: wie willkommen sind die Füße des Freudenboten
(In Jes 52,7-10 LXX: *expliziter* Erzähler durchgängig von V. 7-10.)

V. 7aβ *erzählt:* der Frieden, eine gute Botschaft und Heil hören lässt

V. 7b *Redner ab hier:* der Freudenbote (*Rede-in-der-Rede*)
sagt zu Zion: König (geworden) ist dein Gott
(Gilt nur für die masoretische Fassung von Jes 52,7-10.)

Szene II: die Wächter und die Stadt Jerusalem

V. 8a *fordert auf:* Horch!

erzählt: Wächter erheben die Stimme und jubeln gemeinsam

V. 8bα *erzählt:* sie sehen Auge in Auge

V. 8bβ *erzählt:* JHWH kehrt zurück nach Zion

V. 9aα *fordert auf:* brecht in Jubel aus und jauchzt gemeinsam

V. 9aβ *fordert auf:* die „Trümmer" Jerusalems

V. 9bα *begründet:* JHWH hat sein Volk getröstet

V. 9bβ *begründet:* er hat Jerusalem erlöst

Szene III: JHWH und die Völker

V. 10aα *begründet:* JHWH entblößt seinen heiligen Arm

V. 10aβ *begründet:* vor den Augen aller Nationen

V. 10bα *begründet:* alle Enden der Erde schauen

V. 10bβ *begründet*: das Heil unseres Gottes

Die Besonderheit der Kompositionsstruktur der Perikope besteht darin, dass ein impliziter Erzähler – Ehring geht davon aus, dass dies möglicherweise der Prophet sei – eine Geschichte erzählt, in der die Erzählung eines anderen Redners – nämlich des Freudenboten – als Rede-in-der-Rede an Zion/Jerusalem zitiert wird. Dabei fordert der Freudenbote Zion/Jerusalem mit einem zweifachen Imperativ zum Jubeln auf und begründet diese Aufforderung mit der Schilderung von JHWHs Heilshandeln, das JHWH an seinem Volk vollbracht hat und dabei auch die Völker mit einbezieht.[556]

4.4 Literarkritische und formgeschichtliche Analyse

4.4.1 Literarkritik

Die Perikope Jes 52,7-10 weist in ihrem Text keinerlei Unstimmigkeiten auf. Vielmehr ist der Text in sich schlüssig und sprachlich einheitlich sowie widerspruchs- und wiederholungsfrei. Zudem lässt er sich inhaltlich eindeutig von den vorhergehenden und nachfolgenden Versen des Kapitels Jes 52 abgrenzen.

So beginnt der vorhergehende Abschnitt Jes 52,1-6 in Jes 52,1a mit einem einleitenden doppelten Imperativ an Zion: „Wach auf, wach auf, bekleide dich mit deiner Macht, Zion" (= עוּרִי עוּרִי לִבְשִׁי עֻזֵּךְ צִיּוֹן). In den folgenden Versen wird Zion aufgefordert, sich wieder zu erheben aus der Niedrigkeit, denn JHWH kündigt die Befreiung seines Volkes aus der Knechtschaft an.

Der nachfolgende Abschnitt Jes 52,11f fordert Israel zum Verlassen Babylons auf mit dem einleitenden doppelten Imperativ in Jes 52,11aα: „Fort, fort! Zieht aus von dort!" (= סוּרוּ סוּרוּ צְאוּ מִשָּׁם). Ab Jes 52,13 schließt sich das „Lied vom leidenden Gottesknecht an. Dazwischen liegt die zu untersuchende Perikope Jes 52,7-10, die den Jubel über die Rückkehr JHWHs als König zum Zion feiert. Insofern hat die Perikope keine direkte inhaltliche Verbindung oder Überschneidung mit den vorhergehenden und nachfolgenden Versen.

In Bezug auf die Sprache der Perikope als ein wesentliches Kriterium der Literarkritik ist anzumerken: Sie folgt dem Stil des gesamten Buches Deuterojesaja, der nach Hermisson vielfach an der Sprache der Psalmen partizipiert, wobei jedoch weniger zitiert, als viel-

[556] Vgl. *Ehring*, Die Rückkehr JHWHs, 70–74.

mehr selbst neu formuliert wird.[557] Dabei vorkommende Dubletten entsprechen dem Literaturstil der Psalmen, der in der Regel das sprachliche Mittel des *Parallelismus membrorum* verwendet.[558] Somit besteht auch in sprachlicher Hinsicht keinerlei Auffälligkeit, welche die literarische Integrität der Perikope in Zweifel ziehen könnte.

Auch lassen sich bei keinem der verwendeten Kommentare und betrachteten Exegesearbeiten zu Deuterojesaja (z. B. Begrich, Elliger, Westermann, Melugin, Kiesow, Fohrer, van Orschot, Berges, Hermisson, Baltzer, Höffken, Zapff, Ehring, Werlitz, Blenkinsopp, Schmidt und Weidner) Hinweise auf eine Störung der literarischen Integrität feststellen.[559]

Es ist daher davon auszugehen, dass die literarische Textintegrität der Perikope nicht in Frage zu stellen ist.

4.4.2 Textgattung und Datierung

Wie bereits erwähnt, sieht Baltzer Deuterojesaja insgesamt als ein „liturgisches Drama". Diese Benennung charakterisiert er als „Rahmengattung", welche verschiedene Einzelgattungen in sich aufnimmt.[560] Während Begrich die Perikope Jes 52,7-10 noch als „eschatologisches Thronbesteigungslied"[561] sieht, stellt Berges hierzu fest, dass die nachexilische prophetische Literatur keinen festgefügten „Sitz im Leben" aufweise, sondern allein durch die literarische Kreativität des Autors bestimmt werde und daher auch keiner präzisen Gattung zugewiesen werden könne.[562] Ehring geht ebenfalls davon aus, dass die

---

[557] Vgl. *Hermisson*, Hans-Jürgen: Einheit und Komplexität Deuterojesajas. Probleme der Redaktionsgeschichte von Jes 40-55. In: Vermeylen, Jacques (Hg.): The Book of Isaiah. Le livre d'Isaïe. Les oracles et leurs relectures unité et complexité de l'ouvrage (BEThL 81). Leuven/B 1989, 287–312, 291.
[558] Vgl. *Hermisson,* Einheit und Komplexität Deuterojesajas, 292; *Schnocks,* Psalmen, 13.
[559] Vgl. *Begrich,* Joachim: Studien zu Deuterojesaja. München 1963; *Elliger*, Karl: Deuterojesaja in seinem Verhältnis zu Tritojesaja (BWANT 63). Stuttgart 1933; *Westermann*, Claus: Das Buch Jesaja. Kap. 40-66. Übersetzt und erklärt von Claus Westermann (ATD 19). Göttingen 1966; *Melugin*, Roy F.: The Formation of Isaiah 40-55 (BZAW 141). Berlin, New York/NY/USA; *Kiesow,* Klaus: Exodustexte im Jesajabuch. Literarkritische und motivgeschichtliche Analysen, Fribourg/CH u. a. 1979; *Fohrer*, Georg: Jesaja 40-66. Deuterojesaja/Tritojesaja (ZBK.AT 19.3). Zürich ^{2}1986; *Oorschot,* Jürgen van: Von Babel zum Zion. Eine literarkritische und redaktionsgeschichtliche Untersuchung (BZAW 206). Berlin, Boston/MA/USA 1993; *Berges,* Studien zu Deuterojesaja; *Hermisson,* Einheit und Komplexität Deuterojesajas; *Baltzer,* Deutero-Jesaja (KAT X 2); *Höffken,* Stand der theologischen Diskussion; *Zapff,* Jesaja 40-55 (NEB.AT 36); *Ehring,* Die Rückkehr JHWHs, 10; *Werlitz*, Jürgen: Redaktion und Komposition. Zur Rückfrage hinter die Endgestalt von Jesaja 40-55 (BBB 122). Berlin 1999; *Blenkinsopp,* Joseph: Isaiah 40-55. A new translation with introduction and commentary (AncB 19 A). New Haven/CT/USA 2009; *Schmidt*, Uta: Zukunftsvorstellungen in Jesaja 49-55. Eine textpragmatische Untersuchung von Kommunikation und Bildwelt (WMANT 138). Neukirchen-Vluyn 2013; *Weidner*, Alexander: Das Ende Deuterojesajas. Eine literarkritische und redaktionsgeschichtliche Studie zur Entstehung von Jes 40-60 (FAT 94). Tübingen 2017.
[560] Vgl. *Baltzer,* Deutero-Jesaja (KAT X 2), 29.
[561] *Begrich*, Studien zu Deuterojesaja, 56.
[562] Vgl. *Berges,* Jesaja 49-54 (HThK.AT), 194.

deuterojesanischen Texte nicht auf *eine* literarische Grundvorlage zurückgeführt werden können. Insofern betrachtet sie die Perikope im Rahmen ihrer Exegese als eine *eigene Textgestalt*.[563]

Gleichwohl lässt sich festhalten: Der Text der Perikope Jes 52,7-10 ist insgesamt ein Hymnus, ein poetischer Text, der einerseits in V. 7f auf narrative Weise die künftigen Ereignisse schildert. Andererseits in V. 52,9f hingegen fordert ein Doppelimperativ in V. 9a Jerusalem zum Jubel für JHWH auf, der sein Volk getröstet, Jerusalem befreit und vor den Augen der Völker sein machtvolles Heilshandeln demonstriert hat.[564]

Zur Datierung der Entstehung der Perikope: Höffken, Hermisson und Blenkinsopp konstatieren, dass V. 7aα aufgrund des nahezu gleichen Wortlauts wohl möglicherweise aus Nah 2,1aα rezipiert ist;[565] für V. 10 geht Höffken von einer Textübernahme aus Ps 98,2f aus.[566] Darüber hinaus sieht Hermisson ebenfalls gleiche Motive der Perikope in anderen Texten: So kommt das Königsmotiv aus V. 7b ebenso in Ps 93,1 vor. Im Hinblick auf den „entblößten Arm“ in V. 10a verweist er auf Ez 4,7aβ. Für V. 10b sieht er eine Vergleichbarkeit mit Jes 40,5bα.[567] Diese offenkundigen Analogien von Jes 52,7-10 mit anderen prophetischen Schriften und Psalmentexten, erlauben gewisse Annahmen über den Zeitrahmen der Entstehung der Perikope.

Nach Begrich ist davon auszugehen, dass die Texte Deuterojesajas in der Ära des persischen Königs Kyros entstanden sind.[568] Schmidt konkretisiert die Datierung Deuterojesajas und schließt sich dabei Berges an, der das Werk hinsichtlich seiner Entstehung in zwei Abschnitte unterteilt: zum einen Jes 40-48 als gegen Ende des Exils entstandener und zum anderen Jes 49-55 als nachexilischer Text. Gleichwohl ist jedoch davon auszugehen, dass die Deuterojesaja-Texte dynamisch in verschiedenen redaktionellen Schichten entstanden sind.[569] Die besondere inhaltliche Nähe der Perikope Jes 52,7-10 zu Ps 98 unter-

---

[563] Vgl. *Ehring,* Die Rückkehr JHWHs, 69.
[564] Vgl. *Ehring,* Die Rückkehr JHWHs, 72; *Baltzer,* Deutero-Jesaja (KAT X 2), 475; *Hermisson,* Jes 51,9-23; 52,1-12 (BK.AT XI 15), 250.
[565] Vgl. *Höffken,* Jesaja Kapitel 40-66 (NSK.AT 18/2), 161; *Hermisson,* Jes 51,9-23; 52,1-12 (BK.AT XI 15), 255; *Blenkinsopp*, Isaiah 40-55, 342.
[566] Vgl. *Höffken,* Jesaja Kapitel 40-66 (NSK.AT 18/2), 161. Interessant ist in diesem Zusammenhang die Tatsache, dass z. B. Hossfeld genau umgekehrt Ps 98,3b als Zitat von Jes 52,10b versteht (vgl. *Hossfeld / Zenger*, Psalmen 51-100 (HThK.AT), 689.), was darauf hindeutet, dass in diesem Fall die Frage nach Prätext und Haupttext offenbar letztlich nicht eindeutig geklärt ist.
[567] Vgl. *Hermisson,* Jes 51,9-23; 52,1-12 (BK.AT XI 15), 254.261. Hinsichtlich des Königsmotivs sind neben Ps 93,1 auch noch die Ps 96,10; 97,1; 99,1 zu erwähnen.
[568] Vgl. *Begrich,* Studien zu Deuterojesaja, 68.
[569] Vgl. *Schmidt,* Zukunftsvorstellungen in Jesaja 49-55, 73; *Höffken,* Jesaja Kapitel 40-66 (NSK.AT 18/2), 21f; vgl. auch *Westermann*, Claus: Sprache und Struktur der Prophetie Deuterojesajas (CThM 11). Stuttgart

streicht darüber hinaus die Vermutung, dass dieser Textteil des Buches Deuterojesaja nachexilischer Provenienz entstammt.[570]

4.5 Jesaja 52,7-10 im literarischen Kontext des Deuterojesaja

Basierend auf den Erkenntnissen Duhms von 1892 werden zu „Deuterojesaja" gemäß heute weithin geteilter Auffassung unabhängig von der jeweiligen Einschätzung vermuteter Redaktionsschichten die Kapitel Jes 40-55 gezählt.[571] Es ist gleichwohl auch zu betonen, dass sich die Kapitel Jes 40-48 von den Kapiteln Jes 49-55 thematisch unterscheiden. So befassen sich erstere mit dem Schicksal Israels in Babylon, während letztere sich um Jerusalem und Zion drehen.[572]

Bei der Untersuchung der Perikope Jes 52,7-10 sind zunächst die intertextuellen Bezüge innerhalb des Buches Deuterojesaja Gegenstand der Betrachtung. Im nächsten Schritt wird der besondere Kontext der Perikopen Jes 52,7-10 und Jes 40,1-5.9-11 analysiert. Der Fokus des dritten Arbeitsschrittes dient der Einordnung der Perikope Jes 52,7-10 in das gesamte „liturgische Drama Deuterojesaja" (Baltzer).

4.5.1 Intertextuelle Bezüge innerhalb des Deuterojesaja

Hinsichtlich der Stichwort- und Motivverbindungen der Perikope Jes 52,7-10 geht es um solche, die in einem *intertextuellen* Bezug zu den übrigen Kapiteln des Buches Deuterojesaja stehen. Die wichtigsten Stichworte/Motive in diesem Zusammenhang sind zum einen die Königsproklamation JHWHs (מָלַךְ אֱלֹהָיִךְ) und zum anderen sein Handeln für Israel – metaphorisch bezeichnet als Zion/Jerusalem bzw. „sein Volk" (= עַמּוֹ) – sowie für die Völker – beschrieben durch die Begriffe כָּל־הַגּוֹיִם und כָּל־אַפְסֵי־אָרֶץ. Das göttliche Heilshandeln JHWHs findet seinen Ausdruck in den Stichworten von „Frieden" (= שָׁלוֹם),

---

1981, 91; *Zapff,* Jesaja 40-55 (NEB.AT 36), 220; *Berges*, Ulrich: Das Buch Jesaja. Komposition und Endgestalt (HBS 16). Freiburg i. Br. 1998, 411–413. Das gesamte Entstehungsmodell des Deuterojesaja ist en détail bei Berges, 339-413 beschrieben.

570 Vgl. *Hossfeld / Zenger,* Psalm 50-100 (NEB.AT 40), 521.

571 Vgl. *Duhm*, Bernhard: Das Buch Jesaja (HK III 1). Göttingen [2]1902, XVII u. 255; *Begrich,* Studien zu Deuterojesaja, 13; *Elliger*, Deuterojesaja in seinem Verhältnis zu Tritojesaja (BWANT 63), 103; *Westermann*, Das Buch Jesaja. Kap. 40-66 (ATD 19), 11; *Melugin,* The Formation of Isaiah 40-55 (BZAW 141), 82; *Kiesow,* Exodustexte im Jesajabuch, 10; *Fohrer,* Jesaja 40-66, 12.15.184; *Kratz*, Kyros im Deuterojesaja-Buch, 1f; *Oorschot*, Von Babel zum Zion, 2; *Berges,* Das Buch Jesaja. Komposition und Endgestalt (HBS 16), 322; *Hermisson,* Jesaja 49,14-55,13 (BK.AT XI 3), 659; *Baltzer,* Deutero-Jesaja (KAT X 2), 26; *Höffken,* Stand der theologischen Diskussion, 8; *Zapff,* Jesaja 40-55 (NEB.AT 36), 219f; *Ehring,* Die Rückkehr JHWHs, 10; *Werlitz,* Redaktion und Komposition, 15; *Blenkinsopp*, Isaiah 40-55, 42; *Schmidt,* Zukunftsvorstellungen in Jesaja 49-55, 73f; *Weidner,* Das Ende Deuterojesajas, 1.

572 Vgl. *Berges,* Das Buch Jesaja. Komposition und Endgestalt (HBS 16), 325.

„Gutes“ (= טוֹב) und „Heil“ (= יְשׁוּעָה) als Ergebnis sowie „zurückkehren“ (= שׁוב), „trösten“ (= נחם) und „erlösen“ (= גאל) als Handeln JHWHs.

Szene I:

Stichworte und Motive	***Jes 52,7-10***	***Deuterojesaja*** *(sine Jes 52,7-10)*
מַה־נָּאווּ עַל־הֶהָרִים רַגְלֵי מְבַשֵּׂר	V. 7aα	Jes 40,9; 41,27
מַשְׁמִיעַ שָׁלוֹם מְבַשֵּׂר טוֹב מַשְׁמִיעַ יְשׁוּעָה	V. 7aβ	Jes 45,7; 46,13; 48,18; 49,6.8; 51,6
אֹמֵר לְצִיּוֹן מָלַךְ אֱלֹהָיִךְ	V. 7b	Jes 41,21; 43,15; 44,6

V. 7aα führt unmittelbar in die Perikope ein mit der Beschreibung des langersehnten Freudenboten, der über die Berge kommt.[573] Die Motive des „Freudenboten“ (= מְבַשֵּׂר) sowie „der Berge“ (= הֶהָרִים) kommen auch bereits in Jes 40,9aα im Kontext des Trostes vor, der dem Volk im Exil zugesprochen wird: „Steig auf einen hohen Berg, Freudenbotin Zion“ (= עַל הַר־גָּבֹהַ עֲלִי־לָךְ מְבַשֶּׂרֶת צִיּוֹן) und in Jes 40,9aγ wird „Freudenbotin Jerusalem“ (= מְבַשֶּׂרֶת יְרוּשָׁלָם) als synonymer Parallelismus wiederholt.[574] In Jes 41,27 wird ebenfalls „ein Freudenbote“ (= מְבַשֵּׂר) für Zion bzw. Jerusalem im Kontext der jesajanischen Kultbilderpolemik genannt, der den Freudenboten in Jes 52,7aα antizipiert.[575]

Interpretation: Freudenbote bzw. Freudenbotin spielen in Deuterojesaja die Rolle der prophetischen Verkündigung an Zion/Jerusalem und Juda. Dabei geht es im Gegensatz zum Buch Protojesaja nicht mehr um die Ankündigung von Unheil, sondern um die Ansage, dass die Zeit der Not zu Ende ist und nunmehr wieder eine Zukunft für Jerusalem und Juda besteht.

V. 7aβ enthält die drei wesentlichen Stichworte im Hinblick auf JHWHs Wirken, nämlich „Frieden“ (= שָׁלוֹם), „Gutes“ (= טוֹב) und „Heil“ (= יְשׁוּעָה), welche in mehreren Texten in Deuterojesaja ebenfalls vorkommen, wenn auch nicht in dieser spezifischen Dreierkombination.[576] So wird JHWH in Jes 45,7aβ als der benannt, der „[zwar] Frieden macht aber [auch] Unheil schafft“ (= עֹשֶׂה שָׁלוֹם וּבוֹרֵא רָע).[577] Und er ist es auch, der Kyros als sein

---

[573] Vgl. *Berges,* Jesaja 49-54 (HThK.AT), 194f.
[574] Vgl. *Ehring,* Die Rückkehr JHWHs, 73f; *Berges,* Jesaja 49-54 (HThK.AT), 194f; *Hermisson,* Jesaja 49,14-55,13 (BK.AT XI 3), 252f; *Zapff,* Jesaja 40-55 (NEB.AT 36), 321.
[575] Vgl. *Höffken,* Jesaja Kapitel 40-66 (NSK.AT 18/2), 60f; *Hermisson,* Jesaja 49,14-55,13 (BK.AT XI 3), 252; *Berges*, Ulrich: Jesaja 40-48 (HThK.AT). Freiburg i. Br. 2008, 211.
[576] Vgl. *Berges,* Jesaja 49-54 (HThK.AT), 196.
[577] Vgl. *Berges,* Jesaja 40-48 (HThK.AT), 405f.

Werkzeug beruft, um „für Zion Rettung“ (= בְצִיּוֹן תְּשׁוּעָה) zu geben (Jes 46,13bα) und nicht die Götter Babels.[578] In Jes 48,18 belehrt JHWH sein Volk: „Dein Frieden“ (= שְׁלוֹמֶךָ) wäre „wie ein Strom“ (= כַנָּהָר), „hättest du auf meine Gebote gehört“ (= הִקְשַׁבְתָּ לְמִצְוֹתָי). Jedoch hat Israel durch unangemessenes Verhalten Heilsmöglichkeiten verspielt.[579] In Jes 49,6b spricht JHWH dem Gottesknecht seine Berufung zu, nämlich Licht der Heiden zu sein, damit „mein Heil bis an die Grenzen der Erde“ (= יְשׁוּעָתִי עַד־קְצֵה הָאָרֶץ) reicht. Jes 49,8aβ erinnert den Gottesknecht an JHWHs treue Hilfe „am Tag des Heils“ (= בְיוֹם יְשׁוּעָה).[580] „Mein Heil bleibt für immer“ (= וִישׁוּעָתִי לְעוֹלָם תִּהְיֶה), verspricht JHWH in Jes 51,6bα, denn auf ihn allein ist Verlass.[581]

Interpretation: Unter den positiven Begriffen der Aussage des Freudenboten steht in Deuterojesaja insgesamt der Begriff des „Heils“ im Vordergrund. Dabei geht es jedoch nicht mehr allein um das Heil Israels, sondern auch um das Heil der Völker, für die Israel als „Gottesknecht“ das Licht der Heiden sein wird.

V. 7b enthält als Kernbotschaft der Szene I die Königsproklamation JHWHs: „Dein Gott ist König (geworden)“ (= מָלַךְ אֱלֹהָיִךְ). Diese Königsformel kommt auch in weiteren Texten des Deuterojesaja vor, in Jes 52,7b jedoch zum letzten Mal. Darüber hinaus bestehen für dieses Königsmotiv auch intertextuelle Verbindungen zu den JHWH-König-Psalmen.[582] Das Verb Ferner bezeichnet Jes 41,21 als einziger Text im Alten Testament JHWH als „*Jakobs* König“ (= מֶלֶךְ יַעֲקֹב).[583] Jes 43,15 zitiert JHWH als den wirklichen Retter Israels: „Ich bin JHWH, euer Heiliger, Israels Schöpfer, euer König“ (אֲנִי יְהוָה קְדוֹשְׁכֶם בּוֹרֵא יִשְׂרָאֵל מַלְכְּכֶם).

Das Königsmotiv ist auch in Jes 44,6a – verbunden mit der Botenformel – wieder aufgenommen: „So spricht JHWH, der König Israels“ (= כֹּה־אָמַר יְהוָה מֶלֶךְ־יִשְׂרָאֵל).[584]

Interpretation: Die Kernbotschaft von Jes 52,7b „Dein Gott ist König (geworden)“ zieht sich durch Deuterojesaja bis zu diesem Vers als wesentliche Aussage für das geänderte Leben Israels durch und lässt zugleich die Schlussfolgerung zu, dass mit der Thronbesteigung JHWHs ein irdischer König aus dem Hause David nicht mehr erforderlich ist.

---

[578] Vgl. *Berges,* Jesaja 40-48 (HThK.AT), 500.
[579] Vgl. *Berges,* Jesaja 40-48 (HThK.AT), 540.
[580] Vgl. *Berges,* Jesaja 49-54 (HThK.AT), 42.46.
[581] Vgl. *Berges,* Jesaja 49-54 (HThK.AT), 133.
[582] Vgl. *Berges,* Jesaja 49-54 (HThK.AT), 196f.
[583] Vgl. *Berges,* Jesaja 40-48 (HThK.AT), 215
[584] Vgl. *Baltzer,* Deutero-Jesaja (KAT X 2), 226.

Zugleich bestehen zwischen dem jesajanischen Bild des Gottes, der König geworden ist, und den JHWH-König-Psalmen Parallelen.

Szene II:

Stichworte und Motive	*Jes 52,7-10*	*Deuterojesaja (sine Jes 52,7-10)*
קוֹל צֹפַיִךְ נָשְׂאוּ קוֹל יַחְדָּו יְרַנֵּנוּ	V. 8a	Jes 40,3.6
כִּי עַיִן בְּעַיִן יִרְאוּ	V. 8bα	Jes 43,4.8; 44,18; 49,5.18
בְּשׁוּב יְהוָה צִיּוֹן	V. 8bβ	Jes 40,10
פִּצְחוּ רַנְּנוּ יַחְדָּו	V. 9aα	Jes 44,23; 49,13; 54,1; 55,12
חָרְבוֹת יְרוּשָׁלָם	V. 9aβ	Jes 40,2; 44,26
כִּי־נִחַם יְהוָה עַמּוֹ	V. 9bα	Jes 40,1; 49,13; 51,3; 54,11
גָּאַל יְרוּשָׁלָם	V. 9bβ	Jes 41,14; 43,1.14; 44,6.22-24; 47,4; 48,17.20; 49,7.26

V. 8a schildert das laute Rufen der Wächter, die den Freudenboten wahrgenommen haben und nun „[die] Stimme erhoben haben [und] gemeinsam jubeln“ (= נָשְׂאוּ קוֹל יַחְדָּו יְרַנֵּנוּ). Die Stichworte „rufen“ (= קרא) bzw. „Stimme“ (= קוֹל) kommen auch noch an weiteren Stellen des Deuterojesaja vor.[585] So wird in Jes 40,3a als Metapher ein anonymer Rufer in der Wüste geschildert, als „eine Stimme rufend in [der] Wüste: bereitet JHWH einen Weg“ (= קוֹל קוֹרֵא בַּמִּדְבָּר פַּנּוּ דֶּרֶךְ יְהוָה); und weiter in Jes 40,6aα: „eine Stimme sagt: rufe! Und jemand sagt: Was soll ich rufen?“ (= קוֹל אֹמֵר קְרָא וְאָמַר מָה אֶקְרָא). Inhalt dieses Rufens soll die Verkündigung der neuen gottgewollten Zukunft für Zion und Juda sein.[586]

Interpretation: Im Sinne der tröstenden Botschaft des Deuterojesaja ist auch der inhaltliche Zusammenhang der Stichworte „rufen“ und „Stimme“ zu verstehen. Aber hier geht es nicht um Angst- oder Kriegsgeschrei, sondern um den Jubel über den kommenden König JHWH, welcher der Judas und Jerusalems ein Ende macht.

In V. 8bα geht es um die Stichworte „Auge“ (= עַיִן)“ und „sehen“ (= ראה). „Auge in Auge sehen sie [die Wächter Jerusalems]“ (= עַיִן בְּעַיִן יִרְאוּ) die Rückkehr JHWHs.[587] Jes 43,4a beschreibt mithilfe des Stichworts „Augen“ das Motiv für JHWHs Heilshandeln an sein-

[585] Vgl. Berges, Jesaja 49-54 (HThK.AT), 199.
[586] Vgl. *Berges,* Jesaja 40-48 (HThK.AT), 106–109f.
[587] Vgl. *Berges,* Jesaja 49-54 (HThK.AT), 198f.

em Volk, nämlich „weil du in meinen Augen teuer und wertvoll bist und ich [JHWH] dich liebe" (= מֵאֲשֶׁר יָקַרְתָּ בְעֵינַי נִכְבַּדְתָּ וַאֲנִי אֲהַבְתִּיךָ).[588] Zugleich wird Israel in Jes 43,8a als Volk bezeichnet, das blind ist, aber Augen hat (עַם־עִוֵּר וְעֵינַיִם). Damit will JHWH das Volk ermutigen, seine durch ihn geschenkte Erwählung endlich wahrzunehmen und zu realisieren.[589] Im Rahmen der deuterojesajanische Kultbilderpolemik in Jes 44,18bα hält JHWH seinem Volk vor Augen, dass die Verehrer der Kultbilder unwissende Menschen sind, „denn verklebte Spiegel sind ihre Augen" (= כִּי טַח מֵרְאוֹת עֵינֵיהֶם). Sie erkennen letztlich nicht die Nutzlosigkeit ihres Handelns.[590] In Jes 49,5bα spricht der Gottesknecht davon, wie er in den Augen JHWHs geehrt worden ist (וְאֶכָּבֵד בְּעֵינֵי יְהוָה), indem er von ihm berufen worden ist. Und in Jes 49,18aα sagt JHWH angesichts der Heimkehrer als Trostwort für Zion: „hebe deine Augen ringsum und schau" (= שְׂאִי־סָבִיב עֵינַיִךְ וּרְאִי).[591]

Interpretation: Neben dem Rufen spielen auch die „Augen" und das „Sehen" eine wichtige Rolle. So sollen Juda und Jerusalem die Rückkehr des Königs JHWH sowie die eigene Rolle als „Licht der Völker" nicht nur mit den Augen sehen, sondern auch mit dem Herzen wahrnehmen und verinnerlichen. Damit sollen sie sich zugleich von den Verehrern der Kultbilder unterscheiden, die zwar Augen haben, aber dennoch blind sind.

V. 8bβ enthält den Höhepunkt der Szene II, indem die Wächter sehen, „wie zurückkehrt JHWH nach Zion" (= בְּשׁוּב יְהוָה צִיּוֹן), zu dem ursprünglichen Ort und der ursprünglichen Beziehung.[592] Und bereits in Jes 40,10aα wird dieses heilvolle Kommen JHWHs angekündigt: „Siehe, mein Herr JHWH, mit Macht kommt er" (= הִנֵּה אֲדֹנָי יְהוִה בְּחָזָק יָבוֹא), dass sich nun vor den Augen der Wächter entfaltet.[593]

Interpretation: Neben der Beendigung der Notsituation für Jerusalem und Juda ist die Rückkehr JHWHs zum Zion ein weiterer Schwerpunkt des Buches Deuterojesaja. Mit diesem Bild der Rückkehr wird zugleich deutlich, dass JHWH den Bund mit seinem Volk nicht vergessen hat, sondern nach wie vor zu ihm steht. Letztlich ist es das Volk, dass den Bund mit JHWH vom Sinai an immer wieder verlassen hat und durch JHWH in seiner liebevollen Gnade wieder zurückgeholt worden ist.

---

[588] Vgl. *Berges:* Jesaja 40-48 (HThK.AT), 275f.
[589] Vgl. *Berges,* Jesaja 40-48 (HThK.AT), 280f.
[590] Vgl. *Berges,* Jesaja 40-48 (HThK.AT), 351f.
[591] Vgl. *Berges,* Jesaja 49-54 (HThK.AT), 41.62-64.
[592] Vgl. *Berges,* Jesaja 49-54 (HThK.AT), 199f.
[593] Vgl. *Berges,* Jesaja 40-48 (HThK.AT), 112f; *Berges,* Jesaja 49-54 (HThK.AT), 198f.

In V. 9aα wird Jerusalem zum gemeinsamen Jubel aufgefordert: „Brecht in Jubel aus, jauchzt zusammen“ (= פִּצְחוּ רַנְּנוּ יַחְדָּו). Das Motiv des „Jubels“ kommt in Deuterojesaja darüber hinaus noch viermal vor.[594] So beschreibt Jes 44,23 den Aufruf zu Jubel und Lob für JHWHs Erbarmen, mit dem er die Sünden Jakobs vergeben hat, als Responsorium auf die Kultbildpolemik in Jes 44,9-20: „Jauchzt, ihr Himmel (= רָנּוּ שָׁמַיִם), ja, gehandelt hat JHWH (= כִּי־עָשָׂה יְהוָה); jubelt, ihr Tiefen der Erde (= הָרִיעוּ תַּחְתִּיּוֹת אָרֶץ)! Brecht aus, ihr Berge in Jubel (= פִּצְחוּ הָרִים רִנָּה), ihr Wälder mit all euren Bäumen! Denn JHWH hat Jakob erlöst und sich verherrlicht in Israel.“ Dieser umfassende Jubelaufruf findet sich auch ähnlich in den Ps 96.98.[595] Im Gottesknechtslied Jes 49,13a wird ebenfalls der Jubel der Natur darüber beschrieben, dass JHWH Jakob getröstet hat: „Jubelt, ihr Himmel, jauchze, Erde, brecht aus in Jubel, die Berge!“ (= רָנּוּ שָׁמַיִם וְגִילִי אָרֶץ יִפְצְחוּ הָרִים רִנָּה). Damit steht dieser Vers in engem textlichen Zusammenhang mit Jes 44,23.[596] Im Kontext des in Jes 54 beschriebenen Friedens mit JHWH wird Zion, hier metaphorisch als die „Unfruchtbare“ (= עֲקָרָה) beschrieben, in Jes 54,1bα zum Jubel aufgefordert: „brich in Jubel aus und jauchze“ (= רִנָּה וְצַהֲלִי). Diese Imperative weisen auf Jes 52,9aα zurück. Dort sind es die Wächter, die jubeln; und nun wird Zion angesichts des Heilshandeln JHWHs selbst zum Jubel aufgefordert.[597] Jes 55,12 schildert die Freude beim Auszug aus Babylon: „Die Berge und die Hügel brechen in Jubel aus vor euch und alle Bäume auf dem Feld klatschen in die Hände“ (= הֶהָרִים וְהַגְּבָעוֹת יִפְצְחוּ לִפְנֵיכֶם רִנָּה וְכָל־עֲצֵי הַשָּׂדֶה יִמְחֲאוּ־כָף). Diese Freude bezieht sich möglicherweise aber auch generell auf die Sammlung Israels aus der Diaspora nach der Erneuerung Zions.[598]

Interpretation: Das Motiv des „Jubels“ bestimmt in weiten Teilen das Deuterojesaja. Der Jubel ist bestimmt durch die Freude am Handeln JHWHs, der sein Volk aus dem Exil befreit und seine Rückkehr nach Jerusalem ermöglicht hat. Damit endet auch für Jerusalem die Zeit der Trümmer, so dass an den Wiederaufbau der Stadt und ihre Zukunft gedacht werden kann.

V. 9aβ nennt den Adressaten der Aufforderung zum Jubel, nämlich „die Trümmer Jerusalems (= חָרְבוֹת יְרוּשָׁלָםִ)“. Die „Trümmer Jerusalems“ stehen für die Not Israels und Jeru-

---

[594] Vgl. *Berges,* Jesaja 49-54 (HThK.AT), 200.
[595] Vgl. *Berges,* Jesaja 40-48 (HThK.AT), 358–360.
[596] Vgl. *Berges,* Jesaja 49-54 (HThK.AT), 54.
[597] Vgl. *Berges,* Jesaja 49-54 (HThK.AT), 293.
[598] Vgl. *Zapff,* Jesaja 40-55 (NEB.AT 36), 340; *Hermisson,* Jes 51,9-23; 52,1-12 (BK.AT XI 15), 258; *Berges,* Jesaja 49-54 (HThK.AT), 200.

salems, der JHWH nun ein Ende macht.[599] Bereits in Jes 40,2a sagt JHWH Jerusalem seine Trost zu mit den Worten „Redet Jerusalem zu Herzen“ (= דַּבְּרוּ עַל־לֵב יְרוּשָׁלַםִ); d. h. die Verzweifelten und Hoffnungslosen sollen ermuntert werden, auf JHWHs Heilshandeln zu vertrauen.[600] In Jes 44,26bα beschreibt sich JHWH als der, „der sagt zu Jerusalem: werde wieder bewohnt“ (= הָאֹמֵר לִירוּשָׁלַםִ תּוּשָׁב). Er ist es, der durch sein Werkzeug Kyros seinen Heilsplan umsetzen und Jerusalem wieder bewohnbar machen wird.[601]

Interpretation: Der Adressat der Aufforderung zum Jubel für JHWH ist Jerusalem, die Stadt, die noch in Trümmern liegt und damit ein Symbol der Hoffnungslosigkeit darstellt. Doch mit der Rückkehr JHWHs wird alles anders: Kyros ist der verlängerte Arm JHWHs, der sein Volk wieder zurückkehren und die Stadt Jerusalem wieder aufbauen lässt. Damit entsteht für Jerusalem sowie auch für Juda die Hoffnung auf eine neue Zukunft.

V. 9bα beschreibt den Grund für den Jubel Jerusalems/Zions, „denn getröstet hat JHWH sein Volk“ (= כִּי־נִחַם יְהוָה עַמּוֹ), was dadurch geschieht, dass JHWH Jerusalem/Zion erlöst hat.[602] Bereits der Eingangsvers des Deuterojesaja fordert dazu auf, Israel zu trösten (Jes 40,1), und stellt damit eine programmatische Aussage dar: „tröstet, tröstet mein Volk, spricht euer Gott“ (= נַחֲמוּ נַחֲמוּ עַמִּי יֹאמַר אֱלֹהֵיכֶם).[603] Aufgrund dieses programmatischen Eingangsverses wird Deuterojesaja auch als das „Evangelium des Alten Testamentes“[604] bezeichnet. Jes 49,13b ergänzt den Aufruf zum Jubel der Naturelemente für JHWH in Jes 49,13a um die wesentliche Begründung, „denn getröstet hat JHWH sein Volk und sich seiner Armen erbarmt“ (= כִּי־נִחַם יְהוָה עַמּוֹ וַעֲנִיָּו יְרַחֵם)[605] Und auch Jes 51,3aα greift noch einmal den Trost JHWHs auf und verbindet diesen mit Zion: „denn getröstet hat JHWH Zion, getröstet all ihre Trümmer“ (= כִּי־נִחַם יְהוָה צִיּוֹן נִחַם כָּל־חָרְבֹתֶיהָ).[606] Und in Jes 54,11 – im Anschluss an das Gottesknechtslied (Jes 52,13-53,12) – wird JHWHs erbarmendes Heilshandeln verkündet, indem Jerusalem/Zion, die „Arme, vom Sturm bewegte, die nicht getröstet worden ist“ (= עֲנִיָּה סֹעֲרָה לֹא נֻחָמָה), nunmehr als geschmückte Braut dasteht.[607]

---

[599] Vgl. *Berges,* Jesaja 49-54 (HThK.AT), 200.
[600] Vgl. *Berges,* Jesaja 40-48 (HThK.AT), 99–102.
[601] Vgl. *Berges,* Jesaja 40-48 (HThK.AT), 387f.-388.
[602] Vgl. *Berges,* Jesaja 49-54 (HThK.AT), 200f.
[603] Vgl. *Berges,* Jesaja 40-48 (HThK.AT), 98f.
[604] *Zapff,* Jesaja 40-55 (NEB.AT 36), 219.
[605] Vgl. *Berges,* Jesaja 49-54 (HThK.AT), 54.
[606] Vgl. *Berges,* Jesaja 49-54 (HThK.AT), 122f.
[607] Vgl. *Berges,* Jesaja 49-54 (HThK.AT), 318–320.

Interpretation: Auch das Motiv des „Trostes“ steht in Deuterojesaja im Fokus des Interesses. Nach der Notzeit durch Zerstörung und Verbannung werden Jerusalem und Juda getröstet von JHWH, der Stadt und Volk Befreiung von der Herrschaft Babylons nicht nur verspricht, sondern zugleich auch umsetzt, indem er Kyros als seinen verlängerten Arm zum Handeln einsetzt.

V. 9bβ nennt analog zu V. 9bα den weiteren Grund für den Jubel Jerusalems, denn „er [JHWH] hat erlöst Jerusalem“ (= גָּאַל יְרוּשָׁלָם) und damit Stadt und Volk eine neue Zukunft eröffnet.[608] Schon in Jes 41,14bβ verspricht JHWH: „und dein [Er-]Löser ist [der] Heilige Israels“ (= וְגֹאֲלֵךְ קְדוֹשׁ יִשְׂרָאֵל), der sein Volk aus der Schuldknechtschaft „löst“.[609] Nach dem ersten Gottesknechtslied in Jes 42 folgt in Jes 43 das Versprechen JHWHs, Israel zu sammeln und heimzuführen. Für diese Heimführung spricht er Israel Mut zu (Jes 43,1bα): „nicht fürchte dich, denn ich [JHWH] habe dich gelöst, ich habe gerufen dich bei deinem Namen, mein [bist] du“ (= אַל־תִּירָא כִּי גְאַלְתִּיךָ קָרָאתִי בְשִׁמְךָ לִי־אָתָּה). Damit macht JHWH auch seinen Eigentumsanspruch gegenüber Israel als seinem Volk deutlich.[610]

Dieser Zuspruch JHWHs aus Jes 43,1bα wird in Jes 43,14a erneut aufgegriffen und bestätigt: „So spricht JHWH, dein [Er-]Löser, [der] Heilige Israels“ (= כֹּה־אָמַר יְהוָה גֹּאַלְכֶם קְדוֹשׁ יִשְׂרָאֵל). Auf diese Weise wird noch einmal unterstrichen, dass JHWH für sein Volk stets Verantwortung trägt.[611] In Jes 44 wird die Einzigartigkeit JHWHs bezeugt, der Israel aufruft, zu ihm umzukehren (Jes 44,6): „So spricht JHWH, König Israels und sein [Er-]Löser, JHWH [Herr] der Heerscharen: Ich bin der Erste und ich bin der Letzte und außer mir ist kein Gott“ (= כֹּה־אָמַר יְהוָה מֶלֶךְ־יִשְׂרָאֵל וְגֹאֲלוֹ יְהוָה צְבָאוֹת אֲנִי רִאשׁוֹן וַאֲנִי אַחֲרוֹן וּמִבַּלְעָדַי אֵין אֱלֹהִים). Weitere Aussagen über JHWH, der Israel erlöst hat, folgen in drei Versen: Jes 44,22b „kehr um zu mir, denn ich habe dich erlöst“ (= שׁוּבָה אֵלַי כִּי גְאַלְתִּיךָ); Jes 44,23bα begründet den Jubel der Naturelemente „denn erlöst hat JHWH Jakob“ (= כִּי־גָאַל יְהוָה יַעֲקֹב); und Jes 44,24aα leitet die Berufung des Kyros ein, der im Auftrag JHWHs handeln soll „So spricht JHWH, dein [Er-]Löser“ (= כֹּה־אָמַר יְהוָה גֹּאֲלֶךָ). Inhalt von Jes 44,6-28 ist die Gegenüberstellung von JHWH, dem einzigen Gott, der Israel erlösen kann und erlöst hat, und den Kultbildern, die vollkommen machtlos sind. Durch diesen Disput soll Israel

---

608 Vgl. *Berges*, Jesaja 49-54 (HThK.AT), 200f.
609 Vgl. *Berges*, Jesaja 40-48 (HThK.AT), 196f.
610 Vgl. *Berges*, Jesaja 40-48 (HThK.AT), 272f.
611 Vgl. *Berges*, Jesaja 40-48 (HThK.AT), 293f.

veranlasst werden, sich wieder allein JHWH zuzuwenden, nur ihm zu vertrauen und ihm allein zu dienen.[612]

Jes 47,4 steht im Kontext der Ankündigung des Untergangs von Babylon und damit JHWHs Wiederherstellung der Ordnung: „Unser [Er-]Löser, JHWH der Heerscharen ist sein Name, der Heilige Israels“ (= גֹּאֲלֵנוּ יְהוָה צְבָאוֹת שְׁמוֹ קְדוֹשׁ יִשְׂרָאֵל). Dies setzt jedoch voraus, dass Israel sich von Babylon und seinen Göttern endgültig trennt.[613] Im Hinblick auf den Auszug aus Babylon wird Israel von JHWH noch einmal belehrt, künftig auf seine Gebote zu achten. Auch diese Belehrung in Jes 48,17a wird erneut eingeleitet mit der Botenformel „So spricht JHWH, dein [Er-]Löser, der Heilige Israels“ (= כֹּה־אָמַר יְהוָה גֹּאַלְךָ קְדוֹשׁ יִשְׂרָאֵל). Beim Auszug aus Babylon soll Israel Zeugnis ablegen für JHWH und jauchzend verkünden (Jes 48,20b): „erlöst hat JHWH seinen Knecht Jakob“ (= גָּאַל יְהוָה עַבְדּוֹ יַעֲקֹב). Dies ist zugleich der Aufruf zur weltweiten Verkündigung des Heilshandeln JHWHs.[614]

Jes 49 schildert die Berufung des Gottesknechts zum Licht für die Völker, wobei der Gottesknecht im jesajanischen Kontext stets kollektiv für das Volk Israel steht. Jes 49,7aα leitet diesen Auftrag ein mit der Botenformel „So spricht JHWH, [der Er-]Löser Israels, sein Heiliger“ (= כֹּה אָמַר־יְהוָה גֹּאֵל יִשְׂרָאֵל קְדוֹשׁוֹ). Und Jes 49,26b nimmt den Ertrag der Verkündigung durch den Gottesknecht bei den Völkern bereits vorweg: „und erkennen wird alles Fleisch, dass ich, JHWH, dein Retter und dein [Er-]Löser bin, der Starke Jakobs“ (= וְיָדְעוּ כָל־בָּשָׂר כִּי אֲנִי יְהוָה מוֹשִׁיעֵךְ וְגֹאֲלֵךְ אֲבִיר יַעֲקֹב). Es geht also darum, die Völker der Welt in das Heilsgeschehen Israels mit einzubeziehen. Dies setzt jedoch voraus, dass sich Gerechtigkeit im Gottesvolk durchsetzt.[615]

Interpretation: Doch auch wenn JHWH den persischen König Kyros als sein Werkzeug zur Befreiung seines Volkes einsetzt, so ist es letztlich doch *ursächlich* JHWH selbst, der als Herr der Geschichte sein Volk erlöst. Er ist der „(Er-)Löser“ Israels, der damit zugleich seinen Eigentumsanspruch an Israel verdeutlicht. Israel hingegen soll Zeugnis ablegen von dem Heilshandeln JHWHs und dadurch weltweit verkündigen. Im deuterojesajanischen Verständnis ist Israel als *der* „Gottesknecht“ dazu berufen, „Licht der Völker“ zu sein.

---

[612] Vgl. *Berges,* Jesaja 40-48 (HThK.AT), 326-328.357-359.380-383.
[613] Vgl. *Berges,* Jesaja 40-48 (HThK.AT), 487f.
[614] Vgl. *Berges,* Jesaja 40-48 (HThK.AT), 538f.544-546.
[615] Vgl. *Berges,* Jesaja 49-54 (HThK.AT), 43-45.77-79.

Szene III:

Stichworte und Motive	***Jes 52,7-10***	***Deuterojesaja** (sine Jes 52,7-10)*
חָשַׂף יְהוָה אֶת־זְרוֹעַ קָדְשׁוֹ	V. 10aα	Jes 51,5.9; 53,1
לְעֵינֵי כָּל־הַגּוֹיִם	V. 10aβ	Jes 51,4f; 55,4
וְרָאוּ כָּל־אַפְסֵי־אָרֶץ	V. 10bα	Jes 40,28; 42,10; 45,22; 48,20; 49,6
אֵת יְשׁוּעַת אֱלֹהֵינוּ	V. 10bβ	Jes 46,13; 49,6

V. 10aα schildert anhand der Arm-Metapher die rettende Machtentfaltung JHWHs: „entblößt hat JHWH seinen heiligen Arm“ (= חָשַׂף יְהוָה אֶת־זְרוֹעַ קָדְשׁוֹ).[616] Jes 51 beschreibt das Motiv des Arms, wie JHWH sein Heil durchsetzt: so wird Israel in Jes 51,5aβ-bβ daran erinnert, dass „meine [JHWHs] Arme Völkern Recht [verschaffen]; auf mich hoffen die Inseln, auf meinen Arm warten sie“ (= וּזְרֹעַי עַמִּים יִשְׁפֹּטוּ אֵלַי אִיִּים יְקַוּוּ וְאֶל־זְרֹעִי יְיַחֵלוּן). Der Aufruf in Jes 51,9a gilt daher JHWH, nun machtvoll einzugreifen: „Wach auf, wach auf, bekleide dich mit Macht, Arm JHWHs“ (= עוּרִי עוּרִי לִבְשִׁי־עֹז זְרוֹעַ יְהוָה). Der Arm ist hier das anthropomorphe Bild der immer neu errettenden Macht JHWHs.[617] Im Kontext des Gottesknechtsliedes (Jes 52,13-53,12) wird in Jes 53,1 die Frage gestellt: „Wer hat geglaubt, was wir gehört haben, und der Arm JHWHs, über wem [nur] wurde er offenbar?“ (= מִי הֶאֱמִין לִשְׁמֻעָתֵנוּ וּזְרוֹעַ יְהוָה עַל־מִי נִגְלָתָה). Der Arm JHWHs hat sich über dem offenbart, dessen Leben im Exil jedoch alles andere als heilvoll gesehen werden konnte.[618]

Interpretation: Das Motiv des „(heiligen) Armes“ steht in Deuterojesaja als anthropomorphe Metapher für die heilvolle Macht JHWHs. Mit ihr verschafft er Freiheit und Gerechtigkeit seinem Volk Israel, aber auch den Völkern der Welt, die auf seinen Arm – sein machtvolles Eingreifen – warten.

V. 10aβ sagt aus, wer den Arm JHWHs gesehen hat; denn er entblößt seinen heiligen Arm „vor den Augen aller Völker“ (= לְעֵינֵי כָּל־הַגּוֹיִם), die sein rettendes Heilshandeln sehen sollen.[619] Auch Jes 51,5aβ erzählt von JHWHs Heil und seiner Gerechtigkeit, welche allen Völker und nicht allein Israel gelten sollen: „und meine Arme schaffen [den] Völkern Recht“ (= וּזְרֹעַי עַמִּים יִשְׁפֹּטוּ).[620] Und exemplarisch auf David bezogen konstatiert Jes 55,4

---

[616] Vgl. *Berges,* Jesaja 49-54 (HThK.AT), 201.
[617] Vgl. *Berges,* Jesaja 49-54 (HThK.AT), 130.150.
[618] Vgl. *Berges,* Jesaja 49-54 (HThK.AT), 238f.
[619] Vgl. *Berges,* Jesaja 49-54 (HThK.AT), 201f.
[620] Vgl. *Berges,* Jesaja 49-54 (HThK.AT), 128.

die Aufgabe Israels: „Siehe, zum Zeugen für Völker ich habe ihn gesetzt, zum Fürsten und Gebieter für Nationen“ (= הֵן עֵד לְאוּמִּים נְתַתִּיו נָגִיד וּמְצַוֵּה לְאֻמִּים). Damit wird die einstmals an David gegebene Verheißung nun auf das Volk Israel übertragen.[621]

Interpretation: In Deuterojesaja steht nicht nur Israel, sondern es stehen auch die Völker und Nationen im Blickpunkt des Geschehens. Sie sehen JHWHs rettendes Heilshandeln an Israel und werden so Zeugen seiner Gerechtigkeit. Aufgabe Israels ist es, in Übernahme der Verheißung JHWHs an König David Vorbild für die Völker zu sein, um diese so zum Glauben an den einzigen Gott zu führen.

V. 10bα beschreibt ähnlich wie V. 10aβ, wer JHWHs Heilshandeln sehen kann. An dieser Stelle wird jedoch als Metapher für die Völker „die Enden der Erde“ verwendet: „und alle Enden der Erde schauen“ (= וְרָאוּ כָּל־אַפְסֵי־אָרֶץ).[622] Jes 40,28aβ stellt JHWH als den ewigen Schöpfer heraus: „ein ewiger Gott ist JHWH, er ist erschaffend die Enden der Erde“ (= אֱלֹהֵי עוֹלָם יְהוָה בּוֹרֵא קְצוֹת הָאָרֶץ). Damit wird deutlich, dass die Enden der Erde und damit auch die Völker dieser Erde sein Eigentum sind, weil er sie erschafft und erhält.[623] Im 1. Hymnus in Jes 42,10a sollen anklingend an Ps 96,1a bzw. Ps 98,1b auch die Völker der Welt – hier als die „Inseln und ihre Bewohner bezeichnet – für JHWH und seinen Ruhm singen: „Singt für JHWH ein neues Lied, seinem Ruhm vom Ende der Erde her“ (= שִׁירוּ לַיהוָה שִׁיר חָדָשׁ תְּהִלָּתוֹ מִקְצֵה הָאָרֶץ).[624] Ganz in diesem Sinne werden in Jes 45,22 auch die Völker durch JHWH eingeladen, sich ihm als dem alleinigen Gott zuzuwenden: „wendet euch zu mir und lasst euch erretten, alle Enden der Erde, denn ich bin Gott und keiner mehr“ (= פְּנוּ־אֵלַי וְהִוָּשְׁעוּ כָּל־אַפְסֵי־אָרֶץ כִּי אֲנִי־אֵל וְאֵין עוֹד).[625] Und in Jes 48,20aβ-bβ wiederum wird das aus Babylon befreite Israel ermuntert, die Nachricht von JHWHs Heilshandeln zu verbreiten: „diese [Nachricht] tragt hinaus bis zum Ende der Erde“ (= זֹאת הוֹצִיאוּהָ עַד־קְצֵה הָאָרֶץ).[626] In Jes 49,6b beruft JHWH den Gottesknecht mit einer Funktion, die über Israel hinausgeht: „und ich gebe dich zum Licht der Völker, um zu erweisen mein Heil am Ende der Erde“ (= וּנְתַתִּיךָ לְאוֹר גּוֹיִם לִהְיוֹת יְשׁוּעָתִי עַד־קְצֵה הָאָרֶץ). Dies ist der missionarische Auftrag Israels für die Völker.[627]

---

621 Vgl. *Hermisson,* Jesaja 49,14-55, 645f.
622 Vgl. *Berges,* Jesaja 49-54 (HThK.AT), 201f.
623 Vgl. *Berges,* Jesaja 40-48 (HThK.AT), 160.
624 Vgl. *Berges,* Jesaja 40-48 (HThK.AT), 240f.
625 Vgl. *Berges,* Jesaja 40-48 (HThK.AT), 435.
626 Vgl. *Berges,* Jesaja 40-48 (HThK.AT), 546.
627 Vgl. *Berges,* Jesaja 49-54 (HThK.AT), 42f; *Kaiser*, Walter C.: Mission in the old Testament. Israel as a Light to the Nations. Grand Rapids / MI / USA ²2012, 63f.

Interpretation: Im Anklang an Ps 98 verwendet Deuterojesaja zur Bezeichnung der Völker und Nationen auch den Begriff „Enden der Erde“. Damit soll ausgedrückt werden, dass JHWH letztlich der König und Gott *aller* Völker der *ganzen* Erde ist, denn er allein hat alles geschaffen.

V. 10bβ schildert abschließend, was die „Enden der Erde“ schauen, nämlich „[das] Heil unseres Gottes“ (= אֵת יְשׁוּעַת אֱלֹהֵינוּ). Dieses Schauen des Heils bleibt nicht ohne Konsequenz, sondern es ist der Beginn der Rettung der Völker.[628] Das Motiv vom „Heil Gottes“ kommt auch im Kontext des Gottesknechtsliedes in Jes 49,6bβ vor. Denn der Gottesknecht soll nicht nur Israel zurückführen, sondern auch zum Licht der Völker werden, „um zu erweisen mein Heil am Ende der Erde“ (= לִהְיוֹת יְשׁוּעָתִי עַד־קְצֵה הָאָרֶץ).[629]

Interpretation: Für die Völker, die das Heil Gottes schauen, bleibt dies nicht ohne Konsequenzen. Durch die geschauten Ereignisse und das Zeugnis Israels als „Licht der Völker“ gelangen die Völker und Nationen der ganzen Erde zur *Er*-Kenntnis und damit auch zur *An*-Erkenntnis, dass JHWH der alleinige Gott ist. Somit ist das Schauen des Heils zugleich der Beginn ihrer Rettung. Dies ist ebenso ein relevantes Thema der JHWH-König-Psalmen, insbesondere des Ps 98, dessen V. 3 wörtlich identisch ist mit Jes 52,10.

4.5.2 Die „Parallelperikopen“ Jesaja 52,7-10 und Jesaja 40,1-5.9-11

Da die beiden Perikopen Jes 52,7-10 sowie Jes 40,1-5.9-11 vielfache sprachliche und inhaltliche Gemeinsamkeiten aufweisen, sehen Weidner und Zapff es als erforderlich an, diese Perikopen im Zusammenhang zu betrachten.[630] Dabei betrachtet Ehring in Anlehnung an Beuken Jes 40,1-5.9-11 als Prolog, der die Rückkehr JHWHs zum Zion ankündigt, während Jes 52,7-10 als *vorläufiger* Epilog die Rückkehr JHWHs als siegreichen König unmittelbar erwartet.[631] In diesem Sinne sind die Texte der beiden Perikopen miteinander zu vergleichen, um intertextuelle Zusammenhänge zu ermitteln.

Zur praktischen Vorgehensweise: Zu den einzelnen Versen der zu untersuchenden Perikope Jes 52,7-10 werden jeweils die Verse aus der Perikope Jes 40,1-5.9-11 zugeordnet, welche einen textlichen/inhaltlichen Bezug zu Jes 52,7-10 aufweisen.

---

[628] Vgl. *Berges,* Jesaja 49-54 (HThK.AT), 202.
[629] Vgl. *Berges,* Jesaja 49-54 (HThK.AT), 42.
[630] Vgl. *Weidner,* Das Ende Deuterojesajas, 55; *Zapff,* Jesaja 40-55 (NEB.AT 36), 229.
[631] Vgl. *Ehring,* Die Rückkehr JHWHs, 11; *Berges*, Ulrich / *Beuken*, Wim: Das Buch Jesaja. Eine Einführung. Göttingen 2016, 136.178.

Szene I:

Jes 52,7-10		*Jes 40,1-11*	
עַל־הֶהָרִים מְבַשֵּׂר	V. 7aα	V. 3a V. 9a	קוֹל קוֹרֵא בַּמִּדְבָּר פַּנּוּ דֶּרֶךְ יְהוָה עַל הַר מְבַשֶּׂרֶת צִיּוֹן מְבַשֶּׂרֶת יְרוּשָׁלָם
שָׁלוֹם טוֹב יְשׁוּעָה	V. 7aβ	V. 2aβ	מָלְאָה צְבָאָהּ נִרְצָה עֲוֹנָהּ
מָלַךְ אֱלֹהָיִךְ	V. 7b	V. 9bγ	הִנֵּה אֱלֹהֵיכֶם

Die Perikope Jes 52,7-10 beginnt in V. 7aα mit der Schilderung des „Freudenboten auf den Bergen“ (= מְבַשֵּׂר עַל־הֶהָרִים), der Zion eine wichtige Botschaft zu überbringen hat.[632] Intertextuell ist hier zum einen Jes 40,3a zuzuordnen, denn auch hier tritt ein Bote auf, wenn auch in Form einer anonymen Stimme, „eine Stimme rufend, in der Wüste bahnt einen Weg [für] JHWH“ (= קוֹל קוֹרֵא בַּמִּדְבָּר פַּנּוּ דֶּרֶךְ יְהוָה). Zum anderen ist hier Jes 40,9a zu betrachten, da dieser Vers das vergleichbare Motiv der Freudenbotin beinhaltet. Dabei wird in Jes 40,9aα „auf dem Berg die Freudenbotin Zion“ (= עַל הַר מְבַשֶּׂרֶת צִיּוֹן) genannt; Jes 40,9aγ nennt sie hingegen in einem synonymen Parallelismus „die Freudenbotin Jerusalem“ (= מְבַשֶּׂרֶת יְרוּשָׁלָם), die in Jes 40,1f selbst noch Empfängerin der Botschaft JHWHs ist.[633] Während der Freudenbote auf den Bergen (vgl. Jes 52,7aα) bereits die unmittelbar bevorstehende Ankunft JHWHs als König in Zion kundtut, wird die Freudenbotin Zion bzw. die Freudenbotin Jerusalem (vgl. Jes 40,9a) indirekt aufgefordert, das nun bald erfolgende Kommen Gottes den Städten Judas zu verkündigen.[634]

Es folgt in Jes 52,7aβ der erste Teil der Heilsbotschaft des Freudenboten: Er verkündet „Frieden, Gutes und Heil“ (= שָׁלוֹם טוֹב יְשׁוּעָה).[635] In Jes 40,2aβ tröstet JHWH das Volk, indem er das bevorstehende Ende der Notzeit und die Wende zum Besseren verspricht: „Vollendet [ist] ihr Frondienst, gesühnt ihre Schuld“ (= מָלְאָה צְבָאָהּ נִרְצָה עֲוֹנָהּ).[636] Diese Botschaft kann als vorausgehende Verheißung der Erfüllung in Jes 52,7aβ gegenübergestellt werden.

In Jes 52,7b wird der Höhepunkt der Heilsbotschaft des Freudenboten für Zion genannt: „König [geworden ist] dein Gott“ (= מָלַךְ אֱלֹהָיִךְ), neben dem es künftig keinen

---

[632] Vgl. *Ehring,* Die Rückkehr JHWHs, 72.
[633] Vgl. *Ehring,* Die Rückkehr JHWHs, 50f.
[634] Vgl. *Ehring,* Die Rückkehr JHWHs, 91.
[635] Vgl. *Berges,* Jesaja 49-54 (HThK.AT), 196; *Hermisson,* Jesaja 49,14-55, 294.
[636] Vgl. *Ehring,* Die Rückkehr JHWHs, 35; *Berges,* Jesaja 40-48 (HThK.AT), 99f.

menschlichen König mehr geben wird.[637] Die Freudenbotin Zion/Jerusalem in Jes 40,9bγ hingegen soll den Städten Judas verkünden: „Siehe, [da ist] euer Gott“ (= הִנֵּה אֱלֹהֵיכֶם).[638] Jes 52,7b ist insofern als Steigerung der Verkündigung in Jes 40,9bγ zu sehen, als Gott nunmehr die Königsherrschaft über Juda nunmehr *wieder* sichtbar angetreten hat, nachdem er in der Zeit der Eroberung/Zerstörung Jerusalems und des babylonischen Exils scheinbar sein Volk verlassen, sich aber nur für eine kleine Weile von ihm abgewendet hat (vgl- Jes 54,7).

Szene II:

Jes 52,7-10		*Jes 40,1-11*	
צֹפַיִךְ נָשְׂאוּ קוֹל	V. 8aα	V. 9aβ	הָרִימִי בַכֹּחַ קוֹלֵךְ מְבַשֶּׂרֶת יְרוּשָׁלָ͏ִם
יַחְדָּו יְרַנֵּנוּ	V. 8aβ	V. 9bα	הָרִימִי אַל־תִּירָאִי
כִּי עַיִן בְּעַיִן יִרְאוּ	V. 8bα	V. 3b	יַשְּׁרוּ בָּעֲרָבָה מְסִלָּה לֵאלֹהֵינוּ
בְּשׁוּב יְהוָה צִיּוֹן	V. 8bβ	V. 10aα	הִנֵּה אֲדֹנָי יְהוִה בְּחָזָק יָבוֹא
פִּצְחוּ רַנְּנוּ יַחְדָּו	V. 9aα	V. 9aβ	הָרִימִי בַכֹּחַ קוֹלֵךְ מְבַשֶּׂרֶת יְרוּשָׁלָ͏ִם
חָרְבוֹת יְרוּשָׁלָ͏ִם	V. 9aβ	V. 9bα	הָרִימִי אַל־תִּירָאִי
כִּי־נִחַם יְהוָה עַמּוֹ	V. 9bα	V. 1a	נַחֲמוּ נַחֲמוּ עַמִּי
גָּאַל יְרוּשָׁלָ͏ִם	V. 9bβ	V. 2aα	דַּבְּרוּ עַל־לֵב יְרוּשָׁלַ͏ִם

Mit Jes 52,8aα beginnt die nächste Szene. Nach dem Auftritt des Freudenboten, reagieren die Wächter Jerusalems: „Deine Wächter erhoben haben [die] Stimme“ (= צֹפַיִךְ נָשְׂאוּ קוֹל); Jes 52,8aβ fährt fort: „Gemeinsam jubeln sie“ (= יַחְדָּו יְרַנֵּנוּ).[639] Während an dieser Stelle der Jubel der Wächter Jerusalems bereits als Tatsache beschrieben wird, fordert Jes 40,9 Zion/Jerusalem zum Erheben der Stimme auf. So Jes 40,9aβ: „erhebe mit Macht deine Stimme, Freudenbotin Jerusalem“ (= הָרִימִי בַכֹּחַ קוֹלֵךְ מְבַשֶּׂרֶת יְרוּשָׁלָ͏ִם) und Jes 40,9bα: „erhebe sie [die Stimme] und fürchte dich nicht“ (= הָרִימִי אַל־תִּירָאִי)“. Vielmehr soll Zion/Jerusalem als Freudenbotin die Heilsbotschaft, die sie selbst gehört hat, an die ebenfalls zerstörten Städte Judas weitergeben.[640]

[637] Vgl. *Zapff,* Jesaja 40-55 (NEB.AT 36), 321.
[638] Vgl. *Berges,* Jesaja 40-48 (HThK.AT), 111.
[639] Vgl. *Ehring,* Die Rückkehr JHWHs, 72f.
[640] Vgl. *Berges,* Jesaja 40-48 (HThK.AT), 110f.

Den Grund für den Jubel erklärt Jes 52,8bβ in Verbindung mit Jes 52,8bα, denn „zurückkehrt JHWH [nach] Zion“ (= בְּשׁוּב יְהוָה צִיּוֹן) und die Wächter „sehen [bereits] Auge in Auge“ (= כִּי עַיִן בְּעַיִן יִרְאוּ), wie er kommt. Die Rückkehr JHWHs nach Zion stellt den Höhepunkt in Jes 52,8 dar.[641] Die Vorbereitung darauf schildert hingegen Jes 40,1,5.9-11. In Jes 40,3b fordert die anonyme Botenstimme dazu auf, „ebnet in [der] Steppe eine Straße für unseren Gott“ (= יַשְּׁרוּ בָּעֲרָבָה מְסִלָּה לֵאלֹהֵינוּ).[642] Jes 40,10a kündigt das Heilshandeln JHWHs für Israel und sein Kommen nach Zion an, verbunden mit der Aufforderung zum Hinschauen: „Siehe, mein Herr JHWH, als Starker kommt er und sein Arm ist herrschend für ihn“ (= הִנֵּה אֲדֹנָי יְהוִה בְּחָזָק יָבוֹא וּזְרֹעוֹ מֹשְׁלָה לוֹ). Dieser Arm, der JHWHs Willen durchsetzt, ist der Perserkönig Kyros, der in JHWHs Auftrag Israel befreit.[643] Zugleich wird in Jes 40,11aβ JHWH aber auch als der fürsorgende Hirte beschrieben, „der auf seinem Arm sammelt [die] Lämmer“ (= בִּזְרֹעוֹ יְקַבֵּץ טְלָאִים). Insofern sind hier also zum einen der machtvolle und zum anderen der fürsorgliche Arm JHWHs genannt.[644]

Der Jubel der Wächter der Stadt in Jes 52,8 wird in Jes 52,9 erweitert und auf die Stadt Zion/Jerusalem selbst übertragen. Dementsprechend wird nun in Jes 52,9aα-aβ die Stadt unmittelbar zum Jubel aufgefordert, genauer gesagt die Trümmer Jerusalems: „Brecht in Jubel aus, jauchzt zusammen Trümmer Jerusalems“ (= פִּצְחוּ רַנְּנוּ יַחְדָּו חָרְבוֹת יְרוּשָׁלָ͏ִם). Die Trümmer stehen hier für die Not des Gottesvolkes in der (Nach-)Exilzeit, die JHWH nun beenden will.[645] Gleichwohl wird in Jes 40,9aβ-bα die *Freudenbotin* Jerusalem aufgefordert, ihre Stimme zu erheben (vgl. hierzu die Ausführung zu Jes 52,8a). Doch zeigt sich, dass die *Freudenbotin* Jerusalem in der Realität zwar (noch) ein *Trümmerhaufen* ist, der aber dennoch erlöst, also frei ist und damit wieder eine Zukunft hat.[646]

Jes 52,9b begründet den Jubel der Trümmer Jerusalems. So erklärt Jes 52,9bα: „Denn getröstet hat JHWH sein Volk“ (= כִּי־נִחַם יְהוָה עַמּוֹ). Jes 52,9bβ ergänzt hierzu in einem synonymen Parallelismus: „Er hat erlöst Jerusalem“ (= גָּאַל יְרוּשָׁלָ͏ִם). Beide Aussagen stellen gemeinsam den Höhepunkt in Jes 52,9 dar.[647] Zugleich sind sie aber auch die Erfüllung der ermunternden Aufforderungen JHWHs in Jes 40,1a: „Tröstet, tröstet mein Volk“ (= נַחֲמוּ נַחֲמוּ עַמִּי) sowie in Jes 40,2aα: „Redet zu Herzen Jerusalem“ (= דַּבְּרוּ עַל־לֵב יְרוּשָׁלַ͏ִם).

---

[641] Vgl. *Ehring,* Die Rückkehr JHWHs, 73.76.
[642] Vgl. *Ehring,* Die Rückkehr JHWHs, 91.
[643] Vgl. *Berges,* Jesaja 40-48 (HThK.AT), 112f.
[644] Vgl. *Ehring,* Die Rückkehr JHWHs, 90.
[645] Vgl. *Berges,* Jesaja 49-54 (HThK.AT), 200.
[646] Vgl. *Berges,* Jesaja 40-48 (HThK.AT), 110f; *Hermisson,* Jesaja 49,14-55, 294.
[647] Vgl. *Berges,* Jesaja 49-54 (HThK.AT), 200; *Ehring,* Die Rückkehr JHWHs, 754f.

Der Trost besteht auch darin, dass JHWH das durch die Schuld Israels beschädigte Bundesverhältnis wieder restauriert hat, nachdem nun die Schuld gesühnt ist.[648]

Szene III:

Jes 52,7-10		***Jes 40,1-11***	
חָשַׂף יְהוָה אֶת־זְרוֹעַ קָדְשׁוֹ	V. 10aα	V. 10aβ	וּזְרֹעוֹ מֹשְׁלָה לוֹ
לְעֵינֵי כָּל־הַגּוֹיִם	V. 10aβ	V. 11aβ	בִּזְרֹעוֹ יְקַבֵּץ טְלָאִים
וְרָאוּ כָּל־אַפְסֵי־אָרֶץ	V. 10bα	V. 5bα	וְרָאוּ כָל־בָּשָׂר
יְשׁוּעַת אֱלֹהֵינוּ	V. 10bβ	V. 5a	וְנִגְלָה כְּבוֹד יְהוָה

Zum Abschluss der Perikope stellt Jes 52,10 die „Völker" in den Mittelpunkt der Betrachtung. Jes 52,10aα weist auf die göttliche Machtentfaltung hin, denn „entblößt hat JHWH seinen heiligen Arm" (= חָשַׂף יְהוָה אֶת־זְרוֹעַ קָדְשׁוֹ). Jes 52,10aβ benennt als Zeugen dieser Machtentfaltung die Völkerwelt, denn „vor den Augen aller Nationen" (= לְעֵינֵי כָּל־הַגּוֹיִם) geschieht es.[649] Angekündigt wird diese Machtentfaltung JHWHs in Jes 40,10aβ: „Und sein Arm ist herrschend für ihn" (= וּזְרֹעוֹ מֹשְׁלָה לוֹ). Anders als beim Exodus aus Ägypten bedient sich JHWH beim neuen Exodus aus Babylon des irdischen Perserkönigs Kyros als „seinen herrschenden Arm".[650]

Jes 52,10b strukturiert den Text in umgekehrter Reihenfolge zu Jes 52,10a. Zuerst nimmt Jes 52,10bα die Zeugenschaft der Völker als *synonymen Parallelismus* auf: „Und alle Enden der Erde schauen" (= וְרָאוּ כָּל־אַפְסֵי־אָרֶץ). Im Anschluss nennt Jes 52,10bβ, *was* die Völker sehen, nämlich „[das] Heil unseres Gottes" (= יְשׁוּעַת אֱלֹהֵינוּ). Diese abschließende Aussage in Jes 52,10b stellt zugleich die Klimax der Perikope dar.[651] Auch sie ist bereits in Jes 40,5 eingeleitet. So heißt es in Jes 40,5a: „Und es wird offenbart werden [die] Herrlichkeit JHWHs" (= וְנִגְלָה כְּבוֹד יְהוָה). Jes 40,5bα nennt den Adressatenkreis: „Und es sieht alles Fleisch" (= וְרָאוּ כָל־בָּשָׂר). Gleichwohl bezieht sich die Aussage in Jes 40,5 nicht auf das Heilshandeln JHWHs zugunsten seines Volkes, sondern auf die כָּבוֹד, die göttliche Herrlichkeit JHWHs, die damit vor aller Welt sichtbar wird.[652]

---

[648] Vgl. *Berges,* Jesaja 40-48 (HThK.AT), 98–100.
[649] Vgl. *Berges,* Jesaja 49-54 (HThK.AT), 201.
[650] Vgl. *Berges,* Jesaja 40-48 (HThK.AT), 112f.
[651] Vgl. *Hermisson,* Jes 51,9-23; 52,1-12 (BK.AT XI 15), 260–262; *Ehring,* Die Rückkehr JHWHs, 88f; *Berges,* Jesaja 49-54 (HThK.AT), 201f.
[652] Vgl. *Berges,* Jesaja 40-48 (HThK.AT), 108f; *Ehring,* Die Rückkehr JHWHs, 45.

Der intertextuelle Vergleich der beiden Perikopen Jes 52,7-10 und Jes 40,1-5.9-11 macht deutlich, dass sie zahlreiche Parallelen aufweisen:

1. Hauptthema in beiden Perikopen ist die „Rückkehr JHWHs" als König nach Zion. Während Jes 40,1-5.9-11 zum einen den starken Herrscher, der „mit Macht kommt", und zum anderen den fürsorglichen „Hirten", der „Lämmer sammelt", umschreibt, spricht Jes 52,7-10 ausdrücklich von der „Königsherrschaft", die JHWH (wieder) angetreten hat, und von seiner „Rückkehr zum Zion", seiner Residenz.[653]
2. Beide Perikopen legen Wert auf die visuelle Wahrnehmbarkeit der Rückkehr JHWHs. In Jes 40,1-5.9-11 wird die Herrlichkeit JHWHs „vor allem Fleisch" offenbar und die „Freudenbotin Jerusalem" soll die Städte Judas zum Hinsehen auffordern. Dagegen sind es in Jes 52,7-10 die Wächter, die als erste „Auge in Auge" das Kommen JHWHs wahrnehmen, sowie alle Nationen bzw. „die Enden der Erde", die den „heiligen Arm" und das „Heil unseres Gottes" schauen. Gleichwohl fehlt beiden Perikopen eine Beschreibung dessen, wie die „Rückkehr JHWHs" konkret aussieht.[654]
3. Ebenso haben beide Perikopen das Auftreten eines Boten bzw. einer Botin gemeinsam. In Jes 40,1-5,9-11 ist es zunächst eine anonyme Stimme, welch dazu aufruft, JHWH den Weg zu bereiten, und welche die „Freudenbotin Jerusalem" auffordert, die bevorstehende Rückkehr JHWHs den „Städten Judas" zu verkünden. Dagegen ist es in Jes 52,1-10 der „Freudenbote" selbst, der den „Trümmern Jerusalems" unmittelbar ankündigt, dass „JHWH (wieder) König geworden ist und" zum Zion zurückkehrt, nachdem er sein Volk scheinbar verlassen hat.[655]
4. Gemeinsam ist beiden Perikopen die Fokussierung auf Zion, den zentralen Ort der königlichen Gegenwart, zu dem JHWH zurückkehrt. In Jes 40,1-5.9-11 wird das Kommen JHWHs als noch bevorstehend angekündigt. Hierzu gehört auch die Aufforderung zum Bau einer „Straße in der Steppe", auf welcher der König JHWH zum Zion zurückkommen wird. Dagegen sind es in Jes 52,7-10 die Wächter Jerusalems, welche die Rückkehr JHWHs aktuell „Auge in Auge" sehen.[656]
5. Die Charakterisierung JHWHs ist ebenfalls in beiden Perikopen ähnlich. So wird JHWH in Jes 40,1-5.9-11 als der „Herr (= אֲדֹנָי)" beschrieben, der mit „Macht kommt" und mit „starkem Arm herrschen" wird, aber auch als der behutsame „Hirte", der die

[653] Vgl. *Ehring,* Die Rückkehr JHWHs, 90.
[654] Vgl. *Ehring,* Die Rückkehr JHWHs, 90.
[655] Vgl. *Ehring,* Die Rückkehr JHWHs, 91.
[656] Vgl. *Ehring,* Die Rückkehr JHWHs, 91.

„Lämmer mit seinem Arm sammelt". Analog vergleichbar dazu ist JHWH in Jes 52,7-10 der Gott, der „König geworden ist" und „seinen heiligen Arm entblößt hat", aber auch der fürsorgliche Gott, der „Jerusalem erlöst" und „sein Volk getröstet hat".[657]

6. Auch die Notsituation Israels wird von beiden Perikopen aufgegriffen. Während Jes 40,1-5.9-11 das Ende des „Frondienstes" und der „gesühnten Schuld" direkt anspricht, wird dies in Jes 52,7-10 nur indirekt ausgedrückt durch den Hinweis auf die „Trümmer Jerusalems". Gleichwohl werden keine Einzelheiten der Notsituation angesprochen. Die Erwähnung der „gesühnten Schuld Jerusalems" gibt jedoch den Hinweis auf die eigentliche Ursache der Katastrophe.[658]
7. Beide Perikopen sprechen zudem die Völkerwelt an. In Jes 40,1-5.9-11 ist es „alles Fleisch", das die „Herrlichkeit" JHWHs sehen wird, während in Jes 52,7-10 „alle Grenzen der Erde" das „Heil unseres Gottes schauen". Damit wird die Völkerwelt vordergründig Zeuge des Geschehens, aber implizit mit in das göttliche Heilshandeln JHWHs einbezogen.[659]

4.5.3 Kompositionsstruktur des Dramas Deuterojesaja

Auf synchroner Betrachtungsebene lässt sich Deuterojesaja als „Drama" lesen und auslegen. Baltzer bezeichnet es sogar als ein „liturgisches Drama", wobei seine Auffassung, das Drama sei möglicherweise im nachexilischen Jerusalem zum Mazzotfest aufgeführt worden, letztlich wohl eher eine nicht beweisbare Hypothese darstellt.[660] Insofern handelt es sich hier nicht um ein *Theater*drama, sondern um ein *literarisches* Drama. Soweit im Folgenden von Akten und Szenen die Rede ist, soll damit lediglich das Fortschreiten des Handlungsablaufs Deuterojesajas zum Ausdruck gebracht werden.[661]

In Anlehnung an Aristoteles nennt Nitsche drei Kriterien dafür, dass prophetische Texte als dramatische Texte klassifiziert werden können:

1. *Lexis*, d. h. der Text besteht aus Figurenreden;
2. *Opsis*, d. h. der Text provoziert optische Vorstellungen;

---

[657] Vgl. *Ehring,* Die Rückkehr JHWHs, 58.61.92.
[658] Vgl. *Ehring,* Die Rückkehr JHWHs, 92.
[659] Vgl. *Ehring,* Die Rückkehr JHWHs, 91f.
[660] Vgl. *Baltzer,* Deutero-Jesaja (KAT X 2), 48f; *Frör,* Das Drama des Zweiten Jesaja, 8; *Berges / Beuken,* Das Buch Jesaja, 30.
[661] Vgl. *Berges / Beuken,* Das Buch Jesaja, 30.

3. *Mythos*, d. h. Text und optische Vorstellungen lassen zusammen eine Handlung (= „Plot“) entstehen.[662]

Die Figurenreden treiben die Handlung eines Dramas voran, wobei es meistens um Dialoge geht. Gleichwohl können Figurenreden auch aus Monologen bestehen, was in Deuterojesaja durchgängig der Fall ist. Dabei handelt es sich um „*implizite* Erzähler“[663] (z. B. der Prophet in Jes 40,1) oder um Boten (z. B. „Freudenbote“ in Jes 52,7) bzw. anonyme Sprecher/Erzähler (z. B. „eine Stimme“ in Jes 40,3). Diese richten sich an konkret genannte (z. B. „Zion“ in Jes 52,1) oder aber an unbekannte Adressaten (z. B. ein anonymer „jemand“ in Jes 40,6) eine Aufforderung aus (z. B „wach auf, wach auf“ in Jes 52,1) oder berichten über ein Ereignis (z. B. „denn getröstet hat JHWH sein Volk“ in Jes 52,9).[664]

In die Figurenrede eingeflochten sind Hinweise, die eine bildliche Vorstellung ergeben wie z. B. in der Perikope Jes 52,7-10: Dort wird das Bild eines „Boten“ beschrieben, der fröhlich über den Berg kommt, von den „Wächtern“ Jerusalems erkannt wird, die darauf freudig reagieren. Die Stadt selbst wird in dieser Szenerie als „Trümmer“ dargestellt.[665]

Die Figurenreden sind in der Weise miteinander verbunden, dass sich daraus eine Handlung ergibt. So beginnt z. B. das Drama des Buches Deuterojesaja im Rahmen eines „Proömiums“ mit der Trostzusage an Zion/Jerusalem in Jes 40,1-11. Daran schließen sich im I. Akt die Feststellung der Unvergleichbarkeit JHWHs in Jes 40,12-31 sowie die Auseinandersetzung über die hilflosen „Götter“ an, die im Gegensatz zu JHWH keine Rettung bringen (vgl. Jes 41,1-42,12) u. s. w. Auf diese Weise reiht sich ein Ereignis an das andere bis zum Ende des VI. Aktes in Jes 55.[666]

---

[662] Vgl. *Nitsche*, Stefan Ark: Prophetische Texte als dramatische Texte lesen. Zur Frage nach Textgestaltungsprinzipien in der prophetischen Literatur des Alten Testaments. In: Utzschneider, Helmut / Blum, Erhard / Hardmeier, Christof (Hg.): Lesarten der Bibel. Untersuchungen zu einer Theorie der Exegese des Alten Testaments. Stuttgart 2006, 155–181, 158.

[663] *Lahn / Meister u. a.*, Einführung in die Erzähltextanalyse, 63.

[664] Vgl. *Nitsche*, Prophetische Texte als dramatische Texte lesen, 159f.

[665] Vgl. *Nitsche*, Prophetische Texte als dramatische Texte lesen, 160.

[666] Vgl. *Nitsche*, Prophetische Texte als dramatische Texte lesen, 161; *Berges / Beuken*, Das Buch Jesaja, 30–33; *Baltzer*, Deutero-Jesaja (KAT X 2), 9–18.

Proömium ▪ Tröstung ▪ Freudenbotin	**1. Szene** (40,1-8) ▪ Tröstet, tröstet mein Volk	**2. Szene** (40,9-11) ▪ Freudenbotin Zion/Jerusalem			
I. Akt ▪ Anfang des Kommenden	**1. Szene** (40,12-31) ▪ JHWH ist unvergleichlich	**2. Szene** (41,1-29) ▪ Rechtsstreit mit Völkern und Göttern	***1. GKL*** (42,1-9) ▪ Einsetzung des Gottesknechts	***1. Hymnus*** (42,10-13) ▪ Singt JHWH ein neues Lied	
II. Akt ▪ Jakob/Israel (wieder) Knecht JHWHs	**1. Szene** (42,14-43,7) ▪ Der blinde und taube Knecht ▪ Heilsorakel	**2. Szene** (43,8-28) ▪ Disput mit Israel und den Völkern ▪ Der neue Auszug	**3. Szene** (44,1-20) ▪ Heilsorakel ▪ Disput mit Israel	***2. Hymnus*** (44,21-23) ▪ Kehre um zu mir	
III. Akt ▪ Gottesherrschaft und irdische Herrschaft	**1. Szene** (44,24-45,13) ▪ Ich bin JHWH ▪ Kyros, mein Gesalbter	**2. Szene** (45,14-24) ▪ Huldigung für Kyros ▪ Huldigung für JHWH	***3. Hymnus*** (45,25) ▪ Der Jubel der Gerechten		
IV. Akt ▪ Babels Niedergang	**1. Szene** (46,1-13) ▪ Untergang der Götter	**2. Szene** (47,1-48,11) ▪ Untergang Babylons	**3. Szene** (48,12-15) ▪ Ich bin der Erste und auch der Letzte	***2. GKL*** (48,16-49,12) ▪ Die doppelte Aufgabe des Gottesknechts	***4. Hymnus*** (49,13) ▪ JHWH hat sein Volk getröstet
V. Akt ▪ Aufstieg Zions/ Jerusalems aus tiefster Erniedrigung	**1. Szene** (49,14-21) ▪ Zion als Braut und Mutter	**2. Szene** (49,22-50,1) ▪ Erlösung der Gefangenen ▪ Feststellung der Schuld	***3. GKL*** (50,1-51,16) ▪ Gottesknecht als Lehrer ▪ Offenbarungsrede des Gottesknechts	**3. Szene** (51,17-52,6) ▪ Inthronisation Zions	***5. Hymnus*** (52,7-10) ▪ Dein Gott ist König ▪ JHWHs Rückkehr
VI. Akt ▪ Heil für den Gottes-Knecht ▪ Heil für Zion/ Jerusalem	**1. Szene** (52,11f) ▪ Der neue Auszug	***4. GKL*** (52,13-53,12) ▪ Der leidende Gottesknecht ▪ Rehabilitation des Gottesknechts	**2. Szene** (54,1-17) ▪ Die erneuerte Hochzeit Zion/Jerusalems	**3. Szene** (55,1-5) ▪ Verheißung und Auftrag	**4. Szene** (55,6-13) ▪ Das Wort JHWHs

Abbildung 13: Inhaltliche Gliederung des Dramas Deuterojesaja[667]

[667] Vgl. *Baltzer*, Deutero-Jesaja (KAT X 2), 9-18; *Höffken*, Jesaja Kapitel 40-66 (NSK.AT 18/2), 5-8. Die Gliederung folgt grundsätzlich Baltzer, jedoch mit eigenen Abänderungen.

Den Auftakt des Dramas Deuterojesaja bildet das *Proömium* (Jes 40,1-11), das in Anlehnung an Höffken mit *„Zions Tröstung und Freudenbotschaft“* überschrieben werden kann.[668] Gleich die *1. Szene* (Jes 40,1-8) beginnt in Jes 40,1a mit der Aufforderung an einen anonymen Adressaten (möglicherweise ist hier der Prophet gemeint?): „Tröstet, tröstet mein Volk“ (= נַחֲמוּ נַחֲמוּ עַמִּי). Dieser Aufruf impliziert bereits den Kern der Botschaft Deuterojesajas, nämlich das Ende von Knechtschaft und Schuld für Juda und Jerusalem. Diese Botschaft stellt zugleich einen Wendepunkt bei Jesaja da. Nachdem im Protojesaja Jes 39 die Plünderung Jerusalems und die Deportation der königlichen Familie nach Babylon angekündigt hat, erfolgt nunmehr die Umkehr des unseligen Geschicks.[669] In Jes 40,3a ruft eine anonyme Stimme dazu auf, einen Weg in der Steppe zu bereiten für „die sichtbare Rückkehr JHWHs“[670]. Zugleich wird allem Fleisch – metaphorisch für die Völker – die „Herrlichkeit JHWHs“ (= כְּבוֹד יְהוָה) offenbar werden (vgl. Jes 40,5). In diesem Sinne wird in der *2. Szene* (Jes 40,9-11) das zerstörte Jerusalem zur „Freudenbotin Jerusalem“ (= מְבַשֶּׂרֶת יְרוּשָׁלָם), die den Städten Judas die Rückkehr JHWHs zum Zion verkündet (vgl. Jes 40,9).[671]

Interpretation: Die Inhalte des Proömiums – Tröstung des befreiten Volkes, Freudenbotschaft für Zion/Jerusalem, Rückkehr JHWHs und Offenbarwerden seiner Herrlichkeit vor allen Völkern – nehmen die wesentlichen inhaltlichen Aspekte der sechs Akte des Deuterojesajatextes als *Abstract* vorweg und werden dezidiert vor allem auch in Jes 52,7-10 (5. Hymnus) als nun unmittelbar bevorstehende Ereignisse wieder aufgenommen.

Der *I. Akt*, von Baltzer mit *„Der Anfang des Kommenden“* überschrieben, umfasst Jes 40,12-42,13.[672] In der *1. Szene* (Jes 40,12-31) wird JHWHs Göttlichkeit präsentiert. Im Gegensatz zum „Götzenbild“ (= פֶּסֶל), das nichts vermag (vgl. Jes 40,19f), ist JHWH der Unvergleichliche (vgl. Jes 40,25). Er allein ist der, welcher alles geschaffen hat und

---

[668] Vgl. *Höffken*, Jesaja Kapitel 40-66 (NSK.AT 18/2), 5. Baltzer lässt in seiner Darstellung des Dramas den „Prolog“ als einzigen Textteil ohne eigene Überschrift (vgl. *Baltzer*, Deutero-Jesaja (KAT X 2), 9). Die Bezeichnung „Proömium“ ist von Berges übernommen (vgl. *Berges*, Ulrich: Jesaja. Der Prophet und das Buch (BG) ³2014, 93.

[669] Vgl. *Baltzer*, Deutero-Jesaja (KAT X 2), 9.80-83; *Berges*, Jesaja 40-48 (HThK.AT), 81f.98-114; *Höffken*, Jesaja Kapitel 40-66 (NSK.AT 18/2), 33–41; *Berges / Beuken*, Das Buch Jesaja, 135–1387; *Berges*, Ulrich: Jesaja. Der Prophet und das Buch (BG). Leipzig ³2014, 93.

[670] *Ehring*, Die Rückkehr JHWHs, 38.

[671] Vgl. *Baltzer*, Deutero-Jesaja (KAT X 2), 9.94f.-98; *Berges*, Jesaja 40-48 (HThK.AT), 110–112; *Berges / Beuken*, Das Buch Jesaja, 136f; *Höffken*, Jesaja Kapitel 40-66 (NSK.AT 18/2), 39–41; *Berges*, Jesaja. Der Prophet und das Buch (BG), 93; *Ehring*, Die Rückkehr JHWHs, 52f.

[672] Vgl. *Baltzer*, Deutero-Jesaja (KAT X 2), 9.

dem, der auf ihn hofft, neue Kraft gibt (vgl. Jes 40,31).[673] Tenor der *2. Szene* (Jes 41,1-29) ist ein fiktiver Rechtsstreit JHWHs mit den Völkern – metaphorisch bezeichnet als „Inseln" (=אִיִּים) – und deren Göttern, der folgerichtig zur 1. Szene als Ergebnis die Unvergleichlichkeit JHWHs herausstellt (vgl. Jes 41,4). Dies zeigt sich auch bei JHWHs Einführung Jakobs/Israels als seinen Knecht, der sich nicht mehr zu fürchten braucht, weil seine Feinde als Nichts vergehen werden (vgl. Jes 41,11) Schlussendlich stellt sich in dem Rechtsstreit die Hilflosigkeit der Götter heraus (vgl. Jes 41,24.29).[674] Es folgt das *1. Gottesknechtslied* (Jes 42,1-9), in welchem der Gottesknecht von JHWH eingesetzt wird. Der Gottesknecht soll zweierlei Rollen ausfüllen: Zum einen vergegenwärtigt er den niemals gelösten Bund mit JHWH und zum anderen dient er den Völkern als Licht zum Heil.[675] Der I. Akt endet mit dem *1. Hymnus* (Jes 42,10-13) auf JHWH und seine Macht, der die in Jes 41,1 bereits angesprochenen „Inseln und ihre Bewohner" zu seinem Lob einlädt (Jes 42,10): „Singt JHWH ein neues Lied" (= שִׁירוּ לַיהוָה שִׁיר חָדָשׁ).[676]

Interpretation: Der I. Akt stellt die Machtverhältnisse klar, nämlich dass JHWH *der* verlässliche und unvergleichliche Retter ist und nicht die hilflosen „Götter" der Völker. Damit soll das Volk Israel wieder Mut fassen und an eine neue Zukunft unter der Führung JHWHs glauben. Insofern legt der I. Akt die Basis für den weiteren Handlungsablauf. Der 1. Hymnus mit seiner universellen Lobaufforderung hat auch bereits eine intertextuelle Beziehung zur Perikope Jes 52,7-10 (5. Hymnus), denn in beiden wird der universale Aspekt der Völker – im 1. Hymnus mit „Inseln und ihre Bewohner" bzw. im 5. Hymnus mit „alle Enden der Erde" – angesprochen (vgl. Abschnitt *4.4.1 Intertextuelle Bezüge innerhalb des Buches Deuterojesaja – Szene III)*.

Zur Diskussion über die Abgrenzung des Textes in der jüngeren exegetischen Literatur:
(1) Baltzer fügt die 1. Szene (Jes 40,12-31) des I. Aktes als 3. Szene dem Poömium bei, welches er als „Prolog" bezeichnet.[677] Berges/Beuken ordnen diese Szene als „Jakob/Israel-Ouvertüre" ebenfalls als einen Teil dem „Prolog" zu; Höffken hingegen fasst diese Szene zwar nicht als Teil des Prologs, aber als eigenständigen Abschnitt auf.[678] Gleichwohl wird in der vorliegenden Studie diese Szene aus Gründen der inhaltlichen Stringenz dem I. Akt zugeordnet, da die dort beschriebene

---

[673] Vgl. *Baltzer,* Deutero-Jesaja (KAT X 2), 110-113.118f.123-125; *Berges,* Jesaja 40-48 (HThK.AT), 108f.143f.151f.162-1645; *Höffken,* Jesaja Kapitel 40-66 (NSK.AT 18/2), 42-50; *Berges / Beuken,* Das Buch Jesaja, 137f; *Berges,* Jesaja. Der Prophet und das Buch (BG), 93f.

[674] Vgl. *Baltzer,* Deutero-Jesaja (KAT X 2), 10.127.131-134.136-139; *Berges,* Jesaja 40-48 (HThK.AT), 177-223; *Berges / Beuken,* Das Buch Jesaja, 139–141; *Höffken,* Jesaja Kapitel 40-66 (NSK.AT 18/2), 51–61; *Berges,* Jesaja. Der Prophet und das Buch (BG), 94f.

[675] Vgl. *Baltzer,* Deutero-Jesaja (KAT X 2), 10.170-172; *Berges,* Jesaja 40-48 (HThK.AT), 225–240; *Höffken,* Jesaja Kapitel 40-66 (NSK.AT 18/2), 62–65; *Berges / Beuken,* Das Buch Jesaja, 141f.

[676] Vgl. *Baltzer,* Deutero-Jesaja (KAT X 2), 10.188-192; *Berges,* Jesaja 40-48 (HThK.AT), 240–244; *Berges,* Jesaja. Der Prophet und das Buch (BG), 96f; *Höffken,* Jesaja Kapitel 40-66 (NSK.AT 18/2), 66f; *Berges / Beuken,* Das Buch Jesaja, 141f.

[677] Vgl. *Baltzer,* Deutero-Jesaja (KAT X 2), 9.

[678] Vgl. *Berges / Beuken,* Das Buch Jesaja, 33; *Höffken,* Jesaja Kapitel 40-66 (NSK.AT 18/2), 5.

Unvergleichlichkeit JHWHs *die* fundamentale Prämisse für den fiktiven Rechtsstreit JHWHs mit den Völkern und ihren Göttern in der 2. Szene des I. Aktes darstellt.
(2) Baltzer sowie Berges/Beuken teilen im Gegensatz zu Höffken die 2. Szene (Jes 41,1-29) in zwei separate Einzelszenen auf.[679] Da diese jedoch inhaltlich zusammenhängen, erscheint hier eine Zusammenfassung folgerichtiger.
(3) Der Lobaufruf des 1. Hymnus ist wortidentisch mit Ps 96,1a und Ps 98,1aβ, die beide mit Deuterojesaja intertextuell zusammenhängen. Es zeigen sich aber auch im weiteren Verlauf des literarischen Dramas Deuterojesaja intertextuelle Zusammenhänge zu den JHWH-König-Psalmen wie z. B. die in Ps 98,3b und Jes 52,10b wortidentische Hymnenzeile רָאוּ כָל־אַפְסֵי־אָרֶץ אֵת יְשׁוּעַת אֱלֹהֵינוּ. Diese Tatsache hängt unzweifelhaft mit der anzunehmenden Entstehung sowohl der JHWH-König-Psalmen und auch der Deuterojesajatexte in spätexilischer bzw. nachexilischer Zeit zusammen.[680]

Der *II. Akt* mit der Überschrift *„Jakob/Israel (wieder) Knecht Jahwes“* umfasst Jes 42,14-44,23.[681] Die *1. Szene* (Jes 42,14-43,7) beginnt mit der Zusage, dass JHWH zwar lange geschwiegen habe, doch nun wieder für Jakob/Israel präsent sei (vgl. Jes 42,14). Es folgt eine fiktive Disputation JHWHs mit Jakob/Israel, seinem „blinden und tauben Knecht“ (vgl. Jes 42,18), in welcher er seinem Knecht – metaphorisch für Israel – verdeutlicht, dass er sein Leiden selbst verschuldet hat. Nur wer die Geschichte der eigenen Schuld anerkennt, kann auch Vergebung erleben. Darauf aufbauend beginnt die Ankündigung der Heimkehr aus dem Exil (vgl. Jes 43,6f).[682] Es schließt sich als *2. Szene* (Jes 43,8-28) erneut ein fiktiver Gerichtsstreit an, in welchem Jakob/Israel als der nun erlöste, treue Knecht aufgefordert wird, Zeugnis abzulegen für JHWH (vgl. Jes 43,8-13). Denn dieser ist sein einziger Retter und der einzige Gott: „Spruch JHWHs: aber ich [allein bin] Gott“ (= נְאֻם־יְהוָה וַאֲנִי־אֵל) (vgl. Jes 43,12bβ). Nur wer aus JHWHs Volk seine Augen und Ohren öffnet und zur Rückkehr zum Zion bereit ist, der ist der wahre Gottesknecht und mit den Erzvätern vergleichbar (vgl. Jes 43,14-28)[683] Die *3. Szene* (Jes 44,1-20) greift die Befreiung Jakobs/Israels und die Nichtigkeit der Götter wieder auf. So wird in Jes 44,1-5 das Heilsorakel JHWHs wiederholt. Daran schließt sich eine Aufforderung Jakobs/Israels zum Zeugnis für JHWH an (vgl. Jes 44,6-8). Denn für ihn gilt (Jes 44,6bβ): „Und außer mir [ist] kein Gott“ (= וּמִבַּלְעָדַי אֵין אֱלֹהִים), gefolgt von einer erneuten Kultbildpolemik (vgl.

---

[679] Vgl. *Baltzer,* Deutero-Jesaja (KAT X 2), 10; *Berges / Beuken,* Das Buch Jesaja, 33; *Höffken,* Jesaja Kapitel 40-66 (NSK.AT 18/2), 5f.
[680] Vgl. Abschnitte *3.3.2 Textgattung und Datierung* (Ps 98) sowie *4.3.2 Textgattung und Datierung* (Jes 52,7-10).
[681] Vgl. *Baltzer,* Deutero-Jesaja (KAT X 2), 10.
[682] Vgl. *Baltzer,* Deutero-Jesaja (KAT X 2), 10f.194f.200-205.208-210.213f; *Berges,* Jesaja 40-48 (HThK.AT), 255f.259-264.269-272.277f; *Höffken,* Jesaja Kapitel 40-66 (NSK.AT 18/2), 6.68-73; *Berges / Beuken,* Das Buch Jesaja, 144; *Berges,* Jesaja. Der Prophet und das Buch (BG), 97f.
[683] Vgl. *Baltzer,* Deutero-Jesaja (KAT X 2), 11.216f.223f.233-235.241f; *Berges,* Jesaja 40-48 (HThK.AT), 280-316; *Höffken,* Das Buch Jesaja. Kapitel 40-66 (NSK.AT 18/2), 73–80; *Berges / Beuken,* Das Buch Jesaja, 144-146.

Jes 44,9-20).[684] Den Abschluss des II. Aktes bildet der *2. Hymnus* (Jes 44,21-23), der das Heilswirken JHWHs an seinem Volk Jakob/Israel feiert: „Denn [ge-]löst hat JHWH Jakob und in Israel verherrlicht er sich“ (= כִּי־גָאַל יְהוָה יַעֲקֹב וּבְיִשְׂרָאֵל יִתְפָּאָר)[685]

Interpretation: Damit steht der II. Akt insgesamt zum einen für einen exklusiven Monotheismus, der sich im Laufe des Exils entwickelt hat, und zum anderen für die Sendung Israels als Zeuge für die Einzigartigkeit JHWHs. Während die JHWH-König-Psalmen JHWH noch als „einen großen König über allen Göttern“ (=וּמֶלֶךְ גָּדוֹל עַל־כָּל־אֱלֹהִים) feiern (vgl. Ps 95,3b) und erst in Ps 100,3a bezeugt wird, dass „JHWH, er [allein ist] Gott“ (= יְהוָה הוּא אֱלֹהִים),[686] wird in Deuterojesaja hingegen nach der anfänglichen Aussage über JHWHs Unvergleichlichkeit (vgl. Jes 41,2-4) in Jes 43,12bβ.44,6bβ konstatiert, dass es außer JHWH keinen Gott gibt.[687] Nachdem im 1. Hymnus zum Lob für JHWHs Ruhm aufgefordert worden ist (vgl. Jes 42,10), folgt im 2. Hymnus die Begründung für diesen Lobpreis, nämlich weil JHWH Jakob/Israel (ge-)löst hat. Damit besteht ebenfalls eine Verbindung zur Aussage im 5. Hymnus „Denn JHWH hat sein Volk getröstet, er hat erlöst Jerusalem“ (Jes 52,9b).

Jes 44,24-45,25 bildet den *III. Akt* mit der Überschrift „*Gottesherrschaft und irdische Herrschaft*“.[688] In der *1. Szene* (Jes 44,24-45,13) beginnt mit Jes 44,24-28 die Berufung des persischen Königs Kyros durch JHWH, die den Auftakt für das Kyros-Orakel bildet (Jes 45,1-8). In diesem Orakel wird Kyros in Jes 45,1aα als „sein [JHWHs] Gesalbter“ (= מְשִׁיחוֹ) vorgestellt. Gleichwohl wird verdeutlicht, dass allein JHWH Gott ist und sonst niemand (vgl. Jes 45,5a) und somit auch Kyros nur ein Werkzeug JHWHs ist. In diesem Sinne folgt die Beauftragung des Königs durch JHWH, Jerusalem wieder aufzubauen und sein Volk Israel zu befreien (Jes 45,13).[689] Die *2. Szene* (Jes 45,14-24) schildert die Auswirkungen auf die Völkerwelt, die sich aus JHWHs geschichtsmächtigem Eingreifen mit Hilfe seines Gesalbten Kyros ergeben. Sie werden durch Kyros unterworfen und ihre

---

684 Vgl. *Baltzer,* Deutero-Jesaja (KAT X 2), 11.243f.247-249.251-255; *Berges,* Jesaja 40-48 (HThK.AT), 318-320.330.338-341; *Höffken,* Jesaja Kapitel 40-66 (NSK.AT 18/2), 80–86; *Berges / Beuken,* Das Buch Jesaja, 145f.

685 Vgl. *Baltzer,* Deutero-Jesaja (KAT X 2), 11.268-270; *Berges,* Jesaja 40-48 (HThK.AT), 355–362; *Berges / Beuken,* Das Buch Jesaja, 147f; *Höffken,* Jesaja Kapitel 40-66 (NSK.AT 18/2). Kapitel 40-66, 86–88.

686 Vgl. *Leuenberger,* Konzeptionen des Königtums Gottes im Psalter, 148.169.

687 Vgl. *Berges,* Jesaja 40-48 (HThK.AT), 286.328; *Höffken,* Jesaja Kapitel 40-66 (NSK.AT 18/2), 74f.83f; *Baltzer,* Deutero-Jesaja (KAT X 2), 216.248.

688 Vgl. *Baltzer,* Deutero-Jesaja (KAT X 2), 12.

689 Vgl. *Baltzer,* Deutero-Jesaja (KAT X 2), 12.277f.290.307f; *Berges,* Jesaja 40-48 (HThK.AT), 379f.390.392-394.415f; *Höffken,* Jesaja Kapitel 40-66 (NSK.AT 18/2), 89–101; *Berges / Beuken,* Das Buch Jesaja, 148–151.

„hölzernen Götzen“ (= עֵץ פִּסְלָם) können ihnen nicht helfen. Denn Hilfe gibt es nur bei dem unsichtbaren Gott Israels, der nicht durch Bilder, sondern durch sein rettendes Handeln erkennbar wird. Daher erfolgt in Jes 45,22 als Konsequenz der Aufruf JHWHs an die Völker: „Wendet euch zu mir und lasst euch erretten, alle Enden der Erde, denn ich [bin] Gott und keiner mehr“ (= פְּנוּ־אֵלַי וְהִוָּשְׁעוּ כָּל־אַפְסֵי־אָרֶץ כִּי אֲנִי־אֵל וְאֵין עוֹד).[690] Der III. Akt endet mit dem *3. Hymnus* (Jes 45,25): „Durch JHWH werden gerechtfertigt und sollen sich rühmen alle Nachkommen Israels“ (= בַּיהוָה יִצְדְּקוּ וְיִתְהַלְלוּ כָּל־זֶרַע יִשְׂרָאֵל).[691]

Interpretation: Der III. Akt schildert die Voraussetzung für den Untergang Babylons und den damit im Kontext stehenden Wiederaufstieg Israels bzw. Zions/Jerusalems. Es ist die Initiative JHWHs, der sich für sein Heilshandeln an Israel des persischen Königs Kyros bedient, indem er ihm Sieg und Macht über Babylon und die Völker verleiht. Deren „hölzerne Götzen“ sind gegen Kyros, den „Gesalbten JHWHs“ hilflos. Daher besteht die Zielsetzung der 2. Szene darin, dass auch die Völker JHWH als den alleinigen Gott und Retter (an-)erkennen sollen. Der 3. Hymnus setzt die Hymnenreihe damit fort, dass Israel und seine Nachkommenschaft durch JHWH ihr Recht und ihren Ruhm erlangen. Dieser Ruhm wird dadurch entstehen, indem Israel als Licht unter den Völkern das Heilswirken JHWHs verkündet und diese zur Anerkennung des Gottes Israels als den einzigen Gott („ich bin Gott und sonst keiner mehr“) aller Völker („alle Enden der Erde“) führt. Darin ist die Verbindung zum 5. Hymnus (Jes 52,7-10) zu sehen, in welchem das Handeln JHWHs für Israel für alle Welt offenbar („alle Enden der Erde“) wird.

Der *IV. Akt* besteht aus Jes 46,1-49,13 und ist mit der Überschrift „*Babels Niedergang*“ überschrieben.[692] In der *1. Szene* (Jes 46,1-13) geht es um die Niederlage der Götter Babylons, die gleich zu Beginn in Jes 46,1aα verkündet wird mit der Erklärung: „Zu Boden gesunken ist Bel, gefallen ist Nebo“ (= כָּרַע בֵּל קֹרֵס נְבוֹ). Mit dem Fall der babylonischen Hauptgötter ist der Tenor des IV. Aktes vorgegeben, der den Untergang von Stadt und Staat Babylon schildert. Der Aussage über die gefallenen Hauptgötter wird in Jes 46,5-13 die Unvergleichlichkeit JHWHs gegenübergestellt, welche in Jes 46,9b schließlich in der Feststellung mündet: „Ich [bin] Gott und sonst keiner, ein Gott, [dem] nichts gleich

---

690 Vgl. *Baltzer,* Deutero-Jesaja (KAT X 2), 12.311-316.323f; *Berges,* Jesaja 40-48 (HThK.AT), 418f.425f.435f; *Höffken,* Das Buch Jesaja. Kapitel 40-66, 101–106; *Berges / Beuken,* Das Buch Jesaja, 151f.
691 Vgl. *Baltzer,* Deutero-Jesaja (KAT X 2), 12.324f; *Berges,* Jesaja 40-48 (HThK.AT), 439f; *Höffken,* Jesaja Kapitel 40-66 (NSK.AT 18/2), 105f; *Berges / Beuken,* Das Buch Jesaja, 151f.
692 Vgl. *Baltzer,* Deutero-Jesaja (KAT X 2), 12.

[ist]“ (= אָנֹכִי אֵל וְאֵין עוֹד אֱלֹהִים וְאֶפֶס כָּמוֹנִי).[693] In der *2. Szene* (Jes 47,1-48,11) folgt der Untergang Babylons selbst. Jes 47,1aα leitet die Gerichtsrede über Babylon mit einer Demütigung Babylons programmatisch ein: „Steig herab und setze dich in den Staub, Jungfrau, Tochter Babel“ (= רְדִי וּשְׁבִי עַל־עָפָר בְּתוּלַת בַּת־בָּבֶל). Es geht dabei um Vergeltung für das, was Babylon Israel angetan hat (vgl. Jes 47,6-15). Gleichwohl ist damit nicht Rache, sondern die Wiederherstellung der gestörten Ordnung gemeint. In Jes 48,1-11 schließt sich eine fiktive Gerichtsverhandlung gegen *die* in Israel an, welche nur äußerlich JHWH anhängen, realiter aber „treulos“ (= בָּגוֹד) sind. Trotz aller Verfehlungen aber hat JHWH sein Volk nicht im Zorn vernichtet, sondern es durch die Schmelze des Exils geläutert. Die Begründung dafür liegt darin, dass JHWH seine Ehre keinem anderen überlassen will (vgl. Jes 48,10f).[694] Die *3. Szene* (Jes 48,12-15) beginnt in Jes 48,12 mit einer Proklamation im Rahmen einer Offenbarungsrede JHWHs, in der seine erfüllte Prophezeiung verkündet wird: Kyros, obgleich hier nicht mit Namen benannt, ist jener, welcher JHWHs Willen erfüllt, indem er Babylon besiegt hat, und darum von JHWH geliebt wird (vgl. Jes 48,12-15).[695] Es folgt das *2. Gottesknechtslied* (Jes 48,16-49,12), in dem der Gottesknecht sich legitimiert (vgl. Jes 48,16) und in seiner anschließenden Rede erklärt, dass sein Volk das erlebte Unheil selbst verschuldet hat. Doch nun soll ein Neuanfang für Israel beginnen, indem das Volk aus Babylon fortzieht und jubelnd bis an die „Enden der Erde“ (= עַד־קְצֵה הָאָרֶץ) vor aller Welt seine Erlösung durch JHWH verkündet (vgl. Jes 48,20). In Jes 49,1-6 wendet sich der Gottesknecht an die Völker – metaphorisch wieder als die „Inseln“ (= אִיִּים) bezeichnet – und verkündet, dass er nicht nur Israel sammeln wird, sondern zugleich auch „Licht für die Völker“ (= לְאוֹר גּוֹיִם) sein soll. Hier wird der Blick erneut von Israel auf die Völker der Welt erweitert.[696] Der IV. Akt endet mit dem *4. Hymnus* (Jes 49,13), „denn es tröstet JHWH sein Volk und erbarmt sich seiner Elenden“ (= כִּי־נִחַם יְהוָה עַמּוֹ וַעֲנִיָּו יְרַחֵם).[697]

---

[693] Vgl. *Baltzer,* Deutero-Jesaja (KAT X 2), 12.326.329-331.334.337f.342; *Berges,* Jesaja 40-48 (HThK.AT), 450-473; *Höffken,* Jesaja Kapitel 40-66 (NSK.AT 18/2), 107–111; *Berges / Beuken,* Das Buch Jesaja, 153–156.

[694] Vgl. *Baltzer,* Deutero-Jesaja (KAT X 2), 12f.346-349.362-368; *Berges,* Jesaja 40-48 (HThK.AT), 480-529; *Höffken,* Jesaja Kapitel 40-66 (NSK.AT 18/2), 111–11820; *Berges / Beuken,* Das Buch Jesaja, 156–160.

[695] Vgl. *Baltzer,* Deutero-Jesaja (KAT X 2), 13.369-373; *Berges,* Jesaja 40-48 (HThK.AT), 529f.533-536; *Höffken,* Jesaja Kapitel 40-66 (NSK.AT 18/2), 121f; *Berges / Beuken,* Das Buch Jesaja, 158f.

[696] Vgl. *Baltzer,* Deutero-Jesaja (KAT X 2), 13.374.382f.388; *Berges,* Jesaja 40-48 (HThK.AT), 536f.544-550; *Berges,* Jesaja 49-54 (HThK.AT), 32f.42-44; *Höffken,* Jesaja Kapitel 40-66 (NSK.AT 18/2), 123–134.

[697] Vgl. *Baltzer,* Deutero-Jesaja (KAT X 2), 13.402; *Berges,* Jesaja 49-54 (HThK.AT), 54f; *Höffken,* Das Buch Jesaja. Kapitel 40-66 (NSK.AT 18/2), 135f.

Interpretation: Der IV. Akt, der den Untergang Babylons erzählt, bildet im Verbund mit dem im V. Akt folgenden Wiederaufstieg Zions/Jerusalems den Kulminationspunkt des literarischen Dramas. Der Fall der Hauptgötter Babylons steht quasi symbolisch vorab für den Untergang der einst mächtigen Stadt selbst und ihres Staates. Auch in diesem Akt erfolgt ein monotheistisches Zeugnis für JHWH als dem einzigen Gott (Jes 46,9b). Die Begründung, warum JHWH sein Volk trotz seiner Treulosigkeit nicht vernichtet hat, spielt zugleich auf den Exodus aus Ägypten an. Damals hat JHWH sein Volk nach dessen Bundesbruch am Sinai nicht vernichtet, um gegenüber den Ägyptern nicht sein Renommee zu verlieren (vgl. Ex 32,12). Auch im weiteren Ablauf Deuterojesajas wird der Auszug aus Babylon wiederholt mit dem Exodus parallelisiert. Das 2. Gottesknechtslied führt die doppelte Rolle des Knechts – Repräsentation des Bundes und Licht der Völker – weiter aus, die bereits im 1. Gottesknechtslied (Jes 42,1-9) grundgelegt worden ist. Der 4. Hymnus ergänzt den 3. Hymnus: Neben Recht und Ruhm, die JHWH seinem Volk zuspricht, bemüht er sich helfend um sein Volk und um seine Armen, so wie er sich auch schon um seinen blinden und tauben Knecht in Babylon gesorgt hat. Zugleich besteht eine intertextuelle Verbindung zum 5. Hymnus und zum Proömium, denn auch in Jes 40,1-11 sowie in Jes 52,7-10 wird die Tröstung JHWHs für sein Volk thematisiert, hier allerdings als bereits erfolgte Handlung.

Der *V. Akt* umfasst Jes 49,14-52,10 und ist überschrieben mit „*Der Aufstieg Zions/Jerusalems aus tiefster Erniedrigung*".[698] Die *1. Szene* (49,14-21) beinhaltet die Verheißung einer glänzenden Zukunft für das einst gedemütigte Zion/Jerusalem. Auf das Klagen Zions in Jes 49,14 antwortet JHWH daher mit einem Gleichnis (Jes 49,15aα): „Würde eine Frau ihr Kind vergessen?" (= הֲתִשְׁכַּח אִשָּׁה עוּלָהּ). Ebenso wenig kann auch JHWH Zion vergessen. Vielmehr wird Zion wieder aufblühen wie eine „Braut" (= כַּלָּה) und die „Kinder ihrer Kinderlosigkeit" (= בְּנֵי שִׁכֻּלָיִךְ) empfangen (vgl. Jes 49,18.20).[699] Die *2. Szene* (Jes 49,22-50,1) setzt die Verheißungsrede JHWHs an Zion fort. Auf sein Handzeichen hin werden die Völker die Kinder Zions aus der Diaspora heimbringen. In Jes 49,26a droht er den Bedrückern der Kinder Zions Unheil an: „Und ich lasse deine Peiniger essen ihr [eigenes] Fleisch" (= וְהַאֲכַלְתִּי אֶת־מוֹנַיִךְ אֶת־בְּשָׂרָם). Diese Strafandrohung ist metaphorisch als Hungersnot für die Unterdrücker Israels zu verstehen, zu dem einzigen Zweck, die Göttlichkeit JHWHs vor aller Welt zu offenbaren (vgl. Jes 49,26). In Jes 50,1 wird

698 Vgl. *Baltzer,* Deutero-Jesaja (KAT X 2), 14.

699 Vgl. *Baltzer,* Deutero-Jesaja (KAT X 2), 14.406-409.411f; *Berges,* Jesaja 49-54 (HThK.AT), 55-59.62-66; *Höffken,* Jesaja Kapitel 40-66 (NSK.AT 18/2), 137–139; *Berges / Beuken,* Das Buch Jesaja, 165f.

den *Kindern* Zions ihre Schuld vorgehalten. Diese ihre Schuld bleibt, auch wenn sie wieder aus unverdienter Gnade angenommen worden sind.[700] Daran anschließend folgt das *3. Gottesknechtslied* (Jes 50,2-51,16), das vom Gottesknecht als Schüler JHWHs sowie Lehrer des Volkes spricht. Seine Aufgabe ist es, den Gottesfürchtigen JHWHs Hilfe zuzusprechen. Den Feinden JHWHs aber, die gegen ihn „Feuer entfachen" (= קֹדְחֵי אֵשׁ), sagt er Unheil durch dieses Feuer voraus (vgl. Jes 50,10f). In Jes 51,1-8 folgt die Heilsaussage, die in Jes 50,4-9 noch für den Knecht galt, nun auch für das ganze Volk. In seiner weiteren Rede argumentiert er insbesondere mit der Heilserfahrung der Erzeltern. Aufgrund der historischen Erfahrungen soll das Volk jetzt wie diese ebenfalls wieder auf die Zusage JHWHs von Heil und Gerechtigkeit vertrauen, welche für *alle* Zeiten bestehen bleiben wird (vgl. Jes 51,1-8). JHWH verspricht dem Gottesknecht die Heimkehr des Volkes nach Zion (vgl. Jes 51,12-16), so dass kein Platz mehr bleibt für Angst.[701] Die ***3. Szene*** (51,17-52,6) beginnt in Jes 51,17a mit der Aufforderung an Jerusalem, sich zu erheben und den „Becher des Zorns" (= כּוֹס חֲמָתוֹ) JHWHs, den es hat austrinken müssen, zurückzugeben, damit dieser nun den Peinigern Zions übergeben werden kann (vgl. Jes 51,17-23). In Jes 52,1-6 wird der Wiederaufstieg Zions/Jerusalems thematisiert. Zion/Jerusalem soll sich wieder mit Kraft bekleiden, so dass es den siegreich zurückkehrenden JHWH empfangen kann.[702] Der *5. Hymnus* (52,7-10), bei dem es sich zugleich um die zu untersuchende Perikope handelt, beschließt den V. Akt und stellt den letzten Hymnus des Dramas dar, der sich anhand der Handlungsorte und handelnden Personen in drei Szenen gliedern lässt (vgl. Abschnitt *4.2.1 Gliederung der Perikope in Szenen*). Der Hymnus beschreibt in Szene I die Botschaft des Freudenboten, der Zion/Jerusalem die Freude verkündet, dass JHWH König geworden ist und nach Zion zurückkehrt. In Szene II sehen die Wächter der Stadt jubelnd sein Kommen und fordern die Trümmer Jerusalems zum Jubel auf, weil JHWH sein Volk getröstet und Jerusalem befreit hat. Szene III beschreibt, dass JHWH diese Heilstaten mit seinem heiligen Arm vor den Augen der Völker vollbracht hat.[703]

---

[700] Vgl. *Baltzer,* Deutero-Jesaja (KAT X 2), 14.416-422; *Berges,* Jesaja 49-54 (HThK.AT), 69-93; *Höffken,* Jesaja Kapitel 40-66 (NSK.AT 18/2), 139–143; *Berges / Beuken,* Das Buch Jesaja, 165–167.

[701] Vgl. *Baltzer,* Deutero-Jesaja (KAT X 2), 14.428-434.441-446.454-459; *Berges,* Jesaja 49-54 (HThK.AT), 99-169; *Höffken,* Jesaja Kapitel 40-66 (NSK.AT 18/2), 144–1567; *Berges / Beuken,* Das Buch Jesaja, 167-170.174-177.

[702] Vgl. *Baltzer,* Deutero-Jesaja (KAT X 2), 15.462-467; *Berges,* Jesaja 49-54 (HThK.AT), 169-186; *Höffken,* Jesaja Kapitel 40-66 (NSK.AT 18/2), 156–160; *Berges / Beuken,* Das Buch Jesaja, 177–179.

[703] Vgl. *Baltzer,* Deutero-Jesaja (KAT X 2), 15.475-477; *Berges,* Jesaja 49-54 (HThK.AT), 194–203; *Höffken,* Jesaja Kapitel 40-66 (NSK.AT 18/2), 160–162.

Interpretation: Während der IV. Akt, den Untergang des hochmütigen Babylons erzählt, schildert der V. Akt, der gleichfalls zum Kulminationspunkt gehört, den aufgrund des Niedergangs von Babylon möglich gewordenen Wiederaufstieg Zions/Jerusalems. Entsprechend soll Zion/Jerusalem wieder aufblühen wie eine „Braut" und sich mit neuer (Lebens-)Kraft bekleiden. Denn der Zorn JHWHs – metaphorisch ausgedrückt durch den „Becher des Zorns" – ist vergangen, weil Israel seine Schuld *er*kannt und die Läuterung durch das Exil *aner*kannt hat. Das 3. Gottesknechtslied setzt die Reihe der Gottesknechtslieder fort, indem JHWHs Volk nun aufgefordert wird, wie einst die Erzeltern wieder Vertrauen zu seinem Heilshandeln zu fassen. In diesem Sinne greift der 5. Hymnus die Gedanken des Proömiums sowie der ersten vier Hymnen wieder auf und kündigt in visionärer Art den sich nahenden Durchbruch der Königsherrschaft JHWHs an. Damit leitet der Hymnus unmittelbar zum VI. Akt über, der als Klimax des Dramas Deuterojesaja das Heil für den Gottesknecht und für die Stadtfrau Zion/Jerusalem verkündet.

Zur Diskussion über die Abgrenzung des Textes in der jüngeren exegetischen Literatur: Baltzer benennt in seiner Gliederung des Dramas lediglich Jes 52,9 als 5. Hymnus und sieht Jes 52,7-8.10 als der 3. Szene zugehörig. Gleichwohl analysiert er entgegen seiner eigenen formalen Unterteilung die gesamte Perikope Jes 52,7-10 in der Auslegung als *einen* Hymnus, um daran anschließend Jes 52,9 noch einmal als separaten Hymnus zu betrachten. Im Gegensatz dazu fasst Ehring Jes 52,7-10 als *eine* Texteinheit auf, was auch analog für Berges gilt. Die vorliegende Studie geht daher ebenso davon aus, dass die *gesamte* Perikope Jes 52,7-10 *einen* in sich konsistenten Hymnus darstellt.[704]

Der *VI. Akt* (Jes 52,11-55,13), der zugleich der letzte des Dramas ist und dessen Klimax bildet, trägt die Überschrift „*Heil für den Gottesknecht, Heil für Zion/Jerusalem*".[705] In der *1. Szene* (Jes 52,11f) werden die Kinder Zions als Konsequenz aus dem 5. Hymnus eindringlich aufgefordert, nun endgültig Babylon zu verlassen und nach Zion/Jerusalem zurückzukehren. Zugleich wird dem Volk Israel für seine Rückkehr von Babylon nach Jerusalem jedoch der Schutz JHWHs zugesagt: „Denn herziehen vor euch wird JHWH und eure Nachhut [wird sein] der Gott Israels" (= כִּי־הֹלֵךְ לִפְנֵיכֶם יְהוָה וּמְאַסִּפְכֶם אֱלֹהֵי יִשְׂרָאֵל). Diese Aussage erinnert an den Exodus aus Ägypten, der hier offenbar mit dem Auszug aus Babylon literarisch parallelisiert werden soll.[706] Das darauffolgende *4. Gottesknechtslied* (Jes 52,13-53,12) schildert das Leiden des Gottesknechts und seine Rehabilitation in einer fiktiven Gerichtsrede. Während Jes 53,1-3 die Verachtung des Gottesknechts

---

[704] Vgl. *Baltzer,* Deutero-Jesaja (KAT X 2), 15; *Ehring,* Die Rückkehr JHWHs, 67; *Berges,* Jesaja 49-54 (HThK.AT), 193. Vgl. auch Abschnitt *4.3.2 Textgattung und Datierung.*

[705] Vgl. *Baltzer,* Deutero-Jesaja (KAT X 2), 16; *Paganini*, Simone: Der Weg zur Frau Zion, Ziel unserer Hoffnung. Aufbau, Kontext, Sprache, Kommunikationsstruktur und theologische Motive in Jes 55,1 - 13 (SBB 49). Stuttgart 2002, 193.

[706] Vgl. *Baltzer,* Deutero-Jesaja (KAT X 2), 16.487-489; *Berges,* Jesaja 49-54 (HThK.AT), 203–206; *Höffken,* Jesaja Kapitel 40-66 (NSK.AT 18/2), 162f; *Berges / Beuken,* Das Buch Jesaja, 180.

aufgrund seiner Leiden thematisiert, erwächst hingegen in Jes 53,4-12 die Erkenntnis, dass der Knecht seine Leiden stellvertretend für eine anonym angesprochene „Wir-Gruppe“ getragen hat. Diese Aussage über die „Wir-Gruppe“ wird in Jes 53,11aβ erweitert: „Durch seine Erkenntnis wird Gerechtigkeit schaffen mein gerechter Knecht für viele“ (= בְּדַעְתּוֹ יַצְדִּיק צַדִּיק עַבְדִּי לָרַבִּים). Das Wort „viele“ geht in unbestimmter Offenheit wohl auch über Israel hinaus. Die letztendliche Erhöhung des Gottesknechts (vgl. Jes 52,13) ist im Kontext zu sehen mit der Erhöhung Zions als königliche Braut (vgl. Jes 49,18); beides stellt die zwei Seiten einer Medaille dar.[707] Die *2. Szene* (Jes 54,1-17) bildet den Höhepunkt in der Darstellung der Stadtfrau Zion/Jerusalem. In Jes 54,1-3 wird Zion Jerusalem – gleichwohl nicht mit Namen, sondern als „Unfruchtbare“ (= עֲקָרָה) benannt – zum Jubel aufgefordert. Den Grund für diesen Jubel liefert das Heilsorakel in Jes 54,4-6, wonach sie ihre „Witwenschaft“ (= אַלְמְנוּת) vergessen soll, weil ihr „Schöpfer“ (= עֹשֶׂה) ihr „Gemahl“ (= בַּעַל) sein wird. Dem folgt die dauerhafte Heilszusage JHWHs (vgl. Jes 54,7-10), dessen „Huld“ (= חֶסֶד) nicht mehr von Zion/Jerusalem weichen wird. Daran an schließt sich eine Segenszusage JHWHs, mit welcher die Stadt zum „Erbteil der Knechte JHWHs“ (= נַחֲלַת עַבְדֵי יְהוָה) erklärt wird (vgl. Jes 54,11-17).[708] Die *3. Szene* (Jes 55,1-5) beginnt in Jes 55,1aα mit dem Aufruf an „alle Durstigen“ (= כָּל־צָמֵא), zum Wasser zu kommen, wobei das Wasser hier als Metapher für die Torah steht, zu der die Knechte JHWHs eingeladen sind. Für diese Knechte gilt die davidische Verheißung und Bundeszusage, die als Zeugen JHWHs vor den Nationen auftreten und damit die Völkerwallfahrt zum Zion auslösen sollen, die bereits bei Protojesaja (Jes 2,2-4) angekündigt worden ist.[709] In der *4. Szene* (Jes 55,6-13) wird zum Vertrauen auf das wirkmächtige Wort JHWHs aufgerufen, denn „suchet JHWH, er lässt sich finden“ (= דִּרְשׁוּ יְהוָה בְּהִמָּצְאוֹ). Wohin das lebensspendende Wort JHWHs fällt, wird es Frucht bringen und nicht leer zurückkehren. So wie der Regen die ganze Erde zum Lebensraum macht, so erweitert das Wort JHWHs den Lebensraum von Israel hin zu allen Völkern (vgl. Jes 66,11).[710] „Dass der letzte Satz Dtjes (Jes 55,13b) den ewigen Namen Jahwes [sic] preist, der nicht getilgt

---

[707] Vgl. *Baltzer,* Deutero-Jesaja (KAT X 2), 16.496-498.502f.510f.542; *Berges,* Jesaja 49-54 (HThK.AT), 231-237.277f; *Höffken,* Jesaja Kapitel 40-66 (NSK.AT 18/2), 164–169; *Berges / Beuken,* Das Buch Jesaja, 181–183.

[708] Vgl. *Baltzer,* Deutero-Jesaja (KAT X 2), 16.143-546.587; *Berges,* Jesaja 49-54 (HThK.AT), 285–289; *Höffken,* Jesaja Kapitel 40-66 (NSK.AT 18/2), 171–177; *Berges / Beuken,* Das Buch Jesaja, 187–190.

[709] Vgl. *Baltzer,* Deutero-Jesaja (KAT X 2), 17.589; *Höffken,* Jesaja Kapitel 40-66 (NSK.AT 18/2), 178f; *Berges / Beuken,* Das Buch Jesaja, 194f; *Berges,* Jesaja. Der Prophet und das Buch, 131f.

[710] Vgl. *Baltzer,* Deutero-Jesaja (KAT X 2), 17f.589; *Höffken,* Jesaja Kapitel 40-66 (NSK.AT 18/2), 180–182; *Berges / Beuken,* Das Buch Jesaja, 194f; *Berges,* Jesaja 49-54 (HThK.AT), 131f.

werden wird, ist die Quintessenz seines Zeugnisses von dem einen Gott – und der einen Welt.“[711]

Interpretation: Wie bereits im IV. Akt, so wird auch im VI. Akt erneut der Auszug aus Babylon mit dem Exodus aus Ägypten parallelisiert. So wie JHWH seinerzeit Israel aus Ägypten ins gelobte Land geführt hat (vgl. Ex 33,12-17), so will er auch jetzt Israel auf dem Weg von Babylon nach Zion/Jerusalem führen. Sowohl der leidende Gottesknecht, der schließlich erhöht wird, als auch die „unfruchtbare“ Stadtfrau Zion/Jerusalem stehen für die nach Babylon Verschleppten, die für die Sünden des gesamten Volkes gebüßt haben und nun wieder zu Ehren kommen sollen, was aber offenbar erst Überzeugungsarbeit bei den in Jerusalem Verbliebenen erfordert.[712] Die 3. und 4. Szene stehen für das Wort JHWHs: Die Knechte – hier als pluralische Metapher für das Volk Israel – sollen das Wort empfangen – hier „Torah“ als Metapher – und die Botschaft an die Völker weitergeben, denn JHWHs Wort ist wie der Regen, der nicht zum Himmel zurückkehrt, sondern das Land fruchtbar macht. Die Klimax (VI. Akt), die darin besteht, dass der leidende Gottesknecht und die unfruchtbare Stadtfrau Zion/Jerusalem aus tiefster Erniedrigung nun das Heil JHWHs erfahren, folgt als Konsequenz des Kulminationspunkts (IV. und V. Akt), bei dem das stolze Babylon untergeht und sich das verachtete Zion/Jerusalem wieder erhebt. Der 5. Hymnus (Jes 52,7-10) am Ende des V. Aktes leitet somit vorausschauend in die Klimax des VI. Aktes über.

Zur Diskussion über die Abgrenzung des Textes in der jüngeren exegetischen Literatur: Baltzer fasst Jes 55,1-13 in zwei Szenen separiert vom VI. Akt als „Epilog“ zusammen. Höffken betrachtet lediglich Jes 55,6-13 als Epilog zu Deuterojesaja. Berges/Beuken hingegen sehen das vollständige Kapitel Jes 55 in Verbindung mit Jes 56 bereits als einleitenden Teil Tritojesajas. Dementsprechend fehlt auch Jes 55 in Herders Theologischem Kommentar (HThK.AT) zu Jesaja 49-54 von Berges. Hermisson hingegen sieht Jes 55 als Abschluss und integralen Bestandteil des Deuterojesaja, ohne diesen Textabschnitt jedoch speziell als abschließenden Epilog zu bezeichnen. Paganini allerdings versteht auch Jes 56 aufgrund ihrer Meinung nach vorhandener sprachlicher Berührungen von Jes 56,1-9 zu Jes 55,1-13 noch als Bestandteil Deuterojesajas. Gleichwohl geht die vorliegende Studie in Anlehnung an Hermisson davon aus, dass Jes 55 noch integraler Bestandteil Deuterojesajas ist und das Drama inhaltlich abschließt. Tritojesaja hingegen beginnt erst mit Jes 56, denn erst ab diesem Kapitel des Jesajatextes wird das künftige Leben Israels nach der Heimkehr zum Zion behandelt, was Berges/Beuken mit „Die Knechte JHWHs und ihre Gegner auf dem Zion“ überschreiben.[713]

---

[711] *Baltzer,* Deutero-Jesaja (KAT X 2), 616. Der letzte Satz lautet: „und es geschieht für JHWHs Namen, zum Zeichen für alle Zeit, welches nicht getilgt wird“ (= וְהָיָה לַיהוָה לְשֵׁם לְאוֹת עוֹלָם לֹא יִכָּרֵת).

[712] Zum Thema „Mann der Schmerzen und Schmerzensfrau“ vgl. auch *Berges / Beuken*, Buch Jesaja, 190.

[713] Vgl. *Baltzer,* Deutero-Jesaja (KAT X 2), 16–18; *Höffken,* Jesaja Kapitel 40-66 (NSK.AT 18/2), 8; *Berges / Beuken,* Buch Jesaja, 34.191; *Berges,* Jesaja 49-54 (HThK.AT), 8; *Hermisson,* Jesaja 49,14-55,13 (BK.AT XI 3), 580f; *Paganini*, Der Weg zur Frau Zion, 193f.

Die sechs Akte des literarischen Dramas „Deuterojesaja" laufen in der Weise nacheinander und ineinander verbunden ab, dass die Ereignisse vom I. bis zum VI. Akt aufeinander aufbauend einen logischen Handlungsablauf gestalten:

1. Im *I. Akt* werden die geistigen Grundlagen des Dramas vermittelt: Der Unvergleichlichkeit JHWHs steht die Ohnmacht der Kultbilder gegenüber und der Gottesknecht Jakob/Israel wird wieder in Gnaden durch JHWH angenommen.
2. Der *II. Akt* schildert, dass Jakob/Israel als Gottesknecht nicht mehr der „blinde und taube Knecht" ist, sondern endlich seine Schuld als Voraussetzung für den Neuanfang (an-)erkennt, woraufhin ihm die Befreiung aus dem Exil zugesprochen werden kann und auch wird.
3. Als nächster Schritt folgt im *III. Akt* die Gegenüberstellung der uneingeschränkten Herrschaft Gottes und der irdischen Herrschaft – hier in Person des persischen Königs Kyros –, der zwar als „Gesalbter" JHWHs eingesetzt ist, aber dennoch nur als der „Arm" JHWHs dessen Plan in der Welt umsetzt.
4. Der *IV. Akt* erzählt über den Untergang Babylons als Folge von JHWHs geschichtsmächtigem Eingreifen durch seinen „Gesalbten" Kyros. Zunächst knicken die „Hauptgötter" Babylons vor dem unvergleichbaren, einzigen Gott ein und schließlich sitzt das stolze Babylon selbst hilflos „im Staub". Der Untergang Babylons und der damit verbundene Wiederaufstieg Zions/Jerusalems stellen den Kulminationspunkt des Dramas dar.
5. Den Sturz Babylons kontrastierend setzt der *V. Akt* mit der Erzählung über Zions/Jerusalems Wiederaufstieg aus tiefster Erniedrigung und Verzweiflung die Kulmination der Ereignisse fort und leitet mit dem 5. Hymnus in die Klimax über.
6. Der *VI. Akt* als Klimax erzählt von den Leiden und der Erhöhung des Gottesknechts Jakob/Israel sowie der Stadtfrau Zion/Jerusalem. Den Abschluss des VI. Aktes sowie des Dramas Deuterojesaja bildet der Auftrag an die „Knechte", die Torah als lebendiges Wort Gottes aufzugreifen und konsequent als Zeugen für JHWH unter den Völkern aufzutreten.

Vorangestellt ist das Proömium als *Abstract* des Dramas, das die Kernaussagen der sechs Akte bereits beinhaltet und so mit diesen inhaltlich und z. T. auch verbal verbunden ist. Die fünf Hymnen, die jeweils die ersten fünf Akte beenden, stellen gewissermaßen ein Fazit des jeweiligen Aktes dar und leiten zu dem darauffolgenden Akt über. Dementsprechend bilden die fünf Hymnen eine inhaltlich aufwachsende und zusammenhängende

Reihe: Der 1. Hymnus fordert zum Lobpreis JHWHs auf, während der 2. Hymnus als Konsequenz des Lobpreises zur Umkehr zu eben diesem JHWH auffordert. Der 3. Hymnus schildert daraufhin den Jubel der Gerechten über JHWHs gerechte Herrschaft. Im 4. Hymnus werden die Tröstung des Volkes durch JHWH und sein Erbarmen besungen. Der 5. Hymnus ist der letzte Hymnus des Dramas; er beendet den V. Akt, deckt die Inhalte der vorhergehenden Hymnen – z. T. auch intertextuell – ab (vgl. Abschnitt *4.4.1 Intertextuelle Bezüge innerhalb des Buches Deuterojesaja*) und leitet damit zum VI. Akt über, welcher zugleich Klimax und Abschluss des Dramas ist. Darüber hinaus ist der 5. Hymnus die „Parallelperikope" zum Proömium (vgl. Abschnitt *4.4.2 Die „Parallelperikopen" Jes 52,7-10 und Jes 40,1-11*). Indem er die Darlegungen des Proömiums wieder aufgreift sowie die ersten vier Hymnen inhaltlich sammelt, stellt er ein Resümee des Handlungsablaufs bis zum V. Akt dar, bevor das Geschehen dann im VI. Akt in den Heilszusagen für Gottes Knecht und für die Stadtfrau Zion/Jerusalem gipfelt.

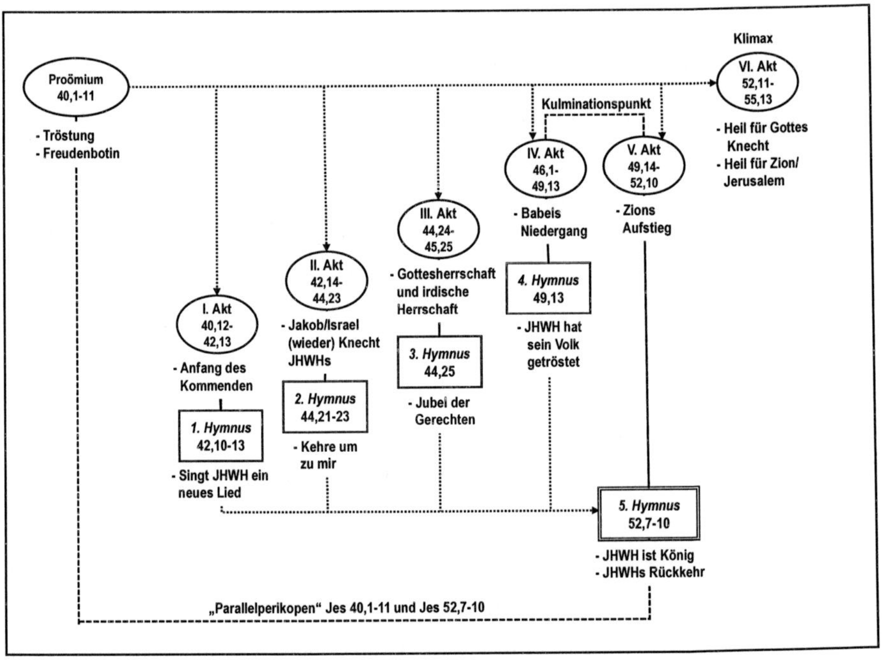

Abbildung 14: Synchrone Kompositionsstruktur des Dramas Deuterojesaja

4.6 Die Rolle Zions in Deuterojesaja

Im Folgenden geht es um die zusammenfassende Auswertung Deuterojesajas hinsichtlich des theologischen Ertrags für die Rolle Zions in Bezug auf das Königtum JHWHs.

„Zion“ (= צִיּוֹן) ist der Berg in Jerusalem, auf dem der Tempel Salomos errichtet worden ist. Um diesen Begriff herum hat sich die „Zionstheologie“ des Alten Testaments entwickelt. Ihr zentraler Gedanke besteht in der Vorstellung, dass JHWH auf dem Berg Zion im Tempel wohnt und von dort als „Königsgott“ herrscht. Zion ist demnach der Ort, an dem sich Himmel und Erde berühren. Die Gegenwart JHWHs auf Zion ist Garant für Heil und Gerechtigkeit in Jerusalem und Juda. Die Gerechtigkeit JHWHs ist jedoch sowohl an das gerechte Verhalten des ganzen Volkes als auch an das jedes einzelnen gebunden.[714] Demzufolge kündigt Protojesaja im Rahmen seiner Gerichtsrede gegen Juda und Jerusalem den Untergang Zions/Jerusalems aufgrund von Hochmut und sozialem Fehlverhalten der führenden Schicht des Volkes an und macht dies metaphorisch an den „hochmütigen Töchtern Zions“ fest (vgl. Jes 3,16f).[715] Gleichwohl ist das angekündigte Gericht nicht das Letzte, sondern durch das Unheil führt der Weg zum Heil. Denn auf dem Zion wird JHWH einen „Eckstein“ begründen für den Neuanfang (vgl. Jes 28,16f).[716] In Deuterojesaja hat das Bild der „Frau Zion“ einen entscheidenden Platz im Konzept der eschatologischen Heilswende, nämlich der Heimkehr des Gottesvolkes bzw. der Rückkehr JHWHs zu seinem Volk mit den damit verbundenen Konsequenzen für die ganze Welt.[717]

4.6.1 JHWH kehrt als König zurück zum Zion

Im Kontext mit dem Wiederaufstieg Zions aus tiefster Erniedrigung steht zugleich der Gedanke von der Rückkehr JHWHs zum Zion. Im Proömium des Deuterojesaja wird bereits die Vision von Wiederaufstieg und Rückkehr vorweggenommen, indem die „Freudenbotin Zion“ (= מְבַשֶּׂרֶת צִיּוֹן) bzw. die „Freudenbotin Jerusalem“ (= מְבַשֶּׂרֶת יְרוּשָׁלָם) aufgefordert wird, auf dem Berg „mit Kraft“ (= בַכֹּחַ) den Städten Judas zu verkünden, dass JHWH wiederkommt und „sein Arm“ (= זְרֹעוֹ) für ihn herrschen wird (vgl. Jes 40,9f).

[714] Vgl. *Giercke-Ungermann*, Annett: Der theologisierte Zion im Alten Testament. Ein kaleidoskopischer Ein- und Überblick. In: Paganini, Simone / Jöris, Steffen / Giercke-Ungermann, Annett (Hg.): Zwischen Aachen und Jerusalem. Ein Gedenkband für Johannes Floß (AcThS) Aachen 2017, 65–75, 65.68; *Liss*, Hanna: Tanach. Lehrbuch der jüdischen Bibel (SHJSH 8). Heidelberg ³2011, 262.

[715] Vgl. *Berges / Beuken*, Buch Jesaja, 57f.

[716] Vgl. *Berges / Beuken*, Buch Jesaja, 101f; *Liss*, Tanach, 262f.

[717] Vgl. *Hermisson*, Hans-Jürgen: „Die Frau Zion“. In: Ruiten, Jacques van / Vervenne, Marc (Hg.): Studies in the book of Isaiah (BEThL 132). Leuven/B 1997, 19–39, 26; *Ehring*, Die Rückkehr JHWHs, 1f.

Nachdem Zion/Jerusalem zuerst selbst den Trostzuspruch JHWHs erfahren hat (vgl. Jes 40,1f), kann es nun als Freudenbotin die gute Nachricht an die Städte Judas weitergeben. Mit der anthropomorphen Wendung in Jes 40,2a „redet Jerusalem zu Herzen“ (= דַּבְּרוּ עַל־לֵב יְרוּשָׁלַםִ) wird die Stadt als Frauengestalt angesprochen, die hier als Metapher für JHWHs Volk Israel steht.[718]

Zugleich mit der Vision der Rückkehr JHWHs ist das Bild seiner liebevollen Zuwendung verbunden, denn er wird wie ein „Hirte“ seine „Lämmer“ sammeln. Zwar hat Kyros als „Arm“ JHWHs das Volk aus der Gewaltherrschaft Babylons befreit, aber das fürsorgliche Sammeln des Volkes behält sich JHWH als königlicher Hirte selbst vor. Dabei beschränkt sich die Rolle des Hirten auch nicht auf die Rückführung der Exilierten, sondern mit der Rückkehr JHWHs beginnt eine neue Zeit, ein neues fürsorgliches Regime für das ganze Volk und Land, das auf „alles Fleisch“ (= כָּל־בָּשָׂר) ausstrahlt (vgl. Jes 40,5.11).[719]

Im Kontext mit der Rückkehr JHWHs steht auch die Metapher, für „JHWH einen Weg“ (= דֶּרֶךְ יְהוָה) in der Wüste zu bahnen (vgl. Jes 40,3) als relevante Größe. Denn dieser Weg steht keineswegs für den „zweiten Exodus“ der Exilierten aus Babylon, sondern für die Wiederzuwendung JHWHs zu seinem Volk nach einer Zeit der Abwendung. Das Bild der „Wüste“ (= מִדְבָּר) bezieht sich dementsprechend auch nicht auf die syrische Wüste als Teil eines möglichen Heimwegs der Rückkehrer aus Babylon, sondern auf den trostlosen Zustand von Jerusalem und Israel in exilisch-frühnachexilischer Zeit sowie der gestörten Beziehung zu JHWH.[720] Insofern geht es in Deuterojesaja nicht primär um die Rückkehr der „Exilierten“ (= גּוֹלָה) nach Jerusalem und Juda, sondern vielmehr um die Rückkehr JHWHs nach der heiligen Stadt Jerusalem als Metapher für seine Wiederzuwendung zu seinem Volk, wo er wieder auf dem heiligen Berg Zion gegenwärtig sein wird.[721]

Das im Proömium visionär entworfene Bild von der Rückkehr JHWHs zum Zion wird erst in der Perikope Jes 52,7-10 (5. Hymnus im V. Akt) vollständig entfaltet. Bereits die Einführung durch den „Freudenboten“ (= מְבַשֵּׂר) weist auf eine Steigerung der Handlung

---

[718] Vgl. *Berges,* Jesaja 40-48 (HThK.AT), 110f; *Hermisson,* „Die Frau Zion“, 27; *Ehring,* Die Rückkehr JHWHs, 50–52; *Berges*, Ulrich: Zion and the Kingship of Yhwh in Isaiah 40-55. In: Wieringen, Archibald L. H. M. van / Woude, Annemarieke van der (Hg.): „Enlarge the site of your tent“. The City as Unifying Theme in Isaiah. The Isaiah Workshop - de Jesaja Werkplaats (OTS 58). Leiden/NL 2011, 95–119, 102.

[719] Vgl. *Berges,* Jesaja 40-48 (HThK.AT), 113f; *Ehring,* Die Rückkehr JHWHs, 60–62; *Berges,* Zion and the Kingship of Yhwh in Isaiah 40-55, 105.

[720] Vgl. *Berges,* Jesaja 40-48 (HThK.AT), 103–106; *Ehring,* Die Rückkehr JHWHs, 48–50.

[721] Vgl. *Becker*, Uwe: Theokratie und Eschatologie. Die Kyros-Gestalt und das Selbstverständnis des Judentums im Spiegel von Esra 1/6 und Jes 40-55. In: Häusl, Maria (Hg.): Denkt nicht mehr an das Frühere! Begründungsressourcen in Esra/Nehemia und Jes 40–66 im Vergleich (BBB 184). Göttingen 2018, 117–135, 126; *Berges,* Zion and the Kingship of Yhwh in Isaiah 40-55, 102f.

hin: Der am Boden liegenden Stadt und ihren Bewohnern im Elend wird „Frieden“, „Gute Botschaft“ und „Heil“ verkündet. Das „Gute“ der Botschaft besteht darin, dass „dein Gott König geworden ist“ (= מָלַךְ אֱלֹהָיִךְ) und „nach Zion zurückkehrt“ (= שׁוּב יְהוָה צִיּוֹן). Mit der Rückkehr JHWHs als König zum Zion sind Frieden und Heil zunächst für Jerusalem und Juda verbunden. Gleichwohl bleibt dies nicht ohne Auswirkungen auf die Umwelt Judas, denn das Heil Gottes, soll für *alle* Welt sichtbar werden, so dass gilt: „Alle Enden der Erde schauen das Heil unseres Gottes“ (= רָאוּ כָּל־אַפְסֵי־אָרֶץ אֵת יְשׁוּעַת אֱלֹהֵינוּ).[722] Dieses vor aller Welt offenbar werdende Heil besteht in der sichtbaren Wiederzuwendung JHWHs zu seinem Volk, die sich in seinem geschichtsmächtigen Eingreifen und der damit verbundenen Schicksalswende manifestiert: Das unüberwindlich geglaubte Babylon wird von Kyros, „dem Gesalbten JHWHs“ (vgl. Jes 45,1), erobert und unterworfen, wodurch die judäischen Exilierten in die Heimat zurückkehren und die Stadt Zion/ Jerusalem und den Tempel wieder aufbauen können. Zudem wird den heimgekehrten „Knechten JHWHs“ seine bleibende Hilfe sowie Zion/Jerusalem als „Erbbesitz“ auf Dauer zugesagt (vgl. Jes 54,17) und damit zugleich die Verheißung an die Erzväter erfüllt (Ex 32,13; Dtn 4,20f).[723]

4.6.2 Zion als Heilsort für Israel

Mit der Rückkehr JHWHs beginnt die Wende zu einer neuen Zeit für Zion, indem sich die bisherige Trostlosigkeit zur freudigen Hoffnung wandelt. Deuterojesaja zeichnet dies mit dem Bild der „Frau“, mit der Zion gemeint ist, ohne expressis verbis mit Namen genannt zu werden. Zion wird hier metaphorisch angesprochen als die „Unfruchtbare, die nie gebar“ (= עֲקָרָה לֹא יָלָדָה), die aber nun jubeln und jauchzen soll, weil sie so viele Kinder haben wird, dass sie ihr „Zelt erweitern“ muss. Denn ihre Nachkommen werden sich über die Grenzen ihrer Mutterstadt hinaus nach rechts und links ausbreiten, indem sie „Völker beerben und verödete Städte besiedeln“ (= גּוֹיִם יִירָשׁ וְעָרִים נְשַׁמּוֹת יוֹשִׁיבוּ). Dies spielt *sprachlich* auf die israelitische Landnahmetradition an (vgl. Dtn 9,1; 11,23; 12,2.29; 18,14; 31,3). Gleichwohl ist die Besiedlung verödeter Städte in diesem Kontext nicht als Eroberung zu verstehen; vielmehr geht es hier um den Topos des Wiederaufbaus von Stadt und Land als Heilserwartung (vgl. Jes 54,1-3).[724]

---

[722] Vgl. *Berges,* Jesaja 49-54 (HThK.AT), 196–202; *Ehring,* Die Rückkehr JHWHs, 86–90.
[723] Vgl. *Ehring,* Die Rückkehr JHWHs, 87–90; *Hermisson,* Jesaja 49,14-55,13 (BK.AT XI 3), 294f; *Baltzer,* Deutero-Jesaja (KAT X 2), 585f.
[724] Vgl. *Höffken,* Das Buch Jesaja. Kapitel 40-66 (NSK.AT 18/2), 171–173; *Berges,* Jesaja 49-54 (HThK.AT), 293–298; *Baltzer,* Deutero-Jesaja (KAT X 2), 548–552.

Zugleich wird Zion durch JHWH in seinem Heilsorakel Sicherheit und Bestand auf Dauer zugesagt (vgl. Jes 54,4f). Dementsprechend soll sich „Frau Zion" – bildhaft ausgedrückt – nicht mehr fürchten und schämen, sondern die „Schande der Jugend" (= בֹּשֶׁת עֲלוּמַיִךְ) und die „Schmach der Witwenschaft" (= חֶרְפַּת אַלְמְנוּתַיִךְ) vergessen, denn ihr Schöpfer ist ihr Gemahl. Dieses Bild soll aussagen, dass Zion nicht mehr schutzlos ist wie eine „(unverheiratete) junge Frau" (= עַלְמָה) oder eine „Witwe" (= אַלְמָנָה), welchen die männliche Obhut fehlt, sondern künftig (wieder) durch JHWHs starken Beistand geschützt wird. Das Gewicht dieses Beistands manifestiert sich durch die in Jes 54,5 genannten Namen JHWHs, die zugleich auch seine universelle göttliche Herrschaft zum Ausdruck bringen: „dein Schöpfer" (= עֹשַׂיִךְ), „JHWH der Heerscharen" (= יְהוָה צְבָאוֹת), „Heiliger Israels" (= קְדוֹשׁ יִשְׂרָאֵל), „dein (Er-)löser" (= גֹּאֲלֵךְ) und „Gott der ganzen Erde" (= אֱלֹהֵי כָל־הָאָרֶץ).[725]

> *Zur Diskussion über das Verständnis der Metapher „Jugend und Witwenschaft"*: Baltzer versteht die „Schande der Jugend" als Anspielung auf die Zeit des in Juda verbreiteten Baalkults, während er die „Schmach der Witwenschaft" auf das babylonische Exil bezieht. Höffken fasst die „Schande der Jugend" als Anspielung auf die Katastrophe von 587 und die „Schmach der Witwenschaft" auf das Exil als Folge dieses Ereignisses auf. Berges hingegen verneint jedweden geschichtstheologischen Bezug, sondern sieht in der „Schande der Jugend" gemeinsam mit der „Schmach der Witwenschaft" lediglich eine bildhafte Beschreibung der aktuellen Situation Israels am Ende des Exils. Berges ist hier zuzustimmen, da „junge Frau" und „Witwe" an dieser Stelle offensichtlich als analoger Parallelismus im Hinblick auf den gleichen Sachverhalt, nämlich die Schutzlosigkeit Zions, zu verstehen sind.[726]

Hat Zion in Jes 49,14 geklagt, dass JHWH sie verlassen habe, so lautet die direkte Antwort in Jes 49,15bβ: „Ich vergesse dich nicht" (= אָנֹכִי לֹא אֶשְׁכָּחֵךְ). In Jes 54,7-10 folgt jedoch eine ausführliche Replik JHWHs: Er habe sie nur eine kleine Weile im aufwallenden Zorn verlassen, um sich nun ihrer wieder in ewiger Huld zu erbarmen. Wie JHWH einst Noach nach der Sintflut geschworen hat, niemals wieder die Erde mit einer Flut zu überschwemmen (vgl. Gen 9,21f), schwört er in analoger Weise nun Zion zu, ihr nie mehr zu zürnen. Vielmehr sagt er zu, „und meine Huld" (= וְחַסְדִּי) soll nicht von Zion weichen „und [der] Bund meines Friedens" (= וּבְרִית שְׁלוֹמִי) nicht wanken (vgl. Jes 54,10). Wie der Schwur JHWHs einst den Bestand der Erde garantierte, so garantiert er nun den Bestand Zions auf Dauer.[727]

In einer weiteren Metapher malt Jes 54,11-17 die neue Stadt Zion/Jerusalem als JHWHs Neugründung aus, die aufgebaut aus edlen Steinen (אֲבָנַיִךְ, סַפִּיר, כַּדְכֹד, אֶקְדָּח = Malachit,

---

[725] Vgl. *Berges,* Jesaja 49-54 (HThK.AT), 299–304; *Höffken,* Das Buch Jesaja. Kapitel 40-66 (NSK.AT 18/2), 173f; *Baltzer,* Deutero-Jesaja (KAT X 2), 554–558.

[726] Vgl. *Baltzer,* Deutero-Jesaja (KAT X 2), 556f; *Höffken,* Das Buch Jesaja (NSK.AT 18/2). Kapitel 40-66, 173; *Berges,* Jesaja 49-54 (HThK.AT) Jesaja 49-54 (HThK.AT), 301.

[727] Vgl. *Höffken,* Das Buch Jesaja. Kapitel 40-66 (NSK.AT 18/2), 174f; *Berges,* Jesaja 49-54 (HThK.AT), 307–311; *Baltzer,* Deutero-Jesaja (KAT X 2), 561–567.

Saphir, Rubinen, Beryll) und darum herrlicher und prachtvoller als alle von Menschen erbauten Städte sein wird (vgl. Jes 54,11f). Abgesehen von der *äußeren* Pracht steht hier jedoch primär der *innere* Glanz der neuen Stadt im Fokus: Die Kinder Zions werden „JHWHs Schüler“ (= לִמּוּדֵי יְהוָה) sein. Groß wird daher der „Friede deiner [Zions] Kinder“ (= שְׁלוֹם בָּנָיִךְ) sein und „du [Zion] wirst auf Gerechtigkeit gegründet“ (= בִּצְדָקָה תִּכּוֹנָנִי) sein (vgl. Jes 54,13f). Andererseits werden Bedrohungen von außen deshalb keinen Erfolg mehr haben, da künftige Angreifer nicht mehr wie einst die Babylonier von JHWH herkommen. Denn die Kinder Zions werden JHWHs Schüler sein, worin die umfassend heile und auf Gerechtigkeit fundierte Existenz Jerusalems/Zions bestehen wird. In diesem Sinne kann JHWH die Stadt Zion/ Jerusalem „[als] Erbbesitz [den] Knechten JHWHs“ (= נַחֲלַת עַבְדֵי יְהוָה) zusagen (vgl. Jes 54,15-17). Mit dieser Zusage aber erhält Zion eine Zukunftsperspektive und wird so zum ewigen Heilsort Israels.[728]

4.6.3 Zion als Heilsort für die Völker

Im Proömium Deuterojesajas werden in Jes 40,5 auch die Völker angesprochen: „Und [die] Herrlichkeit JHWHs offenbart sich und alles Fleisch schaut sie; denn der Mund JHWHs hat gesprochen“ (= וְנִגְלָה כְּבוֹד יְהוָה וְרָאוּ כָל־בָּשָׂר יַחְדָּו כִּי פִּי יְהוָה דִּבֵּר). Steht im Proömium noch die „Herrlichkeit“ (= כְּבוֹד) JHWHs im Fokus, so tritt in Jes 52,10b als entscheidender Faktor das „Heil“ (= יְשׁוּעָה) Gottes in den Vordergrund: „Und alle Enden der Erde schauen das Heil unseres Gottes“ (= וְרָאוּ כָּל־אַפְסֵי־אָרֶץ אֵת יְשׁוּעַת אֱלֹהֵינוּ). Im Gegensatz zu dem wortgleichen Kolon in Ps 98,3b, welches ganz allgemein das „Schauen des Heils Gottes“ durch die Menschheit beschreibt, ist das „Schauen“ hier auf Zion ausgerichtet. Denn Zion ist die Residenz des Weltenkönigs JHWH, von wo das Heil für Israel ausgeht und bis an die Grenzen der Erde reicht. Insofern sind die Völker der Erde – hier metaphorisch mit כָּל־אַפְסֵי־אָרֶץ bezeichnet – zwar zunächst Zuschauer des Heilshandelns JHWHs an Israel, aber schlussendlich verweilen sie dabei nicht unbeteiligt, denn dieses „Schauen“ bleibt nicht ohne Konsequenzen: Die Faszination, die ausgelöst wird durch das Handeln JHWHs an seinem Volk und an Zion, bewirkt auch das Heil der Völker, indem sie durch die Faszination zum Glauben an den einen Gott JHWH kommen. Dazu ist es jedoch erforderlich, dass immer mehr „Kinder Zions“ dem Ruf JHWHs Folge leisten und aus Babylon sowie der Diaspora nach Zion heimkehren und auf diese Weise Licht für Völker

[728] Vgl. *Höffken,* Das Buch Jesaja. Kapitel 40-66 (NSK.AT 18/2), 175–177; *Berges,* Jesaja 49-54 (HThK.AT), 332f; *Berges / Beuken,* Buch Jesaja, 187–190; *Hermisson,* Jesaja 49,14-55,13 (BK.AT XI 3), 559–561.

(vgl. Jes 42,6b) werden, so dass JHWHs Heil bis an die Grenzen der Erde reichen wird (Jes 49,6).[729]

„Ein Licht für Völker [zu werden]“ (= לְאוֹר גּוֹיִם), in Jes 42,6b dem „Gottesknecht“ als Träger des Bundes mit dem Volk zugesprochen, wird in Jes 55,3-5 für die „Knechte JHWHs“ – hier in Pluralform als Umschreibung für die „Kinder Zions“ – weiter ausgeführt. Denn den „Knechten“ gilt die davidische Verheißung und Bundeszusage, die letztlich noch nicht vollendet worden ist. Dabei geht es gleichwohl nicht um eine Verheißung, die anderen Völker zu beherrschen. Vielmehr sollen die „Knechte“ als Zeugen JHWHs vor den Völkern auftreten und damit die Völkerwallfahrt zum Zion „am Ende der Zeiten“ auslösen, die in Jes 2,2-4 ankündigt wird. Der Zweck dieser Wallfahrt besteht für die Völker darin, auf dem Zion Weisung und Wort JHWHs (= תּוֹרָה וּדְבַר־יְהוָה) zu empfangen, denn JHWH wird Recht unter den Völkern schaffen, so dass diese „nicht mehr lernen Krieg [zu führen]“ (= לֹא־יִלְמְדוּ עוֹד מִלְחָמָה).[730]
Dieses eschatologische Völkerorakel aus Protojesaja wird bei Deuterojesaja in Jes 51,4 durch den „Gottesknecht“ in seiner Rede über Gottes Gerechtigkeit und Heil wieder aufgenommen:
„Hört auf mich, mein Volk, und horcht auf mich, meine Nation! Denn Weisung geht aus von mir und mein Recht zum Licht der Völker“
(הַקְשִׁיבוּ אֵלַי עַמִּי וּלְאוּמִּי אֵלַי הַאֲזִינוּ כִּי תוֹרָה מֵאִתִּי תֵצֵא וּמִשְׁפָּטִי לְאוֹר עַמִּים אַרְגִּיעַ).

Die Aufgabe des „Gottesknechts“ ist es, als „Licht“ auf die Völker einzuwirken, bis das Recht allgemein hergestellt ist. So wie Israel einst am Sinai durch die Vermittlung des Mose die Torah empfangen hat, so sollen am Zion die Völker ihre Torah durch die Vermittlung des „Gottesknechts“ empfangen.[731]
Die Anerkennung der bisherigen Schuld und die Reinigung von derselben sowie der Verbleib einer gläubigen Restgemeinde sind jedoch die Voraussetzungen dafür, dass Zion Anziehungspunkt für die Völker wird; eine Restgemeinde, die sich selbst in Jes 2,5 auffordert: „Und lasst uns wandeln im Lichte JHWHs“ (= וְנֵלְכָה בְּאוֹר יְהוָה). In Jes 66,23 erfolgt die Vollendung dessen, was in Jes 2 beginnt: „Neumond um Neumond und Sabbat

---

729 Vgl. *Berges,* Jesaja 49-54 (HThK.AT), 201f; *Hermisson,* Jesaja 49,14-55,13 (BK.AT XI 3), 261.294f; *Höffken,* Das Buch Jesaja. Kapitel 40-66, 36.161f; *Berges / Beuken,* Buch Jesaja, 178; *Berges,* Das Buch Jesaja, 380; *Maier*, Michael P.: Völkerwallfahrt im Jesajabuch (BZAW 474). Berlin, Boston/MA/USA 2016, 244.
730 Vgl. *Höffken,* Das Buch Jesaja. Kapitel 40-66 (NSK.AT 18/2), 178f.; *Berges / Beuken,* Buch Jesaja, 193–195; *Hermisson,* Jesaja 49,14-55,13 (BK.AT XI 3), 601–611; *Baltzer,* Deutero-Jesaja (KAT X 2), 594–599.
731 Vgl. *Berges*, Ulrich: Die Zionstheologie des Buches Jesaja. In: EstB 58 (2000), 167–198, 191.

um Sabbat wird alles Fleisch kommen, um anzubeten vor meinem Angesicht, spricht JHWH“ (= מִדֵּי־חֹדֶשׁ בְּחָדְשׁוֹ וּמִדֵּי שַׁבָּת בְּשַׁבַּתּוֹ יָבוֹא כָל־בָּשָׂר לְהִשְׁתַּחֲוֹת לְפָנַי אָמַר יְהוָה). Auf diese Weise entsteht aus der Restgemeinde Israels *und* den Völkern – metaphorisch als „alles Fleisch“ (= כָל־בָּשָׂר) bezeichnet – eine neue Gemeinschaft von JHWH-Gläubigen. Die Bedingung für den Beitritt der Völker zur JHWH-Gemeinde wird in Jes 56,2 genannt, nämlich den „Sabbat halten und ihn nicht zu entweihen“ (= שֹׁמֵר שַׁבָּת מֵחַלְּלוֹ) sowie „zu halten seine Hand [fern] von allem Übel“ (= שֹׁמֵר יָדוֹ מֵעֲשׂוֹת כָּל־רָע).[732]

Es geht also nicht um ethnische Zugehörigkeiten, sondern allein um die Zuwendung zu JHWH als dem einzigen und wahren Gott sowie ein daraus resultierendes ethisches Verhalten (vgl. Jes 45,22). Gleichwohl bleibt unabhängig davon das Vorrecht Israels bestehen (vgl. Jes 45,25), das Bundesvolk JHWHs zu sein, wobei einerseits dieser Bund niemals aufgehoben werden kann und andererseits sich hieraus für Israel die Verpflichtung ergibt, Zeugnis zu geben für die Völker.[733]

4.7 Zusammenfassende Auslegung der Perikope

Zum Abschluss der sprachlichen, poetischen und literarischen Analyse wird in diesem Abschnitt eine zusammenfassende Auslegung der Perikope Jes 52,7-10 unter Berücksichtigung der Ergebnisse der Abschnitte 4.1 bis 4.5 vorgenommen. Neben der inhaltlichen Kongruenz der Perikope mit dem Proömium (Jes 40,1-5.9-11) ist auch die mit den JHWH-König-Psalmen, insbesondere mit Ps 98 zu beachten. Im Gegensatz zu Ps 98, der im griechischen Text Ps 97 LXX nur geringfügige Abweichungen vom masoretischen Text aufweist, ist der griechische Text der Perikope Jes 52,7-10 insbesondere in den Szenen 1 und 2 differierend von der masoretischen Fassung, was bei der Auslegung unbedingt zu berücksichtigen ist.

Szene I:

Die Szene I setzt in V. 7aα neu an mit der Feststellung „Wie willkommen sind auf den Bergen [die] Füße des Freudenboten“ (= מַה־נָּאווּ עַל־הֶהָרִים רַגְלֵי מְבַשֵּׂר). Damit verbunden ist zugleich ein Wechsel des Sprechers: Während in Jes 52,1-6 noch JHWH selbst Zion/Jerusalem anspricht, zu erkennen an den drei Redefiguren כִּי־כֹה אָמַר יְהוָה (Jes 52,3aα),

---

[732] Vgl. *Berges*, Die Zionstheologie des Buches Jesaja, 177–179.191.

[733] Vgl *Berges*, Die Zionstheologie des Buches Jesaja, 189-195; *Maier*, Völkerwallfahrt im Jesajabuch (BZAW 474), 281; *Häusl*, Maria: Einleitung. Begründungen für die Neukonstituierung des nachexilischen Israel. In: Häusl, Maria (Hg.): Denkt nicht mehr an das Frühere! Begründungsressourcen in Esra/Nehemia und Jes 40–66 im Vergleich (BBB 184). Göttingen 2018, 9–31, 23.

כִּי כֹה אָמַר אֲדֹנָי יְהוִה (Jes 52,4aα) und נְאֻם־יְהוָה (Jes 52,5aα.bα), wechselt die Rolle des Redners in Jes 52,7-10 zu dem „Freudenboten“, der durch den prophetischen Sprecher als „impliziten Erzähler“[734] der weiteren Ereignisse in Form einer *Rede-in-der-Rede* zitiert wird. Auch wird hier Zion nicht mehr direkt angesprochen, sondern indirekt, indem der prophetische Sprecher davon erzählt, wie der „Freudenbote“ Zion über die freudigen Ereignisse unterrichtet.[735]

Der „Freudenbote“, der in den nachfolgenden Szenen als Sprecher auftritt, wird hier bereits intensiv bildhaft inszeniert. Denn nicht die „Füße des Freudenboten“ sind „willkommen“ (V. 7aα) bzw. wie Berges die Verbform נָאווּ mit „schön/lieblich sein“ bzw. „schön/begehrt sein“ übersetzt, sondern er selbst ist es als der langersehnte Bote, der endlich wieder gute Nachricht bringt. Insofern stehen die „Füße des Freudenboten“, die willkommen sind, letztlich symbolisch für die Schnelligkeit, mit der nun endlich die so sehnsüchtig erwartete Botschaft gebracht wird. Die Intensität der Szene findet ihren sprachlichen Ausdruck in den „staccatoartigen“[736] vier Partizipialformen מַשְׁמִיעַ (V. 7aβ), מְבַשֵּׂר (V. 7aβ), מַשְׁמִיעַ (V. 7aβ) und אֹמֵר (V. 7b). Sie entspricht der Bedeutung der Botschaft, welche der Freudenbote bringt und die sich steigert von שָׁלוֹם über טוֹב und יְשׁוּעָה (V. 7aβ) bis hin zum Höhepunkt der Szene I: מָלַךְ אֱלֹהָיִךְ (V. 7b). Die Nachricht, „König [geworden ist] dein Gott“, nennt damit zugleich auch die Ursache für „Frieden“, „Gutes“ und „Heil“, weil JHWH als Herr der Geschichte sich seinem Volk wieder zugewandt und dem katastrophalen Unheil der Stadt und des Volkes ein Ende bereitet hat.[737]

Zum Bild des „Freudenboten“ aus V. 7aα liegt ein metaphorisches Pendant im Proömium des Deuterojesaja in Jes 40,9a vor, wenngleich auch in abgewandelter Form: Dort ist es nämlich Zion bzw. Jerusalem, die als „Freudenbotin“ den Städten Judas das nun bald bevorstehende Kommen JHWHs verkündigen soll, nachdem sie in Jes 40,1f selbst Empfängerin der Trostbotschaft JHWHs gewesen ist. Der Inhalt der Botschaft „Friede“, „Gutes“ und „Heil“ in V. 7aβ hat ebenfalls einen intertextuellen Bezug zum Poömium, in diesem Fall zu JHWHs Trostworten in Jes 40,2aβ. Während dort jedoch das Ende von Frondienst und Sühne für vergangene Schuld verheißen wird, folgt in V. 7aβ die Ankün-

---

[734] *Lahn / Meister u. a.,* Einführung in die Erzähltextanalyse, 63.

[735] Vgl. *Berges,* Jesaja 49-54 (HThK.AT), 193; *Hermisson,* Jesaja 49,14-55,13 (BK.AT XI 3), 294; *Ehring,* Die Rückkehr JHWHs, 70f. Vgl. hierzu auch Abschnitt *4.2.5 Kompositionsstruktur der Perikope*.

[736] *Berges,* Jesaja 49-54 (HThK.AT), 195.

[737] Vgl. *Berges,* Jesaja 49-54 (HThK.AT), 195–197; *Ehring,* Die Rückkehr JHWHs, 77f; *Hermisson,* Jesaja 49,14-55,13 (BK.AT XI 3), 294; *Hanson,* Paul D.: Isaiah 40-66 (Int.). Louisville/KY/USA 2012, 148f; *Zapff,* Jesaja 40-55 (NEB.AT 36), 321.

digung des unmittelbar bevorstehenden Heils, das in der Rückkehr JHWHs begründet liegt. Die Botschaft, die von der „Freudenbotin Zion/Jerusalem" den Städten Judas zu verkünden ist, lautet: „Siehe, da ist euer Gott" (Jes 40,9bγ). Dieser Aufruf wird in Jes 40,10a mit der Feststellung der göttlichen Macht und Stärke des „Herrn JHWHs" verbunden. Mit dieser Herrschermetaphorik wird die souveräne (königliche) Herrschaft JHWHs beschrieben, die synonym der Botschaft des „Freudenboten" an Zion in V. 7b entspricht: „Dein Gott [ist] König [geworden]."[738]

Der Ruf des Boten מָלַךְ אֱלֹהָיִךְ in V. 7b bewirkt Assoziationen zu den JHWH-König-Psalmen: In Ps 95,3 und Ps 98,6 wird JHWH mit dem Substantiv מֶלֶךְ bzw. הַמֶּלֶךְ bezeichnet, das mit der Aussage verbunden ist, dass JHWH im ersten Fall der „König aller Götter" (Ps 95,3) und im zweiten Fall der Adressat des Jubels der Schöpfung (Ps 98,6) ist. In Ps 93,1; 96,10; 97,1; 99,1 hingegen wird die Verbform מָלָךְ (AK 3 sg m qal) in Verbindung mit dem Subjekt יְהוָה verwendet, so dass die Formel יְהוָה מָלָךְ entsteht, die sowohl *ingressiv* mit „JHWH [ist] König geworden" als auch *durativ* mit „JHWH [ist] König" übersetzt werden kann. Mit der Voranstellung des Subjekts יְהוָה vor das Verb מָלָךְ wird sein immerwährendes und unwandelbares Königsein zum Ausdruck gebracht, d. h. er *ist jetzt* König, was gleichwohl nichts darüber aussagt, *wann* seine Königsherrschaft begonnen hat. In V. 7b der Perikope ist jedoch die Verbform מָלָךְ dem Subjekt אֱלֹהָיִךְ vorangestellt und drückt damit aus, dass Zions Gott JHWH *jetzt* König *geworden* ist. In diesem Kontext gilt gleichwohl die Feststellung, dass JHWH jetzt das geworden ist, was er immer schon war: Denn die Königsherrschaft JHWHs ist nicht statisch als Zustand, sondern dynamisch als Prozess zu verstehen, da sie sich immer wieder neu durch die Erhaltung der Welt gegen das Chaos erweisen muss. Dieses Chaoskampfmotiv findet sich inhaltlich auch in Ps 93, der den „dynamischen Anbruch" von JHWHs Königtum in der Welt erzählt.[739]

Eine textliche Besonderheit stellt die griechische Fassung der Perikope Jes 52,7-10 LXX dar, die von der masoretischen Fassung z. T. abweicht. So wird die vorhergehende

---

[738] Vgl. *Ehring,* Die Rückkehr JHWHs, 51.54; *Berges,* Jesaja 40-48 (HThK.AT), 110–112; *Baltzer,* Deutero-Jesaja (KAT X 2), 482f; *Berges / Beuken,* Das Buch Jesaja, 136; *Hermisson,* Jesaja 49,14-55,13 (BK.AT XI 3), 294f; *Zapff,* Jesaja 40-55 (NEB.AT 36), 231. Vgl. hierzu auch Abschnitt *4.4.2 Die „Parallelperikopen" Jes 52,7-10 und Jes 40,1-5.9-11.*

[739] Vgl. *Berges,* Jesaja 49-54 (HThK.AT), 196–198; *Hermisson,* Jesaja 49,14-55,13 (BK.AT XI 3), 295; *Ehring,* Die Rückkehr JHWHs, 77-80; *Hossfeld / Zenger,* Psalmen 51-100 (HThK.AT), 246f; *Berges / Beuken,* Das Buch Jesaja, 178; *Blenkinsopp,* Isaiah 40-55, 342f; *Leuenberger,* Konzeptionen des Königtums Gottes im Psalter, 141f; *Leuenberger,* Martin: Art. Königtum Gottes (AT). In: Das Wissenschaftliche Bibellexikon im Internet. Stuttgart 2012, http://www.bibelwissenschaft.de/stichwort/23808/ zuletzt geprüft am: 23.20.2023, 9. Vgl. hierzu auch Abschnitt *3.5 Das Königtum JHWHs in den JHWH-König-Psalmen.*

Perikope Jes 52,1-6, dessen handelndes Subjekt κύριος sich aus V. 4aα ergibt und die in V. 6bβ mit der Ansage JHWHs πάρειμι (= ich bin dabei anwesend) endet, in V. 7 fortgesetzt, und der in V. 6 begonnene Satz wird in V. 7 weitergeführt. Somit ergibt sich aus V. 6bβ und V. 7aα folgender textlicher Zusammenhang: πάρειμι ὡς ὥρα ἐπὶ τῶν ὀρέων, ὡς πόδες εὐαγγελιζομένου [...] (= ich bin da wie Frühling auf den Bergen, wie die Füße eines Verkündigenden [...]). Daraus leitet sich für die Perikope Jes 52,7-10 ab, dass auch hier der κύριος als handelndes Subjekt spricht und nicht etwa der „Freudenbote" wie in der masoretischen Fassung. Gleichwohl ist die Rede des κύριος ebenso eine *Rede-in-der-Rede* wie die des „Freudenboten" in der masoretischen Fassung. „Impliziter Erzähler" ist auch in der griechischen Fassung der prophetische Sprecher. In Bezug auf das inhaltliche Verständnis der Perikope Jes 52,7-10 hat die Besonderheit, dass in der griechischen Fassung der κύριος anstelle des מְבַשֵּׂר im masoretischen Text der Redende ist, *keine* Auswirkung. Letztlich geht es in V. 7 um die Botschaft, dass JHWH (wieder) König geworden ist und daraus „Frieden", „Gutes" und „Heil" für Zion erwächst.[740]

Eine zweite textliche Abweichung vom masoretischen Text besteht in V. 7b LXX: „sagend Zion, Gott wird werden dein König" (= λέγων Σιων Βασιλεύσει σου ὁ θεός) [wörtlich: „sagend Zion, es wird werden dein König Gott"]. Im Gegensatz zum masoretischen Text, der gegenwartsbezogen argumentiert, wird die Perikope Jes 52,7-10 LXX futurisch als zukünftige Erwartung ausgedrückt, was daher auch entsprechend für das „Königsein" JHWHs gilt.[741] Da es sich jedoch bei der *Königsmetapher* um ein zeitloses Bild handelt – denn JHWH war, ist und wird immer der göttliche König sein – hat hier der Tempuswechsel in Jes 52,7-10 LXX letztlich keine Veränderung der dahinter stehenden Aussage über die immerwährende Herrschaft JHWHs zur Folge.

Szene II:

Die Szene II beginnt in V. 8a mit der Interjektion קוֹל, die als Aufforderung an Zion gerichtet ist.[742] Zion soll aufmerksam auf die Wächter hören, die ihre Stimmen zum gemeinsamen Jubeln erhoben haben. In V. 8b wird als Höhepunkt die Ursache dieses Jubels geschildert, die Zion selbst nicht sehen kann, sondern durch die Wächter erfährt: Denn diese

---

[740] Vgl. *Hermisson,* Jesaja 49,14-55,13 (BK.AT XI 3), 208f; *Karrer*, Martin / *Kraus*, Wolfgang u. a. (Hg.): Septuaginta Deutsch. Erläuterungen und Kommentare zum griechischen Alten Testament. Bd. II Psalmen bis Daniel. Stuttgart 2011, 2637.

[741] Vgl. *Hermisson,* Jesaja 49,14-55,13 (BK.AT XI 3), 209; *Karrer / Kraus,* Septuaginta Deutsch, 2637.

[742] *Hermisson,* Jesaja 49,14-55,13 (BK.AT XI 3), 209. Das Wort „קוֹל" bedeutet eigentlich Stimme, Klang oder Geräusch, kann aber auch als Interjektion im Sinne von „horch!" gebraucht werden. So wird „קוֹל" auch von Hermisson übersetzt.

schauen „Auge in Auge“ (= עַיִן בְּעַיִן), „beim Zurückkehren JHWHs“ (= בְּשׁוּב יְהוָה) nach Zion. Insgesamt werden in V. 8 offensichtlich die Sinne *Hören* und *Sehen* angesprochen. Doch bleibt diese visionäre Beschreibung letztlich im „Unanschaulichen“[743]; d. h. sie gibt kein konkretes Bild JHWHs bzw. seiner Rückkehr wieder. Zu den Adressaten der Botschaft der Wächter gehören auch die aktuellen Leser/Hörer Deuterojesajas, die wie Zion allein auf die Rufe der Wächter angewiesen sind. Diese Zurückhaltung einer bildhaften Ausgestaltung der Vision von der Rückkehr JHWHs ist offenbar gewollt, denn es fehlt hier die auffordernde Interjektion הִנֵּה an die Adressaten wie z. B. in Jes 40,9bγ. Vielmehr erzählen die weiteren Verse der Perikope (V. 9f) über die *Folgen* der Rückkehr JHWHs nach Zion, welche allerdings sichtbar sind vor aller Welt. Denn JHWH ist ein „verborgener Gott“, der nicht durch „Götterbilder“, sondern allein durch sein geschichtsmächtiges und rettendes Heilshandeln erkennbar wird (vgl. Jes 45,15).[744]

Die zentrale Botschaft des Verses wird in V. 8bβ ausgesagt: בְּשׁוּב יְהוָה צִיּוֹן. Der *Infinitiv constructus* בְּשׁוּב bedeutet im ursprünglichen Sinn „beim Zurückkehren/Zurückwenden“ und kann zwei grundsätzliche Ausprägungen des Verständnisses haben: Zum einen kann es eine räumliche Rückkehr an einen ursprünglichen Ausgangsort bedeuten und zum anderen eine innere Rückwendung zu einer ursprünglichen Beziehung. In V. 8 geht es offenbar primär um die zweite Bedeutung: Denn JHWH wendet sich Zion wieder zu, nachdem er sein Gesicht für eine kurze Weile im Zorn verborgen hat (vgl. Jes 54,7f). Gleichwohl ist die lokale Dimension des Infinitivs בְּשׁוּב als Metapher zu verstehen, die JHWHs erneuerte Zuwendung zu Zion und seinem Volk Israel erklärt. Insgesamt ist die Botschaft des V. 8b demnach als Wiederbeginn einer „heilvollen“[745] Beziehung zwischen JHWH und Zion bzw. Israels zu verstehen.[746]

Das Motiv der Rückkehr JHWHs in V. 8 findet sich in ähnlicher Form im Proömium, hier durch das Verb יָבוֹא (PK 3 sg m qal) mit der Bedeutung „er kommt“ ausgedrückt. So findet sich in Jes 40,10aα die Aufforderung an die Städte Judas: „Siehe, mein Herr JHWH, als Starker kommt er“ (= הִנֵּה אֲדֹנָי יְהוִה בְּחָזָק יָבוֹא). Im Gegensatz zu V. 8a, wo Zion und der aktuelle Leser/Hörer keinen visuellen Eindruck erhalten, sondern ausschließlich auf die Beschreibung durch die Wächter angewiesen sind, erfolgt in Jes 40,10aα eine

743 *Ehring,* Die Rückkehr JHWHs, 83.
744 Vgl. *Ehring,* Die Rückkehr JHWHs, 82f; *Hermisson,* Jesaja 49,14-55,13 (BK.AT XI 3), 209; *Berges,* Jesaja 40-48 (HThK.AT), 423f; *Berges,* Jesaja 49-54 (HThK.AT), 198f; *Baltzer,* Deutero-Jesaja (KAT X 2), 483f.
745 *Ehring,* Die Rückkehr JHWHs, 86.
746 Vgl. *Ehring,* Die Rückkehr JHWHs, 85f; *Berges,* Jesaja 49-54 (HThK.AT), 198f.

direkte Aufforderung durch die „Freudenbotin Zion/Jerusalem“ an die Städte Judas zum Hinschauen auf das Kommen JHWHs (vgl. Jes 40,9f). Auf diese Weise wird im Proömium das Kommen JHWHs als Hirt seiner Herde Israel konkret in Szene gesetzt. Gleichwohl handelt es sich auch hier um eine metaphorische Beschreibung der Wiederzuwendung JHWHs zu Zion und seinem Volk Israel.[747]

Der Kontext von der „Rückkehr JHWHs“ (vgl. V. 8bβ) bzw. dem „Kommen JHWHs“ (vgl. Jes 40,10aα) erinnert wie bereits V. 7 an die JHWH-König-Psalmen, hier speziell an die beiden „Zwillingspsalmen“ Ps 96,13 und Ps 98,9. In Strophe III (V. 11a-12b) des Ps 96 sowie in Strophe III (V. 7a-8b) des Ps 98 wird der gesamte Kosmos einschließlich aller von JHWH geschaffener, belebter Kreatur zu seinem Lobpreis aufgefordert; in Ps 96,13 bzw. in Ps 98,9 wird jeweils als Begründung für diesen Jubel die Ankündigung über JHWH genannt: „denn er ist kommend“ (= כִּי בָא), nämlich „um zu richten die Erde“ (= לִשְׁפֹּט הָאָרֶץ). Dieses Richten ist jedoch *Schaffen von Gerechtigkeit* durch JHWH; daher handelt es nicht um ein verdammendes Strafgericht nach abstrakten Rechtsnormen, sondern um ein der jubelnden Welt positiv zugewandtes Gericht, das – vergleichbar der Rückkehr JHWHs nach Zion – die göttliche Ordnung der Schöpfung dauerhaft wiederherstellt.[748]

Wie schon V. 7 LXX so weicht auch V. 8 LXX vom masoretischen Text ab, denn so lautet V. 8bβ LXX: „wenn sich erbarmen wird der Herr über Zion“ (= ἡνίκα ἂν ἐλεήσῃ κύριος τὴν Σιων). Anstelle der offenbar als problematisch, weil als anthropomorph, angesehenen Vorstellung der „Rückkehr“ bzw. des „Kommens JHWHs“ zum Zion wählt die LXX eine abgeschwächte Form, welche die Wiederzuwendung JHWHs abstrakt umschreibt.[749] Ausgehend von der Prämisse, dass auch die Schilderung der „Rückkehr JHWHs“ im masoretischen Text letztlich eine Metapher darstellt, bringen die griechische Fassung nur mit anderen Worten die Wiederzuwendung JHWHs zu Zion und seinem Volk Israel zum Ausdruck.

Ähnlich wie V. 8aα, der mit der Aufforderung קוֹל einsetzt, beginnt V. 9aα ebenfalls mit einer Aufforderung, die an dieser Stelle jedoch durch zwei Imperative ausgedrückt wird:

---

[747] Vgl. *Berges,* Jesaja 49-54 (HThK.AT), 198–200; *Berges,* Jesaja 40-48 (HThK.AT), 112f; *Ehring,* Die Rückkehr JHWHs, 52–54; *Hermisson,* Jesaja 49,14-55,13 (BK.AT XI 3), 296.

[748] Vgl. *Hossfeld / Zenger,* Psalmen 51-100 (HThK.AT), 670.690; *Hossfeld / Zenger,* Psalm 1-50 (NEB.AT 29), 517.523; *Kraus,* Psalmen 60 - 150 (BK.AT 2), 837f.849; *Seybold,* Die Psalmen (HAT 1/15), 382.387; *Weber,* Die Psalmen 73 bis 150 (WB Pss 2), 148.154; *Ehring,* Die Rückkehr JHWHs, 61f. Vgl. hierzu auch Abschnitt *3.6 Zusammenfassende Auslegung des Psalms.*

[749] Vgl. *Berges,* Jesaja 49-54 (HThK.AT), 144; *Hermisson,* Jesaja 49,14-55,13 (BK.AT XI 3), 209.

„Brecht in Jubel aus, jauchzt zusammen!“ (= פִּצְחוּ רַנְּנוּ יַחְדָּו). In V. 8 wird Zion zwar angesprochen, ohne aber expressis verbis genannt zu werden. Gleichwohl ist hier Zion aus V. 8bβ ableitbar. In V. 9aβ hingegen wird Jerusalem bzw. werden die „Trümmer Jerusalems“ (= חָרְבוֹת יְרוּשָׁלָ‍ִם) unmittelbar selbst zum Jubel aufgefordert. Für diesen Jubel nennt V. 9b zwei Gründe: Zum einen hat JHWH „getröstet“ (= נִחַם) sein Volk (vgl. V. 9bα) und zum anderen hat er „erlöst“ (= גָּאַל) Jerusalem (vgl. V. 9bβ). In diesem *Parallelismus membrorum* geht es einerseits um Israel als das Volk JHWHs, das von ihm angesichts der erlittenen traumatischen Ereignisse getröstet wird, und andererseits um die Heilige Stadt Jerusalem, die in Trümmern liegende Residenz der davidischen Könige. Der Parallelismus drückt den engen Zusammenhang zwischen Israel und Jerusalem aus, d. h. das zerstörte Jerusalem kann hier sinnbildlich für das durch die Deportation seiner Führungsschicht zerrüttete Volk, zugleich aber auch für das gestörte Verhältnis zu JHWH verstanden werden, welches nunmehr durch die Rückkehr JHWHs wieder geheilt wird. Insofern stehen hier נִחַם und גָּאַל für die Hoffnung auf eine Zukunft für Stadt und Volk, die auf JHWHs Rückkehr bzw. seine Wiederzuwendung gründet. Obgleich die Regentschaft der davidischen Könige nach dem Exil obsolet ist, bleibt Jerusalem dennoch königliche Residenz, nämlich die Residenz des göttlichen Königs JHWH, für den nunmehr kein davidischer König als irdischer Repräsentant erforderlich ist.[750]

Zur Diskussion über die voneinander abweichende Exegese zu V. 9b: Ehring konstatiert in ihrer Auslegung zu V. 9b, dass das getröstete Volk (V. 9bα) und das erlöste Jerusalem (V.9bβ) „zwei unterschiedliche Größen bleiben“[751]. Hermisson und Berges hingegen gehen davon aus, dass hier das Volk und Jerusalem *parallelisiert* werden, wobei Jerusalem nicht nur „Mauern und Strukturen [meint]“[752], sondern „zugleich das Gottesvolk repräsentieren [kann]“[753]. Diese Auffassung erscheint stringenter, da zum einen die gesamte Perikope Jes 52,7-10 eine metaphorische Erzählung über die Wiederzuwendung JHWHs zu seinem Volk darstellt, die durch das Bild der Rückkehr JHWHs nach Zion ausgedrückt wird, und zum anderen die poetische Figur des *Parallelismus membrorum* für V. 9bα und V. 9bβ auf eine synonyme Bedeutung der beiden Teilverse verweisen.[754]

Das Motiv des Tröstens aus V. 9bα wird auch bereits im Proömium angesprochen. So beginnt Deuterojesaja unmittelbar in Jes 40,1 mit der Aufforderung an einen anonymen Adressaten, der für „die schriftprophetischen Kreise in exilisch-nachexilischer Zeit“[755] stehen mag, wobei die Szene *kein* „Vorspiel im Himmel“[756] darstellt: „Tröstet, tröstet

---

[750] Vgl. *Baltzer,* Deutero-Jesaja (KAT X 2), 484f; *Berges,* Jesaja 49-54 (HThK.AT), 200f; *Höffken,* Das Buch Jesaja. Kapitel 40-66 (NSK.AT 18/2), 161; *Hermisson,* Jesaja 49,14-55,13 (BK.AT XI 3), 295f; *Ehring,* Die Rückkehr JHWHs, 87.
[751] *Ehring,* Die Rückkehr JHWHs, 87.
[752] *Berges,* Jesaja 49-54 (HThK.AT), 200.
[753] *Hermisson,* Jesaja 49,14-55,13 (BK.AT XI 3), 296
[754] Vgl. *Ehring,* Die Rückkehr JHWHs, 87; *Berges,* Jesaja 49-54 (HThK.AT), 200; *Hermisson,* Jesaja 49,14-55,13 (BK.AT XI 3), 295f.
[755] *Berges / Beuken,* Das Buch Jesaja, 136.
[756] *Baltzer,* Deutero-Jesaja (KAT X 2), 79.

mein Volk, spricht euer Gott“ (= נַחֲמוּ נַחֲמוּ עַמִּי יֹאמַר אֱלֹהֵיכֶם). Diese Aufforderung ist programmatisch für Deuterojesaja und wird in Jes 40,2a fortgesetzt mit der Aufforderung, Jerusalem „zu Herzen zu reden“, weil „ihr Frondienst vollendet“ und „ihre Schuld gesühnt“ sei. Damit besteht auch in Jes 40,1f wie in V. 9b der zu untersuchenden Perikope ein *Parallelismus membrorum*, in welchem Israel und Jerusalem als Synonyma aufeinanderfolgen. Durch das Trostmotiv des Proömiums wird „zugleich eine Brücke zu [Jes] 52,7-10 geschlagen“[757], um dort thematisch wieder aufgenommen zu werden. In V. 9b ist es nun JHWH selbst, der sein Volk tröstet (vgl. V. 9bα) und Jerusalem erlöst (vgl. V. 9bβ). Dies geschieht, indem er sich Jerusalem bzw. Israel wieder zuwendet und somit einen Neuanfang für Stadt und Volk begründet.[758]

Das Motiv des Jubelns in V. 9aα hat ebenfalls einen Kontext zu den JHWH-König-Psalmen und kommt annähernd textgleich in Ps 98,4b vor. Während V. 9aα lautet: „Brecht in Jubel aus, jauchzt zusammen“ (= פִּצְחוּ רַנְּנוּ יַחְדָּו), heißt es in Ps 98,4b: „Brecht in Jubel aus und freut euch und singt“ (= פִּצְחוּ וְרַנְּנוּ וְזַמֵּרוּ). Während sich der Jubel in V. 9aβ jedoch an die „Trümmer Jerusalems“ richtet, fordert Ps 98,4a die „ganze Erde“ zum Jubel für JHWH auf. In V. 9 geht es darum, dass JHWH durch seine Rückkehr als fürsorglicher König seinem Volk Israel und seiner Stadt Jerusalem wieder eine heilvolle Zukunftshoffnung eröffnet, während der Jubel der „ganzen Erde“ in Ps 98,4b dem Kommen JHWHs als König gilt, der als gerechter Richter die heilvolle Ordnung der Schöpfung wiederherstellt.[759]

Auch V. 9 LXX weicht in der griechischen Fassung von dem masoretischen Text ab; so lautet V. 9b LXX: „denn erbarmen wird sich der Herr [über] sie und erlösen Jerusalem“ (= ὅτι ἠλέησεν κύριος αὐτὴν καὶ ἐρρύσατο Ιερουσαλημ). Aufgrund der syntaktischen Konstruktion des V. 9 kann sich αὐτὴν in Ermangelung eines weiteren Akkusativobjektes nur auf die „Trümmer Jerusalems“ in V. 9a LXX beziehen. Für die von Hermisson angeführte Hypothese, αὐτὴν sei nur eine Wiederholung von τὴν Σιων aus V. 8bβ, gibt es keinen stichhaltigen Beleg.[760] Ausgehend von der Prämisse, dass die „Trümmer Jerusalems“ nach Berges und Hermisson nicht nur die Infrastruktur der Stadt, sondern zugleich

---

[757] *Berges / Beuken,* Das Buch Jesaja, 136.

[758] Vgl. *Hermisson,* Jesaja 49,14-55,13 (BK.AT XI 3), 296; *Berges / Beuken,* Das Buch Jesaja, 136; *Ehring,* Die Rückkehr JHWHs, 34f; *Baltzer,* Deutero-Jesaja (KAT X 2), 80–82.

[759] Vgl. *Berges,* Das Buch Jesaja. Komposition und Endgestalt (HBS 16), 380; *Berges,* Jesaja 49-54 (HThK.AT), 200; *Hossfeld / Zenger,* Psalmen 51-100 (HThK.AT), 689f; *Zenger,* Das Weltenkönigtum des Gottes Israels (Ps 90-106), 162; *Ehring,* Die Rückkehr JHWHs, 87f.

[760] Vgl. *Hermisson,* Jesaja 49,14-55,13 (BK.AT XI 3), 209f.

auch ihre Bevölkerung metaphorisch abbilden[761], kann der griechische ebenso wie der masoretische Text in gleicher Weise als Bild der Wiederzuwendung JHWHs zu seinem Volk Israel verstanden werden.

Szene III:

Indem der Blick über Zion/Jerusalem und Israel hinaus auf die Völkerwelt erweitert wird, stellt V. 10 die Klimax der Perikope dar. V. 10a und V. 10b bilden einen *Chiasmus*, der aus zwei *synonymen Parallelismen*[762] gebildet wird. V. 10aα konstatiert: „JHWH entblößt seinen heiligen Arm“ (= חָשַׂף יְהוָה אֶת־זְרוֹעַ קָדְשׁוֹ), während V. 10aβ den Kreis der Schauenden dieses Ereignisses angibt, der weit über Israel und Jerusalem hinausgeht: „vor [den] Augen all der Nationen“ (= לְעֵינֵי כָּל־הַגּוֹיִם). So legt V. 10bα ebenfalls den Kreis der Schauenden dar: „und alle Enden [der] Erde schauen“ (= וְרָאוּ כָּל־אַפְסֵי־אָרֶץ), während hier V. 10bβ den Gegenstand des Schauens nennt: „[das] Heil unseres Gottes“ (= אֵת יְשׁוּעַת אֱלֹהֵינוּ). Auf diese Weise ist V. 10b im Verhältnis zu V. 10a von seiner lyrischen Gestaltung her spiegelbildlich konstruiert. Der entblößte „heilige Arm“ JHWHs in V. 10aα stellt einen Parallelismus zum „Heil unseres Gottes“ in V. 10bβ dar. Denn der entblößte „heilige Arm“ bedeutet in diesem Kontext nicht Kampf oder Krieg, sondern charakterisiert das Heil, die rettende und beschützende Ausübung der Königsherrschaft JHWHs in seiner Eigenschaft als der „Hirte“ seines Volkes (vgl. Jes 40,11a). Das Heilshandeln JHWHs in V. 10aα und V. 10bβ spielt sich jedoch vor den „Augen all der Nationen“ ab (V. 10aβ) bzw. es wird geschaut von „allen Enden [der] Erde“ (V. 10bα). In dem geschilderten Moment geht es zunächst nur um das Heilshandeln JHWHs an Israel und Zion/Jerusalem. Gleichwohl soll das, was die Völker der Welt sehen, auch für sie selber Konsequenzen haben. JHWHs Heilshandeln an Israel strahlt in die ganze Welt aus, so dass die Völker davon fasziniert werden und erkennen, dass JHWH der einzige Retter der Welt ist, dem sie sich ebenfalls zuwenden können. Denn angesichts seines Handelns für Israel und Zion/Jerusalem begreifen sie und befolgen die Aufforderung JHWHs an die Völker in Jes 45,22: „Wendet euch zu mir und lasst euch erretten, alle Enden der Erde, denn ich [bin] Gott und keiner mehr“ (= פְּנוּ־אֵלַי וְהִוָּשְׁעוּ כָּל־אַפְסֵי־אָרֶץ כִּי אֲנִי־אֵל וְאֵין עוֹד). Die Faszination der Völker kann jedoch nur dann nachhaltig sein, wenn immer mehr Judäer

761 Vgl. *Berges*, Jesaja 49-54 (HThK.AT), 200; *Hermisson*, Jesaja 49,14-55,13 (BK.AT XI 3), 296.
762 Vgl. hierzu Abschnitt *4.2.2 Struktur der Szenen und Verse*.

sowohl aus Babylon als auch aus der Diaspora nach Zion/Jerusalem zurückkehren und die Heimkehr dadurch zu einem weltweiten Ereignis wird.[763]

Sowohl der Arm JHWHs (vgl. V. 10aα) als auch der weltweite Kreis der Schauenden (vgl. V. 10aβ und V. 10bα) haben eine intertextuelle Verbindung zum Proömium. So wird in Jes 40,10a der Arm JHWHs im Kontext mit der Ankündigung seines Kommen angesprochen: „Siehe, mein Herr JHWH, mit Macht kommt er und sein Arm ist herrschend für ihn“ (= הִנֵּה אֲדֹנָי יְהוִה בְּחָזָק יָבוֹא וּזְרֹעוֹ מֹשְׁלָה לוֹ). Während jedoch beim Exodus aus Ägypten JHWH selbst „mit starker Hand“ (= בְּיָד חֲזָקָה) sein Volk befreite (vgl. Ex 6,1b), bedient er sich bei der Befreiung Israels aus Babylon der weltlichen Macht. Der für JHWH „herrschende Arm“, der Babylon unterwirft und damit das Exil Israels faktisch beendet, ist der persische König Kyros. Dieser wird in Jes 45,1a als „sein Gesalbter“ (= מְשִׁיחוֹ) bezeichnet. JHWH selbst hingegen handelt an seinem Volk wie ein „Hirte“, der auf seinem Arm die Lämmer sammelt (vgl. Jes 40,11a). Insofern ist der entblößte „heilige Arm“ JHWHs in V. 10aα der Arm des Hirten und Königs, der sein Volk beschützt, jedoch kein kriegerischer Arm, der Gewalt ausübt und andere Völker unterwirft.

Hinsichtlich des weltweiten Kreises der Schauenden heißt es in Jes 40,5a: „Und es wird offenbart werden [die] Herrlichkeit JHWHs“ (= וְנִגְלָה כְּבוֹד יְהוָה). Hierzu nennt Jes 40,5bα den Adressatenkreis: „Und alles Fleisch schaut [die Herrlichkeit]“ (= וְרָאוּ כָל־בָּשָׂר). An dieser Stelle geht es um JHWHs Herrlichkeit, die vor aller Welt – hier metaphorisch als „alles Fleisch“ bezeichnet – sichtbar wird. In V. 10b hingegen wird diese Aussage konkretisiert, indem sie sich auf JHWHs Heilshandeln an Zion/Jerusalem und Israel bezieht: „alle Enden der Erde schauen das Heil unseres Gottes“ (= רָאוּ כָּל־אַפְסֵי־אָרֶץ אֵת יְשׁוּעַת אֱלֹהֵינוּ). Insofern wird in V. 10 das verifiziert, was in Jes 40,5.10 als Ankündigung begonnen hat.[764]

Zugleich erinnern der „heilige Arm“ JHWHs und die „Enden der Erde“ an Strophe I des Ps 98. Das „neue Lied“, welches JHWH gesungen werden soll (vgl. Ps 98,1aβ), gilt seinen Wundertaten, die „seine Rechte und sein heiliger Arm“ (= יְמִינוֹ וּזְרוֹעַ קָדְשׁוֹ) vollbringen (vgl. Ps 98,1b). Auch hier deuten „seine Rechte und sein heiliger Arm“ keineswegs auf

[763] Vgl. *Baltzer,* Deutero-Jesaja (KAT X 2), 485f; *Berges,* Jesaja 49-54 (HThK.AT), 201f; *Ehring,* Die Rückkehr JHWHs, 88–90; *Hermisson,* Jesaja 49,14-55,13 (BK.AT XI 3), 261f.294f; *Höffken,* Das Buch Jesaja. Kapitel 40-66 (NSK.AT 18/2), 161.

[764] Vgl. *Berges*, Jesaja 40-48 (HThK.AT), 112f; *Hermisson,* Jesaja 49,14-55,13 (BK.AT XI 3), 260–262.294f; *Ehring,* Die Rückkehr JHWHs, 45.90–92; *Baltzer,* Deutero-Jesaja (KAT X 2), 88.95f; *Höffken,* Das Buch Jesaja. Kapitel 40-66 (NSK.AT 18/2), 161.

eine kriegerische Machtausübung JHWHs hin, sondern es geht allein um sein rettendes Heilshandeln für das „Haus Israel“ (בֵּית יִשְׂרָאֵל), dessen er sich in „seiner Huld und seiner Treue“ (= חַסְדּוֹ וֶאֱמוּנָתוֹ) erinnert (vgl. Ps 98,3a). So wie in V. 10 der Perikope erzählt auch Ps 98, dass JHWH sein gerechtes Heilshandeln „vor den Augen der Völker“ offenbart (vgl. Ps 98,2). Die Strophe I des Psalms endet in Ps 98,3b wortgleich wie die Perikope in V. 10b mit dem Theologumenon „alle Enden der Erde schauen das Heil unseres Gottes“ (= רָאוּ כָל־אַפְסֵי־אָרֶץ אֵת יְשׁוּעַת אֱלֹהֵינוּ). Während sich die Aufforderung zum „neuen Lied“ in Ps 98 an die „ganze Erde“ richtet, wird in der Perikope Jes 52,7-10 jedoch zunächst nur Zion/Jerusalem zum Jubel aufgefordert. Denn erst wenn ganz Zion/Jerusalem bzw. ganz Israel selbst vom Heilshandeln JHWHs überzeugt ist und in den Jubel einstimmt, können auch die Völker diesem Beispiel folgen.

Der griechische Text des V. 10 LXX weicht von der masoretischen Fassung im Wesentlichen nur durch das Tempus der finiten Verben ab. Während der masoretische Text der Perikope Jes 52,7-10 durchgängig die AK-Form verwendet, ist der griechische Text futurisch angelegt. Dementsprechend lautet die wörtliche deutsche Übersetzung des masoretischen Textes: „und alle Enden der Erde schauen das Heil unseres Gottes“. Die deutsche Übertragung des griechischen Textes hingegen heißt: „und schauen werden alle Enden der Erde das Heil von [unserem] Gott“. Die hebräische AK-Form ist hier als *modus realis* zu verstehen, der Ereignisse in Vergangenheit, Gegenwart und Zukunft als fortdauernd beschreibt. Insofern können die masoretische wie die griechische Textfassung beide gleichermaßen als prophetische, zeitlose Botschaft für das Heilshandeln JHWHs verstanden werden.[765]

4.8 Theologischer Ertrag

Inhaltlich-theologisch dreht sich die Perikope Jes 52,7-10 bis einschließlich V. 9 exklusiv um Zion: „JHWH kehrt zurück nach Zion“ (vgl. V. 8bβ), d. h. er, der aufgrund der Verfehlungen seines Volkes „im aufwallenden Zorn für einen Augenblick sein Gesicht vor Zion verborgen hat“ (vgl. Jes 54,8a), wendet sich nunmehr Zion bzw. Israel als Tröster seines Volkes und Erlöser Jerusalems wieder zu (vgl. V. 9b). Besonderen Nachdruck erhält dieses Ereignis durch die Botschaft, dass er „König (geworden) ist“ (vgl. V. 7b). Dieser König hat das Chaos besiegt und garantiert nun den Kindern Zions „als Schüler

[765] Vgl. *Karrer / Kraus*, Septuaginta Deutsch, 2637; *Joüon / Muraoka*, A Grammar of Biblical Hebrew. Part Three: Syntax, 362f; *Zuber*, Die Psalmen, 2f.

JHWHs" Frieden (vgl. Jes 54,13) und will ihnen Zion als Erbteil erhalten (Jes 54,17b). Die Folgen der Rückkehr JHWHs sind für Zion und Israel daher „Frieden", „Gutes" und „Heil" (vgl. V 7a). Auf diese Weise wird Zion durch JHWHs gnädige Wiederzuwendung erneut zum Heilsort für Israel.

Die theologische Besonderheit in V. 10 ist, dass nun auch die Völker der Welt mit einbezogen werden, indem JHWHs Heilshandeln vor den „Augen all der Nationen" stattfindet und damit „alle Enden der Erde das Heil unseres Gottes schauen" (vgl. V. 10). Denn nicht nur Israel, sondern auch die Völker sind zu JHWHs Heil berufen und Israels Mission ist es, den Völkern ein „Licht" auf dem Weg zu JHWH zu sein (vgl. Jes 42,6b), so dass sie schließlich selbst nach Zion „eilen", um JHWHs Torah zu empfangen (vgl. Jes 2,2-4.55,5). Denn sie sollen erkennen, dass nur JHWH und sonst kein anderer Gott ist (vgl. Jes 45,22b). Insofern wird Zion auch zum Heilsort für die Völker. Dieser Gedanke ist intertextuell wieder aufgenommen im prophetischen Buch des Neuen Testaments: So wird in Offb 21,10-25 vom „neuen Jerusalem" erzählt, das von Gott „vom Himmel herabkam", herrlich geschmückt mit Edelsteinen aller Art. Das neue Jerusalem besitzt keinen Tempel mehr, weil Gott selbst ihr Tempel ist. Die Völker ziehen in die erleuchtete Stadt ein und die Könige bringen ihre Pracht in die Stadt.

Im Vergleich dazu bringt Ps 98 ähnliche Inhalte, wenngleich jedoch Zion in diesem Psalm nicht angesprochen wird. Dennoch ist in diesem Psalm ebenfalls von „JHWH, dem König" (vgl. Ps 98,6b) die Rede, dem das „neue Lied" (vgl. Ps 98,1aβ) sowie der gesamte Jubel und Gesang gilt (vgl. Ps 98,4). Dieser Jubel bezieht sich zunächst auf Israel, das wunderbare Taten JHWHs durch seinen „heiligen Arm" (vgl. Ps 98,1b) aufgrund seiner „Huld und Treue" (vgl. Ps 98,3a) erfährt. Aber er macht sein Heil auch vor aller Welt – Menschen und Schöpfung – bekannt (vgl. Ps 98,3b wortgleich mit Jes 52,10b), die nun ebenfalls zum Jubel aufgefordert wird (vgl. Ps 98,4.7). Auch in dem Psalm geht es um das Kommen JHWHs, gleichwohl nicht um seine Rückkehr nach Zion, sondern um sein Kommen in die Welt insgesamt, um „den Erdkreis mit Gerechtigkeit" und „Völker mit Geradheit" zu richten (vgl. Ps 98,9). Insofern haben sowohl Jes 52,7-10 als auch Ps 98 einerseits das Kommen JHWHs in die Welt und andererseits den universellen Charakter seines Heils und seiner Gerechtigkeit zum Inhalt.

Das Theologumenon „alle Enden der Erde schauen das Heil unseres Gottes" aus Ps 98,3b und Jes 52,10b wird im Neuen Testament wieder aufgegriffen. So formuliert das Lukasevangelium analog dazu in Lk 2,30: „denn meine Augen schauen dein Heil" (= ὅτι εἶδον οἱ ὀφθαλμοί μου τὸ σωτήριόν σου) bzw. in Lk 3,6: „und alles Fleisch schaut das Heil Gottes“ (= καὶ ὄψεται πᾶσα σὰρξ τὸ σωτήριον τοῦ θεοῦ). Die tiefere Bedeutung dieses Theologumenons und die intertextuelle Verarbeitung desselben durch Lukas besteht in der Einbeziehung der Völker der Welt in das Heilsgeschehen Israels. Die Völker sind in der Tat zunächst nur Zeugen für JHWHs Heilshandeln an Zion/Jerusalem und Israel. Doch durch das Miterleben seines rettenden Wirkens gelangen sie zu der Erkenntnis, dass JHWH der einzige Gott ist (Jes 45,22b): „denn ich [JHWH bin] Gott und keiner mehr“ (= כִּי אֲנִי־אֵל וְאֵין עוֹד).[766]

[766] Vgl. *Kraus,* Psalmen 60 - 150 (BK.AT 2), 847f; *Krusche,* Göttliches und irdisches Königtum in den Psalmen (FAT 2/109), 114f; *Hossfeld / Zenger,* Psalmen 51-100 (HThK.AT), 689; *Wolter*, Michael: Das Lukasevangelium (HNT 5). Tübingen 2008, 139f; *Baltzer,* Deutero-Jesaja (KAT X 2), 485f; *Berges,* Jesaja 49-54 (HThK.AT), 201f; *Höffken,* Das Buch Jesaja. Kapitel 40-66 (NSK.AT 18/2), 161; *Berges,* Das Buch Jesaja. Komposition und Endgestalt (HBS 16), 380.

5 Lukas 2,29-32; 3,4-6

5.1 Hinführung

Die Absicht des Autors des Lukasevangeliums ist es, eine zuverlässige ἀσφάλεια (= Grundlage) sowohl für den konkret angesprochenen fiktiven Adressaten Θεόφιλος als auch für den implizierten Leser zum Verstehen ihres bereits vorhandenen Glaubens an Jesus den Christus zu geben. Das Evangelium richtet sich daher an bereits Katechetisierte als eine Art Repetitorium in Form einer διήγησις (= Erzählung) (vgl. Lk 1,1-4).[767]

Eine Besonderheit des Lukasevangeliums ist die Imitation des Sprachstils der griechischen LXX.[768] Das Alte Testament in der griechischen Version der LXX ist für den Autor des Lukasevangeliums *die* Erkenntnisquelle zur Vertiefung und zum besseren Verständnis der christlichen Botschaft. Dabei rezipiert er sowohl Texte aus Jesaja als auch aus den Psalmen.[769] Der Schwerpunkt der Rezeption alttestamentlicher Texte des Lukasevangeliums ist die Hereinnahme der Heidenvölker in das Gottesvolk Israel. Denn der Heilswille Gottes dient von Anfang an in gleicher Weise sowohl Israel als auch den Völkern.[770] In diesem Kontext ist auch der LXX-Text des „Orakels eines Rufers in der Wüste" (Lk 3,4-6) zu sehen, welches an dieser Stelle Deuterojesaja (vgl. Jes 40,3-5) gleichsam aufleben lässt und vergegenwärtigt.

In den Kapiteln 3 und 4 sind Ps 98 und die Perikope Jes 52,7-10 insbesondere im Hinblick auf das Theologumenon „Das Heil unseres Gottes schauen" intertextuell exegetisch analysiert worden. In Kapitel 5 geht es nun darum, im Sinne einer gesamtbiblischen Theologie auch die neutestamentliche Rezeption dieser Redefigur in ihrer intertextuellen Beziehung zu den alttestamentlichen Texten des Ps 98 und der Perikope Jes 52,7-10 Rechnung zu tragen. Konkret bedeutet das, den intertextuellen Zusammenhang zwischen dem Phä-

---

[767] Vgl. *Klein*, Hans: Das Lukasevangelium (KEK 1,3). Göttingen [10]2006, 43; *Schnelle*, Udo: Theologie des Neuen Testaments (UTB Theologie 2917). Göttingen [2]2014, 432ff; *Radl*, Walter: Das Evangelium nach Lukas. Kommentar; Teil 1. 1,1-9,50. Freiburg i. Br. 2003, 19; *Wolter*, Das Lukasevangelium (HNT 5), 22; *Söding*, Thomas: Das Evangelium nach Lukas. In: Klaiber, Walter: Die Botschaft des Neuen Testaments. Göttingen 2023, 17.

[768] Vgl. *Wolter*, Das Lukasevangelium (HNT 5), 21; *Söding*, Das Evangelium nach Lukas, 21.

[769] Vgl. *Klein*, Das Lukasevangelium (KEK 1,3), 47; *Meiser*, Martin: Das Alte Testament im lukanischen Doppelwerk. In: Fabry, Heinz-Josef / Offerhaus, Ulrich (Hg.): Im Brennpunkt: die Septuaginta. Studien zur Entstehung und Bedeutung der griechischen Bibel (BWANT 153). Stuttgart 2001, 167–195, 170.

[770] Vgl. *Meiser*, Das Alte Testament im lukanischen Doppelwerk, 2001.

nomen „Das Heil unseres Gottes schauen“ in Ps 98 bzw. Ps 97 LXX[771] und Jes 52,7-10 einerseits sowie im neutestamentlichen Kanon andererseits zu untersuchen.

5.2 Intertextuelle Beziehungen zu alttestamentlichen Texten

Vor einer intensiven Untersuchung intertextueller Zusammenhänge sind hierzu in einer ersten Abschätzung unter Anwendung geeigneter und handhabbarer Auswahlkriterien voraussichtlich zutreffende Texte im Neuen Testament zu bestimmen. Zur Identifizierung intertextueller Zusammenhänge von alt- zu neutestamentlichen Texten reichen die „klassischen“ Kategorien der Intertextualität nicht aus. Um die diffizilen und fragilen Bezüge zwischen alt- und neutestamentlichen Texten zu erfassen, ist daher vielfach die Kategorie des „Echos“ das indizierte Mittel der Wahl.[772]

Für den Zweck der Identifizierung geeignet erscheinen die Faktoren Steins zum Aufbau von „Text-Text-Relationen“[773] im Hinblick auf intertextuelle Bezüge:

1. Stichwortbezüge/Relationen zu Schlüsseltexten,
2. Signalmetaphern/Typologien/Paradigmen,
3. Signalwörter.[774]

Unter Zugrundelegung dieser Kriterien als Indizien ergeben sich zwei Texte des Lukasevangeliums, die intertextuelle Bezüge zu Ps 97 LXX und Jes 52,7-10 LXX aufweisen, nämlich der „Hymnus des Simeon“ (Lk 2,29-32) und das „Orakel des Rufers in der Wüste“ (Lk 3,4-6):

1. Relevante *Stichwortbezüge* dieser beiden Lukastexte zu den alttestamentlichen Prätexten sind „Israel“ sowie die „Völker“, wobei die „Völker“ in Lk 3,6 mit πᾶσα σὰρξ umschrieben werden.
2. Wesentliche *Signalmetaphern* aus Ps 97 LXX und Jes 52,7-10 sind die Rollen Gottes als „König“, „Richter“ und „Erlöser“, die in den beiden Lukastexten implizit durch δέσποτα in Lk 2,29a bzw. κυρίου in Lk 3,4c angesprochen werden.
3. Das *Signalwort* sowohl in den beiden Lukastexten als auch in den beiden alttestamentlichen Prätexten ist das Lexem σωτήριον τοῦ θεοῦ, welches in Lk 2,30 aufgrund der direkten Ansprache Gottes durch Simeon mit σωτήριόν σου ausgedrückt wird.

---

771 Da es sich im Folgenden um die griechische Fassung des Ps 98 in der Septuaginta handelt, wird dieser Psalm in der weiteren intertextuellen Untersuchung zu Lk 2,29-32 und Lk 3,4-6 als Ps 97 LXX angesprochen.
772 Vgl. *Hübenthal*, Transformation und Aktualisierung, 55f. Siehe hierzu auch Abschnitt *2.1.2.2 Begriffsklärung zur intertextuellen Bibelexegese*
773 *Steins*, Kanonisch lesen, 59.
774 Vgl. *Steins*, Kanonisch lesen, 59.

Im weiteren Arbeitsgang sind dann im Rahmen einer differenzierteren Untersuchung der ausgewählten Texte die potentiellen Formen der Intertextualität *Zitat*, *Anspielung* bzw. *Echo* auf ihre etwaige Konvenienz zu überprüfen und entsprechend zuzuordnen.

5.3 Lukas 2,29-32

In diesem Abschnitt geht es darum, den „Hymnus des Simeon“ (Lk 2,29-32) über das erschienene Heil Gottes einerseits im Rahmen der Perikope „Jesu Darstellung im Tempel“ (Lk 2,21-40)[775] zu betrachten und andererseits die intertextuellen Bezüge zu Ps 97 LXX und Jes 52,7-10 zu analysieren.

5.3.1 Text und Übersetzung

Zunächst wird der griechische Text des „Hymnus des Simeon“ im Hinblick auf Textkritik/Textüberlieferung analysiert und ins Deutsche übersetzt. Im Weiteren folgt eine formkritische Betrachtung.

5.3.1.1 Griechischer Text

Der griechische Text des „Hymnus des Simeon“ (Lk 2,29-32) folgt in Ausführung und Gliederung dem „Novum Testamentum Graece nach Nestle-Aland (NA28)“:

29a νῦν ἀπολύεις τὸν δοῦλόν σου, δέσποτα,
29b κατὰ τὸ ῥῆμά σου ἐν εἰρήνῃ·

30 ὅτι εἶδον οἱ ὀφθαλμοί μου τὸ σωτήριόν σου,
31 ὃ ἡτοίμασας κατὰ πρόσωπον πάντων τῶν λαῶν,

32a φῶς εἰς ἀποκάλυψιν ἐθνῶν
32b καὶ δόξαν λαοῦ σου Ἰσραήλ.

5.3.1.2 Textkritik

Der Text des Lukasevangeliums ist sehr gut bezeugt. Die älteste – jedoch nicht vollständig erhaltene – Handschrift, ist der Papyrus P[75] aus dem 2./3. Jh. Vollständig ist der Lukastext in den Pergamenthandschriften des 4./5. Jh. enthalten: א 01 (Codex Sinaiticus), A 02 (Codex Alexandrinus), B 03 (Codex Vaticanus). Außerdem – jedoch lückenhaft – umfasst die Palympsesthandschrift C 04 (Codex Ephraemi rescriptus) den Text vollstän-

[775] *Klein*, Das Lukasevangelium (KEK 1,3), 141.

dig. Die Handschrift D 06 (Codex Bezae Cantabrigensis) stammt offenbar aus späterer Zeit (7./9. Jh.), ist inhaltlich kürzer und geht möglicherweise auf andere Quellen zurück.[776] Der „Hymnus des Simeon" (Lk 2,29-32) hingegen ist auch in dem Papyrus P^{42} (7./8. Jh.) bezeugt.[777]

Da der „Hymnus des Simeon" offenbar gut überliefert ist, weist er keine textlichen Probleme auf. Gleichwohl ist auf eine Abweichung zu V. 32a einzugehen: In der Textfassung der Handschrift D ist das Genitivobjekt „ἐθνῶν" nicht enthalten. Da diese Abweichung von den übrigen Handschriften jedoch nicht bezeugt wird und der Text der Handschrift D in seiner Provenienz offenbar nicht eindeutig ist, wird dem vorliegenden Text des griechischen Neuen Testaments gefolgt.[778]

5.3.1.3 Deutsche Übersetzung

Aus Textkritik und grammatischer Analyse ergibt sich die folgende Arbeitsübersetzung des Hymnus:

29a „Nun entlässt du deinen Diener, Herr,
29b gemäß deiner Zusage[779] in Frieden,

30 denn meine Augen schauen dein Heil,
31 das du bereitest hast vor dem Angesicht aller Völker,

32a ein Licht zur Erleuchtung der Heiden
32b und [zur] Verherrlichung deines Volkes Israel."

5.3.2 Poetische Struktur

Formal besteht der Hymnus aus drei zweizeiligen Strophen („drei Doppelzeilern"[780]):

---

[776] Vgl. *Klein*, Das Lukasevangelium (KEK 1,3), 69f; *Wolter*, Das Lukasevangelium (HNT 5), 1f; *Radl*, Das Evangelium nach Lukas. Kommentar; Erster Teil: 1,1-9,50, 1f; *Aland*, Barbara / *Aland*, Kurt u. a. (Hg.): Novum Testamentum Graece, Münster ²⁸2012, 15.

[777] Vgl. *Radl*, Das Evangelium nach Lukas, 1; *Aland*, Kurt / *Aland*, Barbara: Der Text des Neuen Testaments. Einführung in die wissenschaftlichen Ausgaben sowie in Theorie und Praxis der modernen Textkritik. Stuttgart 1982, 108.

[778] Vgl. *Aland K. / Aland B.*, Der Text des Neuen Testaments, 108.118f; *Klein*, Das Lukasevangelium (KEK 1,3), 69f; *Wolter*, Das Lukasevangelium (HNT 5), 1f.

[779] Das griechische Wort „ῥῆμά" hat grundsätzlich die gleiche Bedeutung wie „λόγος". Da jedoch „λόγος" neutestamentlich häufig mit Christus, dem fleischgewordenen Wort Gottes identifiziert wird, ist an dieser Stelle möglicherweise „ῥῆμά" verwendet worden, um Verwechselungen zu vermeiden. Daher wird als deutsche Übersetzung hier ebenfalls nicht der Begriff „Wort" genutzt, sondern „Zusage".

[780] *Pokorny*, Theologie der lukanischen Schriften (FRLANT 174), 55.

Vers	*Inhalt*	*Strophe*	
29a **29b**	***Lobpreis*** des „Knechts" (= δοῦλόν) Simeon an Gott, den er mit „Herr" (= δέσποτα) anspricht.	I	⇩
30 **31**	***Begründung***: Dank für das geschaute „Heil" (= σωτήριόν) Gottes, bereitet vor dem Angesicht „aller Völker" (= πάντων τῶν λαῶν).	II	⇩
32a **32b**	***Bedeutung***: Heil besteht in einem „Licht" (= φῶς) zur Erleuchtung der „Heiden" (= ἐθνῶν) und zur Verherrlichung „Israels" (= Ἰσραήλ).	III	***Klimax***

Abbildung 15: Poetische Gliederung des Hymnus

In Analogie zu den alttestamentlichen poetischen Strukturen ergibt sich für die drei Strophen des neutestamentlichen „Hymnus des Simeon" folgende Versstruktur, welche sich anbietet, da dieser Hymnus sprachlich (semantisch und syntaktisch) alttestamentlichen Texten folgt[781]:

Strophe I:

	Griechischer Text des Versteils	*Strukturelemente*
V. 29a	νῦν ἀπολύεις τὸν δοῦλόν σου, δέσποτα,	$\mathbf{a}^{1}$ b $\mathbf{a}^{2}$
V. 29b	κατὰ τὸ ῥῆμά σου ἐν εἰρήνῃ	$\mathbf{a}^{3}$ c

Die V. 29a und 29b bilden einen *synthetischen Parallelismus membrorum.* Handelndes Subjekt ist der δεσπότης [hier im Vok sg: δέσποτα] (Strukturelement a^2), der an Simeon, seinem δοῦλος [hier im Akk sg: δοῦλόν] (Strukturelement b) handelt. Dies geschieht, indem er ihn nun ἀπολύεις (Strukturelement a^1) und zwar nach ῥῆμά σου (Strukturelement a^3) ἐν εἰρήνῃ (Strukturelement c). Dass es sich um einen Lobpreis Gottes handelt, ergibt sich aus der vorhergehenden Redeeinleitung in V. 28.

[781] Die Einteilung der Strukturelemente erfolgt analog zu dem Muster der Vorgehensweise von *Kuckhoff*, Psalm 6 und die Bitten im Psalter, 42-48. Die mit „Fettdruck" hervorgehobenen Strukturelemente kommen jeweils synonym in beiden Kola eines Verses/Versteils vor.

Strophe II:

V. 30	ὅτι εἶδον οἱ ὀφθαλμοί μου τὸ σωτήριόν σου,	a **b¹**
V. 31	ὃ ἡτοίμασας κατὰ πρόσωπον πάντων τῶν λαῶν,	**b²** c

Die V. 30 und 31 stellen ebenfalls einen *synthetischen Parallelismus membrorum* dar, indem sie den Lobpreis Simeons aus V. 29 begründend weiterführen: Denn gesehen haben οἱ ὀφθαλμοί μου (Strukturelement a) τὸ σωτήριόν σου (Strukturelement b^1). Es folgen in V. 31 Aussagen erstens über die Urheberschaft und zweitens über die Zeugen des Heils. Zu erstens: das handelnde Subjekt aus V. 29a hat das Heil ἡτοίμασας (Strukturelement b^2). Zu zweitens: er hat es vor dem πρόσωπον πάντων τῶν λαῶν (Strukturelement c) bereitet.

Strophe III:

V. 32a	φῶς εἰς ἀποκάλυψιν ἐθνῶν	a **b¹ c¹**
V. 32b	καὶ δόξαν λαοῦ σου Ἰσραήλ.	**b² c²**

Auch V. 32a und 32b bilden einen *synonymen Parallelismus membrorum*, der die Bedeutung des Heils Gottes erläutert: Das Heil besteht in dem φῶς (Strukturelement a), das zur ἀποκάλυψιν (Strukturelement b^1) der ἐθνῶν (Strukturelement c^1) dient sowie zur δόξαν (Strukturelement b^2) λαοῦ σου Ἰσραήλ (Strukturelement c^2). Der Parallelismus der Strukturelemente b^1 und c^1 zu den Strukturelementen b^2 und c^2 drückt die Zweigleisigkeit des Heils aus, indem das Licht (Strukturelement a) zum einen den Völkern und zum anderen dem Volk Israel dient.

5.3.3 Intratextuelle Stichwort- und Motivverbindungen innerhalb des Hymnus

Der „Hymnus des Simeon" stellt das Lob Gottes für sein universelles Heilshandeln an Israel und den Völkern in den Fokus. Dementsprechend steht hier als Protagonist Gott, als „Herr" (= δεσπότης) bezeichnet, mit seinem Handeln im Vordergrund der Betrachtung. Objekte des göttlichen Handelns sind die Völker und Israel als das Volk Gottes. Daneben steht der Psalmbeter, als „Knecht" (= δοῦλος) bezeichnet, der als expliziter Sprecher fungiert. Aus dieser Konstellation ergeben sich *intratextuelle* Stichwort- und Motivverbindungen innerhalb des Hymnus.

Vers	*Herr*	*Handeln des Herrn*	*Knecht*	*Völker/Heiden*	*Israel*
29a	δεσπότης	ἀπολύεις	δοῦλος σου		
29b		ῥῆμά σου ἐν εἰρήνῃ			
30		σωτήριόν σου	εἶδον ὀφθαλμοί μου		
31		ἡτοίμασας		πρόσωπον πάντων λαῶν	
32a		φῶς		ἀποκάλυψιν ἐθνῶν	
32b					δόξαν λαοῦ σου Ἰσραήλ

Abbildung 16: Stichwort- und Motivverbindungen innerhalb des Hymnus

Der „Herr" (= δεσπότης) wird konkret nur in V. 29a genannt, indem Simeon ihn mit δέσποτα (Vok sg) anspricht.[782] Gleichwohl ist er auch das handelnde Subjekt in allen Versen des Hymnus. So entlässt er (V. 29a: ἀπολύεις) seinen Knecht gemäß seiner Zusage in Frieden (V. 29b: ῥῆμά σου ἐν εἰρήνῃ). Er ist es auch, der das Heil (V. 30: σωτήριόν) bereitet hat (V. 31: ἡτοίμασας). Dieses Heil des Herrn erscheint als Licht φῶς.

Das Handeln des Herrn wird hinsichtlich seiner Wirkweise in allen drei Strophen positiv konnotiert: In V. 29b ist es der Friede (ἐν εἰρήνῃ), in dem der Knecht entlassen wird und der einen Ausfluss des Heils darstellt; es folgt in V. 30 das Heil (σωτήριόν σου), welches der Herr bereitet hat; abschließend in V. 32a ist es das Licht (φῶς), welches das Heil metaphorisch abbildet.

Empfänger oder Betroffene des göttlichen Heilswirkens sind der Knecht (δοῦλός), die Völker (λαοί bzw. ἔθνη) und Israel. Der δοῦλος σου (V. 29a) schaut mit seinen Augen (V. 30: ὀφθαλμοί μου) das Heil Gottes (V. 30: εἶδον) und ist somit ebenso wie die Völker Zeuge des Heils. Die Völker (V. 31: πάντων λαῶν) sind zweifach betroffen, indem einerseits der Herr vor ihrem Angesicht (V. 31: πρόσωπον) sein Heil bereitet hat und anderer-

[782] Der Begriff δεσπότης für Gott wird hier offenbar anstelle von κύριος als Gegenüber des δοῦλός verwendet, um in Analogie zu den menschlichen gesellschaftlichen Verhältnisse den Unterschied zwischen Gott und Simeon auszudrücken. Gott ist der Hausherr, der Besitzer des Tempels und der Gebieter des Hauses Israel (vgl. *Eckey*, Wilfried: Das Lukasevangelium. Unter Berücksichtigung seiner Parallelen. Teilband I, 1,1-10,42. Neukirchen-Vluyn 2004, 163.).

seits das Heil als Licht (φῶς) zu ihrer Erleuchtung (V. 32a: ἀποκάλυψιν ἐθνῶν) dient. Parallel dazu bewirkt das Heil/Licht zugleich auch die Verherrlichung seines Volkes Israel (V. 32b: δόξαν λαοῦ Ἰσραήλ).

5.3.4 Kompositionsstruktur des Hymnus

Die poetische Struktur des Hymnus zeigt eine einfache Komposition aus *drei Kommunikationsebenen*:

V. 29a der HERR *entlässt*
    V. 29a seinen *KNECHT*
        V. 29b in Frieden gemäß seiner Zusage
        V. 30 das Heil
    V. 30 der *KNECHT sieht* es mit seinen Augen
V. 31a der HERR hat es *bereitet*
    V. 31a vor dem Angesicht aller *VÖLKER*
        V. 32a das Licht
    V. 32a zur Erleuchtung der *HEIDEN*
    V. 32b und zur Verherrlichung seines Volkes *ISRAEL*

Die kompositorischen Elemente sind auf *drei Kommunikationsebenen* einander zugeordnet:

1. Die *erste Ebene* bildet der HERR als der Protagonist des Hymnus.
2. Die *zweite Ebene* besteht aus dem *KNECHT*, den *VÖLKERN/HEIDEN* sowie *ISRAEL* als den Objekten, an denen der HERR handelt.
3. Die *dritte Ebene* zeigt das Handeln des HERRN auf: Er bereitet Frieden, Heil und Licht für die Menschen.

Die *drei Ebenen* wirken wie folgt zusammen: Der HERR ist handelndes Subjekt, er *entlässt* seinen *KNECHT* in Frieden gemäß seiner Zusage. Er *bereitet* das Heil, das der *KNECHT* mit seinen Augen sieht, vor dem Angesicht aller *VÖLKER*. Dieses ist ein Licht zur Erleuchtung der *HEIDEN* und zur Verherrlichung seines Volkes *ISRAEL*. Der *KNECHT*, die *VÖLKER/HEIDEN* und *ISRAEL* sind die Objekte, an denen der HERR handelt. Frieden, Heil und Licht sind die sind die Dinge, die der HERR für den *KNECHT*, die *VÖLKER/HEIDEN* und *ISRAEL* bereitet.

5.3.5 Gattungskritik

Ähnlich wie die Hymnen „Magnificat" der Maria (Lk 1,46-55) und „Benedictus" des Zacharias (Lk 1,68-79) stellt auch der Hymnus „Nunc dimittis" des Simeon (Lk 2,29-32) einen neutestamentlichen Lobpsalm dar. Im Gegensatz zu den beiden Lobspalmen aus Lk 1, die sich speziell auf das Heil für Israel beziehen, geht der „Hymnus des Simeon" darüber hinaus, indem er „alle Völker" einbezieht, ohne dabei jedoch den Israelbezug aufzugeben. Dieser Hymnus ist genuiner Bestandteil des Narrativs der Perikope Lk 2,22-40 und ist daher auch in deren Kontext zu betrachten.[783]

Berger sieht in seinem Aufsatz „Das Canticum Simeonis" von 1985 den Hymnus der „Großgattung der Gebete unmittelbar vor dem Tod" zugehörig.[784] Jedoch ist Wolter in seiner Ablehnung dieser These zuzustimmen, da der Lukastext an keiner Stelle zu erkennen gibt, dass Simeon unmittelbar vor seinem Tod stehe.[785] Darüber hinaus ist auch aus dem Text der Perikope – im Gegensatz zur „hochbetagten Prophetin Hanna" – nicht unbedingt ableitbar, dass es sich bei Simeon um einen „Greis" handelt. Vielmehr sieht Bovon, dass der Text des NA28 – im Gegensatz zur christlichen Hagiographie – lediglich von einem ἄνθρωπος, der δίκαιος ist, spricht (vgl. Lk 2,25), dessen Alter jedoch nicht genannt wird.[786]

5.3.6 Der Hymnus im Rahmen der Perikope Lukas 2,22-40

Der „Hymnus des Simeon" ist integraler Bestandteil der Perikope Lk 2,22-40, welche die Ereignisse um die Darstellung des neugeborenen Jesu im Tempel von Jerusalem erzählt. Einige Bibelausgaben (z. B. revidierte Fassung der Lutherbibel von 2017) und dementsprechend auch exegetische Kommentare (z. B. Eckey und Klein) lassen die Perikope bereits mit V. 21 beginnen. Da dieser Vers die Beschneidung und Namensgebung Jesu erzählt, stellt er jedoch den logischen Abschluss der Perikope über die Geburt Jesu (Lk 2,1-21) dar. Demzufolge geht die vorliegende Untersuchung in Anlehnung an die revidierte Einheitsübersetzung von 2016 sowie die Kommentare von Radl, Bovon und

---

[783] Vgl. *Nassauer*, Gudrun Michaela: Heil sehen. Strategien anschaulicher Christologie in Lk 1-2 (HBS 83). Freiburg i. Br. 2015, 222; *Wolter,* Das Lukasevangelium (HNT 5), 138.

[784] Vgl. *Berger*, Klaus: Das Canticum Simeonis (Lk 2:29-32). In: Novum Testamentum XXVII (1985), 27–39, 27.

[785] Vgl. *Wolter,* Das Lukasevangelium (HNT 5), 139.

[786] Vgl. *Bovon*, François: Das Evangelium nach Lukas (EKK 3). Neukirchen-Vluyn ^{2}2012, 141.

Wolter davon aus, dass die Erzählung über die Darstellung Jesu im Tempel die Verse Lk 2,22-40 umfasst.[787]

Handelnde Personen sind gewissermaßen das „Sprachrohr" des Erzählers, das dem Leser seine Gedanken und Wertungen vermittelt.[788] Die handelnden Personen dieser Erzählung sind Maria, Josef und das neugeborene Kind sowie als Protagonisten der Handlung der „fromme" Simeon und die „greise Prophetin" Hanna. Die Charaktere der beiden letztgenannten Personen werden in der Perikope ausführlich erzählerisch dargestellt (vgl. V. 25f und V. 36f).

Die Perikope lässt sich in Anlehnung an den Lukaskommentar Wolters in sieben gedankliche Abschnitte unterteilen[789], die prozessartig hintereinander ablaufen:

1. Einführung in die Erzählung (Lk 2,22-24),
2. Beschreibung der Person des Simeon (Lk 2,25f),
3. Überleitung zum Hymnus und zum Orakel des Simeon (Lk 2,27f),
4. „Hymnus des Simeon" (Lk 2,29-32),
5. Reaktion der Eltern Jesu (Lk 2,33),
6. Orakel des Simeon (Lk 2,34f),
7. Beschreibung der Person der Hanna (Lk 2,36f),
8. Orakel der Hanna (Lk 2,38),
9. Abschluss der Erzählung (Lk 2,39f).

1. Einführung in die Erzählung (V. 22-24): In diesem ersten Abschnitt der Episode wird der Anlass für die Reise der Erzählfiguren Maria und Josef mit dem neugeborenen Kind zum Jerusalemer Tempel geschildert: Nach Erfüllung der 40-tägigen Reinigungszeit der Mutter nach der Geburt gemäß Lev 12,2-4 geht es um die Erfüllung der in der Torah vorgeschriebenen rituellen Weihe- und Opferhandlungen (vgl. Lev 6-8). Diese werden jedoch nicht detailliert beschrieben, sondern es geht vielmehr primär darum, den erstgeborenen Sohn gemäß Ex 13,2.12.15 Gott vorzustellen, um ihn zu heiligen, d. h. ihn „auszulösen". „Heilig" ist hier nicht ethisch zu verstehen, sondern soteriologisch drückt es aus, dass das Kind zu Gott gehört. Zugleich werden damit Maria und Josef in ihrer prak-

---

[787] Vgl. *Klein,* Das Lukasevangelium (KEK 1,3), 141; *Radl,* Das Evangelium nach Lukas, 120; *Bovon*, Das Evangelium nach Lukas (EKK 3), 135; *Wolter,* Das Lukasevangelium (HNT 5), 133.
[788] Vgl. *Bar-Efrat*, Wie die Bibel erzählt, 57.
[789] Vgl. *Wolter,* Das Lukasevangelium (HNT 5), 134–145.

tizierten Frömmigkeit als torahtreue Juden und Jesus als besonders gottnah charakterisiert.[790]

*2. **Beschreibung der Person des Simeon (V. 25f):*** Der erste Protagonist der Erzählung, Simeon, wird mit drei wesentlichen Eigenschaften eingeführt: Zum einen wird er als gerechter und frommer (δίκαιος καὶ εὐλαβὴς) Mann charakterisiert, worin seine Torah-Observanz ihren Ausdruck findet, die sowohl auf sein Sozialverhalten als auch seine Religiosität abhebt. Zum anderen erwartet er die Tröstung Israels (παράκλησιν τοῦ Ἰσραήλ), die endzeitliche Wiederherstellung Israels, wie sie besonders aus Deuterojesaja (z. B. Jes 40,1f) verstanden worden ist. Darüber hinaus wird ausgesagt, dass der Heilige Geist auf ihm ruhe (πνεῦμα ἦν ἅγιον ἐπ' αὐτόν). Diesem Mann ist durch eine „Weissagung" des Heiligen Geistes prophezeit worden, dass er nicht sterben werde, bevor er den Gesalbten des Herrn (τὸν χριστὸν κυρίου) geschaut habe.[791] Unter dieser Prophetie steht sein Leben im „Warteraum der Zukunft"[792].

*3. **Überleitung zum Hymnus und zum Orakel des Simeon (V 27f):*** Zur gleichen Zeit, als Maria und Josef Jesus zur Erfüllung der rituellen Handlungen in den Tempel bringen, wird der Protagonist Simeon durch die „Choreographie" des Heiligen Geistes in den Tempel geführt. Simeon erkennt die Bedeutung des Kindes und reagiert unmittelbar dementsprechend: καὶ αὐτὸς ἐδέξατο αὐτὸ εἰς τὰς ἀγκάλας καὶ εὐλόγησεν τὸν θεὸν (= „und er empfing ihn in seinen Armen und pries Gott"). Damit ist die Weissagung des Heiligen Geistes eingetroffen, die Simeon einst empfangen hat (vgl. V. 26). Der Hinweis auf den Heiligen Geist an dieser Stelle autorisiert die Aussage des Lukastextes über Jesus als göttliche Wahrheit.[793]

*4. **„Hymnus des Simeon" (V. 29-32):*** In V. 29-32 folgt der „Hymnus des Simeon", der den Kern der Perikope ausmacht und deren narrative Prosastruktur unterbricht.[794]

---

[790] Vgl. *Wolter,* Das Lukasevangelium (HNT 5), 134f; *Bovon,* Das Evangelium nach Lukas (EKK 3), 140; *Klein,* Das Lukasevangelium (KEK 1,3), 145f; *Radl,* Das Evangelium nach Lukas, 121f; *Söding*, Das Evangelium nach Lukas, 60-62.

[791] Vgl. *Wolter,* Das Lukasevangelium (HNT 5), 136f; *Radl,* Das Evangelium nach Lukas, 122; *Wasserberg,* Günter: Aus Israels Mitte - Heil für die Welt. Eine narrativ-exegetische Studie zur Theologie des Lukas (BZNW 92). Berlin 1998, 135; *Klein,* Das Lukasevangelium (KEK 1,3), 146; *Pokorny,* Theologie der lukanischen Schriften, 53f; *Söding*, Das Evangelium nach Lukas, 62.

[792] *Söding*, Das Evangelium nach Lukas, 62.

[793] Vgl. *Wasserberg*, Aus Israels Mitte - Heil für die Welt, 135f; *Wolter,* Das Lukasevangelium (HNT 5), 137f; *Bovon*, Das Evangelium nach Lukas (EKK 3), 142; *Klein,* Das Lukasevangelium (KEK 1,3), 147; *Söding*, Das Evangelium nach Lukas, 62 .

[794] Vgl. *Radl,* Das Evangelium nach Lukas, 124.

Strophe I:

Bereits der dem Hymnus unmittelbar vorausgehende V. 28b καὶ εὐλόγησεν τὸν θεὸν καὶ εἶπεν zeigt auf, dass es sich hierbei um einen Lobpreis Gottes handelt. Simeons Hymnus leitet in V. 29 einen Lobpreis ein, der das Verhältnis Knecht – Herr anspricht: Simeon selbst wird als δοῦλός bezeichnet und Gott mit δέσποτα angeredet. Der Dank an Gott wird jedoch nicht explizit mit konkreten Dankesworten, sondern implizit durch die Feststellung Simeons ausgedrückt, dass der Herr ihn nun in Frieden (ἐν εἰρήνῃ) entlasse (νῦν ἀπολύεις), so wie er es versprochen habe (κατὰ τὸ ῥῆμά σου). Damit formuliert V. 29 an dieser Stelle einen Rückbezug auf das Orakel des Heiligen Geistes an Simeon in V. 26. Der Protagonist Simeon kann jetzt in Frieden gehen, denn er erlebt das Eintreffen der Zusage Gottes, wodurch ihm innerer Frieden zuteilwird. Sein Warten auf die Tröstung Israels (παράκλησιν τοῦ Ἰσραήλ) hat somit ein Ende (vgl. V. 25). Seine Aufgabe als prophetischer Knecht ist erfüllt, von der er nunmehr entlassen ist. Textlich erinnert hier die Selbstbezeichnung Simeons als δοῦλος an die Gottesknechtsorakel bei Deuterojesaja (vgl. z. B. Jes 48,20; 49,3.5.7). Nach Erfüllung seiner Aufgabe kann Simeon daher seinem Lebensende beruhigt entgegensehen, weil es nun eine Zukunft des Lebens jenseits des Todes gibt und für ihn nichts weiter zu erwarten ist, was dieses Ereignis überbieten könnte. Gleichwohl ist damit nichts über sein evtl. unmittelbar bevorstehendes physisches Lebensende ausgesagt.[795]

Strophe II:

V. 30 nennt die Begründung für den Lobpreis und den damit verknüpften Dank an Gott: Dem Protagonisten Simeon ist es vergönnt, das Heil Gottes (σωτήριόν σου steht hier für σωτήριον τοῦ θεοῦ) mit eigenen Augen (ὀφθαλμοί μου) zu schauen. Damit wird die Aussage aus V. 26 wieder aufgenommen, mit der ihm zugesagt worden ist, nicht zu sterben, bevor er den Gesalbten des Herrn (τὸν χριστὸν κυρίου) geschaut habe. Die Aussage über das Eintreffen in V. 30 ersetzt an dieser Stelle gleichwohl τὸν χριστὸν κυρίου durch τὸ σωτήριόν σου, d. h. das Heil Gottes (σωτήριον τοῦ θεοῦ) wird hier mit dem Gesalbten des Herrn (τὸν χριστὸν κυρίου) aus V. 26 gleichgesetzt. Zugleich personifiziert das Kind für Simeon in seiner prophetischen Sicht das Heil Gottes, was ihm die Gewissheit gibt,

---

[795] Vgl. *Wolter,* Das Lukasevangelium (HNT 5), 139; *Nassauer,* Heil sehen, 222f; *Koet*, Bart: Simeons Worte (Lk 2,29-32.34c-35) und Israels Geschick. In: Segbroeck, Frans van u. a. (Hg.): The four gospels 1992. Festschrift Frans Neirynck (EThL 100,2). Leuven/B 1992, 1549–1569, 1552f; *Bovon,* Das Evangelium nach Lukas (EKK 3), 143; *Söding*, Das Evangelium nach Lukas, 63.

dass Gott seinen Heilsplan mit Israel und der Welt machtvoll und treu umsetzen wird.[796] Dies drückt auch der Name des Kindes „Jesus“ (griech.: Ἰησοῦς / hebr.: יֵשׁוּעַ [= „Heil“])[797] aus, der deutlich darauf hinweist, dass Israel schon von Anbeginn an die Erfahrung mit der Gegenwart von Gottes Heilhandeln an seinem auserwählten Volk gemacht hat. „Klassische“ Beispiele hierfür sind die Befreiung Israels aus der ägyptischen Knechtschaft und dem babylonischen Exil. Mit der Person Jesu Christi wird das Heil Gottes vergegenwärtigt und universalisiert (vgl. hierzu auch Röm 11,25-27).

V. 31 erläutert als Relativsatz zu V. 30 die Urheberschaft des Heils: Der Heilbringer ist Gott selbst, der zwar unsichtbar ist, aber als Herr (δεσπότης) der Geschichte autonom handelt. Aber dieses sein Heil hat Gott vor dem Angesicht *aller* Völker (κατὰ πρόσωπον πάντων τῶν λαῶν) bereitet. Diese Aussage ist im bisherigen Kontext des Lukasevangeliums ein neuer Aspekt, steht doch bislang allein das Heil Israels im Fokus der Erzählung. Denn wie das „Magnificat“ der Maria (Lk 1,46-55) und das „Benedictus“ des Zacharias (Lk 1,68-79) so spricht auch V. 25 ausschließlich von der Tröstung Israels (παράκλησιν τοῦ Ἰσραήλ). Erstmalig in V. 31 finden die Völker Erwähnung und damit tritt der Gedanke des universellen Heils für alle Völker in den Vordergrund, um in V. 32 noch weiter ausgeführt zu werden. Insofern leitet die Strophe II zur Klimax des Hymnus in Strophe III über.[798]

---

[796] Vgl. *Koet*, Simeons Worte (Lk 2,29-32.34c-35), 1549–1569, 1553f; *Wolter,* Das Lukasevangelium (HNT 5), 139f; *Wasserberg,* Aus Israels Mitte - Heil für die Welt, 137f; *Bovon,* Das Evangelium nach Lukas (EKK 3), 143f; *Söding*, Das Evangelium nach Lukas, 63.

[797] Vgl. *Stern*, David H.: Das jüdische Neue Testament. Eine Übersetzung des Neuen Testamentes, die seiner jüdischen Herkunft Rechnung trägt. Deutsche Ausgabe. Witten ³2015, 476f. *Stern* erläutert den Namen „Jesus“ wie folgt: יֵשׁוּעַ kann als Verbalsatz bedeuten „JHWH rettet“. Als Maskulin von יְשׁוּעָה bedeutet der Name jedoch „Heil/Rettung“. Nach *Rösel* ist der Name יֵשׁוּעַ ein Nominalsatz aus יְהוָה und ישׁע, den er mit „JHWH ist Retter/Rettung/Hilfe“ übersetzt (vgl. *Rösel*, Christoph: Jeschua. In: Das wissenschaftliche Bibellexikon im Internet. Stuttgart 2012, https://bibelwissenschaft.de/stichwort/22464/, zuletzt geprüft: 22.10.2023, 1.). *Söding* hingegen erklärt ihn ebenfalls verbal mit „Gott hilft“, weist aber zugleich daraufhin, dass das Lukasevangelium keine Namenserklärung beinhaltet. (vgl. *Söding*, Das Evangelium nach Lukas, 34.). Im Kontext der untersuchten alttestamentlichen Texte mit dem Theologumenon „Alle Enden der Erde schauen das Heil unseres Gottes“ sowie mit dem Hymnus Simeonis „meine Augen schauen dein Heil“ ist die Übersetzung Sterns als die geeignetere Variante für die vorliegende Untersuchung anzusehen, da sie den Wortzusammenhang יְשׁוּעָה - יֵשׁוּעַ besser widerspiegelt.

[798] Vgl. *Wolter,* Das Lukasevangelium (HNT 5), 138.140; *Wasserberg,* Aus Israels Mitte - Heil für die Welt, 137; *Bovon,* Das Evangelium nach Lukas (EKK 3), 144; *Koet,* Simeons Worte (Lk 2,29-32.34c-35), 1553f; *Nassauer,* Heil sehen, 223f; *Schröter*, Jens: Von Jesus zum Neuen Testament. Studien zur urchristlichen Theologiegeschichte und zur Entstehung des neutestamentlichen Kanons (WUNT 204). Tübingen 2012, 258; *Söding*, Das Evangelium nach Lukas, 63.

Strophe III:

Die Strophe III erklärt die Bedeutung des Heils Gottes, das der Protagonist Simeon in Strophe II prophetisch schaut. V. 32 konkretisiert dieses Heil als ein Licht (φῶς), welchem zweierlei Funktionen beikommen: Zum einen (V. 32a) dient es zur Erleuchtung der Heiden (ἀποκάλυψιν ἐθνῶν) und zum anderen (V. 32b) der Verherrlichung des Gottesvolkes Israel (δόξαν λαοῦ σου Ἰσραήλ). Damit wird zugleich eine intertextuelle Verbindung zu Prophezeiungen Deuterojesajas erkennbar, welche verkünden, dass JHWH seinen Knecht Israel zum „Licht der Völker" (vgl. Jes 42,6b bzw. Jes 49,6bα: לְאוֹר גּוֹיִם/ φῶς ἐθνῶν) machen wird. Diese Deutung von Gottes Heil stellt die Klimax des Hymnus dar: Die Heidenvölker werden durch das Licht des Heils aus der Finsternis geholt und Israel, das sich als Volk Gottes schon im Licht befindet und daher auch das Licht für die Heidenvölker ist, erhält Anteil an der Herrlichkeit Gottes, wie es auch bei Jesaja (vgl. Jes 35,2b; 40,5a; 60,1) ausgesagt wird. Das Privileg Israels und seine Vorrangstellung bestehen darin, dass aus ihm das Heil für die ganze Welt kommt und mit Jesus dem Christus seine Vollendung findet.[799] Koet erläutert den Zusammenhang zutreffend:

> „Die Enthüllung für die Heiden und die Verherrlichung Israels sind die beiden Aspekte der Rettung und folglich auch des Lichtes, das Simeon jetzt schauen darf, aber dessen Wirkung erst im Lauf des lukanischen Doppelwerkes sich allmählich realisieren wird."[800]

5. Reaktion der Eltern Jesu (V. 33): V. 33 schildert die Reaktion der Erzählfiguren Maria und Josef auf den „Hymnus des Simeon": Sie beide staunen sehr (θαυμάζοντες) über die Worte, die Simeon über das Kind gesagt hat, d. h. sie sind verwundert über den völlig neuen Aspekt, den der „Hymnus des Simeon" aufzeigt. Denn aus der Botschaft des Engels (vgl. Lk 1,32f) erwartete Maria, dass ihr Sohn Jesus der Messias für Israel sein werde und „herrschen werde über das Haus Jakob auf ewig" (= βασιλεύσει ἐπὶ τὸν οἶκον Ἰακὼβ εἰς τοὺς αἰῶνας). Folgerichtig ist auch ihr „Magnificat" (vgl. Lk 1,46-55) ausschließlich israelzentriert.[801]

> „Er nimmt sich seines Knechtes Israel an und denkt an sein Erbarmen, wie er unsern Vätern verheißen hat, Abraham und seinen Nachkommen auf ewig (Lk 1,54f)."

---

[799] Vgl. *Bovon,* Das Evangelium nach Lukas (EKK 3), 145f; *Wolter,* Das Lukasevangelium (HNT 5), 140f; *Nassauer,* Heil sehen, 223f; *Koet,* Simeons Worte (Lk 2,29-32.34c-35), 1553f; *Wasserberg,* Aus Israels Mitte - Heil für die Welt, 137f; *Schröter,* Von Jesus zum Neuen Testament, 259f; *Söding*, Das Evangelium nach Lukas, 63.

[800] *Koet,* Simeons Worte (Lk 2,29-32.34c-35), 1552, Anm. 12.

[801] Vgl. *Wasserberg,* Aus Israels Mitte - Heil für die Welt, 141f; *Wolter,* Das Lukasevangelium (HNT 5), 141.

Als gläubige Jüdin und Hörerin des Wortes Gottes, die sich gehorsam in den Dienst Gottes stellt, steht sie zugleich in der Tradition der Prophetin Miriam.[802] Der erfolgte Heilszuspruch im Hymnus des Simeon überbietet jedoch noch ihre bisherigen Erwartungen vollständig, indem dieser nun das *universelle* Heil proklamiert, das als Licht von Israel ausgeht und sowohl das Gottesvolk Israel als auch die Heidenvölker umfasst. Diese universelle Heilsausstrahlung aber macht Israels Anteil an der Herrlichkeit Gottes aus.[803]

6. Orakel des Simeon (V. 34f): V. 33 leitet unmittelbar zum Orakel des Protagonisten Simeon in V. 34f über. Er segnet zunächst die Erzählfiguren Maria und Josef (vgl. V. 34a) und richtet dann das Wort an Maria, welches eine zweifachen Prophezeiung enthält.

Während der Hymnus feststellt, wer Jesus eigentlich ist, spricht Simeons Orakel in V. 34b die künftigen Reaktionen Israels auf das neugeborene Kind an: Jesus der Christus ist von Gott unausweichlich als Heilsangebot „gesetzt" (= κεῖται), welches zur inneren Entscheidung der Angehörigen des Gottesvolkes herausfordert und daher – metaphorisch ausgedrückt – „bei vielen Fallen *und* Aufstehen" (= πτῶσιν καὶ ἀνάστασιν πολλῶν) bewirkt. Insofern wird Jesus Christus ein „Zeichen" (= σημεῖον) sein, dem „widersprochen wird" (= ἀντιλεγόμενον), d. h. sein Status als irdischer Repräsentant Gottes wird in Israel von vielen abgelehnt werden und so zu einer inneren Spaltung des Volkes führen. Die übliche Auslegetradition sieht darin eine Entscheidungsalternative: Der Teil Israels, der Jesus in seiner Rolle als Heil Gottes anerkennt, wird aufstehen, während der ablehnende Teil fallen wird. Hierzu wird auf den „Stein des Anstoßes" (= אֶבֶן נֶגֶף) in Jes 8,14 verwiesen, über den viele straucheln werden.[804]

Gleichwohl ist das Fallen, das hier *Unheil* meint, nicht das letzte Wort Gottes an Israel, sondern es folgt für sein Volk das Aufstehen, das für *Heil* steht. Hierauf verweist auch sprachlich die Tatsache, dass beide Teilsätze mit πολλῶν nur ein und dasselbe Subjekt haben. Insofern stellen Fallen und Aufstehen *keine* Alternative dar, sondern *zwei* unterschiedliche Phasen innerhalb *einer* heilsgeschichtlichen Perspektive. So wie Israel zwar oft gefallen, aber dennoch immer wieder aufgerichtet worden ist. Denn der zweidimensionale Inhalt des V. 32 macht nur dann Sinn, wenn das „Licht" (= φῶς) den „Heidenvöl-

---

[802] Vgl. *Söding*, Das Evangelium nach Lukas, 36f.

[803] Vgl. *Wolter,* Das Lukasevangelium (HNT 5), 141; *Wasserberg,* Aus Israels Mitte - Heil für die Welt, 142, *Söding*, Das Evangelium nach Lukas, 63.

[804] Vgl. *Klein,* Das Lukasevangelium (KEK 1,3), 148f; *Wolter,* Das Lukasevangelium (HNT 5), 141f; *Bovon,* Das Evangelium nach Lukas (EKK 3), 146f; *Rusam*, Dietrich: Das Alte Testament bei Lukas (BZNW 112). Berlin 2003, 82f; *Nassauer,* Heil sehen, 225; *Wolter,* Das Lukasevangelium (HNT 5), 141; *Wasserberg,* Aus Israels Mitte - Heil für die Welt, 142, *Söding*, Das Evangelium nach Lukas, 63f.

kern Erleuchtung“ (= ἀποκάλυψιν ἐθνῶν) *und* „seinem Volk Israel Herrlichkeit“ (= δόξαν λαοῦ σου Ἰσραήλ) bringt, d. h. universelles Heil sowohl für die Völker als auch für Israel. Die Heilserwartung für Israel entspricht letztlich auch der Hoffnung der prophetischen Protagonisten Simeon und Hanna, die beide auf die „Tröstung Israels“ (= παράκλησιν τοῦ Ἰσραήλ) bzw. die „Erlösung Jerusalems“ (=λύτρωσιν Ἰερουσαλήμ) warten (vgl. hierzu V. 25.38).[805]

V. 35 richtet sich unmittelbar an die Erzählfigur Maria und enthält die erste Andeutung über den Tod ihres Sohnes. Die Schwertmetapher mag daher einerseits für das Leid stehen, das Maria persönlich als Folge des Wirkens ihres Sohnes und des dadurch bedingten Widerspruchs bis hin zum Kreuzestod erfahren wird. Andererseits steht es aber wohl auch für die krisenhafte Scheidung Israels, die durch Annahme und Ablehnung seiner Botschaft erfolgt und die zugleich die Gedanken der Menschen offenlegen wird.[806] Koet fasst das Offenbarwerden der Gedanken vieler Herzen wie folgt zusammen:

> „Das Auftreten Jesu und seine Botschaft wird zu krisenhaften Verwerfungen in Israel führen, da das Innerste der Menschen und somit der Widerspruch wie die Zustimmung an ihrem Ursprungsort offengelegt werden.“[807]

7. Beschreibung der Person der Hanna (V. 36f): Analog zu Simeon folgt in V. 36f eine kurze Personenbeschreibung der Protagonistin Hanna. Im Gegensatz zu Simeon wird Hanna eindeutig als 84-jährige hochbetagte Witwe dargestellt. Während Simeon in V. 25 als jemand beschrieben wird, „auf dem der Heilige Geist ruht“ (= πνεῦμα ἦν ἅγιον ἐπ' αὐτόν), wird Hanna als eine „Prophetin“ (= ἦν Ἄννα προφῆτις) charakterisiert, die sich permanent im Tempel aufhält und Gott hingebungsvoll durch Fasten und Beten verehrt. Ihr hohes und vollkommenes Alter (7 x 12 = 84) steht für Ehrwürdigkeit und Gottes Segen, der sie legitimiert.[808]

8. Orakel der Hanna (V. 38):

Die in V. 36f geschilderte Charakterisierung der zweiten Protagonistin der Erzählung, der Prophetin Hanna, ist die Voraussetzung dafür, dass sie zur rechten Stunde im Tempel

---

[805] Vgl. *Koet*, Simeons Worte (Lk 2,29-32.34c-35), 1559–1564; *Wasserberg*, Aus Israels Mitte - Heil für die Welt, 144–146; *Radl*, Das Evangelium nach Lukas, 130f; *Löning*, Karl: Das Geschichtswerk des Lukas. Bd. 1: Israels Hoffnung und Gottes Geheimnisse. Stuttgart 1997, 126f; *Jantsch*, Torsten: Jesus, der Retter. Die Soteriologie des lukanischen Doppelwerkes (WUNT 381). Tübingen 2017, 166f; *Söding*, Das Evangelium nach Lukas, 63f.

[806] Vgl. *Wolter*, Das Lukasevangelium (HNT 5), 142f; *Söding*, Das Evangelium nach Lukas, 64.

[807] *Koet*, Simeons Worte (Lk 2,29-32.34c-35), 1566.

[808] Vgl. *Nassauer*, Heil sehen, 227–229; *Klein*, Das Lukasevangelium (KEK 1,3), 149f; *Wolter*, Das Lukasevangelium (HNT 5), 143f; *Radl*, Das Evangelium nach Lukas, 132f; *Söding*, Das Evangelium nach Lukas, 64f.

zugegen ist. Als eine, die ebenfalls die Erlösung Jerusalems erwartet, erkennt sie die Bedeutung des Kindes, „preist Gott" (= ἀνθωμολογεῖτο τῷ θεῷ) und „redet" (= ἐλάλει) prophetisch von dem Kind zu „allen, die auf die Erlösung Jerusalems warten" (= πᾶσιν τοῖς προσδεχομένοις λύτρωσιν Ἰερουσαλήμ), d. h. zu den im Tempel Gegenwärtigen sowie letztlich zu ganz Israel. Damit konzentriert sie die Erlösungserwartungen Israels auf das Kind Jesus, indem sie es als die *personale* Erfüllung der Erwartung des Bundesvolkes verkündet. Inhaltlich wird die Rede nicht im Detail wiedergegeben, so dass sie wie ein Annex zum Orakel Simeons erscheint.[809]

9. Abschluss der Erzählung (V. 39f): V. 39f beendet zum einen die Erzählung um die Darstellung des neugeborenen Jesu im Tempel von Jerusalem und zum anderen den gesamten Erzählzyklus um die Geburt Jesu in Bethlehem, der damit beginnt, dass die Erzählfiguren Maria und Josef Nazareth verlassen, um sich in Bethlehem registrieren zu lassen, und der mit deren und des neugeborenen Kindes Rückkehr von Jerusalem nach Nazareth abschließt.[810]

5.3.7 Intertextuelle Bezüge zu Psalm 97 LXX und Jesaja 52,7-10

Im Hinblick auf das universelle Heilsverständnis im „Hymnus des Simeon" sind dessen intertextuelle Bezüge speziell zu Ps 97 LXX und Jes 52,7-10 zu prüfen. Gegenstand der Untersuchung sind dazu einerseits die Strophen II und III des Hymnus und andererseits die Strophe I des Ps 97 LXX sowie die Szenen II und III der Perikope Jes 52,7-10. Die Begründung für diese Auswahl besteht darin, dass nur in diesen ausgewählten zu betrachtenden Textteilen Aussagen über das universelle Heil für die Völker und für Israel vorkommen. Wohingegen die Strophe I des Hymnus die persönliche Danksagung der Erzählfigur Simeon, die Strophen II und III des Psalms den Jubel über das Kommen JHWHs als Weltenrichter und die Szene I der Perikope die Beschreibung des Freudenboten beinhalten und daher in diesem Kontext unberücksichtigt bleiben können.

---

[809] Vgl. *Wolter,* Das Lukasevangelium (HNT 5), 144f; *Nassauer,* Heil sehen, 229f; *Radl,* Das Evangelium nach Lukas, 133; *Söding*, Das Evangelium nach Lukas, 65.
[810] Vgl. *Klein,* Das Lukasevangelium (KEK 1,3), 150; *Wolter,* Das Lukasevangelium (HNT 5), 145; *Nassauer,* Heil sehen, 230.

Strophe II:

	Hymnus des Simeon Strophen II (Lk 2,30-31)	*Intertextuelle Bezüge zu Ps 97 LXX u. Jes 52,7-10*
II	**30** ὅτι εἶδον οἱ ὀφθαλμοί μου τὸ σωτήριόν σου, **31** ὃ ἡτοίμασας κατὰ πρόσωπον πάντων τῶν λαῶν,	Ps 97,1b.2.3b LXX Jes 52,10a.10b

Die Strophe II des Hymnus beinhaltet die Begründung für den Lobpreis in Strophe I (vgl. V. 29), welche darin besteht, dass die Erzählfigur Simeon das Heil Gottes, das dieser vor dem Angesicht der Völker bereitet hat, mit seinen eigenen Augen sieht.

Die wesentliche Aussage der Strophe II ist in V. 30: εἶδον οἱ ὀφθαλμοί μου τὸ σωτήριόν σου (= „meine Augen schauen dein Heil“). Dieser Nebensatz begründet V. 29 und wird daher mittels der Konjunktion ὅτι eingeleitet. V. 30 weist einen unmittelbaren intertextuellen Zusammenhang zu dem Theologumenon in Ps 97,3b LXX und Jes 52,10b auf und kann als *Echo* desselben aufgefasst werden. In V. 30 wird das Theologumenon nicht wörtlich, sondern sinngemäß inhaltlich wiedergegeben. Der alttestamentliche Prätext lautet: „alle Enden der Erde schauen das Heil unseres Gottes“ (griechischer Text in Ps 97,3b LXX: εἴδοσαν πάντα τὰ πέρατα τῆς γῆς τὸ σωτήριον τοῦ θεοῦ ἡμῶν bzw. in Jes 52,10b: καὶ ὄψονται πάντα τὰ ἄκρα τῆς γῆς τὴν σωτηρίαν τὴν παρὰ τοῦ θεοῦ [ἡμῶν]). Das auf die „Grenzen der Erde“ als Metapher für die gesamte Welt und ihre Völker bezogene Orakel in Ps 97,3b LXX und Jes 52,10b wird in V. 30 des Hymnus als für Simeon erfüllt beschrieben.

Denn das Heil Gottes, welches die Welt und ihre Völker schauen sollen, schaut die Erzählfigur Simeon in diesem Moment bereits mit seinen eigenen Augen (εἶδον οἱ ὀφθαλμοί μου), als er den neugeborenen Jesus auf dem Arm haltend anblickt. Insofern wird hier das Heil Gottes mit Jesus als dem Bringer des Heils identifiziert.[811] Da der Hymnus des Simeon Gott als seinen Herrn in der Form der direkten Rede unmittelbar anspricht (δέσποτα = Vok sg von δέσποτης in V. 29a), gebraucht er auch folgerichtig nicht die Form σωτήριον *τοῦ θεοῦ* (= „Heil des Gottes“) aus Ps 97,3b LXX und Jes 52,10b, sondern er wechselt hier sprachlich in die direkte Anrede zu σωτήριόν *σου* (= „dein Heil“).[812] Zusammen-

[811] Insofern ist hier Luthers Übersetzung von V. 30 mit „deinen Heiland“ zwar theologisch zutreffend interpretiert, jedoch sprachlich nicht korrekt übersetzt. Gleichwohl sollten Übersetzung und Interpretation nicht inhaltlich miteinander vermengt werden.

[812] Vgl. *Wolter*, Das Lukasevangelium (HNT 5), 139f; *Radl*, Das Evangelium nach Lukas, 128f.

fassend kann somit festgestellt werden, dass das Orakel „alle Enden der Erde schauen das Heil unseres Gottes" (Ps 97,3b LXX; Jes 52,10b) in der auf sich bezogenen Erkenntnis des Simeon intertextuell ein *Echo* darstellt.

V. 31 ist ein Relativsatz, der sich auf das Objekt des V. 30 (σωτήριόν σου) bezieht und es näher erläutert. Auch dieser Vers enthält intertextuelle Zusammenhänge zu Ps 97 LXX und Jes 52: So weist der Satz ὃ ἡτοίμασας κατὰ πρόσωπον πάντων τῶν λαῶν (= „das du bereitet hast vor dem Angesicht aller Völker") Bezüge zu Ps 97,1b.2 LXX sowie zu Jes 52,10a auf. In der Aussage, „dein Heil" (= σωτήριόν σου), das „du [= Gott] bereitet hast" (= ἡτοίμασας), ist mit der finiten Form des Verbs ετοιμάζειν das göttliche Heilshandeln gemeint, das häufig mit der anthropomorphen Metapher von der „Hand" oder dem „Arm" Gottes verbunden ist. Deshalb ist hier ein intertextueller Zusammenhang mit Ps 97,1b ἔσωσεν αὐτῷ ἡ δεξιὰ αὐτοῦ καὶ ὁ βραχίων ὁ ἅγιος αὐτοῦ. (= „ihm hilft seine Rechte und sein heiliger Arm.") sowie Jes 52,10a ἀποκαλύψει κύριος τὸν βραχίονα αὐτοῦ τὸν ἅγιον (= „der Herr enthüllt seinen heiligen Arm") zu sehen. Denn der in diesen beiden Orakel angesprochene „heilige Arm" ist es, mit dem Gott sein Heil bereitet.

Ein weiterer Aspekt betrifft in V. 31 die Aussage über die Zeugen des Heilshandelns Gottes, nämlich κατὰ πρόσωπον πάντων τῶν λαῶν (= „vor dem Angesicht aller Völker"), die ebenfalls in Ps 97,2 LXX und Jes 52,10a ähnlich vorkommt: In Ps 97,2 LXX lautet die Wendung ἐναντίον τῶν ἐθνῶν (= „vor den Augen der Völker"); in Jes 52,10a ἐνώπιον πάντων τῶν ἐθνῶν (= „vor dem Angesicht aller Völker"). D. h. Gott enthüllt seinen heiligen Arm und bereitet damit sein Heil und macht es bekannt vor (allen) Völkern. Der hier in V. 31 gebrauchte Begriff τῶν λαῶν ist als Parallelismus zu τῶν ἐθνῶν in V. 32a und daher als gleichbedeutend zu verstehen, denn inhaltlich geht es in beiden Versen um das universelle Heil *der* Völker (einschließlich Israels) und nicht *des* Volkes (Israel allein). Sofern sich diese Wendung auf Israel allein bezöge, müsste sie τοῦ λαοῦ lauten.[813] Hinsichtlich der Art seiner Intertextualität ist V. 31 als zweigeteilt zu sehen: So ist das Prädikat des Satzes (ἡτοίμασας) weder als Zitat noch Allusion, sondern vielmehr als Echo zu bezeichnen, da in diesem Fall lediglich von einer diffusen Präsenz der Prätexte die

---

[813] Vgl. *Radl,* Das Evangelium nach Lukas, 129; *Bovon,* Das Evangelium nach Lukas (EKK 3), 144f; *Wolter,* Das Lukasevangelium (HNT 5), 140.

Rede sein kann.[814] Hingegen stellt das Objekt des Satzes (κατὰ πρόσωπον πάντων τῶν λαῶν) eine *Allusion* der Prätexte dar.

Strophe III:

	„Hymnus des Simeon" Strophe III (Lk 2,32)	*Intertextuelle Bezüge zu Ps 97 LXX u. Jes 52,7-10*
III	**32a** φῶς εἰς ἀποκάλυψιν ἐθνῶν **32b** καὶ δόξαν λαοῦ σου Ἰσραήλ.	Ps 97,2.3a LXX Jes 52,8bβ.9b

Die Klimax des Hymnus wird durch V. 32 gebildet, der eine doppelte Apposition in Form eines Nebensatzes zu V. 30 darstellt. Dieser Vers ist deshalb die Klimax des Hymnus, weil er darstellt, *was* das Heil Gottes (τὸ σωτήριόν σου) ausmacht und dabei insbesondere die Zweigleisigkeit dieses Heils herausstellt.[815]

Das Heil Gottes wird hier metaphorisch mit einem Licht (φῶς) verglichen, welches eine zweifache Folge hervorruft: Einerseits (vgl. V. 32a) schafft es die Erleuchtung der Heiden (ἀποκάλυψιν ἐθνῶν) und andererseits (vgl. V. 32b) bewirkt es damit zusammenhängend die Verherrlichung des Volkes Israel (δόξαν λαοῦ σου Ἰσραήλ).[816] Auch hierzu lassen sich intertextuelle Zusammenhänge mit Ps 97 LXX und Jes 52 erkennen:

1. Als Prätext zu V. 32a ἀποκάλυψιν ἐθνῶν (= „Erleuchtung der Heiden") ist Ps 97,2 LXX zu sehen, in welchem ausgesagt wird, dass der Herr sein Heil vor den Augen der Völker bekannt macht und seine Gerechtigkeit offenbart (ἐγνώρισεν κύριος τὸ σωτήριον αὐτοῦ, ἐναντίον τῶν ἐθνῶν ἀπεκάλυψεν τὴν δικαιοσύνην αὐτοῦ.). Die Erleuchtung der Heiden in V. 32a stellt somit eine *Allusion* auf Ps 97,2 LXX dar, wobei diese Erleuchtung schlussendlich auch auf die göttliche Gerechtigkeit abzielt, die sich als Resultante des göttlichen Heils ergibt.
2. Bezogen auf [εἰς] δόξαν λαοῦ σου Ἰσραήλ (= „[zur] Herrlichkeit deines Volkes Israel") in V. 32b sind gleich drei Prätexte aus Ps 97 LXX bzw. Jes 52 zu benennen: Als erstes ist Ps 97,3a LXX ἐμνήσθη τοῦ ἐλέους αὐτοῦ καὶ τῆς ἀληθείας αὐτοῦ τῷ οἴκῳ Ισραηλ (= „er erinnert sich seines Erbarmens und seiner Wahrheit für das Haus

[814] Vgl. *Hübenthal,* Transformation und Aktualisierung, 51. Im Gegenteil zu einem *Zitat* oder einer *Allusion*, welche eine *manifeste* bzw. eine *latente Präsenz* des Fremdtextes aufweisen, besteht für das *Echo* lediglich eine *diffuse Präsenz* des Prätextes.
[815] Vgl. *Wolter,* Das Lukasevangelium (HNT 5), 140f; *Radl,* Das Evangelium nach Lukas, 129f;
[816] Vgl. *Wasserberg,* Aus Israels Mitte - Heil für die Welt, 140f; *Wolter,* Das Lukasevangelium (HNT 5), 140f; *Radl,* Das Evangelium nach Lukas, 129f.

Israel") anzuführen, wo ausgesagt ist, dass Gott sich Israel wieder zugewendet. Eine zweite vergleichbare Deutung ergibt sich aus Jes 52,8bβ mit ἡνίκα ἂν ἐλεήσῃ κύριος τὴν Σιων (= „wenn sich erbarmen wird der Herr über Zion") sowie eine dritte aus Jes 52,9b mit ἠλέησεν κύριος αὐτὴν καὶ ἐρρύσατο Ιερουσαλημ (= „erbarmen wird sich der Herr [über] sie und erlösen Jerusalem"); beide Verse verkünden die erbarmende Erlösung von Zion/Jerusalem – metaphorische Umschreibung für Israel – durch den κύριος. Auf diese Erlösung Israels haben – wie viele in Israel – auch die Protagonisten Simeon und Hanna gewartet (vgl. V. 25.38) und sehen nun die Hoffnung in der Person Jesu erfüllt. V. 32b des Hymnus ist somit ein Echo auf die Zusagen in Ps 97 LXX und Jes 52 an Israel. Gott hat seinem Volk sein Erbarmen und seine Erlösung zugesagt. Die Erfüllung dieser Zusage besteht darin, dass durch die Einbeziehung der Heiden in das Heilshandeln Gottes Israel Anteil an seiner göttlichen Herrlichkeit erhält. Dadurch entsteht eine wechselseitige Beziehung zwischen Israel und den Völkern: Ohne Israel erhielten die Heidenvölker kein Heil und ohne das Heil für die Heiden erhielte Israel keinen Anteil an Gottes Herrlichkeit.

5.4 Lukas 3,4-6

Im folgenden Abschnitt geht es darum, das „Orakel eines Rufers in der Wüste" (Lk 3,4-6) als Bestandteil der Perikope „Die Sendung des Johannes" (Lk 3,1-6)[817] zu betrachten und darüber hinaus im Kontext mit der konvergenten Perikope Jes 40,3-5 sowie die intertextuellen Bezüge zu Ps 97,3b LXX und Jes 52,10b zu analysieren.

5.4.1 Text und Übersetzung

Zunächst wird der griechische Text des Orakels im Hinblick auf Textkritik/Textüberlieferung analysiert und ins Deutsche übersetzt. Es folgt im Weiteren eine formkritische Betrachtung.

5.4.1.1 Griechischer Text

Der griechische Text des „Orakels eines Rufers in der Wüste" (Lk 3,4-6) folgt in Ausführung und Gliederung dem „Novum Testamentum Graece (NA28)":

4a ὡς γέγραπται ἐν βίβλῳ λόγων Ἠσαΐου τοῦ προφήτου·

4b φωνὴ βοῶντος ἐν τῇ ἐρήμῳ·

[817] *Radl,* Das Evangelium nach Lukas, 145.

4c ἑτοιμάσατε τὴν ὁδὸν κυρίου,

4d εὐθείας ποιεῖτε τὰς τρίβους αὐτοῦ·

5a πᾶσα φάραγξ πληρωθήσεται

5b καὶ πᾶν ὄρος καὶ βουνὸς ταπεινωθήσεται,

5c καὶ ἔσται τὰ σκολιὰ εἰς εὐθείαν

5d καὶ αἱ τραχεῖαι εἰς ὁδοὺς λείας·

6 καὶ ὄψεται πᾶσα σὰρξ τὸ σωτήριον τοῦ θεοῦ.

5.4.1.2 Textkritik

Da die textliche Überlieferung des Lukasevangeliums insgesamt sehr gut bezeugt ist, ist davon auszugehen, dass auch das „Orakel eines Rufers in der Wüste" als Teil desselben keine textlichen Probleme aufweist.[818] Gleichwohl ist auf abweichende Überlieferungen zu drei Versen des Textes der NA28 einzugehen:

Vers 4:

In V. 4d ersetzt die Handschrift des *Codex Bezae Cantabrigensis* (**D**) das Personalpronomen αὐτοῦ (= „seine") durch ὑμῶν (= „eure"). Da diese Änderung von den übrigen Handschriften nicht bezeugt ist, wird hier dem vorliegenden Text des griechischen Neuen Testaments gefolgt.

Vers 5:

Mehrere Handschriften (B D Ξ 892 lat; Or) setzen in V. 5c anstelle von εὐθείαν (= „gerade") die Form εὐθείας. Hingegen wird der vorliegende Text des griechischen Neuen Testaments durch die Mehrzahl der Handschriften (א A C K L N W Γ Δ Θ Ψ $f^{1.13}$ etc.) gestützt, so dass diesem als dem besser bezeugten Text gefolgt wird.

Vers 6:

In V. 6 ersetzen die Handschriften D sowie r^1 und $syr^{s.c}$ die Wendung τοῦ θεοῦ durch τοῦ κυρίου. Auch wird hier der besser bezeugten Variante des vorliegenden Neuen Testaments gefolgt.

---

[818] Vgl. *Wolter,* Das Lukasevangelium (HNT 5), 1f; *Klein,* Das Lukasevangelium (KEK 1,3), 69f; *Radl,* Das Evangelium nach Lukas, 1f. Weitere Details zur Textüberlieferung des Lukasevangeliums insgesamt sind in Abschnitt *5.4.1.2 Textkritik* dargestellt.

5.4.1.3 Deutsche Übersetzung

Aus Textkritik und grammatischer Analyse ergibt sich die folgende Arbeitsübersetzung:

4a Wie geschrieben ist im Buch der Worte des Propheten Jesaja:

4b „[Die] Stimme ‚eines Rufers in der Wüste‘:

4c ‚Bereitet den Weg des Herrn,

4d macht gerade seine Straßen.

5a Jede Schlucht wird aufgefüllt

5b und jeder Berg und Hügel wird eingeebnet;

5c und das Krumme wird gerade,

5d und das Unebene [wird] zu ebenen Wegen.

6 Und alles Fleisch soll schauen[819] das Heil Gottes.‘“

5.4.2 Poetische Struktur

Inhaltlich lässt sich das „Orakel eines Rufers in der Wüste“ wie folgt in vier Abschnitte aufteilen:

Vers	***Inhalt***	***Abschnitt***	
4a **4b**	Markierung: λόγων Ἠσαΐου τοῦ προφήτου Einleitung: φωνὴ βοῶντος ἐν τῇ ἐρήμῳ	I	⇩
4c **4d**	bereitet den Weg des Herrn (τὴν ὁδὸν κυρίου) macht gerade seine Straßen (τὰς τρίβους αὐτοῦ)	II	
5a **5b** **5c** **5d**	jede Schlucht (πᾶσα φάραγξ) wird aufgefüllt jeder Berg und Hügel (πᾶν ὄρος καὶ βουνὸς) eingeebnet das Krumme (τὰ σκολιὰ) wird gerade das Unebene (ἱ τραχεῖαι“) zu ebenen Wegen	III	
6	schauen das Heil Gottes (ὄψεται τὸ σωτήριον τοῦ θεοῦ)	IV	***Klimax***

Abbildung 17: Poetische Struktur des Orakels

[819] Das Futur ersetzt aufgrund des hebräischen Einflusses oftmals den Imperativ (vgl. *Thackeray*, A Grammar of the Old Testament in Greek According to the Septuagint, 194).

In Analogie zu den alttestamentlichen poetischen Strukturen ergibt sich für die vier Abschnitte des neutestamentlichen Orakels folgende Versstruktur, welche sich anbietet, da das Orakel sprachlich (semantisch und syntaktisch) alttestamentlichen Texten folgt.[820]

Abschnitt I:

Der Abschnitt I (bestehend aus V. 4a-b) bildet die Einleitung des Orakels, wobei V. 4a ὡς γέγραπται ἐν βίβλῳ λόγων Ἠσαΐου τοῦ προφήτου die *Markierung*[821] für das darauffolgende indirekte *Zitat* des Prätextes Jesaja 40,3-5 darstellt. V. 4b φωνὴ βοῶντος ἐν τῇ ἐρήμῳ hingegen beinhaltet die inhaltliche Einleitung in das Orakel, das in den V. 4c-6 abgebildet ist.

Abschnitt II:

	Griechischer Text des Versteils	***Strukturelemente***
V. 4c	ἑτοιμάσατε τὴν ὁδὸν κυρίου,	**a^1 b^1 c^1**
V. 4d	εὐθείας ποιεῖτε τὰς τρίβους αὐτοῦ	**a^2 b^2 c^2**

Abschnitt II beinhaltet die Aufforderung zum Handeln an einen anonymen Adressaten. V. 4c-d bilden einen *synonymen Parallelismus membrorum* zweier gleichstrukturierter Aufforderungen: In V. 4c erfolgt mit ἑτοιμάσατε (Strukturelement a^1) die Aufforderung, τὴν ὁδὸν (Strukturelement b^1) des κυρίου (Strukturelement c^1) zu bereiten. Parallel dazu lautet in V. 4d der sinngemäß gleiche Aufruf, εὐθείας ποιεῖτε (Strukturelement a^2) τὰς τρίβους (Strukturelement b^2) des Herrn – hier durch das Pronomen αὐτοῦ (Strukturelement c^2) ausgedrückt.

Abschnitt III:

V. 5a	πᾶσα φάραγξ πληρωθήσεται	**a^1 b^1**
V. 5b	καὶ πᾶν ὄρος καὶ βουνὸς ταπεινωθήσεται,	**a^2 a^3 b^2**
V. 5c	καὶ ἔσται τὰ σκολιὰ εἰς εὐθείαν	**a^4 b^3**
V. 5d	καὶ αἱ τραχεῖαι εἰς ὁδοὺς λείας.	**a^5 b^4**

---

[820] Die Einteilung der Strukturelemente erfolgt analog zu dem Muster der Vorgehensweise von *Kuckhoff*, Psalm 6 und die Bitten im Psalter, 42-48. Die mit „Fettdruck" hervorgehobenen Strukturelemente kommen jeweils synonym in beiden Kola eines Verses/Versteils vor.
[821] Vgl. *Broich*, Formen der Markierung von Intertextualität, 31.

Abschnitt III (entspricht V. 5) stellt die Folgen dar, die durch das Bereiten des Weges ausgelöst und in V. 5a-5d in Form eines *antithetischen* (V. 5a-b) sowie vier *synonymer Parallelismen membrorum* (V. 5c-d) dargestellt werden:[822]

1. V. 5a: Jede φάραγξ (Strukturelement a^1) wird πληρωθήσεται (Strukturelement b^1),
2. V. 5b: und jeder ὄρος (Strukturelement a^2) und βουνὸς (Strukturelement a^3) wird ταπεινωθήσεται (Strukturelement b^2).
3. V. 5c: Die σκολιὰ (Strukturelement a^4) wird εὐθείαν (Strukturelement b^3)
4. V. 5d: und die τραχεῖαι (Strukturelement a^5) werden zu ὁδοὺς λείας (Strukturelement b^4).

Abschnitt IV:

V. 6	καὶ ὄψεται πᾶσα σὰρξ τὸ σωτήριον τοῦ θεοῦ.	a b c

Der Abschnitt IV (entspricht V. 6) stellt die Klimax des Orakels dar: Und es wird ὄψεται (Strukturelement a) πᾶσα σὰρξ (Strukturelement b) τὸ σωτήριον τοῦ θεοῦ (Strukturelement c). Der Vers bildet zugleich einen *synthetischen Parallelismus membrorum* zu Abschnitt II (bestehend aus V. 4c-d).

5.4.3 Intratextuelle Stichwort- und Motivverbindungen innerhalb des Orakels

Gott der Herr wird im Text des Orakels zwar insgesamt dreimal genannt, aber stets nur im Genitiv (V. 4c κυρίου, V. 4d αὐτοῦ, V. 6 θεοῦ) und nicht als handelnde Person im Nominativ. Eine wesentliche Rolle spielt hier der „*implizite* Erzähler (= Er-Erzähler)“[823], der zwar nur in V. 4a indirekt auftritt und in das Orakel einführt (ὡς γέγραπται ἐν βίβλῳ λόγων Ἠσαΐου τοῦ προφήτου), zugleich jedoch als Erzähler die literarische Klammer für den darauffolgenden Text des Orakels bildet.

Vers	*Impliziter Erzähler*	*Ein Rufer*	*In der Wüste*	*Impliziter Leser*	*Gott / Herr*
4a	γέγραπται Ἠσαΐου				

[822] Vgl. *Eckey*, Das Lukasevangelium, 185.
[823] *Lahn / Meister u. a.*, Einführung in die Erzähltextanalyse, 63.

nificat" der Maria (Lk 1,46-55), „Benedictus" des Zacharias (Lk 1,68-79) oder „Nunc dimittis" des Simeon (Lk 2,29-32). Ähnlich ist auch das „Orakel eines Rufers in der Wüste" (Lk 3,4-6) in den Erzähltext des Lukasevangeliums eingebunden, wobei es sich hier um einen prophetischen Text nach dem Vorbild Jes 40,3-5 handelt, das jedoch nicht vollständig wortgleich ist, sondern in Nuancen textliche Abweichungen aufweist.

5.4.6 Das Orakel im Rahmen der Perikope Lukas 3,1-6

Das „Orakel eines Rufers in der Wüste" ist integraler Bestandteil der Perikope „Johannes der Täufer tritt auf" (Lk 3,1-6), welche die Ereignisse um die Berufung des Johannes erzählt. In den deutschsprachigen Bibelausgaben und dementsprechend auch in den meisten exegetischen Kommentaren umfasst diese Perikope üblicherweise die V. 1-20. Lediglich die „BasisBibel" und die „Gute Nachricht Bibel" sowie z. B. die Kommentare von Radl und Bovon begrenzen die Perikope auf V. 1-6. In Anlehnung daran beschränkt sich die vorliegende Untersuchung der Perikope ebenfalls auf die Berufung des Täufers Johannes in Lk 3,1-6.[826] Diese Abgrenzung ist sinnvoll, weil das Orakel unmittelbar mit der Berufung des Johannes (vgl. Lk 3,2b) zusammenhängt und erst danach in einem zweiten Schritt sein Wirken detailliert bis zu seiner Gefangennahme erzählt wird (vgl. Lk 3,7-20).

Protagonist der Erzählung ist Johannes der Täufer, dessen öffentliches Auftreten nach seinem Aufenthalt in der Wüste erzählerisch geschildert wird. Auch hier dient die handelnde Person wieder literarisch als „Sprachrohr" des Erzählers.[827]

Die Perikope Lk 3,1-6 lässt sich in Anlehnung an Radl, Eckey und Wolter in vier gedankliche Abschnitte unterteilen:[828]

1. Synchronismus des Ereignisses (Lk 3,1-2a),
2. Wortereignisformel (Lk 3,2b),
3. Mission des Johannes (Lk 3,3),
4. „Orakel eines Rufers in der Wüste" (Lk 3,4-6).

1. Synchronismus der Ereignisse (V. 1-2a): Im Gegensatz zu den Erzählungen um Verkündigung und Geburt Jesu und seines Vorläufers und Verwandten Johannes in Lk 1f, die mit allgemeinen Hinweisen auf ἐν ταῖς ἡμέραις Ἡρῴδου βασιλέως τῆς Ἰουδαίας (Lk 1,5a) bzw. ἐν ταῖς ἡμέραις ἐκείναις ἐξῆλθεν δόγμα παρὰ Καίσαρος Αὐγούστου

[826] Vgl. *Radl,* Das Evangelium nach Lukas, 145f; *Bovon,* Das Evangelium nach Lukas (EKK 3), 167.
[827] Vgl. *Bar-Efrat,* Wie die Bibel erzählt, 57.
[828] Vgl. *Radl,* Das Evangelium nach Lukas, 149–155; *Eckey,* Das Lukasevangelium, 182–185; *Wolter,* Das Lukasevangelium (HNT 5), 154–157.

(Lk 2,1a) die Ereignisse einleiten, erfolgt als Eröffnung des Kapitels Lk 3 ein relativ exakter Synchronismus der damaligen politischen Gegebenheiten in Judäa. Als Ankerpunkt der zeitlichen Einordnung wird das Regierungsjahr des Kaisers Tiberias genannt: Ἐν ἔτει δὲ πεντεκαιδεκάτῳ τῆς ἡγεμονίας Τιβερίου Καίσαρος (Lk 3,1a). Mit Hilfe dieses präzisen Synchronismus werden die Ereignisse um Johannes und Jesus aus dem Dunkel der Anonymität herausgezogen und über eine konkrete zeitliche Einordnung mit der Geschichte Israels und der Weltgeschichte verbunden, wodurch zugleich die universelle Bedeutung der Ereignisse um sie und ihre Botschaft sichtbar wird. Obgleich hier die wichtigen Personen der Weltgeschichte genannt werden, sind sie für den Autor des Lukasevangeliums nur Staffage.[829]

2. ***Wortereignisformel (V. 2b):*** Anknüpfend an Lk 1,80b (καὶ ἦν ἐν ταῖς ἐρήμοις ἕως ἡμέρας ἀναδείξεως αὐτοῦ πρὸς τὸν Ἰσραήλ) schildert Lk 3,2b die Berufung des Protagonisten Johannes des Täufers in Form einer *klassischen* alttestamentlichen Prophetenberufung als „Wortereignisformel“[830], nahezu wortgleich mit der Berufung des Jeremia (vgl. Jer 1,1 LXX): ἐγένετο ῥῆμα θεοῦ ἐπὶ Ἰωάννην τὸν Ζαχαρίου υἱὸν ἐν τῇ ἐρήμῳ (= „Es *erging* das Wort Gottes *über* Johannes, den Sohn des Zacharias in der Wüste.“). Mit der Präposition ἐπὶ wird ausgedrückt, dass das Wort Gottes als machtvolles Ereignis, das Fakten schafft, *über* den Täufer kommt und ihn vollständig ohne Wenn und Aber ergreift und in seinen Dienst nimmt. Damit wird Johannes in eine Reihe mit den alttestamentlichen Propheten gestellt, zu der schlussendlich auch der von ihm angekündigte Jesus der Christus als „Prophet der Propheten“[831] gehört.[832] Der Ort der Berufung ist die Wüste, die in besonderer Weise die Gegenwart Gottes erleben lässt und der inneren Reinigung und Erprobung dient, um den Täufer Johannes auf seine prophetische Mission als Vorläufer Christi vorzubereiten.[833]

3. Mission des Johannes (V. 3): Der auf die Schilderung der Berufung in der Wüste (vgl. V. 2b) folgende V. 3 fasst wie ein *Abstract* die im Weiteren detailliert erzählte Wahrneh-

---

[829] Vgl. *Klein,* Das Lukasevangelium (KEK 1,3), 162f; *Eckey,* Das Lukasevangelium, 182–184; *Radl,* Das Evangelium nach Lukas, 149–151; *Bovon,* Das Evangelium nach Lukas (EKK 3), 167–169; *Wolter,* Das Lukasevangelium (HNT 5), 154–156; *Müller*, Christoph Gregor: Mehr als ein Prophet. Die Charakterzeichnung Johannes des Täufers im lukanischen Erzählwerk (HBS 31). Freiburg i. Br. 2001, 152.160; *Rusam*, Das Alte Testament bei Lukas (BZNW 112), 151f; *Söding*, Das Evangelium nach Lukas, 73f.

[830] *Wolter,* Das Lukasevangelium (HNT 5), 156.

[831] *Söding*, Das Evangelium nach Lukas, 74.

[832] Vgl. *Wolter,* Das Lukasevangelium (HNT 5), 156; *Radl,* Das Evangelium nach Lukas, 151; *Eckey,* Das Lukasevangelium, 184; *Müller*, Mehr als ein Prophet, 152f; *Rusam,* Das Alte Testament bei Lukas (BZNW 112), 152; *Söding*, Das Evangelium nach Lukas, 74.

[833] Vgl. *Radl,* Das Evangelium nach Lukas, 152; *Eckey,* Das Lukasevangelium, 184.

mung des prophetischen Auftrags durch den Täufer Johannes in einer einfachen prosaischen Aussage summarisch zusammen: Johannes zieht von der Wüste an den Jordan und predigt dort als „strenger Prophet, der harte Kritik übt, auch an den Bußwilligen“[834]. Aber er ist kein Untergangsprophet, sondern verweist bereits als Ausweg auf die Taufe der Umkehr zur Vergebung der Sünden (Καὶ ἦλθεν εἰς πᾶσαν περίχωρον τοῦ Ἰορδάνου κηρύσσων βάπτισμα μετανοίας εἰς ἄφεσιν ἁμαρτιῶν.). Diese Taufe beinhaltet nicht selbst eine Vergebung der Sünden, denn dies kann nur durch Gott allein geschehen. Gleichwohl besiegelt sie den *persönlichen* Beschluss des Getauften zur μετάνοια (= „Umkehr“) von seinem bisherigen sündhaften Lebensweg. In diesem Sinne sagt sie auch die Vergebung Gottes zu, sofern der Getaufte an seiner persönlichen Umkehr festhält, denn die Taufe allein als Zeichen der Umkehr reicht nicht hin, sondern sie muss sich auch durch καρποί ἄξιοί (= „würdige Früchte“) erweisen (vgl. Lk 3,8a). Die Taufe des Johannes knüpft letztlich an die jüdischen Reinigungsriten der Torah an, gewinnt aber im Blick auf den kommenden Christus Jesus, der die eschatologische Erlösung bringen wird, einen eigenen neuen Sinn.[835]

4. „Orakel eines Rufers in der Wüste“ (V. 4-6): In V. 4-6 folgt das mit dem Prophetenspruch aus Jes 40,3-5 LXX nahezu wortgleiche „Orakel eines Rufers in der Wüste“, welches den Eindruck vermittelt, der Prophet Jesaja trete an dieser Stelle gleichsam selbst auf, um in poetischer Weise das geistliche Ziel der Mission Johannes des Täufers zu verkünden. War der Text Jes 40,1-11 als Trostwort des Propheten Jesaja für Israel eine Ankündigung des Neuanfangs nach dem Exil, so geht es im Lukastext ebenfalls um Trost und Neuanfang, jedoch nicht nur für Israel allein, sondern für *alle* Geschöpfe. In Analogie zu Jesaja ist an dieser Stelle der Täufer selbst als der angesprochene „Rufer in der Wüste“ zu verstehen. Die Mission Johannes des Täufers ist bereits in V. 3 summarisch als *Abstract* dargestellt, wobei V. 3 und das Jesaja-Zitat in V. 4-6 zusammengehören und einander interpretieren.[836]

---

[834] *Söding*, Das Evangelium nach Lukas, 74.

[835] Vgl. *Bovon,* Das Evangelium nach Lukas (EKK 3), 170; *Eckey,* Das Lukasevangelium, 184f; *Klein,* Das Lukasevangelium (KEK 1,3), 163f; *Radl,* Das Evangelium nach Lukas, 153–155; *Wolter,* Das Lukasevangelium (HNT 5), 156f; *Müller,* Mehr als ein Prophet, 164f; *Sellner*, Hans Jörg: Das Heil Gottes. Studien zur Soteriologie des lukanischen Doppelwerks (BZNW 152). Berlin 2007, 61; *Söding*, Das Evangelium nach Lukas, 74.

[836] Vgl. *Rusam,* Das Alte Testament bei Lukas (BZNW 112), 159; *Söding*, Das Evangelium nach Lukas, 75.

Abschnitt I:

Der V. 4a (ὡς γέγραπται ἐν βίβλῳ λόγων Ἠσαΐου τοῦ προφήτου) schließt unmittelbar an die zusammenfassende Beschreibung der Mission des Täufers an und zeigt auf, dass es sich bei V. 4-6 um einen prophetischen Orakelspruch handelt, der in einem intertextuellen Bezug zu Jesaja steht und damit die prophetische Bedeutung der Berufung Johannes des Täufers unterstreicht. V. 4b (φωνὴ βοῶντος ἐν τῇ ἐρήμῳ) hingegen ist eine unmittelbare Einführung in den nachfolgenden Text und weist auf einen anonymen Sprecher – hier „ein Rufer in der Wüste" – hin, welcher sich aufgrund des den Relativsatz einleitenden Adverbs ὡς (= „wie") in V. 4a mit der Figur des Täufers Johannes in V. 2f identifizieren lässt. Er selbst ist der Rufer, der Sprecher Gottes.[837]

Abschnitt II:

Der Abschnitt II (umfasst V. 4c-d) beinhaltet zwei Imperative, die durch den anonymen „Rufer in der Wüste" an anonyme Adressaten gerichtet sind. Der anonyme Rufer steht hier für den Täufer Johannes, wohingegen letztere Platzhalter für das Volk Israel darstellen. In V. 4c wird Israel durch den Rufer dazu aufgefordert, „den Weg des Herrn zu bereiten" (= ἑτοιμάσατε τὴν ὁδὸν κυρίου); in V. 4d weist er mittels eines *synonymen Parallelismus membrorum* dazu an, „seine Straßen [des Herrn] zu ebnen" (= εὐθείας ποιεῖτε τὰς τρίβους αὐτοῦ). Inhaltlich geht es bei dieser Weg-Metapher jedoch um ein „geistliches Geschehen"[838], um die innerliche Umkehr der Menschen als Vorbereitung auf die Ankunft des κυρίος, „d. h. für Gott, der in der Person Jesu kommt."[839] Diese Wegbereitung erfolgt auf zweierlei Weise: zum einen durch die Bußpredigt des prophetischen Boten Johannes und zum anderen durch die *konsequente* Annahme der Taufe und der damit verbundenen Umkehr seitens seiner Zuhörer.[840]

---

[837] Vgl. *Radl*, Das Evangelium nach Lukas, 155; *Bovon*, Das Evangelium nach Lukas (EKK 3), 170; *Wolter*, Das Lukasevangelium (HNT 5), 157f; *Müller*, Mehr als ein Prophet, 167; *Eckey*, Das Lukasevangelium, 185; *Söding*, Das Evangelium nach Lukas, 75. Eckey identifiziert in seinem Kommentar den „Rufer in der Wüste" *nicht* mit dem Täufer Johannes, sondern mit Gott, der Johannes beauftragt hat. Ein Vergleich mit anderen Kommentaren (z. B. Wolter, Bovon, Müller oder Radl) gibt diese Auslegung jedoch nicht her. Aufgrund der syntaktischen Struktur der V. 2-4 ist auch nur eine Identifizierung des Rufers mit Johannes stringent erkennbar. Dementsprechend identifiziert Söding den Rufer klar und eindeutig mit Johannes dem Täufer.

[838] *Klein*, Das Lukasevangelium (KEK 1,3), 164.

[839] *Söding*, Das Evangelium nach Lukas, 75.

[840] Vgl. *Rusam*, Das Alte Testament bei Lukas (BZNW 112), 159; *Radl*, Das Evangelium nach Lukas, 156; *Müller*, Mehr als ein Prophet, 167; *Wolter*, Das Lukasevangelium (HNT 5), 158; *Söding*, Das Evangelium nach Lukas, 75.

Abschnitt III:

Die V. 5a-d konkretisieren die Aufforderung, den Weg des Herrn zu bereiten bzw. seine Straßen zu ebnen, indem sie das Ergebnis dieser Aktivitäten in weiteren Metaphern mit futurischen Verbformen beschreiben und damit den apokalyptischen Charakter des Orakels zum Ausdruck bringen:[841]

1. V. 5a: πᾶσα φάραγξ πληρωθήσεται,
2. V. 5b: καὶ πᾶν ὄρος καὶ βουνὸς ταπεινωθήσεται,
3. V. 5c: καὶ ἔσται τὰ σκολιὰ εἰς εὐθείαν,
4. V. 5d: καὶ αἱ τραχεῖαι εἰς ὁδοὺς λείας.

Die Wegbereitung beinhaltet Einebnung und Begradigung: Das Hohe wird erniedrigt und das Niedrige erhöht, das Krumme und Holperige wird gerade und eben. Alles, was dem Kommen Gottes entgegensteht, soll beseitigt werden; dies gilt insbesondere für die Sünde. Die Taufe der Umkehr einschließlich aller damit verbundener Konsequenzen ist daher von jedem verlangt und vor Gott, der die Machthaber erniedrigt und die Armen erhöht, die einzige Chance, durch das bevorstehende Strafgericht hindurch gerettet zu werden. Ziel ist die eschatologische Vollendung der Welt, die bereits mit Jesus dem Christus beginnt.[842]

Abschnitt IV:

Der V. 6 beinhaltet das Ziel der Wegbereitung für den Herrn und stellt damit zugleich die Klimax des Orakels dar: „καὶ ὄψεται πᾶσα σὰρξ τὸ σωτήριον τοῦ θεοῦ“, auf die sich das gesamte Orakel hinbewegt. Auch dieser Vers ist wie schon V. 5 futurisch, apokalyptisch zu verstehen. Erst wenn der Weg vorbereitet ist, d. h. wenn die Menschen innerlich dazu bereit sind, schaut alles Fleisch das Heil Gottes. „Alles Fleisch“ (= πᾶσα σὰρξ) steht hier für die Universalität des göttlichen Heils und „soll schauen“ (= ὄψεται) heißt daran teilzuhaben und nicht nur unbeteiligter Zuschauer zu sein. So wie Jesaja einst in der dunklen Zeit Israel den Neuanfang versprach, wird hier ein neuer weiter Horizont ausgehend von Israel für alle Welt verkündet. Damit setzt sich hier auch der Gedankengang des Hymnus des Simeon fort, der bereits das Heil Gottes – personifiziert in dem neugeborenen Kind –

---

[841] Vgl. *Bovon,* Das Evangelium nach Lukas (EKK 3), 170; *Müller,* Mehr als ein Prophet, 167; *Radl,* Das Evangelium nach Lukas, 156.

[842] Vgl. *Eckey,* Das Lukasevangelium, 185; *Bovon,* Das Evangelium nach Lukas (EKK 3), 170; *Radl,* Das Evangelium nach Lukas, 156; *Klein,* Das Lukasevangelium (KEK 1,3), 164; *Söding*, Das Evangelium nach Lukas, 75.

proleptisch schaut und als ein Licht begreift, das die Heiden erleuchtet und Israel verherrlicht und in diesem Sinne ein universelles Heil für *alle* Völker bedeutet (vgl. Lk 2,32).[843]

5.4.7 Die „konvergenten Perikopen" Jesaja 40,3-5 und Lukas 3,4-6

Das „Orakel eines Rufers in der Wüste" hat beträchtliche intertextuelle Übereinstimmungen mit dem prophetischen Orakel in Jes 40,3-5. Beide Perikopen verwenden z. T. wortgleich die Metaphern der Wegbereitung für den Herrn in der Wüste.

Bei Deuterojesaja steht das Bild der Wegbereitung für die Wiederzuwendung JHWHs zu seinem Volk Israel nach dem Ende des Exils. Die Metapher der Wüste hingegen bezeichnet den trostlosen Zustand von Jerusalem und Israel in exilisch-frühnachexilischer Zeit sowie die gestörte Beziehung zu JHWH, die der Auslöser für das Exil war und nun durch die Rückkehr JHWHs zum Zion geheilt wird.[844]

Im Johanneischen „Orakel eines Rufers in der Wüste" soll das Bild der Wegbereitung Israel zur innerlichen Umkehr aufrufen als Vorbereitung auf die Ankunft des Herrn, der sichtbar für alle Welt eschatologisch erscheinen wird. Insofern greift hier die Auslegung einiger Kommentare wie zu kurz, da sie die Wegbereitung zeitlich einengen und *allein* auf das Kommen Jesu Christi in neutestamentlicher Zeit beziehen.[845]

Vielmehr ist das Schauen des Heils Gottes durch alle Völker eschatologisch zu verstehen, da mit dem ersten Kommen Jesu das Reich Gottes zwar begonnen hat (vgl. Lk 10,9b: ἤγγικεν ἐφ' ὑμᾶς ἡ βασιλεία τοῦ θεοῦ), aber erst mit seiner Parusie vollendet werden wird (vgl. hierzu Lk 21,27: καὶ τότε ὄψονται τὸν υἱὸν τοῦ ἀνθρώπου ἐρχόμενον ἐν νεφέλῃ μετὰ δυνάμεως καὶ δόξης πολλῆς = „und dann wird man den Menschensohn in einer Wolke kommen sehen, mit Macht und großer Herrlichkeit").

---

[843] Vgl. *Radl,* Das Evangelium nach Lukas, 156; *Bovon,* Das Evangelium nach Lukas (EKK 3), 170; *Eckey,* Das Lukasevangelium, 185; *Klein,* Das Lukasevangelium (KEK 1,3), 164; *Söding*, Das Evangelium nach Lukas, 75.

[844] Vgl. *Berges,* Jesaja 40-48 (HThK.AT), 104; *Ehring,* Die Rückkehr JHWHs, 48–50.

[845] Vgl. *Bovon,* Das Evangelium nach Lukas (EKK 3), 170; *Eckey,* Das Lukasevangelium, 185; *Klein,* Das Lukasevangelium (KEK 1,3), 164; *Müller,* Mehr als ein Prophet, 167f; *Radl,* Das Evangelium nach Lukas, 158; *Rusam,* Das Alte Testament bei Lukas (BZNW 112), 159; *Wolter,* Das Lukasevangelium (HNT 5), 158.

Lk 3,4-6			*Jes 40,3-5*	
Abschnitt	***Vers***		***Vers***	
I	**4a**	ὡς γέγραπται ἐν βίβλῳ λόγων Ἠσαΐου τοῦ προφήτου		
	4b	φωνὴ βοῶντος ἐν τῇ ἐρήμῳ	**3a**	φωνὴ βοῶντος ἐν τῇ ἐρήμῳ

In Abschnitt I weicht der Lukastext von dem Jesajatext ab, indem mit Lk 4a eine einleitende *Markierung* („ὡς γέγραπται ἐν βίβλῳ λόγων Ἠσαΐου τοῦ προφήτου") vorangestellt ist, die auf das *indirekte Zitat* des älteren Jesaja-Textes hinweist. Die unmittelbare Einleitung des Orakels in Lk 3,4b und Jes 40,3a sind hingegen wortgleich.

Lk 3,4-6			*Jes 40,3-5*	
Abschnitt	***Vers***		***Vers***	
II	**4c**	ἑτοιμάσατε τὴν ὁδὸν κυρίου	**3bα**	ἑτοιμάσατε τὴν ὁδὸν κυρίου
	4d	εὐθείας ποιεῖτε τὰς τρίβους αὐτοῦ	**3bβ**	εὐθείας ποιεῖτε τὰς τρίβους τοῦ θεοῦ ἡμῶν·

In Abschnitt II sind Lk 3,4c und Jes 40,3bα wortidentisch, wohingegen Lk 3,4d gegenüber Jes 40,3bβ eine Abweichung aufweist. Während im Jesajatext hinter τὰς τρίβους die Apposition τοῦ θεοῦ ἡμῶν steht, beschränkt sich der Lukastext an dieser Stelle auf die Genitivform des Personalpronomens αὐτός.

Hinsichtlich der Verwendung von αὐτοῦ im Lukastext an gleicher Stelle wie τοῦ θεοῦ ἡμῶν im Jesajatext sehen z. B. Bovon, Klein und Radl einen Hinweis darauf, dass die Wegbereitung hier nicht Gott, sondern Jesus Christus gelte. Wolter und indirekt auch Müller konstatieren dazu, dass die Apposition αὐτοῦ zwar eine Uneindeutigkeit darstelle, welche jedoch nicht mit „Entweder-Oder" beantwortet werden könne, sondern sowohl auf das Kommen Gottes als auch Jesu Christi hindeuteten. Hingegen gehen z. B. Eckey und Rusam zwar davon aus, dass die Wegbereitung ebenfalls Jesus Christus gelte, machen dies jedoch nicht semantisch am Gebrauch der Apposition αὐτοῦ fest. Söding hingegen erklärt es eindeutig: Es geht um das Kommen Gottes in der Person Jesu Christi.[846]

[846] Vgl. *Müller,* Mehr als ein Prophet, 167; *Klein,* Das Lukasevangelium (KEK 1,3), 164; *Radl,* Das Evangelium nach Lukas, 155; *Wolter,* Das Lukasevangelium (HNT 5), 158; *Eckey,* Das Lukasevangelium, 185; *Rusam,* Das Alte Testament bei Lukas (BZNW 112), 159; *Söding*, Das Evangelium nach Lukas, 75.

Da sich αὐτοῦ (V. 4d) auf κυρίου (V. 4c) bezieht, bildet das Personalpronomen an dieser Stelle einen *synonymen Parallelismus membrorum* zu κυρίου. Das Nomen κύριος (= „Herr“) steht in der LXX für das hebräische Wort יְהוָה und damit für Gott den Herrn, weshalb sich αὐτοῦ auf Gott bezieht. Hinsichtlich der neutestamentlichen Bezeichnung κύριος als göttlicher Titel für Jesus wird dieser jedoch erst für den *auferstandenen* Christus gebraucht. Dementsprechend handelt es sich hier um eine eschatologische Aussage bezogen auf Gott, der in der Person Jesus Christus kommt, bzw. schlussendlich ebenso auf den wiederkommenden, auferstandenen Gottessohn Jesus Christus.

Lk 3,4-6			***Jes 40,3-5***	
Abschnitt	***Vers***		***Vers***	
III	**5a**	πᾶσα φάραγξ πληρωθήσεται	**4aα**	πᾶσα φάραγξ πληρωθήσεται
	5b	καὶ πᾶν ὄρος καὶ βουνὸς ταπεινωθήσεται,	**4aβ**	καὶ πᾶν ὄρος καὶ βουνὸς ταπεινωθήσεται,
	5c	καὶ ἔσται τὰ σκολιὰ εἰς εὐθείαν	**4bα**	καὶ ἔσται πάντα τὰ σκολιὰ εἰς εὐθεῖαν
	5d	καὶ αἱ τραχεῖαι εἰς ὁδοὺς λείας	**4bβ**	καὶ ἡ τραχεῖα εἰς πεδία

In Abschnitt III sind Lk 3,5a-c und Jes 40,4a-c wortidentisch. Hingegen weichen Lk 3,5d und Jes 40,4bβ textlich voneinander ab: Während der Lukastext „und das Unebene [wird] zu ebenen Wegen“ lautet, heißt es im Jesajatext „und was hüglig ist, wird eben“. Diese Textabweichung ist jedoch als unbedeutend einzuschätzen, da sich daraus kein grundlegend geänderter Sinn ergibt.

Lk 3,4-6			***Jes 40,3-5***	
Abschnitt	***Vers***		***Vers***	
IV	**6**	καὶ ὄψεται πᾶσα σὰρξ τὸ σωτήριον τοῦ θεοῦ	**5a**	καὶ ὀφθήσεται ἡ δόξα κυρίου
			5bα	καὶ ὄψεται πᾶσα σὰρξ τὸ σωτήριον τοῦ θεοῦ
			5bβ	ὅτι κύριος ἐλάλησεν

In Abschnitt IV ist Lk 3,6 wortidentisch mit Jes 40,5bα. Diese Aussage gilt gleichwohl nur für den griechischen Text der LXX. Der masoretische Text für Jes 40,5a-bα hingegen lautet: וְנִגְלָה כְּבוֹד יְהוָה וְרָאוּ כָל־בָּשָׂר יַחְדָּו (= „und es offenbart sich die Herrlichkeit JHWHs, und alles Fleisch schaut sie") und hebt damit nicht auf das Heil Gottes für die Menschen, sondern auf die Herrlichkeit Gottes ab.

In der griechischen Fassung der LXX verfügt der Jesajatext gegenüber dem Lukastext noch über zwei zusätzliche Verse:

1. So wird der Abschnitt IV bei Jesaja eingeleitet mit V. 5a „und die Herrlichkeit des Herrn offenbart sich", wodurch die LXX abweichend von der masoretischen Textfassung sowohl auf die Herrlichkeit als auch auf das Heil Gottes abhebt. Im Lukastext hingegen taucht der Bezug auf die δόξα κυρίου überhaupt nicht auf, vielmehr stellt dieser ausschließlich das σωτήριον τοῦ θεοῦ (V. 6a) in den Fokus.[847] Eine schlüssige Erklärung könnte darin bestehen, dass das für alle Völker sichtbar gewordene Heil Gottes letztlich auch die Herrlichkeit Gottes zum Ausdruck bringen wird.
2. Abschließend konstatiert der Jesajatext in V. 5bβ sowohl in der griechischen als auch in der masoretischen Fassung quasi als Zeugnis für die Wahrhaftigkeit der Aussagen des Orakels: ὅτι κύριος ἐλάλησεν / כִּי פִּי יְהוָה דִּבֵּר (= „denn der Mund des Herrn hat gesprochen").

5.4.8 Intertextuelle Bezüge zu Psalm 97 LXX und Jesaja 52,7-10

Hinsichtlich des universellen Heilsverständnisses im „Orakel eines Rufers in der Wüste" sind besonders dessen intertextuelle Bezüge zu Ps 97 LXX und Jes 52,7-10 zu prüfen. Wie der Ps 97 LXX der Vorbereitung auf das Kommen Gottes als dem gerechten und treuen Richter der Welt und die Perikope Jes 52,7-9 der Erwartung der Rückkehr Gottes zum Zion gilt, so dient das „Orakel eines Rufers in der Wüste" der Vorbereitung der Menschen auf das kommende göttliche Heil in Jesus Christus.

Abschnitt I:

	Orakel eines Rufers Abschnitt I (Lk 3,4-6)	***Intertextuelle Bezüge zu Ps 97 LXX u. Jes 52,7-10***
I	**4a** ὡς γέγραπται ἐν βίβλῳ λόγων Ἠσαΐου τοῦ προφήτου	

[847] Vgl. *Wolter,* Das Lukasevangelium (HNT 5), 158; *Rusam,* Das Alte Testament bei Lukas (BZNW 112), 158; *Radl,* Das Evangelium nach Lukas, 156; *Klein,* Das Lukasevangelium (KEK 1,3), 164; *Eckey,* Das Lukasevangelium, 185. Die Begründungen für das Auslassen der δόξα κυρίου, die von einem möglichen Versehen (Rusam) bis hin zu einem mit Bedacht erfolgten Auslassen, weil die δόξα κυρίου bereits in der Schilderung des Geburtsereignisses erfolgt sei (Wolter), sind nicht unbedingt überzeugend.

	4b φωνὴ βοῶντος ἐν τῇ ἐρήμῳ	Jes 52,7aβ-γ.8a

Für V. 4a besteht kein intertextueller Bezug zu Ps 97 LXX bzw. Jes 40,7-10, da dieser Vers lediglich eine *Markierung* als Hinweis auf das prophetische Orakel in Jes 40,3-5 darstellt.

V. 4b hingegen weist zwei intertextuelle Bezüge zur Perikope Jes 52,7-10 auf:

1. So kann der βοῶντος ἐν τῇ ἐρήμῳ als *Echo* des εὐαγγελιζόμενος in Jes 52,7aβ-γ verstanden werden, der εἰρήνης, ἀγαθάund σωτηρίαν verkündet. Denn die Aufforderung des βοῶντος, dem Herrn den Weg zu bereiten, dient schlussendlich dem Zweck, allen Menschen das Heil Gottes erscheinen zu lassen (vgl. V. 6).
2. Ein weiteres *Echo* ergibt sich zu Jes 52,8a: Während in V. 4b die φωνὴ βοῶντος angesprochen wird, die das kommende Heil Gottes verkündet, ist es Jes 52,8b die φωνὴ τῶν φυλασσόντων, die sich gemeinsam freuen, weil sie den sich erbarmenden Herrn sehen werden.

Abschnitt II u. III:

	Orakel eines Rufers Abschnitt I (Lk 3,4-6)	***Intertextuelle Bezüge zu Ps 97 LXX u. Jes 52,7-10***
II	**4c** ἑτοιμάσατε τὴν ὁδὸν κυρίου **4d** εὐθείας ποιεῖτε τὰς τρίβους αὐτοῦ	Ps 97,4-8 LXX Jes 52,9
III	**5a** πᾶσα φάραγξ πληρωθήσεται **5b** καὶ πᾶν ὄρος καὶ βουνὸς ταπεινωθήσεται, **5c** καὶ ἔσται τὰ σκολιὰ εἰς εὐθείαν **5d** καὶ αἱ τραχεῖαι εἰς ὁδοὺς λείας	

Die V. 4c-d sowie die V. 5a-d können als *Echo* von Ps 97,4-8 LXX und Jes 52,9 verstanden werden. So wie die V. 4c-d dazu auffordern, den Weg des Herrn zu bereiten, und die V. 5a-d den künftigen Zustand der bereiteten Wege beschreiben, ruft Ps 97,4-8 LXX alle Völker und den Kosmos der gesamten belebten Natur dazu auf, in ihrer jeweiligen Art für den Empfang des als gerechten und treuen Königs und Richters kommenden Herrn zu jubeln – lautmalerisch beschrieben mit den Verben: ἀλαλάξατε, ᾄσατε, ἀγαλλιᾶσθε, ψάλατε, σαλευθήτω, κροτήσουσιν χειρὶ – und ihm auf diese Weise geistlich den Weg zu bereiten. Ähnlich verhält es sich auch mit Jes 52,9: Hier werden die Trümmer Jerusalems (τὰ ἔρημα Ιερουσαλημ) als Sinnbild für das noch am Boden liegende Israel aufgefordert, in Freude auszubrechen (ῥηξάτω εὐφροσύνην ἅμα) und sich auf das kommende Erbarmen des Herrn mit Jubeln vorzubereiten.

Abschnitt IV:

	Orakel eines Rufers Abschnitt I (Lk 3,4-6)	*Intertextuelle Bezüge zu Ps 97 LXX u. Jes 52,7-10*
IV	6 καὶ ὄψεται πᾶσα σὰρξ τὸ σωτήριον τοῦ θεοῦ	Ps 97,3b LXX Jes 52,10b

Im Gegensatz zu den V. 4b-5d, die jeweils als ein *Echo* auf die entsprechenden Verse des Ps 97 LXX und der Perikope Jes 52,7-9 anzusehen sind, stellt der V. 6 als Klimax des Orakels ein nahezu wörtliches *Zitat* von Ps 97,3b LXX sowie Jes 52,10b dar und bildet damit zugleich die stärkste intertextuelle Beziehung. So wie schon Ps 97,3b LXX und Jes 52,10b verkündet auch der V. 6 allen Völkern – hier durch die Metapher πᾶσα σὰρξ ausgedrückt – das universelle Heil Gottes, das Israel und allen Völkern gilt. In gleicher Weise gilt auch hier, das Heil zu schauen bedeutet zugleich auch daran teilzuhaben.[848]

5.5 Theologischer Ertrag

Sowohl dem „Hymnus des Simeon" (Lk 2,29-32) als auch dem „Orakel eines Rufers in der Wüste" (Lk 3,4-6) liegt als gemeinsamer Leitgedanke die Redefigur „Das Heil unsres Gottes schauen" zugrunde:

1. Während das „Orakel eines Rufers in der Wüste" in V. 6 mit der Klimax καὶ ὄψεται πᾶσα σὰρξ τὸ σωτήριον τοῦ θεοῦ als Manifest einer noch ausstehenden Zukunft endet, spricht Simeon in seinem Hymnus in V. 30 gegenwartsbezogen davon, dass εἶδον [hier: *gnomischer Aorist*] οἱ ὀφθαλμοί μου τὸ σωτήριόν σου, d. h. er das Heil bereits schon proleptisch gegenwärtig sieht.
2. In beiden poetischen Texten geht es inhaltlich um das Kommen des göttlichen κύριος, für den der Weg bereitet werden soll. Die Besonderheit des Simeonischen Hymnus ist, dass er das kleine, gerade geborene Kind Jesus proleptisch bereits mit dem kommenden Heil Gottes in Verbindung bringt und sogar schon mit diesem gleichsetzt (vgl. Lk 2,27.30). Denn der Name Jesus steht für das Heil Gottes und sein liebevolles Heilshandeln, das in Israel schon immer präsent war und nun auch die Völker schauen

[848] Vgl. hierzu auch die Ausführungen zu ***Abschnitt IV*** unter *5.4.6 Das Orakel im Rahmen der Perikope Lk 3,1-6.*

und daran teilhaben sollen. Das Orakel des Rufers, der mit dem Täufer Johannes zu identifizieren ist, hingegen verkündet ein *zukünftiges* Ereignis mit der Zusage in V. 6, dass *alle* Menschen – metaphorisch „alles Fleisch (= πᾶσα σὰρξ) – das Heil Gottes schauen sollen“ (= ὄψεται ... τὸ σωτήριον τοῦ θεοῦ). Damit enthält das Orakel auch eine *eschatologische* Aussage und kann sowohl auf das erste Kommen Jesu Christi zur neutestamentlichen Zeit in Israel als auch auf seine Parusie als apokalyptischer „Menschensohn“ (= υἱὸς τοῦ ἀνθρώπου) bezogen werden (vgl. Lk 21,27).

3. Beide poetischen Texte haben intertextuelle Bezüge zu vergleichbaren alttestamentlichen Motiven, nämlich zu Ps 97 LXX sowie den beiden Jesaja-Perikopen 52,7-10 und 40,3-5. Auch in diesen Texten geht es um das Kommen Gottes und seines Heils zu den Menschen. Dabei liegt der Schwerpunkt des Ps 97 LXX auf dem eschatologischen Kommen des Herrn als gerechter und getreuer Richter (vgl. Ps 97,9b LXX: ὅτι ἥκει κρῖναι τὴν γῆν,·κρινεῖ τὴν οἰκουμένην ἐν δικαιοσύνῃ καὶ λαοὺς ἐν εὐθύτητι), der durch sein Richten der Welt das endgültige Heil bringt, während die beiden Jesaja-Perikopen nach dem Exil zunächst den Gedanken der Befreiung und Erlösung Israels/Jerusalems in den Vordergrund stellen (vgl. Jes 40,5 i. V. m. Jes 40,1f; Jes 52,9f) und zugleich damit auch das Heil der Welt in Verbindung bringen.

Der zweite Leitgedanke in den beiden genannten poetischen Texten ist die Universalität der Heilszusage Gottes:

1. So konstatiert V. 31 des Simeonischen Hymnus, dass der Herr sein Heil „vor dem Angesicht *aller* Völker bereitet hat“ (= ὃ ἡτοίμασας κατὰ πρόσωπον πάντων τῶν λαῶν), die somit Zeugen des göttlichen Heils sind. In V. 32, der zugleich die Klimax des Hymnus darstellt, geht es um die zweigleisige Auswirkung dieses Heils, das hier metaphorisch als „Licht“ (= φῶς) apostrophiert wird: Dieses Licht dient zum einen der „Erleuchtung der [paganen] Völker“ (= ἀποκάλυψιν ἐθνῶν) und zum anderen der „Verherrlichung deines Volkes Israel“ (= δόξαν λαοῦ σου Ἰσραήλ). Letzteres daher, weil Israel als Gottes auserwähltes Volk, aus dem auch Jesus der Christus Gottes hervorgeht, Ursprung des Heils aller Völker ist.
2. Das Orakel des Rufers verkündet in V. 6 *allen* Menschen das Heil, also sowohl Israel als auch den Völkern, dargestellt durch die Metapher πᾶσα σὰρξ. Denn indem die Gesamtheit der Menschen das göttliche Heil sieht, soll sie auch entsprechend daran teilhaben. Insofern werden die Völker in das Heil Israels mit hineingenommen, wobei gleichwohl Israel als Gottes zuerst auserwähltes Volk den Vorrang behält.

3. Auch bei den intertextuellen alttestamentlichen Bezügen findet sich der Gedanke der Universalität des Heils: Ps 97 LXX ruft zum Jubel auf über das Kommen des Herrn (vgl. Ps 97,9 LXX), sich dabei von Israel über die Völker bis hin zum gesamten Kosmos klimaktisch steigernd, und spricht zugleich auch das Heil Gottes „allen Enden der Erde" zu (vgl. Ps 97,3b LXX). Demzufolge geht es hierbei nicht um ein verdammendes Strafgericht, sondern um ein wohlwollendes Gericht, das die gerechte Schöpfungsordnung wiederherstellt.[849] Das prophetische Orakel Jes 40,3-5 als konvergente Perikope zu Lk 3,4-6 verkündet, dass der Herr seine Herrlichkeit offenbart und demzufolge „alles Fleisch" (= πᾶσα σὰρξ) sein Heil schauen soll (vgl. Jes 40,5). Auch die Perikope Jes 52,7-10 lässt das Heil Gottes „allen Enden der Erde" (= πάντα τὰ ἄκρα τῆς γῆς") zuteilwerden: Indem „der Herr seinen heiligen Arm entblößt" und „sein Volk getröstet" und „Jerusalem erlöst hat" (vgl. Jes 52,9f), wird aller Welt sein Heilshandeln an Israel bewusst und sie wird sich in *Er*-kennen und *An*-erkennen seines Heilshandelns an Israel diesem Herrn und seinem Heil zuwenden und ebenfalls daran zu partizipieren.[850]

[849] Vgl. Abschnitt „*3.6 Zusammenfassende Auslegung des Psalms*".
[850] Vgl. Abschnitt „*4.6 Zusammenfassende Auslegung der Perikope*".

6 Implikationen für eine gesamtbiblische Theologie

Anschließend an die intertextuell-kanonischen exegetischen Untersuchungen von Ps 98 bzw. Ps 97 LXX und Jes 52,7-10 sowie Lk 2,39-32 und Lk 3,4-6 in Bezug auf das Theologumenon „Das Heil unseres Gottes schauen" geht es in Kapitel 6 darum, die daraus resultierenden Implikationen für eine gesamtbiblische Theologie abzuleiten.

6.1 Relation zwischen Altem und Neuem Testament

Die Problematik im Hinblick auf eine gesamtbiblische Theologie besteht zum einen in der Frage nach der Relation zwischen Altem und Neuem Testament sowie zum anderen in der Pluralität innerhalb der beiden Teile der Bibel.[851] Denn sowohl das Alte als auch das Neue Testament sind keine erratischen Blöcke, sondern weisen ein Vielzahl *unterschiedlicher* Theologien auf, so dass auch in gesamtbiblischer Hinsicht von Theologie lediglich im Plural als *Theologien* gesprochen werden kann.[852]

Die Relation zwischen Altem und Neuem Testament bzw. deren Auslegung nach früherem christlichen Verständnis ist aus heutiger Sicht problematisch. So konstatiert Zenger zu Recht, dass die bislang üblichen christlichen Lese- und Verstehensweisen des Alten Testaments, die sich unter den Begriffen Substitutions-, Relativierungs- bzw. Selektionsmodell subsumieren lassen, letztlich alle gleichermaßen latent markionistisch sind und für die Priorität und Unüberbietbarkeit von Neuem Testament und christlicher Kirche gegenüber Altem Testament und Synagoge stehen.[853]

---

[851] Vgl. *Söding*, Thomas: Probleme und Chancen Biblischer Theologie aus neutestamentlicher Sicht. In: Dohmen, Christoph / Söding, Thomas (Hg.): Eine Bibel - zwei Testamente. Positionen biblischer Theologie. Paderborn 1995, 159–177, 159; *Schwienhorst-Schönberger*, Ludger: Theologien des Alten Testaments. In: ThRv 114 (2018), 91–108, 91.

[852] Vgl. *Groß*, Walter: V. Ist biblisch-theologische Auslegung ein integrierender Methodenschritt? In: Hossfeld, Frank-Lothar (Hg.): Wieviel Systematik erlaubt die Schrift? Auf der Suche nach einer gesamtbiblischen Theologie (QD 185). Freiburg i. Br. 2001, 110–149, 144; *Oeming*, Manfred: Gesamtbiblische Theologien der Gegenwart. Das Verhältnis von AT und NT in der hermeneutischen Diskussion seit Gerhard von Rad. Stuttgart/Berlin 1985, 225; *Fischer*, Georg: Theologien des Alten Testaments (NSK.AT 31). Stuttgart 2012, 9; *Hahn*, Ferdinand: Theologie des Neuen Testaments. Bd. II: Die Einheit des Neuen Testaments. Stuttgart [3]2011, 1; *Schwienhorst-Schönberger*, Theologien des Alten Testaments, 91. *Dohmen*, Christoph: Hermeneutik des Alten Testaments. In: Dohmen, Christoph / Stemberger, Günter (Hg.): Hermeneutik der Jüdischen Bibel und des Alten Testaments. Stuttgart [2]2019, 142–233, 208.

[853] Vgl. *Zenger*, Erich: Heilige Schrift der Juden und der Christen. In: Zenger, Erich u. a. (Hg.): Einleitung in das Alte Testament. Stuttgart [7]2008, 11–33, 16–18. Zengers Einleitung wird hier und im Weiteren in der 7. Auflage verwendet, weil diese die letzte Auflage ist, die Zenger allein zu vertreten hat. (Vgl. hierzu auch *Schwienhorst-Schönberger*, Das Alte Testament - ein christliches Buch?, 41-60, 44 Anm. 9); *Schwienhorst-Schönberger*, Ludger: Das Alte Testament - ein christliches Buch? In: ThGL 110 (2020), 41–60, 44f; *Dohmen*, Christoph: Der eine Gott in der Zweiheit der christlichen Bibel. In: Müllner, Ilse u. a. (Hg.): Gottes Name(n). Zum Gedenken an Erich Zenger (HBS 71). Freiburg i. Br. 2012, 52–66, 55.

Eine (christliche) Alttestamentliche Theologie und damit zugleich auch eine Gesamtbiblische Theologie trägt nach Albertz den Keim des Antijudaismus und der christlichen Vereinnahmung der Bibel Israels bereits in sich, sofern sie einseitig in Bezug auf das Neue Testament ausgelegt wird.[854] Ein *gesamtbiblischer* Lese- und Verstehenshorizont muss jedoch nicht zwangsläufig eine antijüdische Perspektive beinhalten: Denn die Bibel Israels als Tanach respektive als Altes Testament stellt die *gemeinsame* Heilige Schrift der Juden *und* der Christen dar, auf die sich beide Religionsgemeinschaften unterschiedlich beziehen können, ohne sich gegenseitig vereinnahmen zu müssen.[855]

In diesem Sinne bezeichnet Zenger das Alte Testament als „Heilige Schrift der Juden und der Christen"[856], denn der Tanach wurde ohne christliche Veränderungen – d. h. ohne Kürzungen oder Hinzufügungen – in den christlichen Bibelkanon aufgenommen und dem Neuen Testament *vorangestellt*.[857] Dies gilt auch unter Berücksichtigung der Tatsache, dass der Kanon des christlichen Alten Testaments zusätzlich zu den Büchern des hebräischen Tanach noch sieben weitere Bücher enthält, die aus der Septuaginta – der griechischen Fassung der jüdischen Bibel in der Diaspora – stammen (Tob, Jdt, 1 / 2 Makk, Weish, Sir, Bar).[858]

Das Voranstellen der Alten Testaments – Dohmen bezeichnet dies als „die Prae-Position der Bibel Israels"[859] – ist indiziert, weil Gott sich bereits lange Zeit vor der Offenbarung in Jesus Christus seinem Volk Israel immer wieder offenbart hat. Dieser Vorrang des Alten Testaments ergibt sich jedoch nicht nur aus dem chronologischen Aspekt, sondern auch aus sachlich theologischen Gründen: Denn das Alte Testament ist der Kontext und der Ort des Christusgeschehens, das im Neuen Testament erzählt wird. Es geht dabei um den jüdischen Ursprung des Christentums bzw. um das Jüdische am Christentum.[860] Darüber hinaus entspricht die Reihenfolge Altes Testament vor Neuem Testament auch der

[854] Vgl. *Albertz*, Rainer: Religionsgeschichte Israels statt Theologie des Alten Testaments! Plädoyer für eine forschungsgeschichtliche Umorientierung. In: JBTh 10 (2001), 3–24, 13; *Janowski*, Bernd: Die rettende Gerechtigkeit (BThAT 2). Neukirchen-Vluyn 1999, 295f.
[855] Vgl. *Janowski*, Die rettende Gerechtigkeit (BThAT 2), 296.
[856] Zenger, Heilige Schrift der Juden und der Christen, 11.
[857] Vgl. *Schwienhorst-Schönberger,* Das Alte Testament - ein christliches Buch?, 47; *Zenger,* Heilige Schrift der Juden und der Christen, 13; *Janowski,* Die rettende Gerechtigkeit (BThAT 2), 257.
[858] Vgl. *Dohmen*, Christoph / *Stemberger*, Günter: Verbunden und getrennt. In: Dohmen, Christoph / Stemberger, Günter (Hg.): Hermeneutik der Jüdischen Bibel und des Alten Testaments. Stuttgart ^{2}2019, 234–238, 234.
[859] *Dohmen*, Hermeneutik des Alten Testaments, 142–233, 171.
[860] Vgl. *Dohmen*, Hermeneutik des Alten Testaments, 171f.

Lese- und Verstehensrichtung der Schriften, denn das Neue Testament ist nur im Lichte des Alten Testaments zu verstehen, jedoch nicht umgekehrt.[861]

Gemäß Landthaler erfordert der Tanach nach jüdischem Verständnis eine multivalente Lektüre, die zwangsläufig in ein vielfältiges religiöses Denken einmündet. So wiederum erklärt sich die Entstehung unterschiedlicher Religionsgemeinschaften wie Judentum und Christentum, die auf *derselben* Heiligen Schrift basieren und damit den gleichen kulturellen Rahmen besitzen.[862] Ebenso wie das Judentum kennt auch die christliche Tradition einen mehrfachen Schriftsinn. Gleichwohl ist die Vielfalt der Auslegung sowohl in der jüdischen als auch in der christlichen Tradition nicht unbegrenzt, sondern bewegt sich innerhalb eines akzeptierten dogmatischen Rahmens der jeweiligen Rezeptionsgemeinschaft.[863]

Aus der multivalenten Lektüre folgt im Hinblick auf Judentum und Christentum, dass der Tanach bzw. das Alte Testament „einen doppelten Ausgang bzw. eine zweifache Nachgeschichte"[864] aufweist. Somit ist die christliche Lesart des Alten Testaments zwar eine mögliche, aber eben nicht die einzige hermeneutische Option. Umgekehrt dazu gilt Gleiches auch für die jüdische Lesart des Tanach. Beide Lesarten stehen im Kontext ihrer jeweiligen Glaubensüberzeugung, und insofern kann nicht die eine Lesart auf die andere zurückgeführt werden und umgekehrt.[865]

In Folge des unterschiedlichen Verständnisses haben beide Religionsgemeinschaften auf der Basis des Tanach bzw. des Alten Testaments eigene Heilige Schriften hervorgebracht: Auf christlicher Seite die Schriften des Neuen Testaments, die das Christusgeschehen und die sich daraus ergebenden Konsequenzen widerspiegeln, und auf jüdischer Seite die Schriften der Mischna und des Talmud als Verschriftlichung der mündlichen Torah, die das religiös-gesellschaftliche Leben im Judentum regelt.[866]

---

[861] Vgl. *Schöttler*, Heinz-Günther: Re-Visionen christlicher Theologie aus der Begegnung mit dem Judentum (JCI 13). Würzburg 2016, 124; *Dohmen,* Hermeneutik des Alten Testaments, 171f.
[862] Vgl. *Landthaler*, Bruno: Tora und die multivalente Lektüre im Judentum. In: ThGL 110 (2020), 4–20, 17.20.
[863] Vgl. *Schwienhorst-Schönberger,* Das Alte Testament - ein christliches Buch?, 46.
[864] *Zenger,* Heilige Schrift der Juden und der Christen, 20.
[865] Vgl. *Zenger,* Heilige Schrift der Juden und der Christen, 20; *Schwienhorst-Schönberger,* Das Alte Testament - ein christliches Buch?, 46f.55; *Frankemölle*, Hubert: Das Evangelium des Neuen Testaments als Evangelium aus den heiligen Schriften der Juden (FCJ 10). Berlin 2013, 14; *Brünenberg-Bußwolder*, Esther: Der Mensch in Gottes Herrlichkeit. Psalm 8 und seine Rezeption im Neuen Testament (FzB 119). Würzburg 2009, 18.
[866] Vgl. *Landthaler,* Tora und die multivalente Lektüre im Judentum, 9f; *Hossfeld*, Frank-Lothar: I. Einleitung. Fundamentalhermeneutische Verschiebungen. In: Hossfeld, Frank-Lothar (Hg.): Wieviel Systematik

Dabei gilt nach Lehmann jedoch in Bezug auf das Neue Testament zu berücksichtigen, dass dieses zwar ein eigenes, aber *kein* unabhängiges Buch ist, da es – ebenso wie auch das Christusgeschehen selbst – nur auf dem Fundament des Alten Testaments zu verstehen ist.[867]

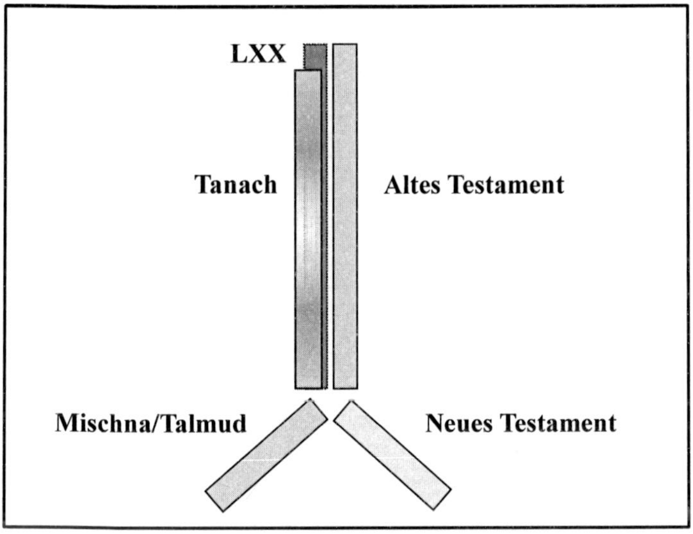

Abbildung 19: Prinzipskizze Zweifache Nachgeschichte Tanach/Altes Testament

Gleichwohl besteht eine einigende Klammer für die Bücher des Alten und des Neuen Testaments in der „Einheit der Gottesrede der Bibel"[868], denn: „Der Gott, von dem die Bücher des AT reden, ist *identisch* mit dem, den Jesus verkündet hat. Und zudem leuchten in Jesus wesentliche Züge Jhwhs erneut auf und machen sie konkret sicht- und erlebbar."[869] Die Kontinuität zwischen Altem und Neuem Testament besteht darin, dass es immer um das Reden von dem einen Gott geht, der den Menschen nah sein will, sie in Treue begleitet, ihnen ihre Schuld vergibt und ihnen in Liebe verbunden sein will.[870] Von

erlaubt die Schrift? Auf der Suche nach einer gesamtbiblischen Theologie (QD 185). Freiburg i. Br. 2001, 7–12, 8.

[867] Vgl. *Dohmen*, Der eine Gott in der Zweiheit der christlichen Bibel, 61; *Lehmann*, Karl: IX. Das Alte Testament als Offenbarung der Kirche. In: Hossfeld, Frank-Lothar (Hg.): Wieviel Systematik erlaubt die Schrift? Auf der Suche nach einer gesamtbiblischen Theologie (QD 185). Freiburg i. Br. 2001, 279–289, 2804.

[868] *Fischer*, Georg: Theologien des Alten Testaments (NSK.AT 31). Stuttgart 2012, 295.

[869] *Fischer*, Theologien des Alten Testaments (NSK.AT 31), 295.298. Vgl. *Schwienhorst-Schönberger*, Theologien des Alten Testaments, 91.

[870] Vgl. *Fischer,* Theologien des Alten Testaments (NSK.AT 31), 256; *Frankemölle*, Das Evangelium des Neuen Testaments als Evangelium aus den heiligen Schriften der Juden (FCJ 10), 14.

Anbeginn der Schöpfung an ist Gottes Wille auf Heil und Frieden ausgerichtet, denn alles, was er geschaffen hat, war gut. Die Menschen sollen fruchtbar sein, das Leben weitergeben und die Fülle des Lebens genießen[871], denn Gott ist „Der Gott der Lebendigen"[872] (vgl. Lk 20,38). Dabei gilt: Das Heil Gottes ist von Anfang an sowohl für Israel als auch für alle Völker bestimmt und ist begründet in der Beziehung *aller* Menschen zu Gott. Denn in der Erzvätererzählung über den Stammvater Abraham ergeht bereits eine Segensverheißung für alle Völker (vgl. Gen 12,1-3). Gemäß Jesaja wird JHWH auch die Fremden aus den Völkern, die sich ihm anschließen, zu seinem heiligen Berg bringen und sie erfreuen in seinem Haus, welches ein Haus des Gebetes für alle Völker genannt werden wird (vgl. Jes 56,6f).[873]
Eine andere Auffassung über das Verhältnis von Altem zu Neuem Testament vertritt Frank Crüsemann. Ihm zufolge muss das Alte Testament für das Christentum denselben theologischen Rang haben, den es im Neuen Testament hat, wie es ihn nämlich bereits für Jesus Christus und für die Verfasser der neutestamentlichen Schriften hatte.[874]

Gleichwohl bleibt Crüsemann beim protestantischen „Sola scriptura" stehen, indem er nicht über das Geschriebene hinausgeht,[875] d. h. nachbiblische Tradition zur Bestimmung der Relation von Altem und Neuen Testament lehnt er dementsprechend ab.[876] Für ihn gilt daher dem grundsätzlichen Gedanken von 1 Kor 4,6[877] folgend, ausschließlich der hebräische Tanach als das Alte Testament bzw. als die Heilige Schrift. Dies wird jedoch gemäß Frankemölle den neutestamentlichen Theologen nicht gerecht, denn sie schrieben ihre neutestamentlichen Schriften in Griechisch und nutzten als ihre Grundlage dafür die Texte der LXX.[878]

Dabei übersieht Crüsemann auch, dass weder das Alte noch das Neue Testament jeweils einen „erratischen Block" darstellt, sondern als „gewachsenes Buch Teil, Produkt und Zeugnis der Tradition ist". Christusglaube kann weder formal noch inhaltlich auf den

---

871 Vgl. *Fischer,* Theologien des Alten Testaments (NSK.AT 31), 270f.
872 *Feldmeier*, Reinhard / *Spieckermann*, Hermann: Der Gott der Lebendigen. Eine biblische Gotteslehre (TBTh 1). Tübingen 2011, 1.
873 Vgl. *Ziethe*, Carolin: Heil für Israel - Heil für die Völker. In: BiKi 74 (2019), 174–180, 177–180.
874 Vgl. *Crüsemann*, Frank: Das Alte Testament als Wahrheitsraum des Neuen. Die neue Sicht der christlichen Bibel, Gütersloh ^{3}2018, 28.
875 Vgl. *Dohmen*, Hermeneutik des Alten Testaments, 208.
876 Vgl. *Backhaus*, Franz Josef: Rezension zu: Frank Crüsemann: Das Alte Testament als Wahrheitsraum des Neuen. Gütersloh 2011, in: Biblische Bücherschau (BBS) 11,2011, 2.
877 „*Brüder und Schwestern, ich habe das auf mich und Apollos bezogen, und zwar euretwegen, damit ihr an uns lernt: Nicht über das hinaus, was in der Schrift steht, dass also keiner zugunsten des einen und zum Nachteil des andern sich wichtigmachen darf.*" (1 Kor 4,6).
878 Vgl. *Frankemölle,* Das Evangelium des Neuen Testaments als Evangelium aus den heiligen Schriften der Juden (FCJ 10), 382.

Stand des 1. Jh. eingefroren werden, sondern hat sich in der nichtjüdischen Welt weiterentwickelt, wie die Kirchenväter und Konzilien beweisen.[879]

Auch wenn dagegen Zenger und Dohmen von der „einen, zweigeteilten christlichen Bibel" sprechen und damit eine Gleichwertigkeit beider Testamente zum Ausdruck bringen, sehen auch sie dennoch den Zusammenhang, dass ohne das Alte das Neue Testament nicht zu verstehen ist, da das Alte Testament den Kontext und Ort des Christusgeschehens bildet, das im Neuen Testament erzählt wird.[880]

Im Gegensatz zu Crüsemann bezieht sich Schöttler auf Röm 9-11 und sieht für Judentum und Christentum einen *parallelen* Heilsweg, indem er JHWH als „Retter aus Zion für ganz Israel" bezeichnet, während die Christen das Heil von dem wiederkommenden eschatologischen Christus erwarten.[881] Dies entspricht der Vorstellung von der zweifachen Nachgeschichte von Tanach/Altem Testament.

6.2 „Heil für Israel – Heil für die Völker"[882]

Alle vier in der vorliegenden Untersuchung analysierten Perikopen (i. e. Ps 98 bzw. Ps 97 LXX, Jes 52,7-10, Lk 2,29-32; Lk 3,4-6) beinhalten eine Heilsaussage sowohl für Israel als auch für die Völker, die mit dem Theologumenon „Das Heil unseres Gottes schauen" in unmittelbarem Kontext steht. Gleichwohl setzen die Perikopen jeweils inhaltlich unterschiedliche Schwerpunkte. So stellt Ps 98 bzw. Ps 97 LXX JHWH als den kommenden gerechten und zugleich getreuen Richter seiner Schöpfung in den Fokus, wohingegen Jes 52,7-10 zunächst von der Rückkehr JHWHs zum Zion und damit seiner Wiederzuwendung zu seinem Volk ausgeht, woraus sich dann das Heil für alle Völker ableitet. Während in Lk 2,29-32 das Heil Gottes als ein Licht zur Erleuchtung der Heiden und zum Ruhme Israels beschrieben wird, steht in Lk 3,4-6 der Rufer in der Wüste im Vordergrund, der die Menschheit auffordert, sich auf das Kommen Gottes und seines Heils vorzubereiten.

[879] Vgl. *Dohmen*, Hermeneutik des Alten Testaments, 208.

[880] Vgl. *Zenger*, Heilige Schrift der Juden und der Christen, 16–18; *Dohmen*, Hermeneutik des Alten Testaments, 208.

[881] *Schöttler*, Re-Visionen christlicher Theologie aus der Begegnung mit dem Judentum, 6.

[882] *Ziethe*, Heil für Israel - Heil für die Völker, 174. „Heil für Israel – Heil für die Völker" ist der Titel eines Aufsatzes von Carolin Ziethe, in dem das Matthäusevangelium im Hinblick auf die Heilszuwendung Gottes für Israel *und* die Völker untersucht wird. Die Betrachtung der vier Perikopen der hier vorliegenden exegetischen Untersuchung macht im Ergebnis deutlich, dass das Heil Gottes für *alle* Menschen (i. e. Israel *und* die Völker) den Kern der Heiligen Schriften sowohl des Alten als auch des Neuen Testaments ausmacht. Insofern ist der von Ziethe gewählte Titel auch als angemessene Überschrift für die abschließende Auswertung der vier Exegesen anzusehen.

6.2.1 JHWH der gerechte und getreue Richter der Welt

Der Ps 98 ist ein Jubel für JHWH und verfolgt inhaltlich zwei wesentliche gedankliche Schwerpunkte:

1. Zum einen geht es um das *eschatologische* Kommen JHWHs, der als gerechter und getreuer Weltenrichter erscheinen wird, um die ursprünglich gute und gerechte Schöpfungsordnung wiederherzustellen.
2. Zum anderen haben die Aussagen des Psalms eine *universelle* Bedeutung, denn das Heil für Israel sollen *alle* Menschen – auch aus den Völkern – sehen und daran partizipieren.

Der Psalm stellt eine Aufforderung zum Jubelgesang für den Gottkönig JHWH dar (Ps 98,1b): „Singt JHWH ein neues Lied" (= שִׁירוּ לַיהוָה שִׁיר חָדָשׁ). Dieses neue Lied sprengt Raum und Zeit und ist insofern ein eschatologisches Lied, das den großen Heilstaten JHWHs entspricht.[883] Der Jubel, Israel *und* die Völker umfassend, steigert sich von Strophe zu Strophe:

1. Beginnend mit *Israel*, das seine Dankbarkeit für die Huld und Treue JHWHs gegenüber seinem Volk äußert (Strophe I, V. 1b-3a),
2. erweitert er sich zum Jubel *aller Völker* (Strophe II, V. 4), illustrativ ausgedrückt durch den Begriff „die ganze Erde" (= כָּל־הָאָרֶץ), und
3. umfasst als Klimax den Jubel des *gesamten natürlichen Kosmos*, metaphorisch beschrieben mithilfe der Naturelemente Meer, Erdkreis, Ströme und Berge (Strophe III, V. 7f), wobei diese in dem „Parallelpsalm" Ps 96 noch ergänzt werden um die Naturelemente Flur und Bäume (vgl. Ps 96,11f).

Der Grund für den allumfassenden Jubel besteht darin, dass JHWH kommt (vgl. Ps 98,9), denn V. 9a ist wörtlich als Partizipialkonstruktion zu übersetzen: „denn er ist kommend" (= כִּי בָא)[884]. Es handelt sich hier nämlich nicht um ein historisches, sondern um ein *eschatologisches* Ereignis. Der Jubelruf der Völker in V. 6b gleicht einem zukunftsbezogenen Proklamations- und Huldigungsruf für JHWH: „Jauchzt vor dem König JHWH!" (= הָרִיעוּ לִפְנֵי הַמֶּלֶךְ יְהוָה). JHWH wird hier als *der* König der Welt erkannt, der die Welt

---

[883] Vgl. *Kraus*, Psalmen 60 - 150 (BK.AT 2), 847.

[884] *Weber*, Die Psalmen 73 bis 150 (WB Pss 2), 154. Einer Übersetzung als Präteritum wie bei Zuber („*denn er kam*") ist eine Absage zu erteilen, da das Kommen JHWHs noch nicht abgeschlossen ist (vgl. *Zuber*, Die Psalmen, 147.). Das Gleiche gilt auch für Goldingay, der in Anlehnung an Jeremias hier die Form *AK qal* sieht (vgl. *Goldingay*, Psalms 90-150 (BCOTWP), 123; *Jeremias*, Das Königtum Gottes in den Psalmen, 135).

erschaffen hat, sie erhält und dereinst als gerechter und getreuer Richter zu ihr kommt. Der Begriff der Treue, der alttestamentlich meist nur im Hinblick auf Israel verwendet wird, ergibt sich in diesem Kontext für die Völker aus dem „Parallelpsalm" Ps 96 [Ps 96,13b: „Er richtet den Erdkreis mit Gerechtigkeit und die Völker mit seiner Treue" (= יִשְׁפֹּט־תֵּבֵל בְּצֶדֶק וְעַמִּים בֶּאֱמוּנָתוֹ)], der mit Ps 98 stets im Zusammenhang zu lesen ist. Denn das Weltgericht JHWHs über den Erdkreis und die Völker ist kein verdammendes Strafgericht, sondern ein der Welt zugewandtes, wohlwollendes Gericht des getreuen Richters JHWH[885], der damit seine gute und gerechte Schöpfungsordnung für Mensch und Kosmos wiederherstellt, so wie er sie von Anfang an für seine Schöpfung vorgesehen hat [Gen 1,31a: „Und Gott sah alles, was er gemacht hatte: Und siehe, es war sehr gut" (= וַיַּרְא אֱלֹהִים אֶת־כָּל־אֲשֶׁר עָשָׂה וְהִנֵּה־טוֹב מְאֹד")].

Hinsichtlich des Theologumenon in V. 3b „Alle Enden der Erde schauen das Heil unseres Gottes" (= רָאוּ כָל־אַפְסֵי־אָרֶץ אֵת יְשׁוּעַת אֱלֹהֵינוּ) ist zu konstatieren: Die AK-Form רָאוּ ist hier als *modus realis* in dem Sinne zu verstehen, dass JHWHs Heilshandeln bereits in der Vergangenheit begonnen hat, dieses Tun in der Gegenwart anhält und noch weiter bis in die Zukunft reichen wird. Die hier erfolgte Aussage ist dementsprechend *eschatologisch* zu verstehen. Wesentlich ist in diesem Kontext jedoch vor allem die *universelle* Heilsaussage: „*Alle* Enden der Erde" (= כָל־אַפְסֵי־אָרֶץ) – als Metapher für *alle* Völker – schauen das Heil Gottes, das er seinem Volk Israel bereitet hat und an dem sie wie Israel teilhaben sollen. Die Völker werden, indem sie zunächst durch Schauen des Heilshandeln JHWHs an Israel diesen *passiv er-kennen* und als Folge daraus, wenn sie ihn auch *aktiv be-kennen*, in den Bund mit JHWH einbezogen. Die Rolle Israels besteht gemäß Jes 49,6b darin, Licht der Völker zu sein und diese zum Heil zu führen [„Ich mache dich zum Licht der Nationen, damit mein Heil bis an das Ende der Erde reicht" (= וּנְתַתִּיךָ לְאוֹר גּוֹיִם לִהְיוֹת יְשׁוּעָתִי עַד־קְצֵה הָאָרֶץ)]. Denn durch das Beispiel Israels sollen die Völker zur Erkenntnis JHWHs und seines Heils geführt werden.

6.2.2 JHWH kehrt zurück zum Zion

Die Perikope Jes 52,7-10 zeichnet ein Bild von dem noch bevorstehenden, *eschatologischen* Kommen JHWHs mit zwei inhaltlichen Schwerpunkten:

---

885 Vgl. *Krusche,* Göttliches und irdisches Königtum in den Psalmen (FAT 2/109), 117; *Hossfeld / Zenger,* Psalmen 51-100 (HThK.AT), 670; *Kraus*, Psalmen 60 - 150 (BK.AT 2), 837f; *Weber*, Die Psalmen 73 bis 150 (WB Pss 2), 145; *Seybold,* Die Psalmen (HAT 1/15), 382.

1. JHWH kommt zum Heil Israels. Trotz der vielfältigen Verfehlungen Israels hält JHWH dennoch in Treue an seinem Volk fest und ruft es zur Umkehr auf.
2. Zugleich dient sein Kommen ebenso dem Heil der Völker, die durch das vor aller Welt sichtbare Heilshandeln JHWHs den Gott Israels (an-)erkennen und so am Heil Israels teilhaben sollen.

Die Perikope Jes 52,7-10 stellt vordergründig das Bild von der Rückkehr JHWHs zum Zion dar (V. 8bβ): „beim Zurückkehren JHWHs nach Zion“ (= בְּשׁוּב יְהוָה צִיּוֹן). Nachdem Israel für seine Verfehlungen im Babylonischen Exil gebüßt hat, wendet sich JHWH Zion bzw. Israel als Tröster seines Volkes und Erlöser Jerusalems wieder zu (vgl. V. 9b). Damit verbunden ist zugleich die Vorstellung von Heil und Frieden für Zion/Jerusalem, welches in diesem Kontext das Volk Israel repräsentiert. Veranschaulicht wird dieser Gedanke mittels der Metapher des Freudenboten in V. 7aβ: „der Frieden hören lässt, der eine gute Botschaft bringt, der Heil hören lässt“ (= מַשְׁמִיעַ שָׁלוֹם מְבַשֵּׂר טוֹב מַשְׁמִיעַ יְשׁוּעָה). Darüber hinaus verkündet der Freudenbote in V. 7b als Steigerung seiner Botschaft die Nachricht: „dein Gott ist König [geworden]“ (= מָלַךְ אֱלֹהָיִךְ). Ähnlich wie in Ps 98,6b wird JHWH auch bei Jesaja als *der* göttliche König der Welt proklamiert.

Die Metapher von der Rückkehr JHWHs ist jedoch hintergründig so zu verstehen, dass nicht JHWH nach Zion zurückkehrt, sondern umgekehrt Israel zu JHWH zurückkommt. Weil Israel im Exil sein Versagen erfasst hat, wendet es sich nun reuevoll wieder seinem (Er-)Löser JHWH zu. Jesaja verdeutlicht in diesem Kontext, dass JHWH für sein Volk die Verantwortung trägt, indem er sich selbst als „dein (Er-)Löser“ (= גֹּאֲלֵךְ) und „Heiliger Israels“ (= קְדוֹשׁ יִשְׂרָאֵל) bezeichnet (vgl. Jes 54,5)[886] In diesem Sinne kombiniert Jesaja die Verkündigung der Heilszeit (vgl. Jes 52,7-19) mit der Aufforderung bzw. dem befreienden Angebot an Israel zu JHWH umzukehren: Jes 44,22 „Ich habe weggewischt deine Vergehen wie eine Wolke und deine Sünden wie Nebel. Kehr um zu mir; denn ich habe dich erlöst.“ (= מָחִיתִי כָעָב פְּשָׁעֶיךָ וְכֶעָנָן חַטֹּאותֶיךָ שׁוּבָה אֵלַי כִּי גְאַלְתִּיךָ).[887] Eine reale Rückkehr JHWHs zu seinem Volk Israel erscheint ohnehin nicht stringent nachvollziehbar, denn JHWH hat gem. Jes 49,15 trotz aller Verfehlungen sein Volk niemals vergessen und es demzufolge auch nicht verlassen: „Könnte eine Frau ihr Kind vergessen, ohne Mitleid gegenüber ihrem leiblichen Sohn? Und auch wenn diese ihn vergäße: Ich vergesse dich

[886] Vgl. *Berges,* Jesaja 40-48 (HThK.AT), 293f.
[887] Vgl. *Ehring*, Christina: Art. Rückkehr, In: Das Wissenschaftliche Bibellexikon im Internet. Stuttgart 2010, http://www.bibelwissenschaft.de/stichwort/24281/, zuletzt geprüft am: 27.10.2023, 6.

nicht.“ (= הֲתִשְׁכַּח אִשָּׁה עוּלָהּ מֵרַחֵם בֶּן־בִּטְנָהּ גַּם־אֵלֶּה תִשְׁכַּחְנָה וְאָנֹכִי לֹא אֶשְׁכָּחֵךְ). Somit wäre eine Rückkehr JHWHs gar nicht notwendig, da er nie abwesend gewesen ist.

Der V. 10 stellt die Klimax der Perikope dar, indem der Blick über Zion/Jerusalem und Israel hinaus auf die Völkerwelt erweitert wird. Fast wortgleich mit Ps 98,3b folgt in Jes 52,10b das Theologumenon „Alle Enden der Erde schauen das Heil unseres Gottes“ (= וְרָאוּ כָּל־אַפְסֵי־אָרֶץ אֵת יְשׁוּעַת אֱלֹהֵינוּ). Ebenfalls vergleichbar mit Ps 98 werden die Völker auch bei Jesaja in den Bund Israels mit JHWH einbezogen. Conditio sine qua non hierzu ist jedoch die Erkenntnis der Völker, dass es nicht ihr bisheriges mannigfaltiges Pantheon ist, das den Kosmos und den Menschen erschaffen hat und erhält, denn ihre Götter sind gem. Ps 96,5a „Götzen“ bzw. „Nichtse“ (= כִּי כָּל־אֱלֹהֵי הָעַמִּים אֱלִילִים). Vielmehr gibt es nur den *einen* Gott JHWH. Dementsprechend lautet die Einladung JHWHs an die Völker in Jes 45,22: „Wendet euch zu mir und lasst euch erretten, alle Enden der Erde, denn ich [bin] Gott und keiner mehr“ (= פְּנוּ־אֵלַי וְהִוָּשְׁעוּ כָּל־אַפְסֵי־אָרֶץ כִּי אֲנִי־אֵל וְאֵין עוֹד).[888] Somit ist die Anerkennung des exklusiven Monotheismus judäischer Prägung Voraussetzung für den Zutritt der Völker zum Bund mit JHWH, d. h. die Universalisierung der Bundesformel ist einerseits schöpfungstheologisch begründet und andererseits an das Anerkennen JHWHs als *dem* einzigen Gott durch die Völker gebunden: Das Heilshandeln durch JHWHs „heiligen Arm“ (= זְרוֹעַ קָדְשׁוֹ) an Israel (vgl. Jes 52,10a) erweist sich auf diese Weise als attraktiv für die Völker, um so die Herrschaft JHWHs universal auszubreiten.[889]

6.2.3 Ein Licht zur Erleuchtung der Heiden und zum Ruhme Israels

Die Perikope Lk 2,22-40 über die Darstellung des neugeborenen Jesus im Tempel beinhaltet als poetischen Kern den „Hymnus des Simeon“ Lk 2,29-32, welcher inhaltlich drei Grundgedanken darstellt:

1. Das Heil Gottes ist in der Person des neugeborenen Kindes Jesus proleptisch sichtbar geworden.
2. Gott bereitet sein Heil bereits sichtbar vor den Augen der Völker.
3. Gottes Heil stellt ein Licht dar zur Erleuchtung der Heiden sowie zur Verherrlichung Israels.

---

888 Vgl. *Baltzer,* Deutero-Jesaja (KAT X 2), 12.311-316.323f; *Berges,* Jesaja 40-48 (HThK.AT), 418f.425f.435f; *Höffken,* Das Buch Jesaja. Kapitel 40-66 (NSK.AT 18/2), 101–106; *Berges / Beuken,* Das Buch Jesaja, 151f.

889 Vgl. *Hossfeld / Zenger,* Psalmen 51-100 (HThK.AT), 668.710f; *Krusche,* Göttliches und irdisches Königtum in den Psalmen (FAT 2/109), 115; *Schnocks,* Vergänglichkeit und Gottesherrschaft, 205.

Der Hymnus des Simeon beginnt in V. 29 mit einem Lobpreis für den „Herrn" (= δέσποτην), indem Simeon vordergründig dafür dankt, dass er nun in Frieden entlassen sei, so wie ihm einst versprochen worden ist. Der eigentliche und wichtige Grund des Dankes wird in V. 30 angesprochen: „denn meine Augen schauen dein Heil" (= ὅτι εἶδον οἱ ὀφθαλμοί μου τὸ σωτήριόν σου). Simeon sieht in der Person des neugeborenen Kindes Jesus „das Heil unseres Gottes" (= σωτήριον τοῦ θεοῦ) – hier individualisiert in direkter Anrede Gottes als „dein Heil" (= σωτήριόν σου) formuliert – proleptisch bereits als eschatologische Vision. Zugleich personalisiert er das Heil, indem er das „Heil unseres Gottes" mit diesem Kind identifiziert.[890] Die Vision des Simeon bezieht sich demzufolge zunächst auf das unmittelbar bevorstehende Heilswirken Gottes durch Jesus in seinem irdischen Wirken bis zu seinem Tod, seiner Auferstehung und Himmelfahrt, aber darüber hinaus auch auf das vollendete Heil in der erwarteten eschatologischen Wiederkunft des erhöhten Christus am Ende der Zeiten (vgl. Lk 21,27).

Der Urheber des Heils ist Gott selbst, der zwar unsichtbar ist, doch als Herr der Geschichte autonom handelt. Sein Heil bereitet er gemäß V. 31 bereits vor dem Angesicht der Völker: „[das Heil,] das du bereitest vor dem Angesicht aller Völker" (= ὃ ἡτοίμασας κατὰ πρόσωπον πάντων τῶν λαῶν). Dementsprechend geschieht die Erfüllung des Heils auch nun für alle Völker.[891] Diese Aussage ist im bisherigen Kontext des Lukasevangeliums ein erstmalig vorkommender Aspekt, stand doch bislang allein das Heil Israels im Fokus der Erzählung (vgl. „Magnificat" der Maria Lk 1,46-55 und „Benedictus" des Zacharias Lk 1,68-79).[892] Gleichwohl entspricht dieser universelle Aspekt auch den in der vorliegenden Untersuchung betrachteten alttestamentlichen Texten (vgl. insbesondere Ps 98,2f; Jes 52,10).

Der V. 32 stellt die Klimax des Hymnus dar: „[Dein Heil ist] ein Licht zur Erleuchtung der Heiden und [zur] Verherrlichung deines Volkes Israel" (= φῶς εἰς ἀποκάλυψιν ἐθνῶν καὶ δόξαν λαοῦ σου Ἰσραήλ). Die darin enthaltene Metapher des Lichtes (φῶς) für das göttliche Heil verdeutlicht dessen Wirkung und führt aus, was sich bereits in V. 31 andeutet. Es geht hier nämlich um die *universelle* Bedeutung des göttlichen Heils, das zum einen den paganen Völkern zugutekommt, indem es sie erleuchtet werden (ἀποκάλυψιν ἐθνῶν), zum anderen aber Gottes Volk Israel, das auf diese Weise verherrlicht wird

---

[890] Vgl. *Koet,* Simeons Worte (Lk 2,29-32.34c-35), 1553f; *Wolter,* Das Lukasevangelium (HNT 5), 139f; *Wasserberg,* Aus Israels Mitte – Heil für die Welt, 137f; *Bovon,* Das Evangelium nach Lukas (EKK 3), 143f.
[891] Vgl. *Bovon,* Das Evangelium nach Lukas (EKK 3), 144f.
[892] Vgl. *Jantsch*, Jesus, der Retter, 166.

(δόξαν λαοῦ σου Ἰσραήλ). So umfasst das Heil *alle* Völker *einschließlich* Israel. Im Gegensatz zu Israel, das als auserwähltes Volk bereits göttlich inspiriert ist und den Weg zu Gott gefunden hat, müssen die paganen Völker erst erleuchtet werden.[893] Diese Universalität des Heils ergibt sich auch bereits aus der alttestamentlichen Tradition. Die Rolle Israels ist als eine zweifache zu nennen: zum einen soll Israel – wie in Jes 49,6b ausgesagt wird – als Licht der Völker diesen im Glauben an den einen Gott ein Vorbild sein: „Ich mache dich zum Licht der Nationen; damit mein Heil bis an das Ende der Erde reicht“ (= וּנְתַתִּיךָ לְאוֹר גּוֹיִם לִהְיוֹת יְשׁוּעָתִי עַד־קְצֵה הָאָרֶץ) und zum anderen ist Israel Gottes auserwähltes Volk, aus dem der Christus Gottes hervorgeht, Ursprung des Heils aller Völker.[894]

6.2.4 Ein Rufer in der Wüste

Die Perikope Lk 3,1-6 schildert die Berufung und den Beginn des Wirkens Johannes des Täufers und beinhaltet als poetischen Kern das „Orakel eines Rufers in der Wüste“ mit zwei gedanklichen Schwerpunkten:

1. Israel und alle Menschen sind aufgerufen, sich auf das Kommen des Herrn vorzubereiten.
2. Denn wie Israel sind auch alle Menschen dazu berufen, das Heil Gottes zu schauen und dementsprechend daran teilzuhaben.

Die auf den einleitenden V. 4a folgenden Teilverse V. 4b-c sprechen bildhaft von der „Stimme eines Rufers in der Wüste“ (= φωνὴ βοῶντος ἐν τῇ ἐρήμῳ), der anonyme Adressaten auffordert: „bereitet den Weg des Herrn, macht gerade seine Straße“ (= ἑτοιμάσατε τὴν ὁδὸν κυρίου, εὐθείας ποιεῖτε τὰς τρίβους αὐτοῦ). Die Stimme des Rufers wird nicht näher bestimmt, sondern bleibt vielmehr anonym. Aus dem Zusammenhang heraus lässt sich jedoch ableiten, dass hier der Täufer Johannes gemeint ist.[895] Die anonymen Adressaten werden in der Literatur z. T. eher vordergründig verstanden, nämlich als das Volk Israel.[896] Vor dem Hintergrund von V. 6 jedoch, der universell „alles Fleisch“ (= πᾶσα σὰρξ) anspricht, kann man in diesem Kontext wohl auch die gesamte Menschheit in den Adressatenkreis des Imperativs in V. 4c-d einbeziehen, insofern das Heil Gottes

---

[893] Vgl. *Wolter,* Das Lukasevangelium (HNT 5), 140f; *Klein,* Das Lukasevangelium (KEK 1,3), 148.

[894] Vgl. *Jantsch,* Jesus, der Retter, 166; *Wasserberg,* Aus Israels Mitte - Heil für die Welt, 140f.

[895] Vgl. *Radl,* Das Evangelium nach Lukas, 155; *Bovon,* Das Evangelium nach Lukas, 170; *Wolter,* Das Lukasevangelium, 157f; *Müller,* Mehr als ein Prophet, 167; *Eckey,* Das Lukasevangelium Bd. I, 185.

[896] Vgl. *Rusam,* Das Alte Testament bei Lukas, 159; *Radl,* Das Evangelium nach Lukas, 156; *Müller,* Mehr als ein Prophet, 167; *Wolter,* Das Lukasevangelium, 158; *Jantsch,* Jesus, der Retter, 169.

schlussendlich *allen* Menschen gilt.[897] In den Teilversen V. 5a-d folgt eine metaphorische Beschreibung der Maßnahmen, welche die Menschen treffen sollen, um den Weg des Herrn bzw. sich selbst auf das Kommen des Herrn vorzubereiten. Die hier verwendeten futurischen Verben drücken zum einen die Aufforderung an die Menschen aus und bringen zum anderen den eschatologischen Charakter des Orakels zum Ausdruck. Durch die Wegbereitung soll alles, was dem Kommen Gottes im Leben der Menschen an innerlichen Unebenheiten und Hindernissen entgegensteht, beseitigt werden.[898] Insofern handelt es sich eigentlich nicht um die Bereitung eines Weges für Gott, sondern vielmehr um die Vorbereitung der Menschen auf die Begegnung mit dem Göttlichen.

Der letzte Vers des Orakels (Lk 3,6) stellt als Klimax zugleich das eigentliche Ziel des Orakels dar: „und alles Fleisch soll schauen[899] das Heil Gottes" (= καὶ ὄψεται πᾶσα σὰρξ τὸ σωτήριον τοῦ θεοῦ). Das Ziel besteht darin, dass *alle* Menschen das Heil Gottes schauen sollen. So wie die gleichlautende Stelle (Jes 40,5) in der konvergenten Perikope Jes 40,3-5 steht auch hier „alles Fleisch" (= πᾶσα σὰρξ) für die Universalität des göttlichen Heils. Das Verb „soll schauen" (ὄψεται) bedeutet in diesem Kontext, dass die Völker keine unbeteiligten Zuschauer sind, sondern ebenfalls daran teilhaben sollen, indem sie durch das *Er*-Kennen zum *An*-Erkennen des Gottes Israels gelangen. Insofern werden die Völker in das Heil Israels mit hineingenommen. Gleichwohl behält Israel als Gottes auserwähltes Volk den Vorrang, da die Völker durch Israel das Heil Gottes kennengelernt haben (Joh 4,22): „denn das Heil ist aus den Juden" (= ὅτι ἡ σωτηρία ἐκ τῶν Ἰουδαίων ἐστίν). Dementsprechend ist „das Heil Gottes" (= σωτήριον τοῦ θεοῦ) bildhaft als ein Licht zu begreifen, das einerseits die Heiden erleuchtet und andererseits Israel verherrlicht und in diesem Sinne das universelle Heil für *alle* Völker bedeutet (vgl. Lk 2,32).[900]

6.3 Theologische Auswertung

Biblische Theologie entdeckt mit Hilfe der methodischen Textanalyse die göttliche Offenbarung, die den Heilsweg Gottes mit den Menschen aufzeigt. Dieser Weg beginnt mit

---

[897] Vgl. *Bovon,* Das Evangelium nach Lukas, 170.

[898] Vgl. *Bovon*, Das Evangelium nach Lukas, 170; *Müller,* Mehr als ein Prophet, 167; *Radl,* Das Evangelium nach Lukas, 156.

[899] Das Futur ersetzt aufgrund des hebräischen Einflusses oftmals den Imperativ (vgl. *Thackeray*, A Grammar of the Old Testament in Greek According to the Septuagint, 194).

[900] Vgl. *Radl*, Das Evangelium nach Lukas, 156; *Bovon,* Das Evangelium nach Lukas, 170; *Eckey,* Das Lukasevangelium, 185; *Klein,* Das Lukasevangelium, 164.

der Schöpfung sowie der Erwählung Israels und setzt sich fort mit dem Christusgeschehen bis hin zu dem noch kommenden Reich Gottes.[901]

Das „Heil unseres Gottes“ ist ein maßgeblicher Begriff im gesamtbiblischen Kontext: In Anlehnung an einen Ausspruch Jesu Christi in der Erzählung des Lukasevangeliums ist Gott als der „Gott der Lebendigen“[902] zu bezeichnen (vgl. Lk 20,38). Denn Gottes Heilshandeln besteht in der „*un*geschuldeten [und] *ent*schuldenden Zuwendung“[903] Gottes zum Menschen, dessen Leben erst dadurch lebendig wird, indem er am Leben Gottes partizipiert.[904] Damit hat der Mensch Anteil an Gottes Heil, nämlich an der „Fülle des Lebens“[905]. Dieses Heil hat Gott für *alle* Menschen bestimmt. Der Weg der Menschen zu diesem Heil Gottes ist das, was den Kern der Heiligen Schriften sowohl des Alten als auch des Neuen Testaments ausmacht.

In diesem Sinne leitet sich aus der intertextuellen Exegese der untersuchten Perikopen Ps 98 bzw. Ps 97 LXX sowie Jes 52,7-10 und Lk 2,29-32 und Lk 3,4-6 theologisch ein roter Faden ab:

1. Gott steht unverbrüchlich zu seinem Bund mit Israel und hält an der Verheißung und der Mission seines Volkes fest, wie er stets durch sein Heilshandeln an seinem Volk gezeigt hat. Auch im babylonischen Exil, dessen Ursache im moralischen Versagen Israels und insbesondere seiner Führungseliten begründet ist, verlässt er sein Volk nicht, sondern wendet sich ihm wieder zu und führt es schließlich zu einem Neuanfang nach Jerusalem/Zion zurück.
2. Die Mission Israels besteht von Anfang an darin, dass es als ein „Königreich von Priestern und als ein heiliges Volk“ (vgl. Ex 19,6: „מַמְלֶכֶת כֹּהֲנִים וְגוֹי קָדוֹשׁ“) ein „Licht der Völker“ (vgl. Jes 49,6b: לְאוֹר גּוֹיִם bzw. Jes 49,6b LXX: φῶς ἐθνῶν) sein soll, durch das *alle* Völker zum Heil Gottes gelangen sollen, indem sie Zeugen des Heilshandeln JHWHs an seinem Volk Israel werden und durch dieses *Er*-Kennen, dass nur er *allein* Gott ist, der erlöst und lebendig macht, zum *An*-Erkennen seiner göttlichen Herrschaft gelangen.

---

[901] Vgl. *Kollmann*, Bernd: Neues Testament kompakt. Stuttgart 2014, 33f.
[902] *Feldmeier / Spieckermann,* Der Gott der Lebendigen, 1.
[903] *Feldmeier / Spieckermann,* Der Gott der Lebendigen, 1. Hervorhebungen nicht im Original.
[904] Vgl. *Feldmeier / Spieckermann,* Der Gott der Lebendigen, 1.
[905] *Kügler*, Joachim: Art. Heil. In: Berlejung, Angelika / Frevel, Christian (Hg.): Handbuch theologischer Grundbegriffe zum Alten und Neuen Testament (HGANT). Darmstadt ^{5}2016, 257f, 257. Das Johannesevangelium legt hierzu in der Erzählung vom guten Hirten Jesus Christus den Ausspruch in den Mund (Joh 10,10b): „Ich bin gekommen, damit sie das Leben haben und es in Fülle haben.“ (= „ἐγὼ ἦλθον ἵνα ζωὴν ἔχωσιν καὶ περισσὸν ἔχωσιν“).

3. Alle Völker der Erde schauen Gottes Heil (vgl. Ps 98,3b; Jes 52,10b; Lk 2,30f; Lk 3,6). Diese eschatologische Verheißung Gottes gilt *allen* Menschen. Die Prolepse hierzu und damit verbindliche Zusage Gottes erfolgt in der Person Jesu Christi, welcher die Völker zum Heil Gottes führt. Mit Jesus Christus ist das Reich Gottes angebrochen und wird mit seiner eschatologischen Wiederkunft vollendet werden (vgl. Lk 21,27).
4. Mit dem Namen „Jesus" (hebräisch: יְשׁוּעַ = „Heil") wird im Neuen Testament das Theologumenon רָאוּ כָל־אַפְסֵי־אָרֶץ אֵת יְשׁוּעַת אֱלֹהֵינוּ (= „alle Enden der Erde schauen das Heil unseres Gottes") aus Ps 98,3b und Jes 52,10b wieder aufgenommen. In diesem Sinne wird Jesus Christus von Simeon als das personifizierte sichtbare Heil Gottes begriffen, das „vor den Augen der Völker" bereitet wird und der „Erleuchtung der Heiden" sowie der „Herrlichkeit Israels" (vgl. Lk 2,30-32) dient. Hieraus resultiert der israelzentrierte Universalismus des Heils, denn gemäß der Aussage Jesu Christi in der Erzählung des Johannesevangeliums kommt das Heil von den Juden (vgl. Joh 4,22b: ὅτι ἡ σωτηρία ἐκ τῶν Ἰουδαίων ἐστίν) und alle Völker (vgl. Ps 98,3b und Jes 52,10b: כָּל־אַפְסֵי־אָרֶץ bzw. Lk 3,5: πᾶσα σὰρξ) sollen daran teilhaben.
5. Gott ist der gerechte und getreue Richter. Wie er bereits durch sein Heilshandeln an seinem Volk Israel seine Gerechtigkeit und Treue „vor den Augen der Völker" (vgl. Ps 98,2b: לְעֵינֵי הַגּוֹיִם, Jes 52,10a: לְעֵינֵי כָּל־הַגּוֹיִם sowie Lk 2,31: κατὰ πρόσωπον πάντων τῶν λαῶν) gezeigt hat, so wird er auch eschatologisch am Ende der Zeiten über den Weltkreis und die Völker richten. Dabei geht es nicht um die Verdammung oder gar Vernichtung der Menschen, sondern vielmehr um die Wiederherstellung der guten und gerechten Schöpfungsordnung, so wie sie am Anfang gemäß der Erzählung in Gen 1,3a war: „Und Gott sah alles, was er gemacht hatte: Und siehe, es war sehr gut" (= וַיַּרְא אֱלֹהִים אֶת־כָּל־אֲשֶׁר עָשָׂה וְהִנֵּה־טוֹב מְאֹד). Diese gute göttliche Schöpfungsordnung ist erst durch die menschliche Auflehnung gegen Gott ins Chaos geraten. Mit Gottes Gericht gemäß Ps 98,9 über den „Erdkreis" (= תֵּבֵל) und die „Völker" (= עַמִּים) wird eschatologisch das „Heil Gottes", das die Fülle des Lebens für die Menschheit und für die *gesamte* Schöpfung bedeutet, endgültig realisiert.

7 Literaturverzeichnis

7.1 Quellen

Aland, Barbara / *Aland*, Kurt (Hg.): Novum Testamentum Graece. Stuttgart ^{28}2013.

Alt, Albrecht / *Kittel*, Rudolf u. a.: Biblia Hebraica Stuttgartensia. תורה נביאים וכתובים. Stuttgart ^{5}1997.

Aristoteles / *Fuhrmann*, Manfred: Poetik. Griechisch/deutsch. Stuttgart 2018.

Buber, Martin / *Rosenzweig*, Franz: Die Schrift. Die fünf Bücher der Weisung. Stuttgart ^{6}1992.

Deutsche Bibelgesellschaft / *Evangelische Kirche in Deutschland* (Hg): Die Bibel. Nach Martin Luthers Übersetzung. Lutherbibel. Stuttgart 2016.

Deutsche Bischofskonferenz (Hg.): Die Bibel. Einheitsübersetzung der Heiligen Schrift. Stuttgart 2017.

Groß, Walter / *Janowski*, Bernd / *Pola*, Thomas (Hg.): Psalter-Synopse. Hebräisch - griechisch - deutsch. Stuttgart 2000.

Horatius Flaccus, Quintus / *Sawyer*, John F. A.: Ars poetica. Die Dichtkunst; lateinisch und deutsch. Stuttgart 1972.

Kraus, Wolfgang / *Karrer*, Martin / *Bons*, Eberhard (Hg): Septuaginta Deutsch. Das griechische Alte Testament in deutscher Übersetzung. Stuttgart ^{2}2010.

Rahlfs, Alfred / *Hanhardt*, Robert: Septuaginta. Editio Altera. Stuttgart 2006.

Stern, David H.: Das jüdische Neue Testament. Eine Übersetzung des Neuen Testamentes, die seiner jüdischen Herkunft Rechnung trägt. Deutsche Ausgabe. Witten ^{3}2015.

7.2 Hilfsmittel

Aland, Kurt / *Aland*, Barbara: Der Text des Neuen Testaments. Einführung in die wissenschaftlichen Ausgaben sowie in Theorie und Praxis der modernen Textkritik. Stuttgart 1982.

Barthélemy, Dominique: Critique textuelle de l'ancient Testament. 2. Isaie, Jérémie, Lamentations (OBO 50,2). Göttingen 1986.

Barthélemy, Dominique: Critique textuelle de l'Ancien Testament. 4. Psaumes (OBO 50/4). Fribourg/CH u. a. 2005.

Berlejung, Angelika / *Frevel*, Christian: Handbuch theologischer Grundbegriffe zum Alten und Neuen Testament (HGANT), Darmstadt ^{5}2016.

Botterweck, Gerhard Johannes / *Ringgren*, Helmer (Hg.): Theologisches Wörterbuch zum Alten Testament Bd. III. חמר - יתר (ThWAT III) 1982.

Blass, Friedrich Wilhelm; *Kühner*, Raphael; *Gerth*, Bernhard: Ausführliche Grammatik der griechischen Sprache. Erster Teil: Elementar- und Formenlehre. Halle a. S. ^{3}1892.

Bons, Eberhard: Textkritik und Textgeschichte. Studien zur Septuaginta und zum hebräischen Alten Testament (FAT 93). Tübingen 2014.

Bons, Eberhard / *Brucker*, Ralph: Psalmoi. Das Buch der Psalmen. In: Kreuzer, Siegfried / Karrer, Martin / Kraus, Wolfgang (Hg.): Handbuch zur Septuaginta. Einleitung in die Septuaginta (LXX.H 1). Gütersloh 2016, 333–353.

Brütsch, Matthias: Israels Psalmen in Qumran. Ein textarchäologischer Beitrag zur Entstehung des Psalters (BWANT 193). Stuttgart 2010.

Caulley, Thomas S. u. a. (Hg.): Die Septuaginta und das frühe Christentum - The Septuagint and Christian Origins (WUNT 277). Tübingen 2012.

Fabry, Heinz-Josef: Art. ישׁע. In: Botterweck, Gerhard Johannes / Ringgren, Helmer: Theologisches Wörterbuch zum Alten Testament Bd. III. יתר - חמר (ThWAT III) 1982, 1035-1043.

Gesenius, Wilhelm: Hebräisches Elementarbuch. Erster Teil. Hebräische Grammatik. Leipzig ^{13}1842.

Gesenius, Wilhelm: Hebräisches und Aramäisches Handwörterbuch für das Alte Testament. Berlin u. a. ^{18}1987.

Helbing, Robert B.: Grammatik der Septuaginta. Laut- und Wortlehre. Göttingen 1907.

Joüon, Paul / *Muraoka*, T.: A Grammar of Biblical Hebrew. Part One: Orthography and Phonetics / Part Two: Morphology (SB 14/I). Roma/IT ^{3}2000.

Joüon, Paul / *Muraoka*, T.: A Grammar of Biblical Hebrew. Part Three: Syntax (SB 14/II). Roma/IT ^{3}2000.

Kassühlke, Rudolf: Kleines Wörterbuch zum Neuen Testament. Griechisch - Deutsch. Stuttgart ^{6}2013.

Kreuzer, Siegfried / *Karrer*, Martin / *Kraus*, Wolfgang (Hg.): Handbuch zur Septuaginta. Einleitung in die Septuaginta (LXX.H 1). Gütersloh 2016.

Kühner, Raphael / *Gerth*, Bernhard: Ausführliche Grammatik der griechischen Sprache. Hannover / Leipzig ^{3}1898.

Sawyer, John F. A.: Art. ישׁע. In: Botterweck, Gerhard Johannes / Ringgren, Helmer (Hg.): Theologisches Wörterbuch zum Alten Testament Bd. III. יתר - חמר (ThWAT III) 1982, 1043–1059.

Schwertner, Siegfried M.: IATG^{3} - Internationales Abkürzungsverzeichnis für Theologie und Grenzgebiete. Zeitschriften, Serien, Lexika, Quellenwerke mit bibliographischen Angaben = International glossary of abbreviations for theology and related subjects. Berlin, Boston/MA/USA ^{3}2017.

Thackeray, Henry St. John: A Grammar of the Old Testament in Greek According to the Septuagint. Vol. I: Introduction, Orthography and Accidence. Cambridge/UK 1909.

Tov, Emanuel: Der Text der hebräischen Bibel. Handbuch der Textkritik. Stuttgart, Berlin 1997.

Tov, Emanuel: The Septuagint between Judaism and Christianity. In: Caulley, Thomas S. u. a. (Hg.): Die Septuaginta und das frühe Christentum - The Septuagint and Christian Origins (WUNT 277). Tübingen 2012, 3–25.

Vorgrimler, Herbert: Neues Theologisches Wörterbuch. Freiburg i. Br. ^{6}2008.

Zuber, Beat: Das Tempussystem des biblischen Hebräisch. Eine Untersuchung am Text (BZAW 164). Berlin 1986.

Zuber, Beat: Die Psalmen. Eine Studienübersetzung unter besonderer Berücksichtigung des hebräischen Tempus (DBAT 7). Heidelberg 1986.

7.3 Sekundärliteratur

Aejmelaeus, Anneli / *Quast*, Udo (Hg.): Der Septuaginta-Psalter und seine Tochterübersetzungen. Symposium in Göttingen 1997 (MSU XXIV). Göttingen 2000.

Aichele, George: Kanon als Intertext: Einschränkung oder Befreiung? In: Alkier, Stefan / Hays, Richard B. (Hg.): Die Bibel im Dialog der Schriften. Konzepte intertextueller Bibellektüre (NET 10). Tübingen 2005, 159–178.

Albertz, Rainer: Religionsgeschichte Israels statt Theologie des Alten Testaments! Plädoyer für eine forschungsgeschichtliche Umorientierung. In: JBTh 10 (2001), 3–24.

Alkier, Stefan: Intertextualität - Annäherung an ein texttheoretisches Paradigma. In: Sänger, Dieter (Hg.): Heiligkeit und Herrschaft. Intertextuelle Studien zu Heiligkeitsvorstellungen und zu Psalm 110 (BThSt 55). Neukirchen-Vluyn 2003, 1–26.

Alkier, Stefan: Die Bibel im Dialog der Schriften und das Problem der Verstockung in Mk 4. Intertextualität im Rahmen einer kategorialen Semiotik biblischer Texte. In: Alkier, Stefan / Hays, Richard B. (Hg.): Die Bibel im Dialog der Schriften. Konzepte intertextueller Bibellektüre (NET 10). Tübingen 2005, 1–22.

Alkier, Stefan: Die Bibel - das Buch der Bücher. Kanongeschichtliche, theologische, intertextuelle und poetologische Anmerkungen zu einem Bestseller. In: Alkier, Stefan / Hays, Richard B. u. a. (Hg.): Kanon und Intertextualität. Frankfurt a. M. 2010, 11–52.

Alkier, Stefan / Hays, Richard B. (Hg.): Die Bibel im Dialog der Schriften. Konzepte intertextueller Bibellektüre (NET 10). Tübingen 2005.

Alkier, Stefan / *Hays, Richard B. u. a. (Hg.)*: Kanon und Intertextualität. Frankfurt a. M. 2010.

Austermann, Frank: Thesen zur Septuaginta-Exegese am Beispiel der Untersuchung des Septuaginta-Psalters. In: Aejmelaeus, Anneli / Quast, Udo (Hg.): Der Septuaginta-Psalter und seine Tochterübersetzungen. Symposium in Göttingen 1997 (MSU XXIV). Göttingen 2000, 381–386.

Bachtin, Michail M.: Die Ästhetik des Wortes. In: Bachtin, Michail M. / Grübel, Rainer (Hg.): Die Ästhetik des Wortes. Frankfurt a. M. ^{7}2005, 91–357.

Bachtin, Michail M. / *Grübel*, Rainer (Hg.): Die Ästhetik des Wortes. Frankfurt a. M. ^{7}2005.

Backhaus, Franz Josef: Rezension zu: Frank Crüsemann: Das Alte Testament als Wahrheitsraum des Neuen. Gütersloh 2011, in: Biblische Bücherschau (BBS) 11,2011, 2.

Bader, Günter: Psalterspiel. Skizze einer Theologie des Psalters (HUTh 54). Tübingen 2009.

Baldermann, Ingo u. a. (Hg.): Zum Problem des biblischen Kanons. Neukirchen-Vluyn 1988.

Ballhorn, Egbert: Zum Telos des Psalters. Der Textzusammenhang des vierten und fünften Psalmenbuches (Ps 90 - 150) (BBB 138). Berlin 2004.

Ballhorn, Egbert: Das historische und das kanonische Paradigma in der Exegese. Ein Essay. In: Ballhorn, Egbert / Steins, Georg (Hg.): Der Bibelkanon in der Bibelauslegung. Methodenreflexionen und Beispielexegesen. Stuttgart 2007, 9–30.

Ballhorn, Egbert / *Steins*, Georg (Hg.): Der Bibelkanon in der Bibelauslegung. Methodenreflexionen und Beispielexegesen. Stuttgart 2007.

Baltzer, Klaus: Deutero-Jesaja (KAT X 2). Gütersloh 1999.

Bar-Efrat, Shimon: Die Erzählung in der Bibel. In: Utzschneider, Helmut / Blum, Erhard / Hardmeier, Christof (Hg.): Lesarten der Bibel. Untersuchungen zu einer Theorie der Exegese des Alten Testaments. Stuttgart 2006, 97–116.

Bar-Efrat, Shimon u. a.: Wie die Bibel erzählt. Alttestamentliche Texte als literarische Kunstwerke verstehen. Gütersloh 2006.

Barth, Christoph: Die Errettung vom Tode. Leben und Tod in den Klage- und Dankliedern des Alten Testaments, Stuttgart ^{2}1997.

Barthes, Roland: La mort de l'auteur. Deutsche Übersetzung: Der Tod des Autors. In: Jannidis, Fotis u. a. (Hg.): Texte zur Theorie der Autorschaft. Stuttgart 2000, 185-193.

Barthes, Roland: Die strukturalistische Tätigkeit. In: Kimmich, Dorothee u. a. (Hg.): Texte zur Literaturtheorie der Gegenwart. Stuttgart 2004, 215–223.

Baumgart, Norbert Clemens: Gott, Prophet und Israel. Eine synchrone und diachrone Auslegung der Naamanerzählung und ihrer Gehasiepisode (2Kön 5) (EThSt 68), Leipzig 1994.

Becker, Eve-Marie u. a. (Hg.): Kanon in Konstruktion und Dekonstruktion. Kanonisierungsprozesse religiöser Texte von der Antike bis zur Gegenwart. Ein Handbuch. Berlin 2012.

Becker, Sabina / *Hummel*, Christine / *Sander*, Gabriele: Literaturwissenschaft. Eine Einführung. Ditzingen ^{2}2018.

Becker, Uwe: Theokratie und Eschatologie. Die Kyros-Gestalt und das Selbstverständnis des Judentums im Spiegel von Esra 1,6 und Jes 40-55. In: Häusl, Maria (Hg.): Denkt nicht mehr an das Frühere! Begründungsressourcen in Esra/Nehemia und Jes 40–66 im Vergleich (BBB 184). Göttingen 2018, 117–135.

Begrich, Joachim: Studien zu Deuterojesaja. München 1963.

Berger, Klaus: Das Canticum Simeonis (Lk 2:29-32). In: NT XXVII (1985), 27–39.

Berges, Ulrich: Das Buch Jesaja. Komposition und Endgestalt (HBS 16). Freiburg i. Br. 1998.

Berges, Ulrich: Die Zionstheologie des Buches Jesaja. In: EstB 58 (2000), 167–198.

Berges, Ulrich: Jesaja 40-48 (HThK.AT). Freiburg i. Br. 2008.

Berges, Ulrich: Zion and the Kingship of Yhwh in Isaiah 40-55. In: Wieringen, Archibald L. H. M. van / Woude, Annemarieke van der (Hg.): „Enlarge the site of your tent". The City as Unifying Theme in Isaiah; the Isaiah Workshop - de Jesaja Werkplaats (OTS 58). Leiden/NL 2011, 95–119.

Berges, Ulrich: Jesaja. Der Prophet und das Buch (BG). Leipzig ^{3}2014.

Berges, Ulrich: Jesaja 49-54 (HThK.AT). Freiburg i. Br. 2015.

Berges, Ulrich / *Beuken*, Wim: Das Buch Jesaja. Eine Einführung. Göttingen 2016.

Berges, Ulrich / *Bremer*, Johannes u. a. (Hg.): Zur Theologie des Psalters und der Psalmen. Beiträge in memoriam Frank-Lothar Hossfeld (BBB 189) Göttingern 2019.

Berlejung, Angelika / *Frevel*, Christian (Hg.): Handbuch theologischer Grundbegriffe zum Alten und Neuen Testament (HGANT). Darmstadt ^{5}2016.

Berndt, Frauke / *Tonger-Erk*, Lily u. a.: Intertextualität. Eine Einführung (GrG 53). Berlin 2013.

Blenkinsopp, Joseph: Isaiah 40-55. A new translation with introduction and commentary (AncB 19 A). New Haven/CT/USA 2009.

Blunda Grubert, Jorge M.: The Vision of History According to the Yhwh-malak-Psalms. In: Berges, Ulrich / Bremer, Johannes u. a. (Hg.): Zur Theologie des Psalters und der Psalmen. Beiträge in memoriam Frank-Lothar Hossfeld (BBB 189) Göttingen 2019, 113–132.

Böhler, Dieter: Psalmen 1-50 (HThK.AT). Freiburg i. Br./Basel/Wien 2021.

Bovon, François: Das Evangelium nach Lukas (EKK 3). Neukirchen-Vluyn ^{2}2012.

Brandt, Peter: Endgestalten des Kanons. Das Arrangement der Schriften Israels in der jüdischen und christlichen Bibel (BBB 131). Berlin 2001.

Braun, Heike: Geschichte des Gottesvolkes und christliche Identität. Eine kanonisch-intertextuelle Auslegung der Stephanusepisode Apg 6,1-8,3 (WUNT 279). Tübingen 2012.

Broich, Ulrich: Bezugsfelder der Intertextualität. Zur Einzeltextreferenz. In: Broich, Ulrich / Pfister, Manfred u. a. (Hg.): Intertextualität. Formen, Funktionen, anglistische Fallstudien (KSpLW 35). Tübingen 1985, 48–52.

Broich, Ulrich: Bezugsfelder der Intertextualität. Zur Einzeltextreferenz. In: Broich, Ulrich / Pfister, Manfred u. a. (Hg.): Intertextualität. Formen, Funktionen, anglistische Fallstudien (KSpLW 35). Tübingen 1985, 48–52.

Broich, Ulrich: Formen der Markierung von Intertextualität. In: Broich, Ulrich / Pfister, Manfred u. a. (Hg.): Intertextualität. Formen, Funktionen, anglistische Fallstudien (KSpLW 35). Tübingen 1985, 31–47.

Broich, Ulrich / *Pfister*, Manfred u. a. (Hg.): Intertextualität. Formen, Funktionen, anglistische Fallstudien (KSpLW 35). Tübingen 1985.

Brünenberg-Bußwolder, Esther: Der Mensch in Gottes Herrlichkeit. Psalm 8 und seine Rezeption im Neuen Testament (FzB 119). Würzburg 2009.

Childs, Brevard S.: Introduction to the Old Testament as Scripture. London/UK ^{2}1983.

Childs, Brevard S.: Biblische Theologie und christlicher Kanon. In: Baldermann, Ingo u. a. (Hg.): Zum Problem des biblischen Kanons. Neukirchen-Vluyn 1988, 14–27.

Childs, Brevard S. / *Oeming*, Christiane: Die Theologie der einen Bibel (Bd. 1). Grundstrukturen. Freiburg i. Br. 2003.

Cordes, Ariane: Der Septuaginta-Psalter? Zur Geschichte des griechischen Psalmentextes und seiner Edition. In: Zenger, Erich / Aejmelaeus, Anneli (Hg.): Der Septuaginta-Psalter. Sprachliche und theologische Aspekte (HBS 32). Freiburg i. Br. 2001, 49–60.

Crüsemann, Frank: Das Alte Testament als Wahrheitsraum des Neuen. Die neue Sicht der christlichen Bibel, Gütersloh ^{3}2018.

Dohmen, Christoph: Vom Umgang mit dem Alten Testament (NSK.AT 27). Stuttgart 1995.

Dohmen, Christoph: Die Bibel und ihre Auslegung. München [3]2006.

Dohmen, Christoph: Vorwort. In: Dohmen, Christoph / Söding, Thomas (Hg.): Eine Bibel - zwei Testamente. Positionen biblischer Theologie. Paderborn 1995, 7f.

Dohmen, Christoph: Der eine Gott in der Zweiheit der christlichen Bibel. In: Müllner, Ilse u. a. (Hg.): Gottes Name(n). Zum Gedenken an Erich Zenger (HBS 71). Freiburg i. Br. 2012, 52–66.

Dohmen, Christoph: Hermeneutik des Alten Testaments. In: Dohmen, Christoph / Stemberger, Günter (Hg.): Hermeneutik der Jüdischen Bibel und des Alten Testaments. Stuttgart [2]2019, 142–233.

Dohmen, Christoph / *Oeming*, Manfred: Biblischer Kanon - warum und wozu? Eine Kanontheologie (QD 137). Freiburg i. Br. 1992.

Dohmen, Christoph / *Söding*, Thomas (Hg.): Eine Bibel - zwei Testamente. Positionen biblischer Theologie. Paderborn 1995.

Dohmen, Christoph / *Söding*, Thomas: Die neue Echter-Bibel. Themen. Würzburg 2018.

Dohmen, Christoph / *Stemberger*, Günter (Hg.): Hermeneutik der Jüdischen Bibel und des Alten Testaments. Stuttgart [2]2019.

Dohmen, Christoph / *Stemberger*, Günter: Verbunden und getrennt. In: Dohmen, Christoph / Stemberger, Günter (Hg.): Hermeneutik der Jüdischen Bibel und des Alten Testaments. Stuttgart [2]2019, 234–238.

Duhm, Bernhard: Das Buch Jesaja (HK III 1). Göttingen [2]1902.

Dyk, Janet Wilma u. a. (Hg.): Unless some one guide me (ACEBT 2). Maastricht/NL 2001.

Eckey, Wilfried: Das Lukasevangelium. Unter Berücksichtigung seiner Parallelen. Teilband I, 1,1-10,42. Neukirchen-Vluyn 2004.

Eco, Umberto: Lector in fabula. Die Mitarbeit der Interpretation in erzählenden Texten. München [3]1998.

Eco, Umberto / *Memmert*, Günter: Die Grenzen der Interpretation. München [2]1999.

Ehring, Christina: Die Rückkehr JHWHs. Traditions- und religionsgeschichtliche Untersuchungen zu Jesaja 40,1-11, Jesaja 52,7-10 und verwandten Texten (WMANT 116). Neukirchen-Vluyn 2007.

Ehring, Christina: Art. Rückkehr, In: Das Wissenschaftliche Bibellexikon im Internet. Stuttgart 2010, http://www.bibelwissenschaft.de/stichwort/24281/, zuletzt geprüft am: 27.10.2023.

Elliger, Karl: Deuterojesaja in seinem Verhältnis zu Tritojesaja (BWANT 63). Stuttgart 1933.

Erbele-Küster, Dorothea: Lesen als Akt des Betens. Eine Rezeptionsästhetik der Psalmen. (WMANT 87). Neukirchen-Vluyn 2001.

Erbele-Küster, Dorothea: Art. Narrativität. In: Das Wissenschaftliche Bibellexikon im Internet. Stuttgart 2009, http://www.bibelwissenschaft.de/stichwort/37118/, zuletzt geprüft am: 27.10.2023.

Fabry, Heinz-Josef: Neue Aufmerksamkeit für die Septuaginta. Einführung in das Thema der Tagung. In: Fabry, Heinz-Josef / Böhler, Dieter (Hg.): Im Brennpunkt: Die Septuaginta - Bd. 3. Studien zur Theologie, Anthropologie, Ekklesiologie, Eschatologie und Liturgie der Griechischen Bibel (BWANT 174). Stuttgart 2007, 9–26.

Fabry, Heinz-Josef / *Offerhaus*, Ulrich (Hg.): Im Brennpunkt: die Septuaginta. Studien zur Entstehung und Bedeutung der griechischen Bibel (BWANT 153). Stuttgart 2001.

Fabry, Heinz-Josef / *Böhler*, Dieter (Hg.): Im Brennpunkt: Die Septuaginta - Bd. 3. Studien zur Theologie, Anthropologie, Ekklesiologie, Eschatologie und Liturgie der Griechischen Bibel (BWANT 174). Stuttgart 2007.

Feldmeier, Reinhard / *Spieckermann*, Hermann: Der Gott der Lebendigen. Eine biblische Gotteslehre (TBTh 1). Tübingen 2011.

Felsner, Kristin / *Helbig*, Holger / *Manz*, Therese: Arbeitsbuch Lyrik (AkStLW). Berlin ^{2}2012.

Finnern, Sönke: Narratologie und biblische Exegese. Eine integrative Methode der Erzählanalyse und ihr Ertrag am Beispiel von Matthäus 28 (WUNT 285). Tübingen 2010.

Finnern, Sönke / *Rüggemeier*, Jan: Methoden der neutestamentlichen Exegese. Ein Lehr- und Arbeitsbuch. Tübingen 2016.

Fischer, Alexander Achilles / *Würthwein*, Ernst: Der Text des Alten Testaments. Neubearbeitung der Einführung in die Biblia Hebraica von Ernst Würthwein. Stuttgart 2009.

Fischer, Georg: Theologien des Alten Testaments (NSK.AT 31). Stuttgart 2012.

Fischer, Georg u. a.: Wege in die Bibel. Leitfaden zur Auslegung. Stuttgart ^{4}2011.

Flint, Peter W. / *Miller*, Patrick D. (Hg.): The Book of Psalms. Composition and reception (SVT XCIX). Leiden/NL 2005.

Flynn, Shawn W.: YHWH is king. The development of divine kingship in ancient Israel (SVT 159). Leiden/NL 2014.

Fohrer, Georg: Jesaja 40-66. Deuterojesaja/Tritojesaja (ZBK.AT 19.3). Zürich/ ^{2}1986.

Förg, Florian: Die Jahwe-König-Psalmen und die Apokalyptik (DBTRP 11). Wien/A u. a. 2012.

Foucault, Michel: Qu'est-ce qu'un auteur? Deutsche Übersetzung: Was ist ein Autor? In: Jannidis, Fotis u. a. (Hg.): Texte zur Theorie der Autorschaft. Stuttgart 2000, 198-229.

Frank, Günter / *Meier-Oeser*, Stephan: Einleitung: Hermeneutik, Methodenlehre, Exegese. Zur Theorie der Interpretation in der frühen Neuzeit. In: Frank, Günter / Meier-Oeser, Stephan (Hg.): Hermeneutik, Methodenlehre, Exegese. Zur Theorie der Interpretation in der frühen Neuzeit. Stuttgart 2011.

Frank, Günter / *Meier-Oeser*, Stephan (Hg.): Hermeneutik, Methodenlehre, Exegese. Zur Theorie der Interpretation in der frühen Neuzeit. Stuttgart 2011.

Frankemölle, Hubert: Das Evangelium des Neuen Testaments als Evangelium aus den heiligen Schriften der Juden (FCJ 10). Berlin 2013.

Frör, Hans: Das Drama des Zweiten Jesaja. Inszenierung und Reflexion der prophetischen Dialoge Jesaja 40-55. Stuttgart 2016.

Genette, Gérard: Die Erzählung. Paderborn ^{3}2010.

Genette, Gérard: Palimpseste. Die Literatur auf zweiter Stufe. Frankfurt a. M. ^{8}2018.

Gerstenberger, Erhard S.: Psalms, Part 2, and Lamentations (FOTL 15). Grand Rapids/MI/USA 2001.

Giercke-Ungermann, Annett: Der theologisierte Zion im Alten Testament. Ein kaleidoskopischer Ein- und Überblick. In: Paganini, Simone / Jöris, Steffen / Giercke-Ungermann, Annett (Hg.): Zwischen Aachen und Jerusalem. Ein Gedenkband für Johannes Floß (AThS) Aachen 2017, 65–75.

Gies, Kathrin / *Stosch*, Klaus von (Hg.): Anthropologie des Alten Testaments. Paderborn 2023.

Goldingay, John: Psalms, Volume 3. Psalms 90-150 (BCTWP 3). Grand Rapids/MI/USA 2008.

Grohmann, Marianne: Aneignung der Schrift. Wege einer christlichen Rezeption jüdischer Hermeneutik. Neukirchen-Vluyn 2000.

Grohmann, Marianne: Psalm 113 und das Lied der Hannah (1Sam 2,1-10). Paradebeispiele für eine intertextuelle Lektüre? In: Alkier, Stefan / Hays, Richard B. (Hg.): Die Bibel im Dialog der Schriften. Konzepte intertextueller Bibellektüre (NET 10). Tübingen 2005, 137–156.

Grohmann, Marianne: Jüdische Psalmenexegese als Paradigma kanonischer Intertextualität. Dargestellt am Beispiel von Ps 139 und Lev 12,2. In: Ballhorn, Egbert / Steins, Georg (Hg.): Der Bibelkanon in der Bibelauslegung. Methodenreflexionen und Beispielexegesen. Stuttgart 2007, 62–73.

Groß, Walter: V. Ist biblisch-theologische Auslegung ein integrierender Methodenschritt? In: Hossfeld, Frank-Lothar (Hg.): Wieviel Systematik erlaubt die Schrift? Auf der Suche nach einer gesamtbiblischen Theologie (QD 185). Freiburg i. Br. 2001, 110–149.

Grübel, Rainer: Zur Ästhetik des Wortes bei Michail M. Bachtin. In: Bachtin, Michail M. / Grübel, Rainer (Hg.): Die Ästhetik des Wortes. Frankfurt a. M. ^{7}2005, 21–78.

Gunkel, Hermann: Die Psalmen. Göttingen ^{5}1968.

Gunkel, Hermann / *Begrich*, Joachim: Einleitung in die Psalmen. Die Gattungen der Religiösen Lyrik Israels. Göttingen ^{2}1966.

Hahn, Ferdinand: Theologie des Neuen Testaments. Bd. II: Die Einheit des Neuen Testaments. Stuttgart ^{3}2011.

Hanson, Paul D.: Isaiah 40-66 (Int.). Louisville/KY/USA 2012.

Hardmeier, Christof / *Hunziker-Rodewald*, Regine: Texttheorie und Texterschließung. Grundlagen einer textpragmatischen Exegese. In: Utzschneider, Helmut / Blum, Erhard / Hardmeier, Christof (Hg.): Lesarten der Bibel. Untersuchungen zu einer Theorie der Exegese des Alten Testaments. Stuttgart 2006, 13–44.

Hartmann, Michael: Der Tod Johannes' des Täufers. Eine exegetische und rezeptionsgeschichtliche Studie auf dem Hintergrund narrativer, intertextueller und kulturanthropologischer Zugänge (SBS 45). Stuttgart 1999.

Häusl, Maria: Einleitung. Begründungen für die Neukonstituierung des nachexilischen Israel. In: Häusl, Maria (Hg.): Denkt nicht mehr an das Frühere! Begründungsressourcen in Esra/Nehemia und Jes 40–66 im Vergleich (BBB 184). Göttingen 2018, 9–31.

Häusl, Maria (Hg.): Denkt nicht mehr an das Frühere! Begründungsressourcen in Esra/Nehemia und Jes 40–66 im Vergleich (BBB 184). Göttingen 2018.

Hays, Richard B.: Echoes of scripture in the letters of Paul. New Haven/CT/USA 1989.

Hermisson, Hans-Jürgen: Einheit und Komplexität Deuterojesajas. Probleme der Redaktionsgeschichte von Jes 40-55. In: Vermeylen, Jacques (Hg.): The Book of Isaiah. Le livre d'Isaïe. Les oracles et leurs relectures unité et complexité de l'ouvrage (BEThL 81). Leuven/B 1989, 287–312.

Hermisson, Hans-Jürgen: "Die Frau Zion". In: Ruiten, Jacques van / Vervenne, Marc (Hg.): Studies in the book of Isaiah (BEThL 132). Leuven/B 1997, 19–39.

Hermisson, Hans-Jürgen: „Wach auf, wach auf, Arm des Herrn". Jes 51,9-52,12. In: Meinhold, Arndt (Hg.): Der Freund des Menschen. Neukirchen-Vluyn 2003, 33–46.

Hermisson, Hans-Jürgen: Deuterojesaja. Jes 51,9-23; 52,1-12 (BK.AT XI 15). Neukirchen-Vluyn 2011.

Hermisson, Hans-Jürgen: Deuterojesaja. Jesaja 49,14-55,13 (BK.AT XI 3). Göttingen, Bristol/CT/USA 2017.

Herrmann, Karin: Dialogizität und Intertextualität. Terminologische Fingerübungen im Hinblick auf die Zitatgedichte Ernst Meisters. In: Herrmann, Karin / Hübenthal, Sandra (Hg.): Intertextualität. Perspektiven auf ein interdisziplinäres Arbeitsfeld (SprK). Aachen 2007, 12–25.

Herrmann, Karin / *Hübenthal*, Sandra (Hg.): Intertextualität. Perspektiven auf ein interdisziplinäres Arbeitsfeld (SprK). Aachen 2007.

Hieke, Thomas (Hg.): Formen des Kanons. Studien zu Ausprägungen des biblischen Kanons von der Antike bis zum 19. Jahrhundert (SBS 228). Stuttgart 2013.

Hieke, Thomas / *Nicklas*, Tobias: „Die Worte der Prophetie dieses Buches". Offenbarung 22,6-21 als Schlussstein der christlichen Bibel Alten und Neuen Testaments gelesen (BThSt 62). Neukirchen-Vluyn 2003.

Höffken, Peter: Jesaja. Der Stand der theologischen Diskussion. Darmstadt 2004.

Höffken, Peter: Das Buch Jesaja. Kapitel 40-66 (NSK.AT 18/2). Stuttgart 1998.

Holthuis, Susanne: Intertextualität. Aspekte einer rezeptionsorientierten Konzeption (StCol 28). Tübingen 1993.

Holtz, Traugott: Die Offenbarung des Johannes (NTD 11). Göttingen 2008.

Hossfeld, Frank-Lothar: I. Einleitung. Fundamentalhermeneutische Verschiebungen. In: Hossfeld, Frank-Lothar (Hg.): Wieviel Systematik erlaubt die Schrift? Auf der Suche nach einer gesamtbiblischen Theologie (QD 185). Freiburg i. Br. 2001, 7–12.

Hossfeld, Frank-Lothar: Akzentuierungen der Septuaginta im vierten Psalmenbuch Ps 90-106 (Ps 89-105 bzw. 106 LXX). In: Zenger, Erich / Aejmelaeus, Anneli (Hg.): Der Septuaginta-Psalter. Sprachliche und theologische Aspekte (HBS 32). Freiburg i. Br. 2001, 163–169.

Hossfeld, Frank-Lothar (Hg.): Wieviel Systematik erlaubt die Schrift? Auf der Suche nach einer gesamtbiblischen Theologie (QD 185). Freiburg i. Br. 2001.

Hossfeld, Frank-Lothar / *Zenger*, Erich: Psalm 1-50 (NEB.AT 29). Würzburg 1993.

Hossfeld, Frank-Lothar / *Zenger*, Erich: Psalmen 51-100 (HThK.AT). Freiburg i. Br. 2000.

Hossfeld, Frank-Lothar / *Zenger,* Erich: Die Psalmen. Psalm 1-50 (NEB.AT 29). Würzburg 1993.

Hossfeld, Frank-Lothar / *Zenger*, Erich: Psalm 51-100 (NEB.AT 40). Würzburg 2002.

Hossfeld, Frank-Lothar / *Zenger*, Erich: Psalm 101-150 (NEB.AT 3). Würzburg 2012.

Howard, David M., JR.: The Structure of Psalms 93-100 (BJSt 5). Winona Lake/IN/USA 1997.

Hübenthal, Sandra: Transformation und Aktualisierung. Zur Rezeption von Sach 9-14 im Neuen Testament (SBB 57). Stuttgart 2006.

Hübner, Hans: Intertextualität - die hermeneutische Strategie des Paulus? Zu einem neuen Versuch der theologischen Rezeption des Alten Testaments im Neuen. In: Hübner, Hans (Hg.): Biblische Theologie als Hermeneutik. Gesammelte Aufsätze. Göttingen 1995, 252–271.

Hübner, Hans (Hg.): Biblische Theologie als Hermeneutik. Gesammelte Aufsätze. Göttingen 1995.

Jannidis, Fotis; Lauer, Gerhard u. a.: Texte zur Theorie der Autorschaft. Stuttgart 2000. Stuttgart 2000.

Janowski, Bernd: Die rettende Gerechtigkeit (BThAT 2). Neukirchen-Vluyn 1999.

Janowski, Bernd: „Ein großer König über die ganze Erde“ (Ps 47,3). Zum Königtum Gottes im Alten Testament. In: BiKi 62 (2007), 102–108.

Janowski, Bernd / *Lohfink*, Norbert: Religionsgeschichte Israels oder Theologie des Alten Testaments. Vorwort. In: JBTh 10 (2001), V–IX.

Jantsch, Torsten: Jesus, der Retter. Die Soteriologie des lukanischen Doppelwerks (WUNT 381). Tübingen 2017.

Jeremias, Jörg: Das Königtum Gottes in den Psalmen. Israels Begegnung mit dem kanaanäischen Mythos in den Jahwe-König-Psalmen (FRLANT 141). Göttingen 1987.

Jungbluth, Rüdiger: Im Himmel und auf Erden: Dimensionen von Königsherrschaft im Alten Testament (BWANT 196). Stuttgart 2011.

Kaiser, Walter C.: Mission in the old Testament. Israel as a Light to the Nations. Grand Rapids/MI/USA ²2012.

Karrer, Martin / *Kraus*, Wolfgang u. a. (Hg.): Septuaginta Deutsch. Erläuterungen und Kommentare zum griechischen Alten Testament. Bd. II Psalmen bis Daniel. Stuttgart 2011.

Käser, Andreas: Literaturwissenschaftliche Interpretation und historische Exegese. Die Erzählung von David und Batseba als Fallbeispiel (BWANT 211). Stuttgart 2016.

Kiesow, Klaus: Exodustexte im Jesajabuch. Literarkritische und motivgeschichtliche Analysen (OBO 24). Fribourg/CH u. a. 1979.

Kimmich, Dorothee (Hg.): Texte zur Literaturtheorie der Gegenwart. Stuttgart 2004.

Kleer, Martin: "Der liebliche Sänger der Psalmen Israels". Untersuchungen zu David als Dichter und Beter der Psalmen (BBB 108). Bodenheim 1996.

Klein, Hans: Lukasstudien (FRLANT 209). Göttingen 2005.

Klein, Hans: Das Lukasevangelium (KEK 1,3). Göttingen ^{10}2006.

Klein, Hans: Zur Gesamtbiblischen Theologie. Zehn Themen (BThSt 93). Neukirchen-Vluyn 2007.

Koenen, Klaus: Jahwe wird kommen, zu herrschen über die Erde. Ps 90-110 als Komposition (BBB 101). Weinheim 1995.

Koet, Bart: Simeons Worte (Lk 2,29-32.34c-35) und Israels Geschick. In: Segbroeck, Frans van u. a. (Hg.): The four gospels 1992. Festschrift Frans Neirynck (EThL 100,2). Leuven/B 1992, 1549–1569.

Kollmann, Bernd: Neues Testament kompakt. Stuttgart 2014.

Kooij, Arie van der: Schwerpunkte der Septuaginta-Lexikographie. In: Kreuzer, Siegfried / Lesch, Jürgen Peter (Hg.): Im Brennpunkt: Die Septuaginta – Bd. 2. Studien zur Entstehung und Bedeutung der Griechischen Bibel. Stuttgart 2004, 119-132.

Kooij, Arie van der: Esaias / Isaias / Jesaja. In: Kreuzer, Siegfried / Karrer, Martin / Kraus, Wolfgang (Hg.): Handbuch zur Septuaginta. Einleitung in die Septuaginta (LXX.H 1). Gütersloh 2016, 559–573.

Köppe, Tilmann / *Winko*, Simone: Neuere Literaturtheorien. Eine Einführung. Stuttgart, Weimar ^{2}2013.

Körting, Corinna: JHWH besteigt seinen Thron. In: Berges, Ulrich / Bremer, Johannes u. a. (Hg.): Zur Theologie des Psalters und der Psalmen. Beiträge in memoriam Frank-Lothar Hossfeld (BBB 189) Göttingen 2019, 237–257.

Körtner, Ulrich H. J.: Arbeit am Kanon. Studien zur Bibelhermeneutik. Leipzig 2015.

Kratz, Reinhard Gregor: Kyros im Deuterojesaja-Buch. Redaktionsgeschichtliche Untersuchungen zu Entstehung und Theologie von Jes 40-55 (FAT 1). Tübingen 1991.

Kraus, Hans-Joachim: Biblischer Kommentar Altes Testament. Psalmen 60 - 150 (BK.AT 2). Neukirchen-Vluyn ^{5}1978.

Kreuzer, Siegfried: Entstehung und Überlieferung der Septuaginta. In: Kreuzer, Siegfried / Karrer, Martin / Kraus, Wolfgang (Hg.): Handbuch zur Septuaginta. Einleitung in die Septuaginta (LXX.H 1). Gütersloh 2016, 29–88.

Kreuzer, Siegfried / *Karrer*, Martin / *Kraus*, Wolfgang (Hg.): Handbuch zur Septuaginta. Einleitung in die Septuaginta (LXX.H 1). Gütersloh 2016.

Kristeva, Julia: Bachtin, das Wort, der Dialog und der Roman. In: Kimmich, Dorothee (Hg.): Texte zur Literaturtheorie der Gegenwart. Stuttgart 2004, 334–348.

Kristeva, Julia / *Reinhold*, Werner: Die Revolution der poetischen Sprache. Frankfurt a. M. 1978.

Krusche, Marcel: Göttliches und irdisches Königtum in den Psalmen (FAT 2/109). Tübingen 2019.

Kügler, Joachim: Art. Heil. In: Berlejung, Angelika / Frevel, Christian (Hg.): Handbuch theologischer Grundbegriffe zum Alten und Neuen Testament (HGANT). Darmstadt ^{5}2016, 257f.

Kuckhoff, Antonius: Psalm 6 und die Bitten im Psalter. Ein paradigmatisches Bitt- und Klagegebet im Horizont des Gesamtpsalters (BBB 160). Göttingen 2011.

Kumpmann, Christina: Schöpfen, Schlagen, Schützen. Eine semantische, thematische und theologische Untersuchung des Handelns Gottes in den Psalmen. Göttingen 2016.

Lachmann, Renate: Ebenen des Intertextualitätsbegriffs. In: Stierle, Karlheinz / Warning, Rainer (Hg.): Das Gespräch (PuH XI). München ^{2}1996, 133–138.

Lahn, Silke / *Meister, Jan Christoph u. a.*: Einführung in die Erzähltextanalyse. Stuttgart, Weimar ^{2}2013.

Landthaler, Bruno: Tora und die multivalente Lektüre im Judentum. In: ThGL 110 (2020), 4–20.

Leene, Henk: The Coming of JHWH as King. The Complementary Character of Psalms 96 and 98. In: Dyk, Janet Wilma u. a. (Hg.): Unless some one guide me (ACEBT 2). Maastricht/NL 2001, 212–228.

Leene, Henk: Newness in Old Testament prophecy. An intertextual study (OTS 64). Leiden/NL 2014.

Lehmann, Karl: IX. Das Alte Testament als Offenbarung der Kirche. In: Hossfeld, Frank-Lothar (Hg.): Wieviel Systematik erlaubt die Schrift? Auf der Suche nach einer gesamtbiblischen Theologie (QD 185). Freiburg i. Br. 2001, 279–289.

Leuenberger, Martin: Art. Königtum Gottes (AT). In: Das Wissenschaftliche Bibellexikon im Internet. Stuttgart 2012, http://www.bibelwissenschaft.de/stichwort/23808/ zuletzt geprüft am: 23.20.2023.

Leuenberger, Martin: Konzeptionen des Königtums Gottes im Psalter. Untersuchungen zu Komposition und Redaktion der theokratischen Bücher IV - V im Psalter (AThANT 83). Zürich/CH 2004.

Leutzsch, Martin: Die Transformationen des lutherischen Kanons und der Lutherbibel. In: Hieke, Thomas (Hg.): Formen des Kanons. Studien zu Ausprägungen des biblischen Kanons von der Antike bis zum 19. Jahrhundert (SBS 228). Stuttgart 2013, 61–103.

Liess, Kathrin: Der Weg des Lebens. Psalm 16 und das Lebens- und Todesverständnis der Individualpsalmen (FAT 2/5). Tübingen 2004.

Linke, Hans-Jürgen: Ist die Moderne eine Nachkriegszeit? In: Frankfurter Rundschau (2018).

Lips, Hermann v.: Kanondebatten im 20. Jahrhundert. In: Becker, Eve-Marie u. a. (Hg.): Kanon in Konstruktion und Dekonstruktion. Kanonisierungsprozesse religiöser Texte von der Antike bis zur Gegenwart. Ein Handbuch. Berlin 2012, 109–126.

Liss, Hanna: Tanach. Lehrbuch der jüdischen Bibel (SHJSH 8). Heidelberg ^{3}2011.

Lohfink, Norbert: Die Universalisierung der „Bundesformel" in Ps 100,3. In: ThPh 65 (1990), 172–183.

Lohfink, Norbert / *Zenger*, Erich (Hg.): Der Gott Israels und die Völker. Untersuchungen zum Jesajabuch und zu den Psalmen (SBS 154). Stuttgart 1994.

Longman III, Tremper: Psalms. An Introduction and Commentary (TOTC 15-16). Downers Grove/IL/USA 2014.

Löning, Karl: Das Geschichtswerk des Lukas. Bd. 1: Israels Hoffnung und Gottes Geheimnisse. Stuttgart 1997.

Maier, Michael P.: Völkerwallfahrt im Jesajabuch (BZAW 474). Berlin, Boston/MA/USA 2016.

Meinhold, Arndt (Hg.): Der Freund des Menschen. Neukirchen-Vluyn 2003.

Meiser, Martin: Das Alte Testament im lukanischen Doppelwerk. In: Fabry, Heinz-Josef / Offerhaus, Ulrich (Hg.): Im Brennpunkt: die Septuaginta. Studien zur Entstehung und Bedeutung der griechischen Bibel (BWANT 153). Stuttgart 2001, 167–195.

Melugin, Roy F.: The Formation of Isaiah 40-55 (BZAW 141). Berlin, New York/ NY/USA.

Merz, Annette: Die fiktive Selbstauslegung des Paulus. Intertextuelle Studien zur Intention und Rezeption der Pastoralbriefe (NTOA 52). Göttingen u. a. 2004.

Millard, Matthias: Die alten Septuaginta-Codizes und ihre Bedeutung für die Geschichte des biblischen Kanons. In: Hieke, Thomas (Hg.): Formen des Kanons. Studien zu Ausprägungen des biblischen Kanons von der Antike bis zum 19. Jahrhundert (SBS 228). Stuttgart 2013, 40–60.

Moser, Marion: Schriftdiskurse im Johannesevangelium. Eine narrativ-intertextuelle Analyse am Paradigma von Joh 4 und Joh 7 (WUNT 2/380). Tübingen 2014.

Mowinckel, Sigmund: Psalmenstudien II. Das Thronbesteigungsfest Jahwäs und der Ursprung der Eschatologie. Amsterdam/NL 1961.

Moyise, Steve: Intertextualität und historische Zugänge zum Schriftgebrauch im Neuen Testament. In: Alkier, Stefan / Hays, Richard B. (Hg.): Die Bibel im Dialog der Schriften. Konzepte intertextueller Bibellektüre (NET 10). Tübingen 2005, 23–34.

Moyise, Steve: The Old Testament in the New. An introduction. London/UK ^{2}2015.

Müller, Christoph Gregor: Mehr als ein Prophet. Die Charakterzeichnung Johannes des Täufers im lukanischen Erzählwerk (HBS 31). Freiburg i. Br. 2001.

Müllner, Ilse: Dialogische Autorität. Feministisch-theologische Überlegungen zur kanonischen Schriftauslegung. In: Ballhorn, Egbert / Steins, Georg (Hg.): Der Bibelkanon in der Bibelauslegung. Methodenreflexionen und Beispielexegesen. Stuttgart 2007, 74–84.

Müllner, Ilse / *Schmitz*, Barbara: Perspektiven. Biblische Texte und Narratologie (SBB 75). Stuttgart 2018.

Müllner, Ilse u. a. (Hg.): Gottes Name(n). Zum Gedenken an Erich Zenger (HBS 71). Freiburg i. Br. 2012.

Nassauer, Gudrun Michaela: Heil sehen. Strategien anschaulicher Christologie in Lk 1-2 (HBS 83). Freiburg i. Br. 2015.

Nitsche, Stefan Ark: Prophetische Texte als dramatische Texte lesen. Zur Frage nach Textgestaltungsprinzipien in der prophetischen Literatur des Alten Testaments. In: Utzschneider, Helmut / Blum, Erhard / Hardmeier, Christof (Hg.): Lesarten der Bibel. Untersuchungen zu einer Theorie der Exegese des Alten Testaments. Stuttgart 2006, 155–181.

Oeming, Manfred: Gesamtbiblische Theologien der Gegenwart. Das Verhältnis von AT und NT in der hermeneutischen Diskussion seit Gerhard von Rad. Stuttgart, Berlin 1985.

Oeming, Manfred: Das Buch der Psalmen. Psalm 1-41 (NSK.AT 13/1). Stuttgart 2000.

Oeming, Manfred / *Vette*, Joachim: Das Buch der Psalmen. Psalm 90-151 (NSK.AT 13/3). Stuttgart 2016.

Oorschot, Jürgen van: Von Babel zum Zion. Eine literarkritische und redaktionsgeschichtliche Untersuchung (BZAW 206). Berlin, Boston/MA/USA 1993.

Paganini, Simone: Der Weg zur Frau Zion, Ziel unserer Hoffnung. Aufbau, Kontext, Sprache, Kommunikationsstruktur und theologische Motive in Jes 55,1-13 (SBB 49). Stuttgart 2002.

Paganini, Simone / *Jöris*, Steffen / *Giercke-Ungermann*, Annett (Hg.): Zwischen Aachen und Jerusalem. Ein Gedenkband für Johannes Floß (AThS) Aachen 2017.

Pfister, Manfred: Bezugsfelder der Intertextualität. Zur Systemreferenz. In: Broich, Ulrich / Pfister, Manfred u. a. (Hg.): Intertextualität. Formen, Funktionen, anglistische Fallstudien (KSpLW 35). Tübingen 1985, 52–58.

Pfister, Manfred: Konzepte der Intertextualität. In: Broich, Ulrich / Pfister, Manfred u. a. (Hg.): Intertextualität. Formen, Funktionen, anglistische Fallstudien (KSpLW 35). Tübingen 1985, 1–30.

Piégay-Gros, Nathalie: Introduction à l'intertextualité. Paris/F 1997.

Ploner, Maria Theresia: Die Schriften Israels als Auslegungshorizont der Jesusgeschichte. Eine narrative und intertextuelle Analyse von Mt 1-2 (SBB 66). Stuttgart 2011.

Pokorny, Petr: Theologie der lukanischen Schriften (FRLANT 174). Göttingen 1998.

Poplutz, Uta: Erzählte Welt. Narratologische Studien zum Matthäusevangelium (BThSt 100). Neukirchen-Vluyn 2008.

Radl, Walter: Das Evangelium nach Lukas. Kommentar; Erster Teil: 1,1-9,50. Freiburg i. Br. 2003.

Reiterer, Friedrich V. (Hg.): Ein Gott, eine Offenbarung. Beiträge zur biblischen Exegese, Theologie und Spiritualität. Würzburg 1991.

Reemts, Christina: Schriftauslegung. Die Psalmen bei den Kirchenvätern (NSK.AT 33.6). Stuttgart 2000.

Ruiten, Jacques van / *Vervenne*, Marc (Hg.): Studies in the book of Isaiah (BEThL 132). Leuven/B 1997.

Rösel, Christoph: Jeschua. In: Das wissenschaftliche Bibellexikon im Internet. Stuttgart 2012, https://bibelwissenschaft.de/stichwort/22464/, zuletzt geprüft: 22.10.2023.

Ruppert, Lothar / Schenker, Adrian: Die Interpretation der Bibel in der Kirche 1993, http://www.vatican.va/roman_curia/congregations/cfaith/pcb_documents/rc_con_cfaith_doc_19930415_interpretazione_ge.html, zuletzt geprüft am: 13.03.2019.

Rusam, Dietrich: Das Alte Testament bei Lukas (BZNW 112). Berlin 2003.

Sänger, Dieter (Hg.): Heiligkeit und Herrschaft. Intertextuelle Studien zu Heiligkeitsvorstellungen und zu Psalm 110 (BThSt 55). Neukirchen-Vluyn 2003.

Schenker, Adrian: Der nie aufgehobene Bund. Exegetische Beobachtungen zu Jer 31,31-34. In: Zenger, Erich / Dohmen, Christoph (Hg.): Der neue Bund im alten. Studien zur Bundestheologie der beiden Testamente (QD 146). Freiburg i. Br. 1993, 85–112.

Schmid, Konrad: Theologie des Alten Testaments (NThG). Tübingen 2019.

Schmidt, Uta: Zukunftsvorstellungen in Jesaja 49-55. Eine textpragmatische Untersuchung von Kommunikation und Bildwelt (WMANT 138). Neukirchen-Vluyn 2013.

Schmid, Wolf: Elemente der Narratologie. Berlin ^{3}2014.

Schnackenburg, Rudolf: Matthäusevangelium 16,21-28,20 (NEB.NT 1/2). Würzburg ³2000.

Schneider, Michael: Art. Intertextualität. In: Das Wissenschaftliche Bibellexikon. Stuttgart 2018, http://www.bibelwissenschaft.de/stichwort/200262/, zuletzt geprüft am: 25.10.2023.

Schnelle, Udo: Theologie des Neuen Testaments. Göttingen ²2014.

Schnocks, Johannes: Vergänglichkeit und Gottesherrschaft. Studien zu Psalm 90 und dem vierten Psalmenbuch (BBB 140). Berlin 2002.

Schnocks, Johannes: Rettung und Neuschöpfung. Studien zur alttestamentlichen Grundlegung einer gesamtbiblischen Theologie der Auferstehung (BBB 158). Göttingen 2009.

Schnocks, Johannes: Psalmen. Paderborn 2014.

Schöttler, Heinz-Günther: Re-Visionen christlicher Theologie aus der Begegnung mit dem Judentum (JCI 13). Würzburg 2016.

Schröter, Jens: Von Jesus zum Neuen Testament. Studien zur urchristlichen Theologiegeschichte und zur Entstehung des neutestamentlichen Kanons (WUNT 204). Tübingen 2012.

Schürmann, Heinz: Das Lukasevangelium (HThK.NT 3). Freiburg i. Br. ⁴1990.

Schwienhorst-Schönberger, Ludger: Theologien des Alten Testaments. In: ThRv 114 (2018), 91–108.

Schwienhorst-Schönberger, Ludger: Das Alte Testament - ein christliches Buch? In: ThGL 110 (2020), 41–60.

Seckler, Max: Über die Problematik des biblischen Kanons und die Bedeutung seiner Wiederentdeckung. In: ThQ 180 (2000), 30-53.

Segbroeck, Frans van u. a. (Hg.): The four gospels 1992. Festschrift Frans Neirynck (EThL 100,2). Leuven/B 1992.

Seiler, Stefan: Text-Beziehungen. Zur intertextuellen Interpretation alttestamentlicher Texte am Beispiel ausgewählter Psalmen (BWANT 202). Stuttgart 2013.

Sellner, Hans Jörg: Das Heil Gottes. Studien zur Soteriologie des lukanischen Doppelwerks (BZNW 152). Berlin 2007.

Seybold, Klaus: Die Psalmen (HAT 1/15). Tübingen 1996.

Seybold, Klaus: Poetik der Psalmen (PStA 1). Stuttgart 2003.

Seybold, Klaus: Poetik der erzählenden Literatur im Alten Testament (PStA 2). Stuttgart 2006.

Seybold, Klaus: Poetik der prophetischen Literatur im Alten Testament (PStA 4). Stuttgart 2010.

Simon, Ralf: Poetik und Poetizität: Übersicht, historischer Abriss, Systematik. Zu den Konzeptentscheidungen für das vorliegende Handbuch. In: Simon, Ralf (Hg.): Grundthemen der Literaturwissenschaft: Poetik und Poetizität (GTLW). Berlin 2021, 3–57.

Simon, Ralf (Hg.): Grundthemen der Literaturwissenschaft: Poetik und Poetizität (GTLW). Berlin 2021.

Söding, Thomas: Probleme und Chancen Biblischer Theologie aus neutestamentlicher Sicht. In: Dohmen, Christoph / Söding, Thomas (Hg.): Eine Bibel - zwei Testamente. Positionen biblischer Theologie. Paderborn 1995, 159–177.

Söding, Thomas: Das Evangelium nach Lukas. In: Klaiber, Walter: Die Botschaft des Neuen Testaments. Göttingen 2023.

Spieckermann, Hermann: Psalmen. Band 1: Psalm 1–49 (ATD 14). Göttingen 2023.

Steins, Georg: Die "Bindung Isaaks" im Kanon (Gen 22). Grundlagen und Programm einer kanonisch-intertextuellen Lektüre (HBS 20). Freiburg i. Br. 1999.

Steins, Georg: Kanonisch lesen. In: Utzschneider, Helmut / Blum, Erhard / Hardmeier, Christof (Hg.): Lesarten der Bibel. Untersuchungen zu einer Theorie der Exegese des Alten Testaments. Stuttgart 2006, 45–64.

Steins, Georg: Art. Der Kanon ist der erste Kontext. Oder: Zurück an den Anfang. In: BiKi 2 (2007), 116–121.

Steins, Georg: Kanonisch intertextuelle Bibellektüre - *my way*. In: Herrmann, Karin / Hübenthal, Sandra (Hg.): Intertextualität. Perspektiven auf ein interdisziplinäres Arbeitsfeld (SprK). Aachen 2007, 55–68.

Steins, Georg: Kanonisch-intertextuelle Studien zum Alten Testament (SBAB 48). Stuttgart 2009.

Steins, Georg: Zwei Konzepte - ein Kanon. Neue Theorien zur Entstehung und Eigenart der hebräischen Bibel. In: Steins, Georg / Taschner, Johannes (Hg.): Kanonisierung - die hebräische Bibel im Werden (BThSt 110). Neukirchen-Vluyn 2010, 8–45.

Steins, Georg / *Taschner*, Johannes (Hg.): Kanonisierung - die hebräische Bibel im Werden (BThSt 110). Neukirchen-Vluyn 2010.

Stierle, Karlheinz: Werk und Intertextualität. In: Stierle, Karlheinz / Warning, Rainer (Hg.): Das Gespräch (PuH XI). München ^{2}1996, 139–150.

Stierle, Karlheinz / *Warning*, Rainer (Hg.): Das Gespräch (PuH XI). München ^{2}1996.

Taschner, Johannes: Kanonische Bibelauslegung - Spiel ohne Grenzen? In: Ballhorn, Egbert / Steins, Georg (Hg.): Der Bibelkanon in der Bibelauslegung. Methodenreflexionen und Beispielexegesen. Stuttgart 2007, 31–44.

Taschner, Johannes: "Fügt nichts zu dem hinzu, was ich euch gebiete, und streicht nichts heraus!" Die Kanonformel in Deuteronomium 4,2 als hermeneutischer Schlüssel der Tor. In: Steins, Georg / Taschner, Johannes (Hg.): Kanonisierung - die hebräische Bibel im Werden (BThSt 110). Neukirchen-Vluyn 2010, 46–63.

Ternès, Anabel: Intertextualität. Der Text als Collage. Wiesbaden 2016.

Tilly, Michael: Einführung in die Septuaginta. Darmstadt 2005.

Troyer, Kristin de: Die Septuaginta und die Endgestalt des Alten Testaments. Untersuchungen zur Entstehungsgeschichte alttestamentlicher Texte. Göttingen 2005.

Utzschneider, Helmut / *Blum*, Erhard / *Hardmeier*, Christof (Hg.): Lesarten der Bibel. Untersuchungen zu einer Theorie der Exegese des Alten Testaments. Stuttgart 2006.

Utzschneider, Helmut / *Nitsche*, Stefan Ark: Arbeitsbuch literaturwissenschaftliche Bibelauslegung. Eine Methodenlehre zur Exegese des Alten Testaments. Gütersloh ^{4}2014.

Vermeylen, Jacques: L'Unité du livre d'Isaie. In: Vermeylen, Jacques (Hg.): The Book of Isaiah. Le livre d'Isaïe. Les oracles et leurs relectures unité et complexité de l'ouvrage (BEThL 81). Leuven/B 1989, 11–53.

Vermeylen, Jacques (Hg.): The Book of Isaiah. Le livre d'Isaïe. Les oracles et leurs relectures unité et complexité de l'ouvrage (BEThL 81). Leuven/B 1989.

Walter, Nikolaus: Die griechische Übersetzung der „Schriften" Israels und die christliche „Septuaginta" als Forschungs- und als Übersetzungsgegenstand. In: Fabry, Heinz-Josef / Offerhaus, Ulrich (Hg.): Im Brennpunkt: die Septuaginta. Studien zur Entstehung und Bedeutung der griechischen Bibel (BWANT 153). Stuttgart 2001, 71–96.

Wasserberg, Günter: Aus Israels Mitte - Heil für die Welt. Eine narrativ-exegetische Studie zur Theologie des Lukas (BZNW 92). Berlin 1998.

Weber, Beat: Werkbuch Psalmen III. Theologie und Spiritualität des Psalters und seiner Psalmen (WB Pss 3). Stuttgart 2010.

Weber, Beat: Werkbuch Psalmen II. Die Psalmen 73 bis 150 (WB Pss 2). Stuttgart ^{2}2016.

Weber, Beat: Entwurf einer Poetologie der Psalmen. In: Utzschneider, Helmut / Blum, Erhard / Hardmeier, Christof (Hg.): Lesarten der Bibel. Untersuchungen zu einer Theorie der Exegese des Alten Testaments. Stuttgart 2006, 127–154.

Weber, Beat: Art. Poesie (AT). In: Das wissenschaftliche Bibellexikon im Internet. Stuttgart 2007, http://www.bibelwissenschaft.de/stichwort/31132/, zuletzt geprüft am: 27.10.2023.

Weder, Hans: Biblische Theologie. Konturen und Anforderungen aus hermeneutischer Perspektive. In: JBTh 25 (2011), 19–40.

Weidner, Alexander: Das Ende Deuterojesajas. Eine literarkritische und redaktionsgeschichtliche Studie zur Entstehung von Jes 40-60 (FAT 94). Tübingen 2017.

Werlitz, Jürgen: Redaktion und Komposition. Zur Rückfrage hinter die Endgestalt von Jesaja 40 - 55 (BBB 122). Berlin 1999.

Westermann, Claus: Sprache und Struktur der Prophetie Deuterojesajas (CThM 11). Stuttgart 1981.

Westermann, Claus: Das Buch Jesaja, Kapitel 40-66 (ATD 19). Göttingen ^{5}2011.

Wieringen, Archibald L. H. M. van / *Woude*, Annemarieke van der (Hg.): „Enlarge the site of your tent". The City as Unifying Theme in Isaiah; the Isaiah Workshop - de Jesaja Werkplaats (OTS 58). Leiden/NL 2011.

Wolff, Hans Walter / *Janowski*, Bernd (Hg.): Anthropologie des Alten Testaments. Gütersloh 2010.

Wolter, Michael: Das Lukasevangelium (HNT 5). Tübingen 2008.

Zapff, Burkard M.: Jesaja 40-55 (NEB.AT 36). Würzburg 2001.

Zenger, Erich: Psalmen. Auslegungen Bd. 2. Ich will die Morgenröte wecken. Freiburg i. Br. ^{2}2006.

Zenger, Erich u. a. (Hg.): Einleitung in das Alte Testament. Stuttgart ^{7}2008.

Zenger, Erich: Was wird anders bei kanonischer Psalmenauslegung? In: Reiterer, Friedrich V. (Hg.): Ein Gott, eine Offenbarung. Beiträge zur biblischen Exegese, Theologie und Spiritualität. Würzburg 1991, 397–413.

Zenger, Erich: Das Weltenkönigtum des Gottes Israels (Ps 90-106). In: Lohfink, Norbert / Zenger, Erich (Hg.): Der Gott Israels und die Völker. Untersuchungen zum Jesajabuch und zu den Psalmen (SBS 154). Stuttgart 1994, 151–178.

Zenger, Erich: Theophanien des Königsgottes JHWH. Transformationen von Psalm 29 in den Teilkompositionen Ps 28-30 und Ps 93-100. In: Flint, Peter W. / Miller, Patrick D. (Hg.): The Book of Psalms. Composition and reception (SVT XCIX). Leiden/NL 2005, 407–442.

Zenger, Erich: Heilige Schrift der Juden und der Christen. In: Zenger, Erich u. a. (Hg.): Einleitung in das Alte Testament. Stuttgart [7]2008, 11–33.

Zenger, Erich / *Dohmen*, Christoph (Hg.): Der neue Bund im alten. Studien zur Bundestheologie der beiden Testamente (QD 146). Freiburg i. Br. 1993.

Zenger, Erich / *Aejmelaeus*, Anneli (Hg.): Der Septuaginta-Psalter. Sprachliche und theologische Aspekte (HBS 32). Freiburg i. Br. 2001.

Ziethe, Carolin: Heil für Israel - Heil für die Völker. In: BiKi 74 (2019), 174–180.

8 Abkürzungsverzeichnis

8.1 Hinweise zu den verwendeten Abkürzungen:

Die Abkürzungen in der Arbeit richten sich nach *Schwertner*, Siegfried M.: IATG^3. Internationales Abkürzungsverzeichnis für Theologie und Grenzgebiete: Zeitschriften, Serien, Lexika, Quellenwerke mit bibliographischen Angaben. 3., überarbeitete und erweiterte Auflage. Berlin 2014.

Biblische Namen und Abkürzungen der biblischen Bücher erfolgen gem. Loccumer Richtlinien zur einheitlichen Schreibung biblischer Eigennamen von 1979.

8.2 Weitere Abkürzungen:

AkStLW	Akademie Studienbücher. Literaturwissenschaft
AcThS	Aachener Theologische Schriften
BCTWP	Baker Commentary on the Old Testament Wisdom and Psalms
BG	Biblische Gestalten
BIkTh	Beihefte Interkulturelle Theologie
BJSt	Biblical and Judaic Studies
BThAT	Beiträge zur Theologie des Alten Testaments
DogM	Dogmatik in der Moderne
DBTRP	Dortmunder Beiträge zu Theologie und Religionspädagogik
DSI	Der Antiochenische Text der Septuaginta in seiner Bezeugung und seiner Bedeutung
FCJ	Forum Christen und Juden
GkRZ	Glaubenskommunikation Reihe Zeitzeichen
GTLW	Grundthemen der Literaturwissenschaft
JCI	Judentum – Christentum – Islam
KSpLW	Konzepte der Sprach- und Literaturwissenschaft
PStA	Poetologische Studien zum Alten Testament
SHJSH	Schriften der Hochschule für Jüdische Studien Heidelberg
SprK	Sprache und Kultur
StCol	Stauffenburg Colloquium
WB Pss	Werkbuch Psalmen

9 Abbildungsverzeichnis

Eidesstattliche Erklärung

Ich versichere, dass ich die schriftliche Hausarbeit einschließlich eventuell beigefügter Zeichnungen, Kartenskizzen und Darstellungen selbstständig angefertigt und keine anderen als die angegebenen Hilfsmittel benutzt habe. Alle Stellen, die dem Wortlaut oder dem Sinn nach anderen Werken oder dem Internet entnommen sind, habe ich in jedem Fall unter genauer Angabe der Quelle deutlich als Entlehnung kenntlich gemacht.

Köln-Lindenthal, 25. Januar 2023